高等学校教材

工科基础物理

（下册）

主　编　陈　敏　颜　超
副主编　海　霞　尹健庄　胡家琦
　　　　郭　状　冯翠娣　朱泉水
参　编　魏　斌　杨淑青　桂　堤
　　　　方立青　乐淑萍

GONGKE JICHU WULI

中国教育出版传媒集团
高等教育出版社·北京

内容提要

本书是在新工科建设背景下，依据教育部高等学校大学物理课程教学指导委员会编制的《理工科类大学物理课程教学基本要求》（2023 年版），结合普通高等学校工科类专业大学物理课程教学实际情况编写而成的。

全书分上、下册，上册包括力学篇（牛顿力学和相对论基础）和电磁学篇，下册包括振动和波动篇（振动与波动和波动光学）、热学篇和量子物理基础篇。针对工科学生在物理模型的建立和数学计算在物理学中应用的难点问题，本书按照利用物理原理分析和解决工程实际问题的基本思路进行编写。每篇有引论，通过主题存在的现象和应用举例，引入主题，突出主题的普遍性、工科的基础性，强调对主题特性的认识。章节内容的基本思路为“提炼研究对象—建立物理模型—引入物理概念—阐述物理原理—数学描述及应用”，在每一章的最后都引入一个工程应用案例。每章开篇都引入思考题，帮助学生在自主学习过程中把握知识脉络和主要内容；在章节中的关键点，引入讨论题，促进学生对重点难点的关注和理解；课后习题分为对基本概念和物理原理理解的简答题、物理模型的计算题、工程实际应用背景问题的综合计算分析题。此外，每篇都附有与现代科技和工程实际应用相关的阅读材料供学生选读，这有利于开阔学生的视野，激发学生学习的积极性，提高学生的科学素质，并培养其创新精神。

本书可作为普通高等学校工科类专业大学物理课程的教材，也可作为其他高等学校教师教学或学生自学的参考书。

图书在版编目（CIP）数据

工科基础物理．下册 / 陈敏，颜超主编．--北京：高等教育出版社，2025．8．-- ISBN 978-7-04-064804-1

Ⅰ．O4

中国国家版本馆 CIP 数据核字第 20253MB821 号

GONGKE JICHU WULI

策划编辑　马天魁　　责任编辑　高聚平　　封面设计　李小璐　　版式设计　杜微言
责任绘图　李沛蓉　　责任校对　张　薇　　责任印制　刘思涵

出版发行　高等教育出版社
社　　址　北京市西城区德外大街 4 号
邮政编码　100120
印　　刷　高教社（天津）印务有限公司
开　　本　787mm × 1092mm　1/16
印　　张　15
字　　数　280 千字
购书热线　010-58581118
咨询电话　400-810-0598
网　　址　http://www.hep.edu.cn
　　　　　http://www.hep.com.cn
网上订购　http://www.hepmall.com.cn
　　　　　http://www.hepmall.com
　　　　　http://www.hepmall.cn
版　　次　2025 年 8 月第 1 版
印　　次　2025 年 12 月第 3 次印刷
定　　价　35.00 元

物 料 号　64804-00

目　录

第三篇

振动和波动篇

本篇研究的是振动和振动的传播(波动)的规律及其应用。在工科基础物理中，这部分知识通常包含三章的内容：振动、波动及波动光学。

振动是日常生活和工程技术中常见的一种运动形式，广泛地存在于机械运动、电磁运动、热运动、晶体内原子的运动等运动形式中。广义地说，任何一个物理量在某个定值附近作重复(周期)性的变化，都可称之为**振动**。例如，交流电路中的电流、电压、电荷量在某一值附近作周期性的变化、电磁波在传播过程中空间任一点的电场和磁场周期性的变化等。**机械振动**是最直观的振动，它是物体在一定的位置附近所作的来回往复的运动，如心脏的跳动、弦乐器的弦演奏时的运动、打击乐器打击后的被打击面的运动、乐器共振箱工作时空气的运动等一切发声体的运动，钟摆的运动、开动着的机器零部件的运动、车辆过桥引起的桥梁的运动、活塞的往复运动、地震、海啸等都是机械振动。在许多情况下，振动被认为是消极因素。例如，振动会影响精密仪器设备的功能，降低加工精度和光洁度，加剧构件的疲劳和磨损，从而缩短机器和结构物的使用寿命，振动还可能引起结构的大变形破坏，有的桥梁曾因振动而坍毁；飞机机翼的颤振、机轮的抖振往往造成事故；车船和机舱的振动会劣化乘载条件；强烈的振动噪声会形成严重的公害。然而，振动也有它积极的一面。例如，振动是通信、广播、电视、雷达等工作的基础。我国自 20 世纪 50 年代以来，陆续出现许多利用振动的生产装备和工艺。例如，振动传输、振动筛选、振动研磨、振动抛光、振动沉桩、振动消除内应力，等等。它们极大地改善了劳动条件，成十、百倍地提高劳动生产率。可以预期，随着生产实践和科学研究的不断进展，振动的利用还会与日俱增。为发挥振动的积极的作用，尽量消除其不利的一面，需要对振动进行研究，掌握其规律。不同种类的振动虽然有本质上的区别，但振动过程遵循的基本规律在形式上有许多共同之处，从而使得它们具有相同的描述方法。本篇中的第十章介绍振动的一些共性的基本问题。

波动是振动在空间的传播。从波动的定义看出，波动离不开振动——波动的源头是振动，但有的振动又取决于波动的存在——波的传播途径上的各点处于振动状态，如地震时，震源的振动以波动的形式传播到地面，地震波传播经过的地层都在振动，从而引起地面的振动，地面的振动导致其上的建筑物和地面结构(如山体)产生破坏。波动也是自然界和工程技术中广泛存在的一种物质运动形式。投石于静水之中，水面上会激起层层涟漪，人们可以看见向各方向传播的圆形水波纹，这种通过宏观介质中质点的振动状态传播而形成的运动称为**机械波**，如绳波、声波、地震波等都是机械波。此外，无线电波、光波、X 射线等也是一种波动，这种波是变化的电场和变化的磁场在空间的传播，称为**电磁波**。在人类已经进入“信息时代”的今天，可以说，各种各样的信息传播几乎都要借助于波。例如，语言的直接传递借助于声波；文字、图像的直接传播借助于光波；广播、电视、通信等信息的传递借助于电磁波等。如果没有波，我们将处于寂静黑暗的世界。可见，波动是一种极为普遍而又十分重要的运动形式，在物理学的各个分支中也有着广泛的应用。例如，近代物理中处处离不开波动，仅从量子力学又称为波动力学就可看出波动概念在近代物理中的重要性。就人们的生活、生产技术而言，波动也有有利和有害的两个方面，需要研究以利于扬利弃弊。尽管各类波本质不同，但它们都具有波动共同的特征并遵从共同的规律，比如行波都伴随着能量的传播，各种波都能产生干涉、衍射等波动特有现象，都具有相似的数学表达形式。本篇中的第十一章讨论波的基础知识。

光是一定波段的电磁波。**波动光学**从波动学的角度来讨论光学现象及其应用，主要探讨了光波的干涉、衍射现象及其在光学测量中的应用，由于电磁波是横波，因此介绍了属于横波的光的偏振现象。光的波动特性在现代科学技术中已有了广泛的应用。例如，光的干涉目前仍是精密测量中无可替代的手段，衍射光栅则是重要的分光元件，光谱在认识物质的微观结构(如原子结构、分子结构等)方面曾起了关键性的作用，现在它不仅是化学分析中的先进方法，还为天文学家提供了关于星体的化学成分、温度、磁场、速度等大量信息。本篇中的第十二章波动光学主要讨论了光的干涉、衍射和偏振等波动现象和规律，同时介绍了基于波动光学的测量的基本原理。

第十章　简 谐 振 动

思考题

1. 什么是简谐振动？简谐振动的理想模型是什么？有何意义？

2. 简谐振动的基本特征是什么？本章介绍了几种描述简谐振动的方法？

3. 同方向同频率的两个简谐振动合成的运动是简谐振动吗？振幅取决于什么因素？

第一节　简谐振动的理想模型

1.1　振动的基本认识和研究对象

力学量和电磁学量的振动是最常见的。如位置、速度、加速度、力、动量和能量等力学量的振动，统称为**机械振动**；如电流、电压、电功率、电磁场等电磁学量的振动，统称为**电磁振荡**。机械振动比较直观，易于理解，在此我们以机械振动作为讨论的切入点。

振动的形式是多种多样的，情况大多比较复杂，有连续振动和非连续（脉冲）振动，有周期振动和非周期振动等。如果振动可以用时间的单一谐和函数，即一个余弦或正弦函数来描述，就称为**简谐振动**。简谐振动是最简单的、最基本的振动。简谐振动的规律简单而和谐，而且可以证明，一切复杂的振动都可以看作多个简谐振动的合成（傅里叶分解），因而简谐振动是所有振动研究的基础。本章以谐振子为对象，介绍振动的产生、描述、特性及叠加应用。

1.2　简谐振动的理想模型

如果一个物理量在某一个量值附近按余（正）弦函数的规律随时间变化，我们说物理量的运动是简谐振动（通常也称为简谐运动）。

例如，弹簧振子的无阻尼振动就是简谐振动。如图 10.1 所示，一个轻质弹簧的一端固定，另一端连接一个可以在水平光滑面上自由运动的物体，若所有的摩擦都可以忽略，这一包含轻质弹簧和物体的振动系统就称为**弹簧振子**。在弹簧处于自然长度时，物体处于平衡位置 O，以 O 为原点建立 Ox 坐标轴。如果移动物体到 $x=A$ 处然后释放[图 10.1(a)]，此时弹簧被拉长而使物体受到一个指向平衡位置的弹性力。撤去外力后，物体将会在弹性力的作用下向左加速运动，当抵达平衡位置时，物体所受的弹性力减小为零，但物体的惯性会使它继续向左运动

[图 10.1(b)]，致使弹簧被压缩而出现的弹性力将阻碍物体的运动，使物体向左运动的速度减小，最终减小为零[图 10.1(c)]，此时物体又将在弹性力的作用下向右返回。这样，物体会在 Ox 坐标轴上 O 点两侧作往复运动。

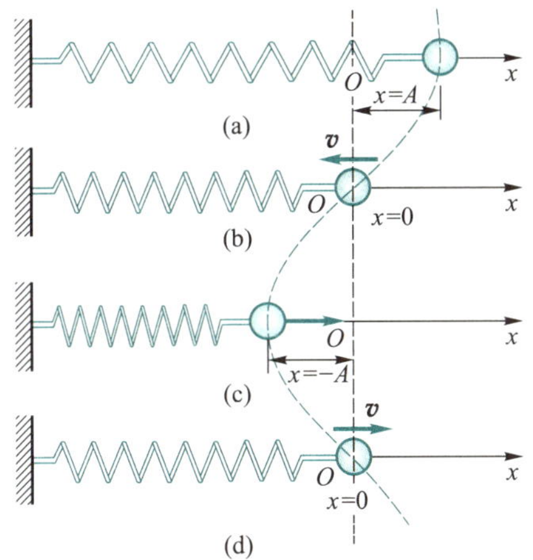

图 10.1　弹簧振子的简谐振动

虽然，上述弹簧振子是一个理想化的模型，但它不仅可用于探讨机械振动的规律，在一定条件下，还可用于对实际振动系统的近似处理。因为这一模型的数学模型相对简单，所得振动规律的图像清晰、直观，本章以这样的弹簧振子模型为对象，研究简谐振动的规律。

第二节　简谐振动的描述

2.1　简谐振动的方程描述

对于弹簧振子而言，由胡克定律可知，物体所受的弹性力 F 与物体相对于平衡位置的位移 x 成正比，其方向与位移的方向相反，始终指向平衡位置，故此力常称为**回复力**。即

$$F=-kx \tag{10.1}$$

式中比例常量 k 为弹簧的**弹性系数**，又称为**劲度系数**，它由弹簧本身的性质(材料、形状、大小等)所决定，负号表示力与位移的方向相反。根据牛顿第二定律，物体的加速度为

$$a=\frac{F}{m}=-\frac{k}{m}x \tag{10.2}$$

对于一个给定的弹簧振子，k 与 m 都是常量，而且都是正值，其比值可用另一个常量 ω 的二次方表示，即

$$\frac{k}{m}=\omega^2 \tag{10.3}$$

这样式 (10.2)可写成

$$a=-\omega^2 x \tag{10.4}$$

上式说明，弹簧振子的加速度 a 与位移的大小 x 成正比，而且方向相反。

式 (10.4)也可以写成

$$\frac{\mathrm{d}^2x}{\mathrm{d}t^2}=-\omega^2 x \tag{10.5}$$

其解为

$$x=A\cos(\omega t+\varphi) \tag{10.6}$$

式(10.6)描述了运动位移 x 是时间 t 的余弦函数，该方程符合简谐振动的定义，是**简谐振动的运动学方程**，简称简谐振动方程，即说明理想模型弹簧振子的运动形式是简谐振动。式中 A 和 φ 是积分常量，它们的物理意义将在下一小节讨论。式(10.6)中的 x 也可以描述任何作简谐振动物理量，如：位移、速度、加速度，角位移、角速度，甚至是电磁学量，如电流、电压、电场强度和磁感应强度。无论是什么物理量，只要它满足运动学方程式(10.6)，它的运动形式就是简谐振动。因此，根据式(10.1)，可以得出结论：若质点所受的合外力是线性回复力，则质点的运动是简谐振动，式(10.1)为简谐振动的**动力学方程**，这可作为简谐振动的动力学定义，式(10.5)则为简谐振动的**微分方程**。

将式(10.6)对时间求一阶、二阶导数，可分别得到简谐振动物体的速度 v 和加速度 a：

$$v=\frac{\mathrm{d}x}{\mathrm{d}t}=-A\omega\sin(\omega t+\varphi)=A\omega\cos\left(\omega t+\varphi+\frac{\pi}{2}\right) \tag{10.7}$$

$$a=\frac{\mathrm{d}v}{\mathrm{d}t}=-A\omega^2\cos(\omega t+\varphi)=A\omega^2\cos(\omega t+\varphi+\pi) \tag{10.8}$$

比较式(10.6)、式(10.7)和式(10.8)，可得，从广义上说简谐振动物体的速度 v、加速度 a 也都是简谐振动。

2.2 简谐振动特征的描述

式(10.6)中 A、ω 和 φ 为待定的常量，决定了简谐振动的具体形式，将其称为简谐振动的**特征量**。现在我们来讨论描述简谐振动特征的物理量：振幅、周期(频率、角频率)和相位(初相位)，其中相位的概念尤为重要。

2.2.1 周期(频率、角频率)

简谐振动的物理量(对弹簧振子而言其位移)x 最突出的性质之一就是时间重复性。物体作一次完整振动所经历的时间称为**振动的周期**，以 T 表示，周期的单位是秒，符号为 s。例如图 10.1 中，物体自 $x=A$ 处经 O 点到达最左边(速度为零时)，然后再向右运动回到 $x=A$ 处，所经历的时间就是一个周期。所以物体在任意时刻 t 的位移和速度，应与物体在时刻 $t+T$ 的位移和速度完全相同，于是有

$$x=A\cos(\omega t+\varphi)=A\cos[\omega(t+T)+\varphi]$$

由于余弦函数的周期性，物体作一次完全振动后应有 $\omega T=2\pi$，得到

$$T=\frac{2\pi}{\omega} \tag{10.9}$$

由于弹簧振子的 $\omega=\sqrt{k/m}$，所以弹簧振子的周期为

$$T=2\pi\sqrt{\frac{m}{k}} \tag{10.10}$$

单位时间内物体振动的次数称为简谐振动的**频率**，用 ν 表示，它的单位名称是赫兹，符号为 Hz。显然，频率与周期的关系为

$$\nu=\frac{1}{T} \tag{10.11}$$

于是得到 ω、T、ν 三者的关系为

$$\omega=\frac{2\pi}{T}=2\pi\nu \tag{10.12}$$

即 ω 等于物体在单位时间内所作完全振动次数的 2π 倍，称为**角频率**，又叫**圆频率**，单位是 $\mathrm{rad\cdot s^{-1}}$(弧度每秒)，显然 ω、T、ν 三者都是描述简谐振动周期性的物理量。由式(10.10)可知，弹簧振子的周期性是由其质量 m 和弹性系数 k 所决定的，所以 ω、T、ν 三者只和振动系统本身的物理性质有关。这种只由振动系统本身的固有属性所决定的周期和频率，称为振动的**固有角频率**、**固有周期**、**固有频率**。

2.2.2　振幅

由式(10.1)知位移 x 的绝对值不可能大于 A，物理量 A 表示作简谐振动的物体离开平衡位置的最大位移的绝对值(正值)，称为**振幅**，决定物体振动的范围(或幅值)，描述振动的强度，其大小由起始条件决定。

2.2.3　相位和初相

在力学中，物体在某一时刻的运动状态可用位矢和速度来描述，从式(10.6)和式(10.7)可以看出，对振幅和角频率都已给定的简谐振动，它的运动状态由$(\omega t+\varphi)$决定。因此，$(\omega t+\varphi)$称为振动的**相位**，是描述简谐振动状态的物理量，记作 $\Phi=(\omega t+\varphi)$。此外，当振动物体的相位经历了 2π 的变化，即相位由$(\omega t+\varphi)$变为$(\omega t+\varphi+2\pi)=[\omega(t+T)+\varphi]$，振动经历了一个周期时，根据式(10.6)和式(10.7)可知，振动恢复到原来的运动状态，由此可知，用相位描述物体的运动状态，还能充分体现简谐振动的周期性。

> **讨论 1：**
>
> (1)简谐振动三个特征量的含义是什么？它们分别由什么因素决定？
>
> (2)能否说已知简谐振动的三个特征量，就能完全地描述这个简谐振动？为什么？

关于相位的概念，要注意两点：一是相位与时间一一对应，相位不同是指时间先后不同；二是相位是以角度的方式出现的，便于我们讨论振动的细节。$\Phi=\omega t+\varphi$对时间求导，可得

$$\omega=\frac{\mathrm{d}\Phi}{\mathrm{d}t} \tag{10.13}$$

故角频率表示相位变化的速率，是描述简谐振动状态变化快慢的物理量。ω 是一个常量，表示相位是匀速变化的。

当 $t=0$ 时，相位$(\omega t+\varphi)=\varphi$，故 φ 叫**初相位**，简称**初相**。它是决定初始时刻

（即开始计时的起点）振动物体运动状态的物理量。例如，若 $\varphi=0$，则在 $t=0$ 时，由式（10.6）和式（10.7）可分别得出 $x_0=A$ 及 $v_0=0$，这表示我们所选的计时起点是物体位于正最大位移处且速率为零的这一时刻。

需要注意：由于简谐振动的周期性，初相 φ 的取值范围带有人为约定性质，一般只在 $0\sim2\pi$ 或者 $-\pi\sim\pi$ 之间取值。

> **讨论 2**：
> 简谐振动的初相是不是一定指它开始振动时刻的相位？

在时间从 t_1 到 t_2 的过程中，相位从 $\Phi_1=\omega t_1+\varphi$ 变化到 $\Phi_2=\omega t_2+\varphi$，相位变化

$$\Delta\Phi=\Phi_2-\Phi_1$$

它和相应的时间变化 $\Delta t=t_2-t_1$ 的关系为

$$\Delta\Phi=\omega\Delta t$$

其直观的物理意义是：相位变化等于相位变化的速率与变化的时间之积。

将上式进一步记作

$$\Delta\Phi=\omega\Delta t=\frac{2\pi}{T}\Delta t$$

即每经过一个周期 $\Delta t=T$，则相位增加 $\Delta\Phi=2\pi$。相位差与时间差的关系还常常用于讨论两个振动的步调。例如，有下列两个简谐振动：

$$x_1=A_1\cos(\omega t_1+\varphi_1)$$

$$x_2=A_2\cos(\omega t_2+\varphi_2)$$

它们的相位差（简称相差）为

$$\Delta\Phi=(\omega t+\varphi_2)-(\omega t+\varphi_1)=\varphi_2-\varphi_1=\Delta\varphi \tag{10.14}$$

相差描述同一时刻两个振动的状态差。从上式可以看出，两个连续进行的同频率的简谐振动在任意时刻的相差都等于其初相差而与时间无关。由这个相差的值可以分析它们的步调是否相同。

如果 $\Delta\Phi=0$（或者 2π 的整数倍），两振动质点将同时到达各自的极大值，并且同时越过原点并同时到达极小值，它们的步调始终相同。这种情况下，我们说两者同相。

如果 $\Delta\Phi=\pi$（或者 π 的奇数倍），两振动质点中的一个到达极大值时，另一个将同时到达极小值，并且将同时越过原点并同时到达各自的另一个极值，它们的步调正好相反。这种情况下，我们说两者反相。

当 $\Delta\Phi$ 为其他值时，我们一般说两者不同相。例如对于下面两个简谐振动：

$$x_1=A_1\cos\ \omega t$$

$$x_2=A_2\cos\left(\omega t+\frac{\pi}{2}\right)=A_2\cos\ \omega\left(t+\frac{T}{4}\right)$$

它们的相差为 $\Delta\Phi=\dfrac{\pi}{2}$，即 x_2 振动的相位始终要比 x_1 振动的相位大 $\pi/2$。

可以看出，在 $t=0$ 时，x_1 振动的相位为 0，x_2 振动的相位为 $\pi/2$，在 $t=T/4$

时，x_1 振动的相位变为 $\pi/2$，而 x_2 振动的相位则变为 π。对于这种情况，我们说 x_2 振动在相位上超前 x_1 振动 $\pi/2$，或说成 x_1 振动落后于 x_2 振动 $\pi/2$，即两个振动比较，相位大的一个称为**超前**，相位小的一个称为**落后**。从时间上看，我们可以说 x_2 振动超前 x_1 振动 $T/4$，即 x_1 振动必须要在 $T/4$ 后才能到达 x_2 振动现在的状态。也就是说，两个振动比较，时间因子大的振动超前，时间因子小的振动落后。两个同频率的简谐振动的相位差 $\Delta\Phi$ 和时间差 Δt 的关系，仍然可以表示为

$$\Delta\Phi = \omega\Delta t = \frac{2\pi}{T}\Delta t \qquad (10.15)$$

表示一个振动的时间每超前一个周期，则它的相位超前 2π。

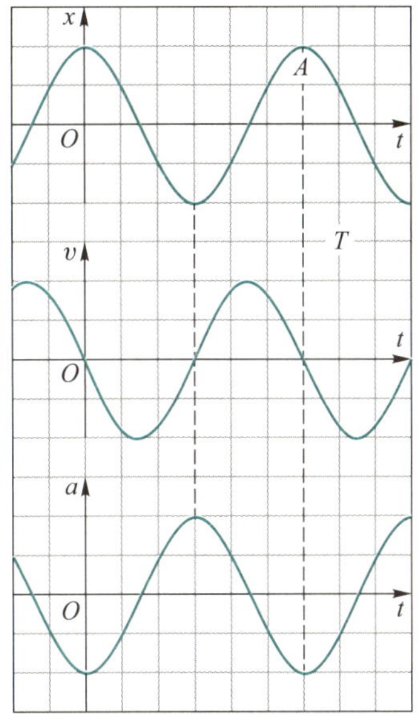

图 10.2　简谐振动的 x，v，a 随时间变化的关系曲线

根据式(10.6)、式(10.7)和式(10.8)可作出如图 10.2 所示的 x-t、v-t 和 a-t 图，比较三者的特征量。由图可以看出，物体作简谐振动时，它的位移、速度和加速度是作相同周期性变化的，即它们振动的频率相同。它们的振幅分别为 $x_{max}=A$、$v_{max}=\omega A$ 和 $a_{max}=\omega^2 A$，即依次多一个因子 ω，为了突出相位，图中把振幅的大小作得相同。从图中可以看出，它们的相位依次超前 $\pi/2$，因而加速度和位移反相。

这一关系式说明，简谐振动的加速度和位移的大小成正比而方向相反。这也是简谐振动的运动学特征。

2.2.4　振动三个特征量的求解

1. 振幅 A 和初相 φ 由初始条件决定

当 $t=0$ 时，物体振动的位移为 x_0，速度为 v_0，称为**初始条件**。初始条件已知时，求解振幅 A 和初相 φ 方法如下：令式(10.6)、式(10.7)中 $t=0$，分别有

$$x_0 = A\cos\varphi$$

$$v_0 = -\omega A\sin\varphi$$

由此两式可得

$$A = \sqrt{x_0^2 + \frac{v_0^2}{\omega^2}} \qquad (10.16)$$

$$\tan\varphi = -\frac{v_0}{\omega x_0} \qquad (10.17)$$

上述关系式称为**振幅和初相与初始条件的关系**。由此可知，只要初始条件确定，质点作简谐振动的振幅和初相就是确定的。

讨论 3:
以弹簧振子为例，试总结简谐振动三个特征量的求解方法。

2. 角频率 ω 求解

由式(10.1)、式(10.2)和式(10.3)可知，弹簧振子的角频率 $\omega=\sqrt{\dfrac{k}{m}}$，即角频率由振动系统本身的力学性质(包括物体的质量和力的性质)所决定。所以我们把 ω 称为振动系统的**固有角频率**。

2.3　简谐振动的旋转矢量法描述

在对简谐振动的描述和振动状态特性的分析过程中，除运用运动方程外，还可以运用如图 10.2 所示的振动图形。通过振动图形，能直观地了解不同时刻振动物理量离开平衡位置的大小，也能直接观察到其运动的周期性，并由此计算出振动周期或频率。由于相位决定振动状态，为了更加直观透彻地描述相位，还可以采用旋转矢量法来描述。利用旋转矢量图，可以使初相位、相位差、角频率、振动物理量从一种状态变化到另一种状态所需要的时间、两个振动的相位比较等的求解更加方便。

本节介绍简谐振动的旋转矢量法。如图 10.3 所示，在一个平面上作一个 Ox 坐标轴，以原点 O 为起点作一个长度为 A 的矢量 $\boldsymbol{A}$，$\boldsymbol{A}$ 绕原点 O 以匀角速度 ω 沿逆时针方向旋转，称为**旋转矢量**，矢量端点在平面上将画出一个圆，称为**参考圆**。设 $t=0$ 时矢量 $\boldsymbol{A}$ 与 x 轴的夹角即初角位置为 φ，则任意 t 时 $\boldsymbol{A}$ 与 x 轴的夹角即角位置为 $\Phi=\omega t+\varphi$，矢量的端点 M 在 x 轴上投影点 P 的坐标为

$$x=A\cos(\omega t+\varphi)$$

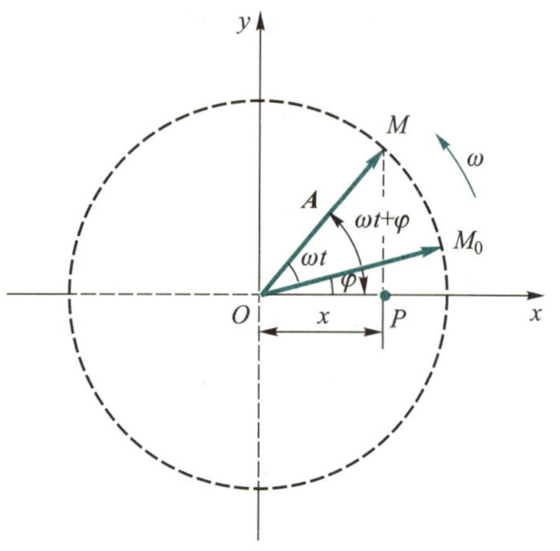

图 10.3　简谐振动的旋转矢量图

由此可知，**旋转矢量的端点在 x 轴上的投影的运动就是简谐振动**。因此，必须强调，旋转矢量本身并不作简谐振动，我们是利用旋转矢量端点在 Ox 轴上投影点的运动，来形象展示简谐振动的规律的。一个旋转矢量图与一个简谐振动相对应，其对应关系是：旋转矢量的长度就是振动的**振幅**，因而旋转矢量又称为**振幅矢量**；矢量的角位置就是振动的**相位**，矢量的初始角位置就是振动的**初相**，矢量的角位移就是振动相位的变化；矢量的角速度就是振动的**角频率**，即相位变化的速率；矢量旋转的周期和频率就是振动的**周期**和**频率**。我们在讨论一个简谐振动时，用上述方法作一个旋转矢量图来帮助分析，可以用图形的方法直观地表示运动的各个物理量及它们的关系，有利于问题的解决。

> **讨论 4：**
> (1)为什么说简谐振动的旋转矢量可看成简谐振动的一种描述方法？
> (2)在旋转矢量法中其三个特征量是如何表示的？

2.4　简谐振动描述的问题分析

解决好这类问题的基础是：①熟悉各种振动描述方法下，三个振动特征量的表示方法；②几种常用振动参量之间的变换关系。

[例 10.1]　某质点振动的 x-t 曲线如图 10.4 所示。求：

（1）质点的振动方程；

（2）质点从 $t=0$ 的位置到达 P 点相应位置所需的最短时间。

[解]　（1）设所求方程为：$x=A\cos(\omega t+\varphi_0)$

从图中可见，$t=0$，$x_0=A/2$，$v_0>0$

由旋转矢量法(图 10.5)可知；$\varphi_0=-\dfrac{\pi}{3}$

又因为 $t=1$ s，$\omega t-\dfrac{\pi}{3}=\dfrac{\pi}{2}$

所以有

$$\omega=\frac{5\pi}{6}\ \mathrm{rad\cdot s^{-1}}$$

故：$x=0.1\cos\left(\dfrac{5\pi}{6}t-\dfrac{\pi}{3}\right)$（m）

（2）因为 P 点的相位为 0

所以 $\omega t_P+\varphi_0=\dfrac{5\pi}{6}t_P-\dfrac{\pi}{3}=0$，$t_P=0.4$ s

即质点到达 P 点相应状态所要的最短时间为 0.4 s。

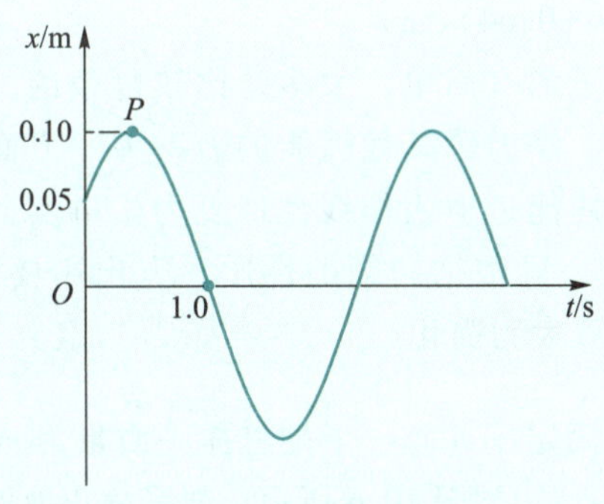

图 10.4　例 10.1 图：振动的 x-t 曲线

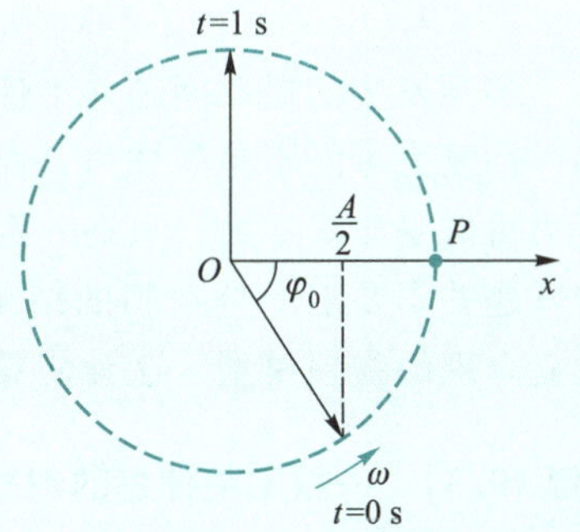

图 10.5　例 10.1 解图

[例 10.2] 在一轻弹簧下端悬挂 $m_0=100$ g 砝码时，弹簧伸长 8 cm。现在这根弹簧下端悬挂 $m=250$ g 的物体，构成弹簧振子。将物体从平衡位置向下拉动 4 cm，并给以向上为 21 cm·s^{-1}的初速度(令这时 $t=0$)。选 x 轴向下为正，求运动学方程。

分析：运动学方程是对描述运动最常见的方式，简谐振动的运动学方程具有统一的形式：
$x=A\cos(\omega t+\varphi)$[或 $x=A\sin(\omega t+\varphi')$]，其中，$\omega$ 为振动的角频率，由系统性质决定，上一个例题已经说明了其求解方法。(A、φ)分别称为振动振幅和初相位，由振动初始状态，即振动开始计时的位置、速度大小和方向决定。

[解] 对本题，设弹簧悬挂质量为 m_0 的砝码时，其伸长量为 Δl，弹簧的弹性系数

$$k=m_0g/\Delta l$$

该弹簧与物体 m 构成弹簧振子，起振后将作简谐振动。可设其振动方程为

$$x=A\cos(\omega t+\varphi)$$

角频率为 $\omega=\sqrt{k/m}$，代入数据后求得

$$\omega=7\ \text{rad}\cdot\text{s}^{-1}$$

以平衡位置为原点建立坐标，则

$$x_0=0.04\ \text{m},\ v_0=-0.21\ \text{m}\cdot\text{s}^{-1}$$

由 $A=\sqrt{x_0^2+(v_0/\omega)^2}$，得

$$A=0.05\ \text{m}$$

据 $\varphi=\pm\arccos\dfrac{x_0}{A}$，得

$$\varphi=\pm0.64\ \text{rad}$$

由于 $v_0<0$，应取 $\varphi=0.64$ rad，于是，所求方程为

$$x=0.05\cos(7t+0.64)(\text{m})$$

实际发生的振动问题并不像弹簧振子那么简单，大多是比较复杂的。一方面，回复力可能不是弹性力，而是重力、浮力等其他性质的力；另一方面，回复力可能是非线性力，只在一定条件下才能近似当作线性回复力。事实上，有些问题并不要求十分精确的结果。因此，可根据问题的性质，突出主要因素，建立合理的物理模型，这会使具体的计算大为简化。

[例 10.3] 一根不能伸缩的细线，上端固定于 A 点，下端悬挂一质量为 m 的重物，细线的质量和重物的体积均可忽略不计，如图 10.6 所示。细线静止地处于竖直位置时，重物在位置 O。此时，作用在重物上的合外力为零，位置 O 即平衡位置。重物受到扰动后，将在竖直平面内平衡位置附近来回摆动，这样的系统称为**单摆**，也叫**数学摆**。通常把重物称为**摆锤**，细线称为**摆线**。计算单摆的周期。

[解]

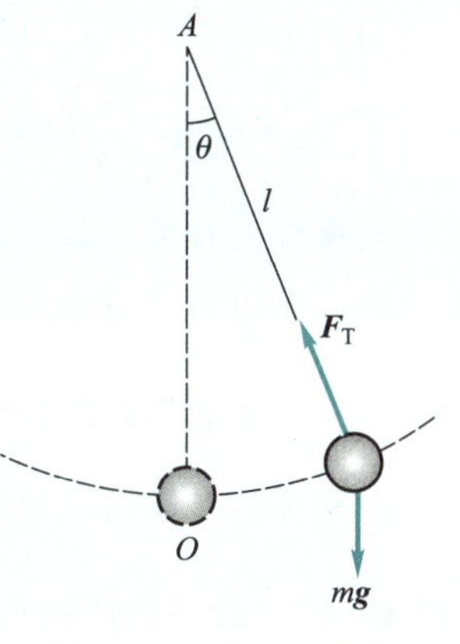

图 10.6　例 10.3 单摆

(1) 确定研究对象：以摆锤为研究对象，摆锤绕水平轴 A 转动。

(2) 建立物理模型：摆锤可看作质点，在摆锤转动过程中忽略阻力。

(3) 给出物理描述：假设某一时刻，单摆摆线与竖直方向成 θ 角，摆锤受重力 $m\boldsymbol{g}$ 和摆线的拉力 $\boldsymbol{F}_{\mathrm{T}}$，其中 $\boldsymbol{F}_{\mathrm{T}}$ 对轴 A 的力矩为零。取逆时针方向为转动的正方向，忽略阻力，并设摆线长为 l，则摆锤所受合外力矩为

$$M=-mgl\sin\theta$$

(4) 物理规律分析：显然，上式与简谐振动方程不同，因此，摆锤的摆动一般不是简谐振动。考虑

$$\sin\theta=\theta-\frac{\theta^3}{3!}+\frac{\theta^5}{5!}-\cdots$$

当 θ 很小时(小于 5°)，可取 $\sin\theta\approx\theta$，则有

$$M=-mgl\theta \tag{10.18}$$

上式表明，单摆作微小摆动时，作用在摆锤上合外力矩与摆锤相对平衡位置的角位移成正比而方向相反。

(5) 物理规律计算：摆锤对轴 A 的转动惯量 $J=ml^2$，根据刚体定轴转动定律，可得摆锤的角加速度为

$$\alpha=\frac{M}{J}=-\frac{g}{l}\theta=-\frac{\mathrm{d}^2\theta}{\mathrm{d}t^2}，则$$

$$\frac{\mathrm{d}^2\theta}{\mathrm{d}t^2}+\omega^2\theta=0 \tag{10.19}$$

式(10.19)与简谐振动微分方程式(10.5)具有完全相同的形式。由此可知，当单摆的摆角很小时，其运动为简谐振动，周期为

$$T=\frac{2\pi}{\omega}=2\pi\sqrt{\frac{l}{g}} \tag{10.20}$$

(6) 结果分析：可见单摆的振动周期与摆锤的质量无关，仅由摆长和重力加速度确定。以此，通过精确测定单摆的摆长和振动周期，利用式(10.20)可以测量某地的重力加速度。

不难看出，方程(10.19)的解可以写成如下形式：

$$\theta=\theta_{\mathrm{m}}\cos(\omega t+\varphi) \tag{10.21}$$

其中，$\omega=\sqrt{\dfrac{g}{l}}$，式中，$\theta_{\mathrm{m}}$称为**角振幅**，$\varphi$ 为初相位，均由初始条件确定。

顺便指出，具有式(10.18)这种特征的力矩或力，形如弹性力，而力的本质又与弹性力不同，称之为**准弹性力**。物体在准弹性力作用下也作简谐振动。

当θ不是很小时，可以证明其周期为

$$T=2\pi\sqrt{\frac{l}{g}}\left(1+\frac{1}{2^2}\sin^2\frac{\theta_m}{2}+\frac{1}{2^2}\cdot\frac{3^2}{4^2}\sin^4\frac{\theta_m}{2}+\frac{1}{2^2}\cdot\frac{5^2}{6^2}\sin^6\frac{\theta_m}{2}+\cdots\right)$$

它与角振幅θ_m有关。式中含有θ_m的各项逐项变小，因此只要在括号内取足够多的项数，即可将T计算到要求的任何精度。不过，即使$\theta=15°$，实际周期与用$T=2\pi\sqrt{\frac{l}{g}}$计算出来的值相差也不超过0.5%。

对刚体的转动讨论思路同上。

[**例 10.4**]　设一刚体绕水平轴O在垂直平面内无摩擦地转动(物理摆)，转轴到刚体质心的距离为h，对此转轴的转动惯量为J，与竖直方向夹角为$\theta(\theta<5°)$，如图 10.7 所示，建立其动力学方程。

[**解**]　首先隔离物体、分析所受力矩，规定沿逆时针转动方向为正，故受到的合外力矩重力矩为

$$M=-mgh\sin\theta\approx-mgh\theta=-k\theta$$

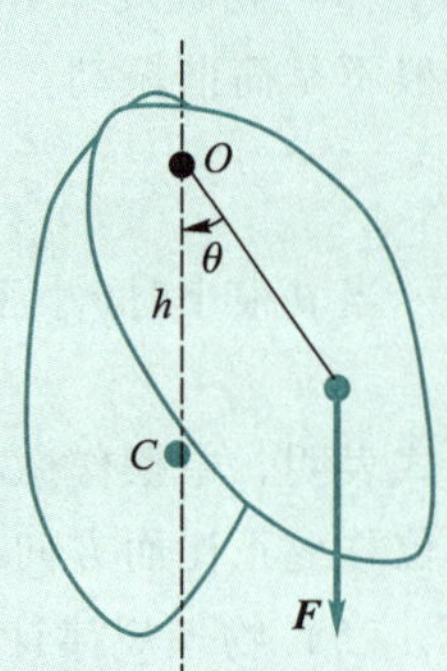

图 10.7　例 10.4 物理摆

其次根据刚体定轴转动定律：

$$M=J\alpha$$

列辅助方程，依角加速度定义，有

$$\alpha=\frac{d^2\theta}{dt^2}$$

$$J\frac{d^2\theta}{dt^2}=-k\theta$$

令

$$\omega=\sqrt{\frac{k}{J}}=\sqrt{\frac{mgh}{J}}$$

即

$$\frac{d^2\theta}{dt^2}+\omega^2\theta=0$$

这也是一个谐振微分方程，表示刚体对于平衡位置的角位移θ是一个谐振量，即

$$\theta=\theta_m\cos(\omega t+\varphi)$$

其中θ_m表示角位移的振幅。因此可以说，若刚体所受的合外力矩是正比回复力矩，则刚体的转动是简谐振动。

讨论 5：

一个人在荡秋千。当这个人坐在秋千上不动与站在秋千上不动时，秋千前后摆动的频率会有变化吗？为什么？

[例 10.5] 设细圆环的质量为 m，半径为 R，挂在墙上的钉子上，挂点处摩擦力足够大。求它微小振动的周期。

分析：反映振动周期性（含频率）的物理量是振动系统固有的，换句话说，是由系统本身确定的，由系统的动力学特性确定，这类量或者是题目间接给出，或者需要从建立动力学方程入手求解。

[解] 对本题，如图 10.8 所示，转轴 O 在环上，设角度 θ 以逆时针为正，则由转动定律有 $M=J\alpha$，而 $\alpha=\dfrac{\mathrm{d}^2\theta}{\mathrm{d}t^2}$，得

$$J\frac{\mathrm{d}^2\theta}{\mathrm{d}t^2}=-mgR\sin\theta$$

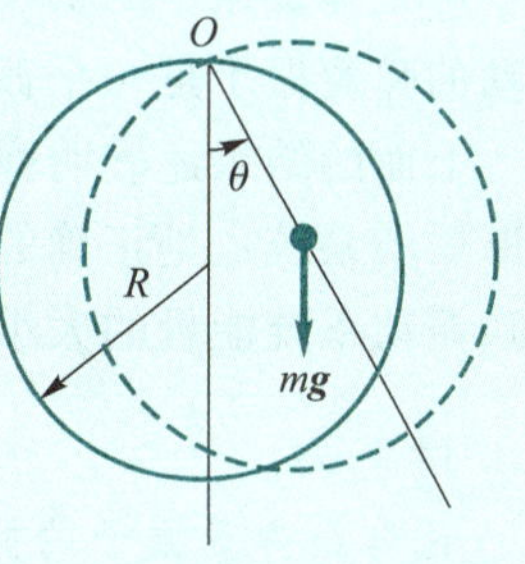

图 10.8　例 10.5 解图

当环作微小摆动 $\sin\theta\approx\theta$ 时，整理成标准形式，得

$$\frac{\mathrm{d}^2\theta}{\mathrm{d}t^2}+\frac{mgR}{J}\theta=0$$

令

$$\omega=\sqrt{\frac{mgR}{J}}$$

得

$$\frac{\mathrm{d}^2\theta}{\mathrm{d}t^2}+\omega^2\theta=0$$

因为 $J=2mR^2$，所以

$$T=\frac{2\pi}{\omega}=2\pi\sqrt{\frac{2R}{g}}$$

2.5　简谐振动的能量分析

下面我们以弹簧振子为例来讨论简谐振动的能量。利用简谐振动的运动学方程及其速度方程，可得任意时刻一个弹簧振子的**弹性势能**和**动能**：

$$E_{\mathrm{p}}=\frac{1}{2}kx^2=\frac{1}{2}kA^2\cos^2(\omega t+\varphi)$$

$$E_{\mathrm{k}}=\frac{1}{2}mv^2=\frac{1}{2}m\omega^2A^2\sin^2(\omega t+\varphi)$$

由

$$\omega^2=\frac{k}{m}$$

可得到

$$E_k = \frac{1}{2} kA^2 \sin^2(\omega t+\varphi)$$

因此，弹簧振子的机械能为

$$E = E_k + E_p = \frac{1}{2} kA^2 \tag{10.22}$$

可见弹簧振子的机械能不随时间改变，即其能量守恒。这是由于无阻尼自由振动的弹簧振子是一个孤立系统，在振动过程中没有外力对它做功的缘故。

上面的结果还表明弹簧振子的总能量和振幅的平方成正比，这一点对其他的简谐振动系统也是正确的。这意味着振幅不仅描述简谐振动的运动范围，而且还反映振动系统能量的大小。

> **讨论 6：**
> 试总结弹簧振子的能量特点，弹簧振子在现实中确实存在吗，为什么？

把动能和势能的表达式改写

$$E_p = \frac{1}{2} kA^2 \cos^2(\omega t+\varphi) = \frac{1}{4} kA^2 [1+\cos 2(\omega t+\varphi)] \tag{10.23}$$

$$E_k = \frac{1}{2} kA^2 \sin^2(\omega t+\varphi) = \frac{1}{4} kA^2 [1-\cos 2(\omega t+\varphi)] \tag{10.24}$$

可见弹簧振子的动能和势能都在作简谐振动，见图 10.9 所示，它们的平衡点在系统机械能一半的地方，即 $\frac{E}{2} = \frac{1}{4} kA^2$ 处，能量的振幅亦为 $\frac{E}{2} = \frac{1}{4} kA^2$。动能和势能的谐振频率均为位移振动频率的两倍，动能和势能振动的相位相反，因而它们的总和，即机械能守恒。

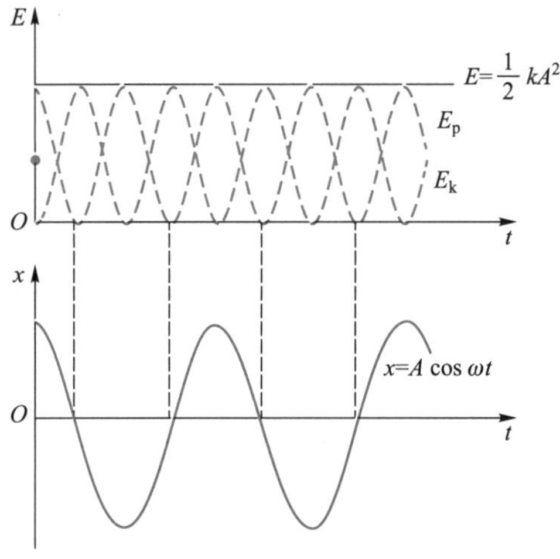

图 10.9 弹簧振子的能量

[**例 10.6**] 一弹簧振子的质量为 0.500 kg，当以 35.0 cm 的振幅振动时，振子每 0.500 s 重复一次运动。求振子的振动周期 T、频率 ν、角频率 ω、弹簧的弹性系数 k、物体运动的最大速率 v_{max} 和弹簧给物体的最大作用力 F_{max}。

[**解**] 由题意可知 $T=0.500\ \mathrm{s}$；

所以频率

$$\nu=1/T=2.00\ \mathrm{Hz};$$

角频率

$$\omega=2\pi\nu=4\pi\ \mathrm{rad\cdot s^{-1}}=12.6\ \mathrm{rad\cdot s^{-1}};$$

弹性系数

$$k=m\omega^2=0.500\times12.6^2\ \mathrm{N\cdot m^{-1}}=79.4\ \mathrm{N\cdot m^{-1}};$$

最大速率

$$v_{max}=A\omega=0.35\times12.6\ \mathrm{m\cdot s^{-1}}=4.41\ \mathrm{m\cdot s^{-1}}$$

最大作用力

$$F_{max}=ma_{max}=mA\omega^2=0.500\times0.35\times12.6^2\ \mathrm{N}=27.8\ \mathrm{N}$$

[**例 10.7**] 一物体质量为 0.25 kg，在弹性力作用下作简谐振动，弹簧的弹性系数 $k=25\ \mathrm{N\cdot m^{-1}}$，如果物体起始振动时具有势能 0.06 J 和动能 0.02 J，求：

（1）振幅；

（2）动能恰等于势能时的位移；

（3）物体经过平衡位置时的速度。

分析：简谐振动的能量特点是“机械能守恒，动能(和势能)值的变化规律也是简谐振动，其频率为原位移简谐振动频率的 2 倍”。

[**解**] （1）总的机械能：$E=E_k+E_p=\dfrac{1}{2}kA^2$，则

$$A=[2(E_k+E_p)/k]^{1/2}=0.08\ \mathrm{m}$$

（2）因为 $E=E_k+E_p=\dfrac{1}{2}kA^2$，当 $E_k=E_p$ 时，有 $2E_p=E$，得

$$2\times\frac{1}{2}kx^2=\frac{1}{2}kA^2$$

即

$$x=\pm A/\sqrt{2}=\pm0.056\ 6\ \mathrm{m}$$

（3）过平衡点时，$x=0$，此时动能等于总能量

$$E=E_k+E_p=\frac{1}{2}mv^2$$

$$v=[2(E_k+E_p)/m]^{1/2}=\pm0.8\ \mathrm{m\cdot s^{-1}}$$

工科物理中为直观地建立振动的概念，选择从简谐振子入手研究振动，而简谐振子振动的本质是机械运动，讨论的思路可延续力学的基本思路。其内容包

括：从受力出发，建立动力学方程；解动力学微分方程，得运动学方程；运动过程中的能量变化；为方便分析运动特征，引进了直观展现振动量偏离平衡位置的振动图形、方便确定振动物理量变化方向和相位关系的旋转矢量法；作为理论应用的振动叠加。

第三节 简谐振动的合成及应用

前面介绍了机械振动现象中最基本、最简单的弹簧振子模型的简谐振动。实际的系统常参与多个振动，根据运动的叠加性，此时系统的运动就是诸多振动的合成。振动合成在声学、光学、无线电技术和电工学等中有着广泛的应用。大多数的振动合成问题是比较复杂的，作为分析各种复杂简谐振动合成的基础。我们只讨论几种简单且基本的简谐振动的合成。

3.1 一维简谐振动的合成

3.1.1 同方向、同频率简谐振动的合成

振动的合成是运动叠加原理在振动中的表现。下面我们先讨论振动方向和振动频率都相同的两个简谐振动的合成，这在我们后面讨论波的干涉时十分重要。

设两个振动都发生在 x 方向，振动的频率均为 ω，振动方程分别为

$$x_1=A_1\cos(\omega t+\varphi_1)$$

$$x_2=A_2\cos(\omega t+\varphi_2)$$

式中 A_1、A_2 和 φ_1，φ_2 分别为两个振动的振幅和初相。按运动的叠加原理，在任意时刻合振动的位移为

$$x=x_1+x_2$$

以上合成的计算可以用三角函数公式求得结果，但是利用振动的矢量图来分析，可以更直观、更简洁地得出结论。

如图 10.10 所示，$\boldsymbol{A}_1$，$\boldsymbol{A}_2$ 分别表示简谐振动 x_1 和 x_2 的旋转矢量，如前所述，它们在 x 轴上投影的坐标即表示简谐振动 x_1 和 x_2，我们要求它们的和 x_1+x_2。作 $\boldsymbol{A}_1$、$\boldsymbol{A}_2$ 的合矢量 $\boldsymbol{A}$，矢量 $\boldsymbol{A}$ 的端点在 x 轴上投影的坐标是 $x=x_1+x_2$，这正好是我们要求的合振动的位移。

为了求矢量 $\boldsymbol{A}$ 的端点在 x 轴上投影的坐标，我们首先分析 $\boldsymbol{A}$ 的变化规律。由于两个振动的角频率相同，即 $\boldsymbol{A}_1$，$\boldsymbol{A}_2$ 以相同的角速度 ω 匀速旋转，所以在旋转过程中图 10.10 中平行四边形的形状保持不变，因而合矢量 $\boldsymbol{A}$ 的长度 A 保持不变，并以同一角速度 ω 匀速旋转。因此我们断定，合矢量 $\boldsymbol{A}$ 也是一个旋转矢量，合振动是一个与两个分振动频率相同的简谐振动。矢量 $\boldsymbol{A}$ 的端点在 x 轴上的投影坐标可表示为

$$x=A\cos(\omega t+\varphi)$$

即合振动也是简谐振动。合振动的振幅 A 等于合矢量 $\boldsymbol{A}$ 的长度，合振动的初相 φ

就是合矢量的初角位置。在图 10.10 的 $\triangle OMM_1$ 中用余弦定理可求得合振幅为

$$A=\sqrt{A_1^2+A_2^2+2A_1A_2\cos\Delta\Phi} \tag{10.25}$$

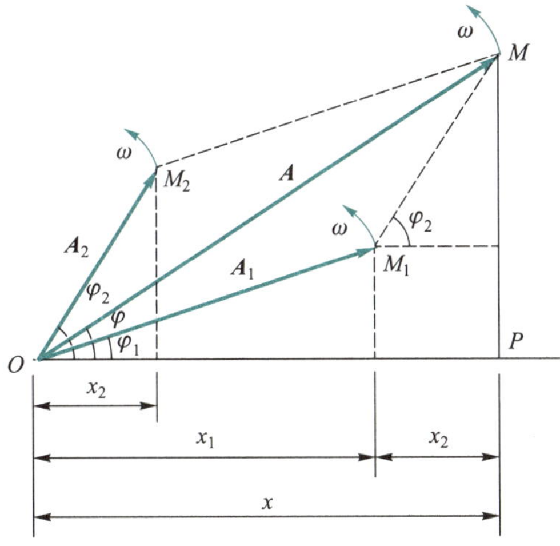

图 10.10 两个同频率的简谐振动合成的矢量图

其中

$$\Delta\Phi=\varphi_2-\varphi_1$$

为两个同频率振动的相位差。由直角三角形 $\triangle OMP$ 可以求得合振动的初相 φ 满足

$$\tan\varphi=\frac{A_1\sin\varphi_1+A_2\sin\varphi_2}{A_1\cos\varphi_1+A_2\cos\varphi_2} \tag{10.26}$$

φ 角的象限可以通过振动的矢量图直接判定。

对于两个振幅确定的分振动，合振幅随它们的相差 $\Delta\Phi=\varphi_2-\varphi_1$ 而变。特别是，如果两个分振动同相，$\Delta\Phi=2k\pi$，$k=0$，±1，±2，…，则得

$$A=\sqrt{A_1^2+A_2^2+2A_1A_2}=A_1+A_2$$

这时合振幅达到最大。此时称两个振动**相互加强**。

如果两个分振动反相，

$\Delta\Phi=(2k+1)\pi$，$k=0$，±1，±2，…，则得

$$A=\sqrt{A_1^2+A_2^2-2A_1A_2}=|A_1-A_2|$$

这时合振幅最小。此时称两个振动**相互抵消**。当 $A_1=A_2$ 时，合振幅 $A=0$，说明两个同幅反相的振动合成的结果将使质点保持静止状态。

[例 10.8] 两个同方向的简谐振动的振动方程分别为

$$x_1=4\times10^{-2}\cos 2\pi\left(t+\frac{1}{8}\right)\ (\mathrm{m}),$$

$$x_2=3\times10^{-2}\cos 2\pi\left(t+\frac{1}{4}\right)\ (\mathrm{m})$$

（1）求合振动的振幅和初相位；

（2）若另有一同方向同频率的简谐振动 $x_3=5\times10^{-2}\cos(2\pi t+\varphi)$(m)，则 φ 为多少时，x_1+x_3 的振幅最大？φ 又为多少时，x_2+x_3 的振幅最小？

分析：振动的合成服从运动的叠加，即同一时刻各振动引起的位移量的矢量叠加。同频率、同振动方向的振动合成的合振动为同频率的另一振动，可以用旋转矢量法或解析法求得合振动的三个特征参量实现对合振动的描述。在此须特别关注合振动最强或最弱的条件！它对振动的控制和应用有重要意义。振动合成求解应用于本题有

[解] （1）$x=x_1+x_2=A\cos(2\pi t+\varphi)$

$$A_1=4\times10^{-2}\text{m},$$

$$A_2=3\times10^{-2}\text{m},$$

$$\varphi_1=\frac{\pi}{4},\ \varphi_2=\frac{\pi}{2}$$

将已知量代入合振动公式(10.25)、(10.26)代入已知量，可得合振幅及初相为

$$A=\sqrt{4^2+3^2+24\cos(\pi/2-\pi/4)}\times10^{-2}\text{m}=6.48\times10^{-2}\text{m}$$

$$\varphi=\arctan\frac{4\sin(\pi/4)+3\sin(\pi/2)}{4\cos(\pi/4)+3\cos(\pi/2)}=1.12\ \text{rad}$$

所以，合振动方程为

$$x=6.48\times10^{-2}\cos(2\pi t+1.12)\ (\text{m})$$

（2）当 $\varphi-\varphi_1=2k\pi$，即 $\varphi=2k\pi+\pi/4$ 时，x_1+x_3 的振幅最大。

当 $\varphi-\varphi_2=(2k+1)\pi$，即 $\varphi=2k\pi+3\pi/2$ 时，x_2+x_3 的振幅最小。

3.1.2 两个同方向、不同频率的简谐振动的合成

当质点同时参与两个振动方向相同、不同频率的简谐振动，则在旋转矢量图中表现为两个振幅矢量 $\boldsymbol{A}_1$ 和 $\boldsymbol{A}_2$ 之间的夹角将随时间而改变，因而合矢量 $\boldsymbol{A}$ 的长度和转动角速度都将随时间而改变。合振动的方向与原来的振动方向相同，但不再是简谐振动，而是较为复杂的周期运动。

实际应用中，常遇到频率都较大又极为相近的两个简谐振动的合成情况，这时合振动具有特殊的性质，我们对此进行讨论。为了计算简单，假定两振动的振幅相同均为 A，初相均为零，且有 $\omega_2>\omega_1$，则振动方程分别为

$$x_1=A\cos\omega_1 t$$

$$x_2=A\cos\omega_2 t$$

合振动的位移为

$$x=x_1+x_2=2A\cos\frac{\omega_2-\omega_1}{2}t\cos\frac{\omega_2+\omega_1}{2}t$$

分析上式，由于 $\omega_2-\omega_1\ll\omega_2+\omega_1$，若 ω_1、ω_2 较大，且 ω_1、ω_2 相差较小时，以至于在一个较短的时间内，前面部分随时间变化要比后面部分慢得多，两部分的乘积

表示一个高频振动受到一个低频振动的调制。$\cos\frac{\omega_2-\omega_1}{2}t$ 称为调制因子，$\frac{\omega_2-\omega_1}{2}$ 称为调制频率，$\frac{\omega_2+\omega_1}{2}$ 称为载频。于是我们可将上式表示的运动看作振幅按照 $\left|2A\cos\frac{\omega_2-\omega_1}{2}t\right|$ 缓慢变化、角频率等于 $\frac{\omega_2+\omega_1}{2}$ 的“准简谐振动”，即振幅有周期性变化的“简谐振动”。

两个同方向简谐振动合成时，由于振动周期(或频率)微小差别而造成的合振幅时而加强、时而减弱的周期性变化的现象称为拍，如图 10.11 所示。合振幅每变化一个周期称为一拍；单位时间内出现的次数称为拍频。

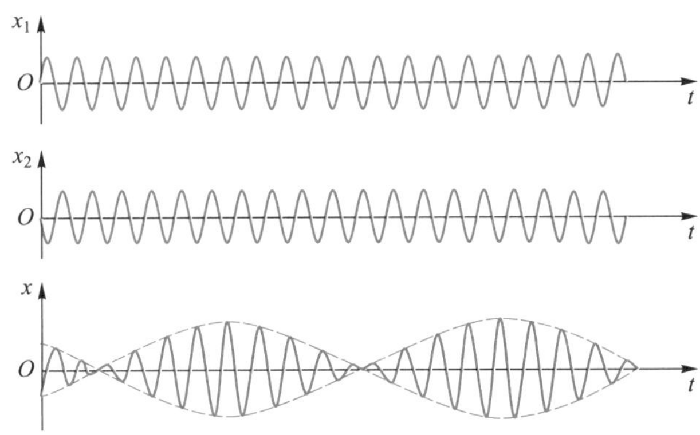

图 10.11　两个同振动方向、不同频率的简谐振动合成的合振动曲线图

拍现象非常普遍。例如，取两支频率相同的音叉，给其中一支加上小物体，使它们的频率有所差别。当两者频率相差很小时，则分辨不出两种音调，但音强出现强弱周期性变化，形成悠扬的颤音。再如，双簧管发同一音的两个簧片的振动频率有微小差别，能产生悦耳的音乐效果，拍现象在声学、电子学、通信技术等方面有着广泛的应用，如用音叉的振动来校准乐器；可以利用拍的规律测定超声波的频率；在无线电技术中，则用以测定无线电波频率以及调制高频振荡的振幅和频率等，外差式、超外差式收音机、差频振荡器等也都利用了拍的原理。

3.2　二维简谐振动的合成

3.2.1　两个相互垂直的同频率的简谐振动合成

设一个质点同时参与了两个振动方向相互垂直的同频率简谐振动时，质点的位移是两个分振动位移的矢量和。此时，质点将在平面上作曲线运动，质点轨迹的形状由两个分振动的振幅和相位差决定。

设两个分振动的表达式：

$$x=A_1\cos(\omega t+\varphi_{10})$$
$$y=A_2\cos(\omega t+\varphi_{20})$$

因

$$\frac{x}{A_1}=\cos\omega t\ \cos\varphi_{10}-\sin\omega t\ \sin\varphi_{10}$$

$$\frac{y}{A_2}=\cos\omega t\ \cos\varphi_{20}-\sin\omega t\ \sin\varphi_{20}$$

$$\frac{x}{A_1}\cos\varphi_{20}-\frac{y}{A_2}\cos\varphi_{10}=\sin\omega t\ \sin(\varphi_{20}-\varphi_{10})$$

$$\frac{x}{A_1}\sin\varphi_{20}-\frac{y}{A_2}\sin\varphi_{10}=\cos\omega t\ \sin(\varphi_{20}-\varphi_{10})$$

得

$$\frac{x^2}{A_1^2}+\frac{y^2}{A_2^2}-\frac{2xy}{A_1A_2}\cos\Delta\varphi=\sin^2\Delta\varphi$$

可知合振动的轨迹方程是个椭圆方程，具体形状由相位差 $\Delta\varphi=(\varphi_{20}-\varphi_{10})$决定。质点的运动方向与 $\Delta\varphi$ 有关。当 $0<\Delta\varphi<\pi$ 时，质点沿顺时针方向运动；当 $\pi<\Delta\varphi<2\pi$ 时，质点沿逆时针方向运动，如图 10.12 所示。

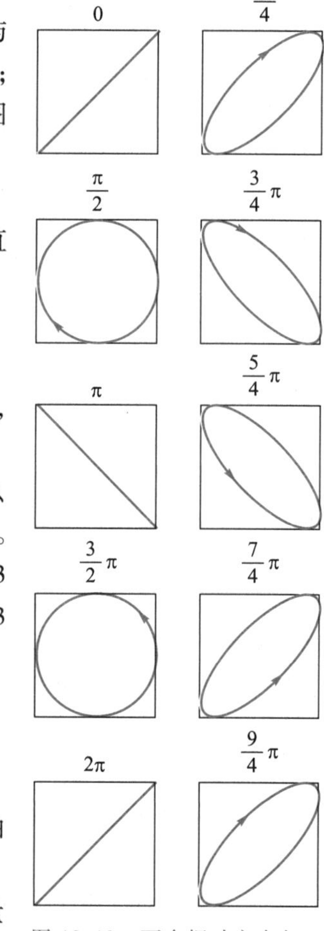

图 10.12 两个振动方向相互垂直的同频率简谐振动的合成曲线图

3.2.2 两个相互垂直的不同频率的简谐振动合成

设一个质点同时参与了两个振动方向相互垂直频率不同的简谐振动，即

$$x=A_1\cos(\omega_1 t+\varphi_{10})$$

$$y=A_2\cos(\omega_2 t+\varphi_{20})$$

合成的振动一般是复杂的，运动轨迹不是封闭曲线，即合成运动不是周期性的运动。

如果两个互相垂直的振动频率成整数比，那么合成运动的轨迹是封闭曲线，运动也具有周期性。这种运动轨迹的图形称为李萨如图形，如图 10.13 所示，给出了角频率之比分别为 1∶1、1∶2 和 1∶3 三种情况下的轨迹图。

两者的角频率、频率或周期存在以下关系：

$$\frac{\omega_2}{\omega_1}=\frac{\nu_2}{\nu_1}=\frac{n_x}{n_y}\text{或}\ \frac{T_1}{T_2}=\frac{n_x}{n_y}$$

其中 n_x、n_y 分别表示李萨如图形与平行于 x 轴、y 轴的直线的切点数。

因此，用李萨如图形在无线电技术中可以测量频率。在示波器上，垂直方向与水平方向同时输入两个振动，已知其中一个频率，则可根据所成图形与已知标准的李萨如图形去比较，就可得知另一个未知的频率。

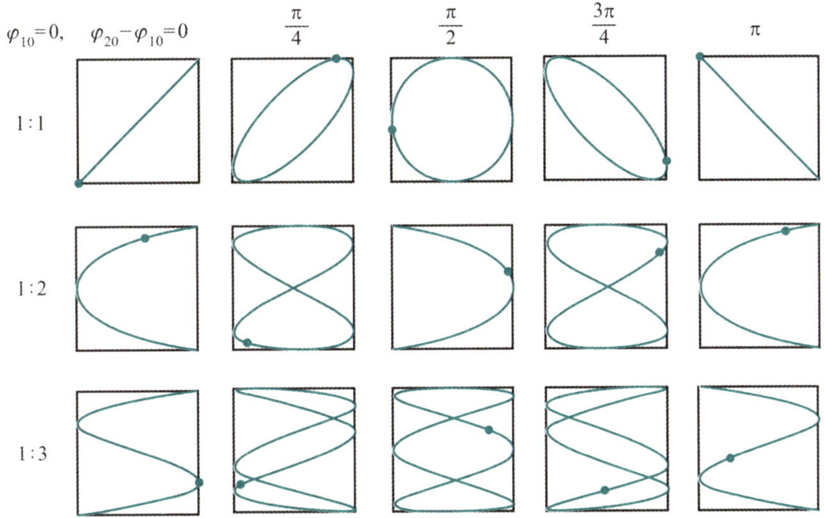

图 10.13 两个振动方向相互垂直、频率(或周期)有简单的整数关系的振动合成曲线

第四节 工程案例：舰船的振动与航行安全

舰船在海上航行时，常常会受到风浪的作用，使舰船结构和船上各类机械部件产生疲劳损伤，更为严重的是会造成机械部件与设备发生故障，完全丧失其基本作用以至维修保养成本增加，甚至可使舰船失稳倾覆。在稳定的情况下，舰船受到海浪的拍打会上下颠簸和左右摇晃，这些振动的周期应该是怎样的？

如图 10.14 所示为船处于正浮和横倾状态。设舰船的质量为 m，其平均水平截面积为 S，吃水深度为 h，设水的密度为 ρ，不计水的阻力，计算舰船在竖直方向的上下振动的周期。

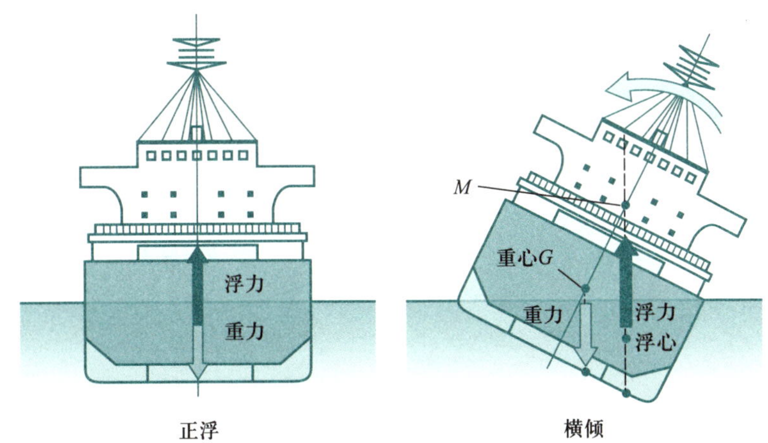

图 10.14 船在竖直位置和倾斜位置的受力

分析：当船静止时，即在平衡位置处，所受的浮力与重力平衡，有

$$mg-\rho ghS=0 \tag{10.27}$$

即

$$m=\rho hS$$

当舰船在任一位置时，以水面处为坐标原点，取竖直向下的坐标轴为 y 轴，如图 10.15 所示，舰船的位置可用静浮时的水线 P 对水面的位移 y 来描述，此时舰船所受力的合力为

$$F=-(h+y)\rho Sg+mg \tag{10.28}$$

由式(10.27)和式(10.28)可得

$$F=-y\rho Sg$$

因为力 F 的大小与上下位移 y 成正比，方向相反，所以船在竖直方向作简谐振动，运动方程为

$$\frac{\mathrm{d}^2y}{\mathrm{d}t^2}+\frac{\rho Sg}{m}y=0 \tag{10.29}$$

其角频率为 $\omega=\sqrt{\dfrac{\rho Sg}{m}}=\sqrt{\dfrac{g}{h}}$。故其周期为

$$T_{\mathrm{h}}=\frac{2\pi}{\omega}=2\pi\sqrt{\frac{h}{g}} \tag{10.30}$$

在式(10.30)中，舰船上下颠簸的固有周期与质量无直接关系，但是吃水深度却和质量密不可分。显然，小型舰船的吃水深度较小，其上下振动的固有周期较小，频率较大，因此比大型舰船要颠簸得厉害些，更易受风浪影响。

在海浪中，船更主要的是前后左右摇摆，这种摇摆运动的固有周期可类比物理摆(复摆)的振动(如图 10.16 所示)。角频率为

$$\omega=\sqrt{\frac{k}{J}}=\sqrt{\frac{mgh}{J}}$$

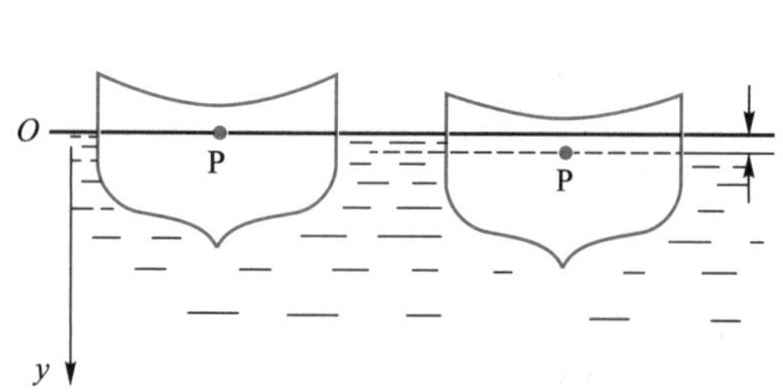

图 10.15　船在竖直方向的位置变化

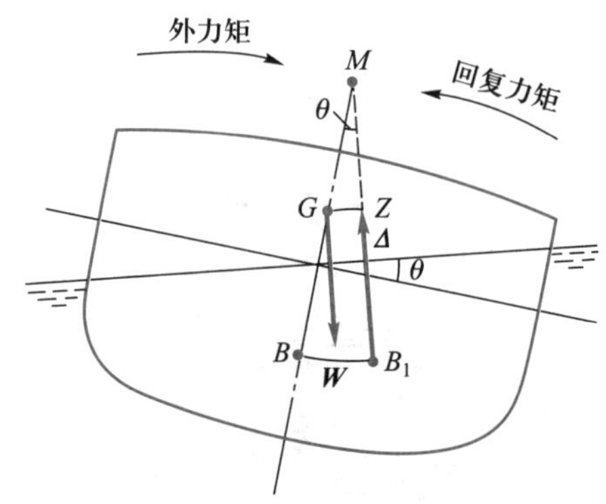

图 10.16　船的稳定性

周期为

$$T_\theta = 2\pi\sqrt{\frac{J}{mgh}} \tag{10.31}$$

J 表示以稳心 M 为轴的转动惯量，m 为船的质量，h 表示船重心 G 到稳心 M 的距离。由此可见，船舶的转动惯量越大，重心越高（h 越小），则摆的周期越长，频率就越低，摇摆就越缓和。但是，船的重心升高，则对船的稳定性不利。因此，在设计船舶时必须适当考虑稳定性和摇摆特性。

习题

10.1 判断一个物体是否作简谐振动有哪些方法？试说明下列运动是不是简谐振动：

（1）小球在地面上作完全弹性的上下跳动；

（2）小球在半径很大的光滑凹球底部作小幅度摆动；

（3）曲柄连杆机构使活塞作往复运动；

（4）小磁针在地磁的南北方向附近摆动。

10.2 简谐振动的速度和加速度在什么情况下是同号的？在什么情况下是异号的？加速度为正值时，振动质点的速率是否一定在增加？反之，加速度为负值时，速率是否一定在减小？

10.3 分析下列表述是否正确，为什么？

（1）若物体受到一个总是指向平衡位置的合力，则物体必然作振动，但不一定是简谐振动；

（2）简谐振动过程是能量守恒的过程，因此，凡是能量守恒的过程就是简谐振动。

10.4 在单摆实验中，如把摆球从平衡位置拉开，使悬线与竖直方向成一小角 φ，然后放手任其摆动。若以放手之时为计时起点，试问此 φ 角是否就是振动的初相位？摆球绕悬点转动的角速度是否就是振动的角频率？

10.5 一质点按如下规律沿 x 轴作简谐振动：$x=0.1\cos\left(8\pi t+\frac{2}{3}\pi\right)$ （SI 单位）。求此振动的周期、振幅、初相、速度最大值和加速度最大值。

10.6 一质量 $m=0.25\ \text{kg}$ 的物体，在弹簧的作用下沿 x 轴运动，平衡位置在原点。弹簧的弹性系数 $k=25\ \text{N}\cdot\text{m}^{-1}$。

（1）求振动的周期 T 和角频率；

（2）如果振幅 $A=15\ \text{cm}$，$t=0$ 时物体位于 $x=7.5\ \text{cm}$ 处，且物体沿 x 轴负方向运动，求初速 v_0 及初相；

（3）写出振动的数值表达式。

10.7 一质点作简谐振动，其振动方程为 $x=0.24\cos\left(\frac{1}{2}\pi t+\frac{1}{3}\pi\right)$（SI 单位），试用旋转矢量法求出质点由初始状态（$t=0$ 的状态）运动到 $x=-0.12$ m，$v<0$ 的状态所需最短时间 t。

10.8 一简谐振动的振动曲线如图所示，求振动方程。

10.9 三个简谐振动方程分别为 $x_1=A\cos\left(\omega t+\frac{1}{2}\pi\right)$，$x_2=A\cos\left(\omega t+\frac{7}{6}\pi\right)$ 和 $x_3=A\cos\left(\omega t+\frac{11}{6}\pi\right)$，作出它们的旋转矢量图，并在同一坐标上画出它们的振动曲线。

10.10 两小球悬于同样长度 l 的线上，将第一球沿竖直方向上举到悬点，而将第二球从平衡位置移开，使悬线和竖直线成一微小角度 α，如图所示。现将两球同时放开，则何者先到达最低位置？

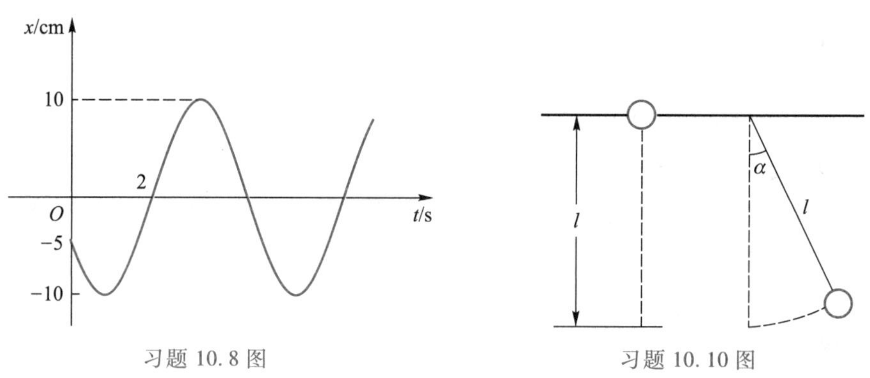

习题 10.8 图　　习题 10.10 图

10.11 定滑轮的半径为 R，转动惯量为 J，其上挂一轻绳，绳的一端系一质量为 m 的物体，另一端与一固定的轻弹簧相连，如图所示。设弹簧的弹性系数为 k，绳与滑轮间无滑动，且忽略轴的摩擦力及空气阻力。现将物体 m 从平衡位置拉下一微小距离后放手，证明物体作简谐振动，并求出其角频率。

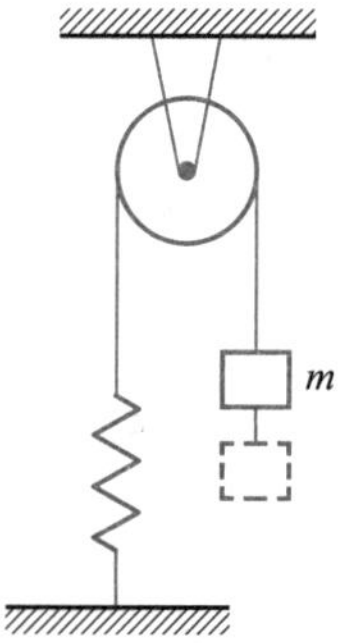

10.12 一轻弹簧在 60 N 的拉力下伸长 30 cm。先把质量为 4 kg的物体悬挂在该弹簧的下端并使之静止，再把物体向下拉 10 cm，然后由静止释放并开始计时。求：

（1）物体的振动方程；

（2）物体在平衡位置上方 5 cm 时弹簧对物体的拉力；

（3）物体从第一次越过平衡位置时刻起到它运动到平衡位置上方 5 cm 处所需要的最短时间。

习题 10.11 图

10.13 在一竖直轻弹簧的下端悬挂一小球，弹簧被拉长 $l_0=1.2$ cm 而平衡。再经拉动后，该小球在竖直方向作振幅为 $A=2$ cm 的振动，试证此振动为简谐振动；选小球在正最大位移处开始计时，写出此振动的数值表达式。

10.14　一质点在 x 轴上作简谐振动，选取该质点向右运动通过 A 点时作为计时起点（$t=0$），经过 2 s 后质点第一次经过 B 点，再经过 2 s 后质点第二次经过 B 点，若已知该质点在 A、B 两点具有相同的速率，且 $|AB|=10$ cm，求：

习题 10.14 图

（1）质点的振动方程；

（2）质点在 A 点处的速率。

10.15　质量 $m=10$ g 的小球与轻弹簧组成的振动系统，按 $x=0.5\cos\left(8\pi t+\frac{1}{3}\pi\right)$ 的规律作自由振动，式中 t 以 s 作单位，x 以 cm 为单位，求：

（1）振动的角频率、周期、振幅和初相；

（2）振动的速度、加速度的数值表达式；

（3）振动的能量 E；

（4）平均动能和平均势能。

10.16　一物体质量为 0.25 kg，在弹性力作用下作简谐振动，弹簧的弹性系数 $k=25\ \mathrm{N\cdot m^{-1}}$，如果起始振动时具有势能 0.06 J 和动能 0.02 J，求：

（1）振幅；

（2）动能恰等于势能时的位移；

（3）经过平衡位置时物体的速度。

10.17　一质点作简谐振动，其振动方程为

$$x=6.0\times10^{-2}\cos\left(\frac{1}{3}\pi t-\frac{1}{4}\pi\right)\quad \text{（SI 单位）}$$

（1）当 x 值为多大时，系统的势能为总能量的一半？

（2）质点从平衡位置移动到上述位置所需最短时间为多少？

10.18　两个同方向简谐振动的振动方程分别为

$$x_1=5\times10^{-2}\cos\left(10t+\frac{3}{4}\pi\right)\ \text{（SI 单位）},\qquad x_2=6\times10^{-2}\cos\left(10t+\frac{1}{4}\pi\right)\ \text{（SI 单位）}$$

求合振动方程。

10.19　一个轻弹簧在 60 N 的拉力作用下可伸长 30 cm。现将一物体悬挂在弹簧的下端并在它上面放一小物体，它们的总质量为 4 kg。待其静止后再把物体向下拉 10 cm，然后释放。问：

（1）此小物体是停在振动物体上面还是离开它？

（2）如果使放在振动物体上的小物体与振动物体分离，则振幅 A 需满足何条件？两者在何位置开始分离？

10.20　如图所示，弹性系数为 k 的弹簧一端固定在墙上，另一端连接一质量为 m_0 的容器，容器可在光滑水平面上运动。当弹簧未形变时容器位于 O 处，今使

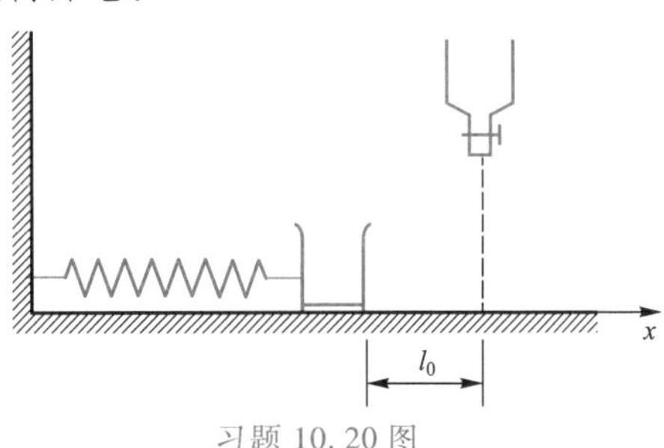

习题 10.20 图

容器自 O 点左侧 l_0 处从静止开始运动，每经过 O 点一次时，从上方滴管中滴入一质量为 m 的油滴，求：

(1) 容器中滴入 n 滴以后，容器运动到距 O 点的最远距离；

(2) 容器滴入第 $(n+1)$ 滴与第 n 滴的时间间隔。

10.21 一台摆钟每天快 87 s，其等效摆长 $l=0.995$ m，摆锤可上下移动以调节周期，假定将此摆当作质量集中在摆锤重心的单摆来考虑，则应将摆锤移动多少距离才能使钟走得更准确？

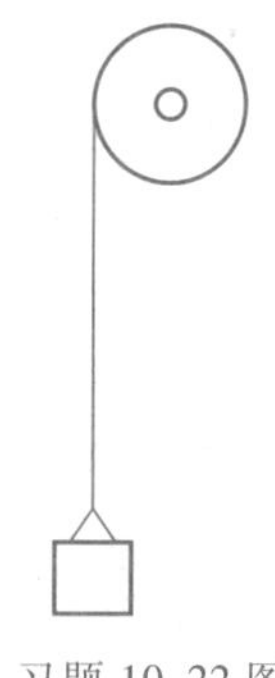

习题 10.22 图

10.22 如图所示的提升运输设备，重物的质量为 1.5×10^4 kg，当重物以速度 $v=15$ m/min 匀速下降时，机器发生故障，钢丝绳突然被轧住。此时，钢丝绳相当于弹性系数为 $k=5.0\times10^6$ N/m 的弹簧。求因重物的振动而引起钢丝绳内最大张力。

第十一章 波 动

思考题

1. 机械振动与机械波的联系与区别分别是什么?
2. 建立简谐波方程(波函数)的核心是什么?
3. 本章是按什么线索展开讨论的?

波动是振动的传播。要形成波动，必须要有激发波动的振动为源，称之为波源；除此之外，还需要能承载振动传播的空间。常见的波动有：机械波、电磁波、物质波。尽管不同类型的波的产生机理不同，但在描述方法上具有共同的形式。从波的形成角度看，实际波动存在形式因不同的波之间相互影响而变得十分复杂，但任何复杂的波动都可以分解成一系列简单的波的叠加，因此，简单的波形研究仍然是波动研究的重要基础。为帮助工科学生有效地开展对波动的学习和研究，本章以常见的、便于观察和理解的机械波中的平面简谐波为研究对象，研究波动形成条件、描述方法及基本特性。

第一节 机械波的基本认识

1.1 机械波的产生及传播

1.1.1 机械波产生条件

要产生机械波，首先要有一个振动的物体，即波的激发源，称为波源。波源的外面，还得有能够随波源而振动的介质，称为弹性介质，故机械波又称为弹性波。形成机械波必须要求介质有弹性，没有弹性或完全刚性的介质内是不能形成机械波的。在弹性介质中，各质点间是以弹性力互相联系的。已经开始振动的质点要依靠这种弹性力的作用来维持振动，还没有开始振动的质点也要依靠这种弹性力的作用而陆续进入振动状态，使振动的状态传播出去，形成波动。由此可见，波源和弹性介质是机械波产生的两个必要条件。

1.1.2 机械波的传播

我们来分析一个简单的、理想的模型，看机械波是如何由波源产生并在介质中传播的。如图 11.1 所示，一根绳子沿 x 轴放置，绳子可以分割成无数个微小的质元，绳子的左端 O 点有一个波源，它在进行简谐振动。波源带动绳子，就有振动不断从 O 点生成，并沿 x 轴向前传播。波的图形称为波形，对于机械波来说，波的传播过程也就是波形推进的过程。波的传播速度称为波速，观察表明，波在绳子上是匀速传播的。随着时间的延续，可以看到，波源随时间的余弦振动在空间被匀速地展开，也生成一条余弦曲线，曲线沿着波的传播方向不断向前平移。为了不分散注意力，在图中我们只作出了从 $t=0$ 开始从 O 点发出的波形(实际上波形应该是一直向前延伸的)。

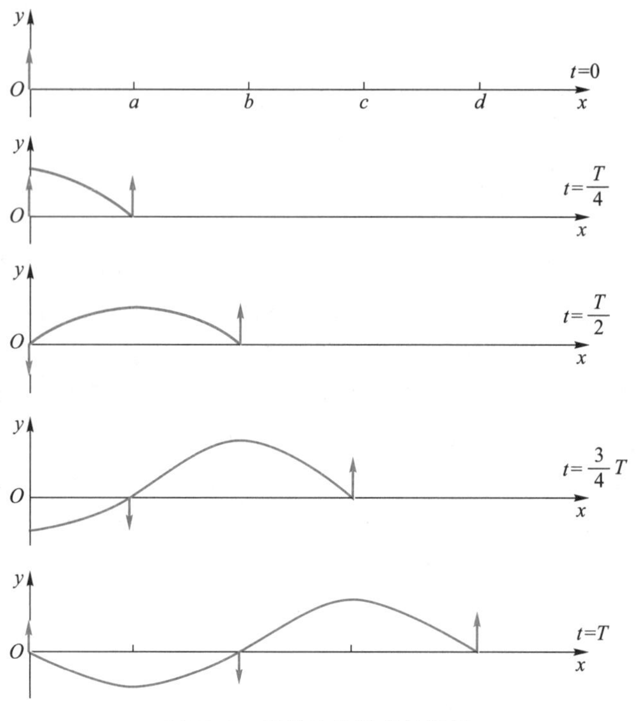

图 11.1 机械波的形成与传播

在讨论中，有一点应该注意，就是要把波的传播速度和质元的振动速度区分开来。在图中可以看出，波速是振动状态传播的速度，它是匀速率的，波一直向前传播；而波动中介质质元的振动速度就是其运动速度，是往复变化的，每个质元在平衡位置附近来回运动而并不随波逐流。

下面我们定量地讨论这个模型。我们用 x 表示波动中各质元在平衡位置时，相对于 O 点的位置坐标，用 y 表示它们由于振动产生的位移。于是，图 11.1 中 O 点质元的振动方程为

$$y_O = A\cos\left(\omega t-\frac{\pi}{2}\right)$$

$t=0$ 时(见最上面一个图)，O 点质元的相位是 $-\frac{\pi}{2}$，它处在平衡位置，且在向 x 轴正方向运动。到 $t=\frac{T}{4}$ 时，O 点处质元的相位变为 0，位移为正最大。此时下一个考察点 a 处的质元处于平衡位置，且在向 x 轴正方向运动，即相位为 $-\frac{\pi}{2}$，这

正是$t=0$时，O点处质元的相位。到$t=\frac{T}{2}$时，O点质元的相位为$\frac{\pi}{2}$，在平衡位置，且向x轴负方向运动。此时a点质元的相位为0，下一个考察点b点处质元的相位为$-\frac{\pi}{2}$……到$t=T$时，从O点开始，沿传播的方向看过去，a、b、c、d各点处质元的相位依次为$\frac{3\pi}{2}$、π、$\frac{\pi}{2}$、0、$-\frac{\pi}{2}$，是由近及远依次落后的。

> **讨论1：**
> 在波的传播方向上不同质元的运动状态之间的关系用哪个物理量描述？

1.2　波动的基本认识和描述

1.2.1　机械波的特征

从图11.1中我们可以看出简谐波的传播有如下两个基本特点：

1. 各质元振动的周期与波源相同，都等于T，即它们在进行同频率的振动。

2. 若我们在同一时刻（例如刚才分析的$t=T$时刻）考察各质元的相位，振动的相位是从波源开始由近及远依次落后的。若我们在不同的时刻考察同一个相位，例如$-\frac{\pi}{2}$这个相位，从图11.1中可以看到，$t=0$时它在O点，$t=\frac{T}{4}$时到达a点，然后才到b、c、d点，是在由近及远地向前推进，这就是波的传播概念。波的传播实质上是相位的传播，据此，可以描述波动中各质元之间相位的关系。

机械波的上述特征是我们后面讨论机械波的基础。

1.2.2　横波与纵波

按照波动传播和质点振动速度的方向之间的关系，我们可以把波分为纵波和横波两个类型。在波动中，如果质元振动的方向和波的传播方向相互垂直，这种波就称为**横波**。如图11.1中的绳波就是横波，横波的图像是峰谷相间的图形。如果质元的振动方向和波的传播方向相互平行，这种波称为**纵波**。如图11.2中所示，将一根弹簧水平放置，扰动弹簧的左端使其沿水平方向左右振动，就可以看到这种振动状态沿着弹簧向右传播。纵波的图像是疏密相间的图形。在空气中传播的声波也是纵波。

1.2.3　波的几何描述

我们把波动过程中，介质中振动相位相同的点连成的面称为**波阵面**，简称**波面**，把波面中走在最前面的那个波面称为**波前**。由于波面上各点的相位相同，所以波面是同相面。波面是平面的波称为**平面波**[如11.3图(a)]，波面是球面的波称为**球面波**[如11.3图(b)]。

描述波的传播方向的有向曲线称为**波射线**，简称**波线**。在各向同性的介质中，波线总是与波面垂直，且指向振动相位降落的方向。所以，平面波的波线是垂直于波阵面的平行直线，球面波的波线是以波源为中心沿半径方向的直线，沿

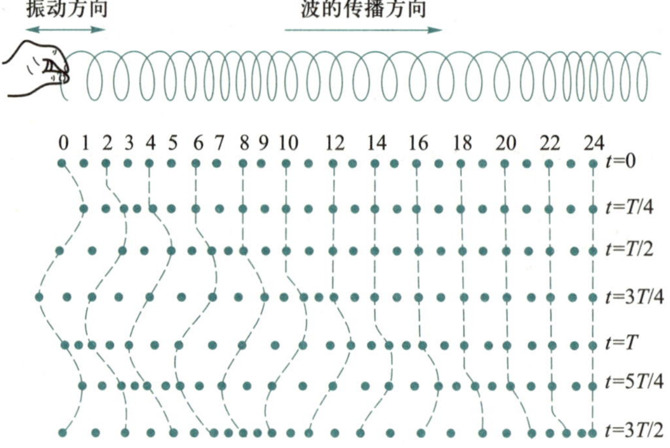

图 11.2　弹簧中的纵波

半径向外传播的称为**发散波**，沿半径向球心传播的称为**会聚波**。

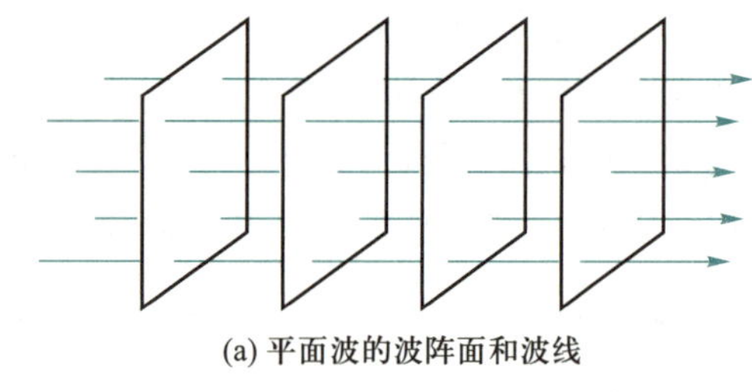

(a) 平面波的波阵面和波线

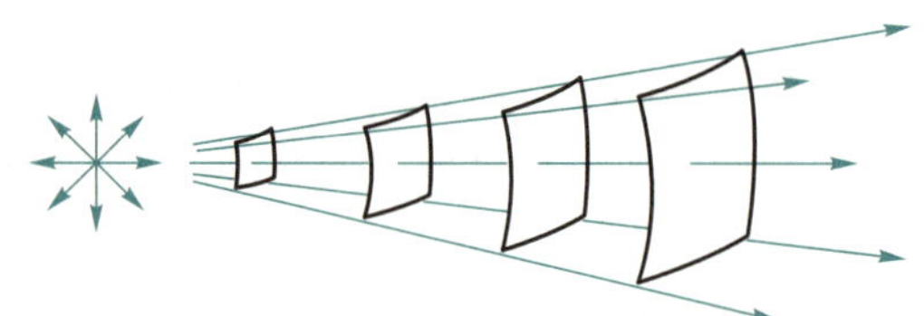

(b) 球面波的波阵面和波线(图中只画出球面波阵面的一部分)

图 11.3　波阵面与波线

1.2.4　描述波的特征量

1. 波速

波的传播实际上是振动状态即相位的传播，因而，波速实际上指的是相位的传播速度，即**相速度**（**相速**），即在介质中波源的振动在单位时间内传递的距离。机械波的波速取决于波所处介质的弹性，即介质特性决定了波速。我们有如下公式：

纵波波速：$u=\sqrt{\dfrac{E}{\rho}}$　　(11.1a)

横波波速：$u=\sqrt{\dfrac{G}{\rho}}$　　(11.1b)

上面的式子中 E 和 G 分别为介质的**杨氏模量**和**切变模量**，ρ 为介质的质量密度。

绷紧的柔软绳索或弦线中传播的横波的速度为

$$u=\sqrt{\frac{F}{\mu}} \tag{11.1c}$$

式中 F 为绳索或弦线中的张力，μ 为绳索或弦线单位长度的质量。

在液体和气体中不可能发生切变，所以不可能传播横波。液体和气体中只能传播与体变有关的弹性纵波(液体表面的波由重力和表面张力引起,包含纵波和横波两种成分)。在液体和气体中纵波的传播速度为

$$u=\sqrt{\frac{B}{\rho}} \tag{11.1d}$$

式中 B 是介质的体积模量，ρ 是介质的质量密度。对于理想气体，把声波中的气体过程作为绝热过程近似处理，根据分子动理论和热力学，可推出声速公式为

$$u=\sqrt{\frac{\gamma p}{\rho}}=\sqrt{\frac{\gamma RT}{M}} \tag{11.1e}$$

式中 M 是气体的摩尔质量，γ 是气体的比热容比，p 是气体的压强，T 是热力学温度，R 是摩尔气体常量。

2. 振幅(波幅)

波在形成后，各质元振动的振幅叫波的**振幅**或**波幅**。除平面波外，介质中各处的波幅一般是不相等的。

3. 波长和频率

简谐波传播时，其图像是周期性的，我们把波的同一传播线上两个相邻的同相点(相位差为 2π)之间的距离称为波的**波长**，用 λ 表示。由此我们可以判定，相距为整数个波长的两点处质元的振动肯定是同相的(相位差为 $2N\pi$)。两个相邻的同相点之间的这一段波，我们称之为一个完整波，因而波长也即一个完整波的长度。波长描述波的空间周期性。在横波的情况下，波长 λ 等于两相邻波峰之间或两相邻波谷之间的距离；而在纵波的情形下，波长 λ 等于两相邻密部的中心之间的距离或两相邻疏部中心之间的距离。

一个完整波通过介质中一点所需的时间，称为波的**周期**，用 T 表示。一个完整波通过这一点的过程中，该处的质元将进行一次全振动，所以波的周期就是该质元的振动周期，即波动中介质的所有质元振动的周期。容易理解，波速 u、波长 λ 和周期 T 三者之间有如下的简单关系：

$$u=\frac{\lambda}{T} \tag{11.2a}$$

周期的倒数称为波的**频率**，用 ν 表示。频率表示单位时间通过介质中一点的完整波的数目，或波动中介质质元的振动频率，由于 $\nu=\frac{1}{T}$，所以

$$u=\frac{\lambda}{T}=\nu\lambda \tag{11.2b}$$

这是最常见的波速、波长和频率之间的基本关系式。它的物理意义是明显

的，即 1 s 内通过波线上一点的完整波的数目乘上每个完整波的长度，就等于波向前推进的速度，也就是波的传播速度(图 11.4 所示)。

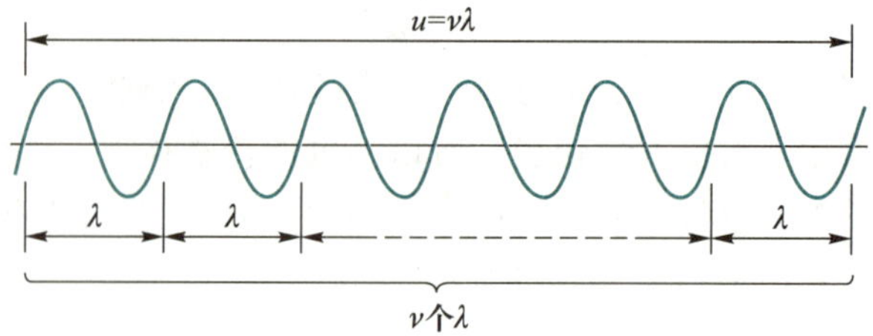

图 11.4 波长、频率和波速的关系

> **讨论 2：**
> 试总结描述波动有关的物理量，并列出它们之间的关系式。

> **讨论 3：**
> 试说明波动中，时间相差一个周期 T 的两时刻的振动相位差是多少？空间相差一个波长 λ 的两点振动的相位差是多少？

第二节 平面简谐波和波的能量

2.1 平面简谐波的概念

平面简谐波传播时，介质中各质元的振动频率相同。对于在无吸收的均匀介质中传播的平面波，各质元的振幅也相等。因而介质中各质元的振动仅相位不同，表现为相位沿波的传播方向依次落后，因此我们将重点讨论相位。我们根据波阵面的定义知道，在任一时刻处在同一波阵面上的各点有相同的相位，因而有相同的振动位移。因此，只要知道了任意一条波线上波的传播规律，就可以知道整个平面波的传播规律。

设平面简谐波的周期为 T，波长为 λ，波速为 u，对于波线上的两点，见图 11.5 所示，若 B 点比 A 点距离波源要远 L，L 称为 A、B 之间的**波程**，就是波由 A 点到 B 点所经历的路程。一个振动状态从 A 点传到 B 点需要一段时间 $\Delta t=\dfrac{L}{u}$，即 A 点质元的振动到达某一状态后，要过时间 Δt，B 点才到达这个状态，也就是说，B 点质元的振动要比 A 点质元在时间上落后：

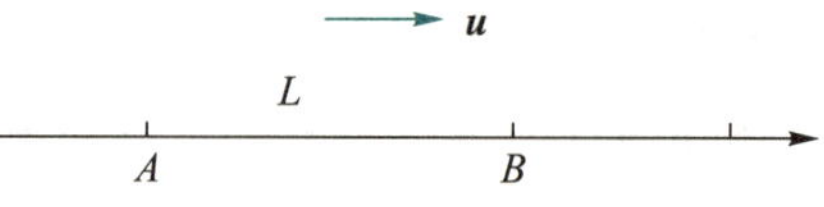

图 11.5 平面简谐波的波程和相位差

$$\Delta t=\frac{L}{u}=\frac{L}{\lambda}T \tag{11.3}$$

由于 A 点和 B 点的质元在进行同频率的简谐振动，按前面讨论过的两个同频率振动的相位差和时间差的关系，我们可以得到 A 点和 B 点的相位差

$$\Delta\Phi=\omega\Delta t=\frac{2\pi}{T}\Delta t=2\pi\frac{L}{\lambda} \tag{11.4}$$

这表示 B 点距离波源比 A 点每远一个 λ，相位便落后一个 2π。我们从上式容易判断，在同一波线上的两点，若它们的距离为整数个 λ，则它们的振动**同相**；若它们的距离为半整数个 λ，则它们的振动**反相**。

2.2　平面简谐波的波函数

2.2.1　波函数的建立

在波动中，每一个质元都在进行振动，对一个波的完整的描述，应该是给出波动中任一质元的振动方程，这种方程称为**波动方程**(或**波函数**)。我们知道，简谐波(余弦波或正弦波)是最基本的波，特别是平面简谐波，它的规律更为简单。

我们先讨论平面简谐波在理想的无吸收的均匀无限大介质中传播时的波函数。下面我们通过对相位的分析给出平面简谐波的波函数。如图 11.6 所示，设有一列平面简谐波沿 x 轴正方向传播，波速为 u。取任意一条波线为 x 轴，设 O 为 x 轴的原点。假定 O 点处(即 $x=0$ 处)质元的振动方程为

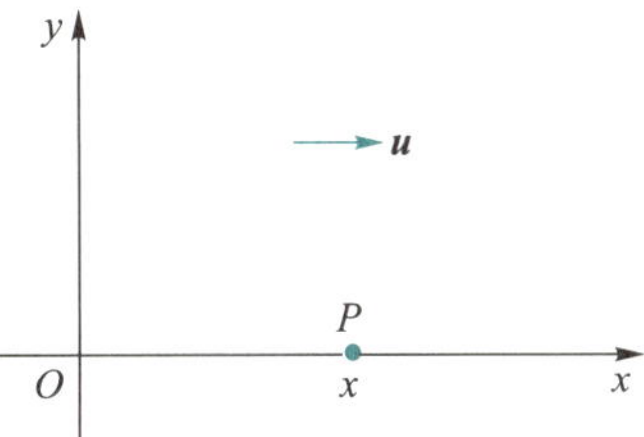

图 11.6　推导波函数用图

$$y_0(t)=A\cos(\omega t+\varphi)$$

现在考察波线上任意一点 P 的振动，设该点的坐标为 x。如上所述，P 点和 O 点振动的振幅和频率相同，而 P 点振动的相位比 O 点落后。O 点到 P 点的波程为 x，则 P 点的振动在时间上比 O 点落后 $\Delta t=\dfrac{x}{u}$，故 P 点的振动为

$$y(x,t)=A\cos\left[\omega\left(t-\frac{x}{u}\right)+\varphi\right] \tag{11.5}$$

也可以通过相位差来进行推导，则 P 点的振动在相位上比 O 点落后 $\Delta\Phi=2\pi\dfrac{x}{\lambda}$，故 P 点的振动为

$$y(x,t)=A\cos\left(\omega t-2\pi\frac{x}{\lambda}+\varphi\right) \tag{11.6}$$

不难验证，以上两个方程实际上是同一个振动的两个不同的表述。它们都表示的是波线上(坐标为 x)的任一点处质元的振动方程，这正是我们希望得到的沿 x 轴方向前进的平面简谐波的波函数。

> **讨论 4：**
> 试总结平面简谐波波函数建立的理论依据和建立步骤。

2.2.2 波函数的讨论

1. 波的传播方向与波函数

在图 11.6 中，P 点的坐标 x 为正值，如果 x 为负值，P 点的相位应该比 O 点超前。把 x 代入波函数中，由于 x 是负值，这表示 P 点的相位确实比 O 点超前，可见方程的形式不会因考察点的位置而改变。

在上面的讨论中，我们设波是沿着 x 轴正方向传播的，这称为正行波。若波沿 x 轴负方向传播（称为反行波），则图 11.6 中的 P 点的相位应比 O 点超前，我们规定波速 u 始终取正值（速率），因而波函数表达式中 x 前面的负号应改为正号，简谐波的波函数的一般形式（通式）为

$$y(x,t)=A\cos\left[\omega\left(t\mp\frac{x}{u}\right)+\varphi\right] \tag{11.7}$$

式中负号对应于正行波，正号对应于反行波。方程中的 φ 为原点初相。

2. 波函数的其他形式

利用关系式 $\omega=\dfrac{2\pi}{T}=2\pi\nu$ 和 $uT=\lambda$，可以将平面简谐波函数改写成多种形式：

$$y(x,t)=A\cos\left(\omega t\mp2\pi\frac{x}{\lambda}+\varphi\right) \tag{11.8}$$

$$y(x,t)=A\cos\left[2\pi\left(\frac{t}{T}\mp\frac{x}{\lambda}\right)+\varphi\right] \tag{11.9}$$

> 讨论 5：
> 试就波函数（11.9）式，说明简谐波的时间周期性和空间周期性。

我们讨论平面简谐波的时候，为了简单，往往直接把波的传播方向作为 x 轴的方向，因而波函数中 x 前面的符号就是负号。如果再取原点振动的位移到达正最大的时候作为计时起点，因而原点初相为零。于是波函数化为比较简单的形式

$$y(x,t)=A\cos\omega\left(t-\frac{x}{u}\right)$$

或

$$y(x,t)=A\cos2\pi\left(\frac{t}{T}-\frac{x}{\lambda}\right)$$

这是波函数常用的形式。

2.2.3 波函数的物理意义

为了弄清楚波函数的物理意义，我们作进一步的分析。在波函数中含有 x 和 t 两个自变量，如果 x 给定（即考察该处的质元），那么位移 y 就只是 t 的周期函数，这时这个方程表示 x 处质元在各不同时刻的位移，也就是该质元的振动方程，方程的曲线就是该质元的振动曲线。图 11.7(a) 中描出的即一列简谐波在 $x=0$ 处质点的振动曲线。

如果波函数中的 t 给定，那么位移 y 将只是 x 的周期函数，这时方程给出的

是 t 时刻波线上各个不同质点的位移。波动中某一时刻不同质点的位移曲线称为该时刻波的波形曲线，因而 t 给定时，方程就是该时刻的波形方程。图 11.7(b) 中描出的即 $t=0$ 时一列沿 x 方向传播的简谐波的波形曲线。无论是横波还是纵波，它们的波形曲线在形式上没有区别，不过横波的位移指的是横向位移，表现的是峰谷相间的图形；纵波的位移指的是纵向位移，表现的是疏密相间的图形。在一般情况下，波函数中的 x 和 t 都是变量。

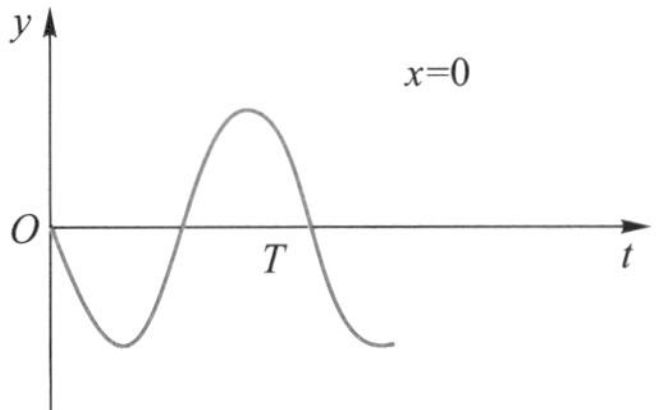

(a) $x=0$处质点的振动曲线

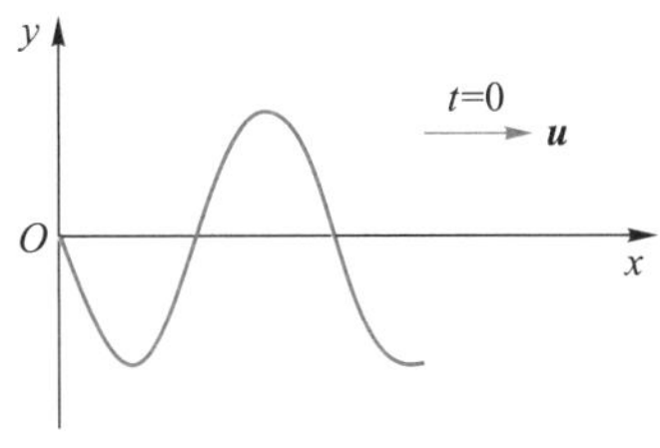

(b) $t=0$时波的波形曲线

图 11.7　振动曲线和波形曲线

这时波函数具有它最完整的含义，表示波动中任一质元的振动规律：波动中任一质元的相位随时间变化，每过一个周期 T 相位增加 2π，任一时刻各质元的相位随空间变化，距离波源每远一个波长 λ，相位落后一个 2π。

还应该注意波函数、振动方程和波形方程在形式上的明显区别，以免引起概念上的混淆。波函数描述波动中任一质点的振动规律，它有两个自变量，其函数形式表现为 $y=y(x,t)$；振动方程描述某一点的运动，只有一个自变量 t，函数形式表现为 $y=y(t)$ 形式；波形方程表示的是某一时刻各质元的位移，也只有一个自变量，表现为 $y=y(x)$ 形式。反映在曲线表示上，要注意振动曲线和波形曲线的区别。振动曲线是 $y-t$ 曲线而波形曲线是 $y-x$ 曲线。振动曲线的(时间)周期是 T，波形曲线的(空间)周期是波长 λ。在振动曲线中质元的相位随时间逐步增加，而在波形曲线中质元的相位是沿波的传播方向逐点减少。

不同时刻的波形曲线记录的是不同时刻各质元的位移图形，就像该时刻波的照片。而波动的图形是动态的，犹如这些照片的连续放映，表现为波形沿着波线以波速 u 向前推进，每一个周期 T 走一个波长 λ。在波动的分析中应用这样的形象模型，常常能较为直观地得出正确的判断。

> **讨论 6：**
> 试说明振动曲线与波形曲线的区别。

2.2.4　波动过程中质元的振动速度与加速度

介质中任一质元的振动速度，可通过波函数表达式，把 x 看作定值，将 y 对 t 求导数(偏导数)得到，记作$\frac{\partial y}{\partial t}$。以常用的波函数为例，质元的振动速度为

$$v=\frac{\partial y}{\partial t}=-A\omega\sin\,\omega\left(t-\frac{x}{u}\right) \tag{11.10}$$

质元的加速度为 y 对 t 的二阶偏导数：

$$a=\frac{\partial^2 y}{\partial t^2}=-A\omega^2\cos\omega\left(t-\frac{x}{u}\right) \tag{11.11}$$

由此可知介质中各质元的振动速度和加速度都是变化的。

[例 11.1] 设某一时刻绳上横波的波形曲线如图 11.8(a)所示，水平箭头表示该波的传播方向。试分别用小箭头表明图中 A、B、C、D、E、F、G、H、I 各质点在该时刻的运动方向，并画出经过$\frac{1}{4}$周期后的波形曲线。

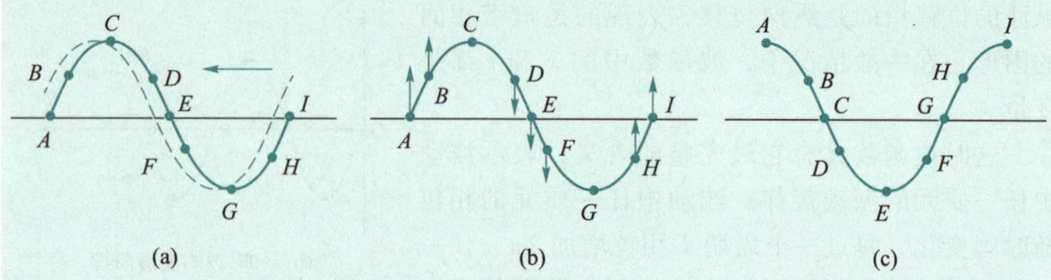

图 11.8 例 11.1 题图

分析：以简谐机械波为例，区分波动过程中波形或称振动状态(用相位描述)传播和参加波形传播的质元的振动，是理解波动概念的关键所在。波动过程中，波形从波源开始沿着波线向远处传播，而波线上的各质元在各自的平衡位置作简谐振动，波源的能量随波形传播出去。

[解] 本题中，在波的传播过程中，各个质元只在自己的平衡位置附近振动，并不会随波前进。在横波的情形中，质元的振动方向总是和波的传播方向相垂直。在图 11.8(a)中，质元 C 正达到正的最大位移处，质元 G 则处于负的最大位移处，这时它们的速度为零。根据图中的波动传播方向，可以设想下一瞬时的波形曲线，见图 11.8(a)中的虚线(即所谓传播就是本时刻的波形沿波的传播方向产生一个小的移动。)，因而可判断各质元的运动方向。如图 11.8(b)所示，质元 A、B、H、I 向上运动，质元 D、E、F 向下运动。

由于波形每一个周期向前推进(即移动)一个波长，所以经过$\frac{T}{4}$后的波形曲线应比图 11.8(a)所示的波形曲线向左平移$\frac{\lambda}{4}$，如图 11.8(c)所示。

通过作下一瞬时的波形曲线来判断质元速度的方向是常用的方法，但也容易造成误解。如上图 11.8(a)中的虚线可能会使人误认为 C 点的速度向下而 G 点的速度向上，实际上此时它们的位移都正好达到极值，它们的速度都为零。

[例 11.2] 有平面简谐波沿 x 轴正方向传播，波长为 λ，见图 11.9。如果 x 轴上坐标为 x_0 处质点的振动方程为 $y_{x_0}=A\cos(\omega t+\varphi_0)$，试求：(1)波函数；(2)坐标原点处质元的振动方程；(3)原点处质元的速度和加速度。

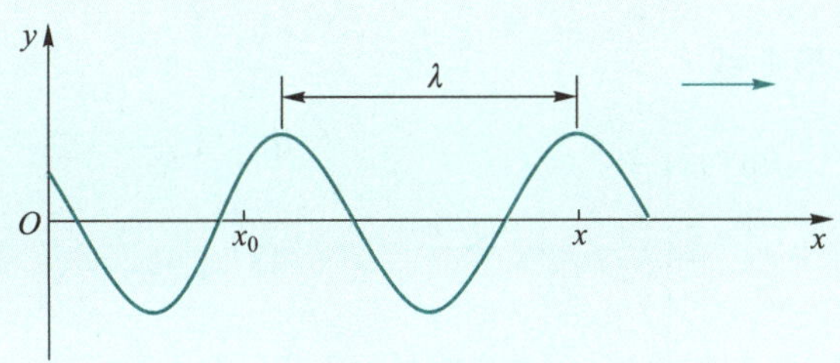

图 11.9　例 11.2 题图

分析：波函数需解决的问题是描述波线上各质元随时间的运动，因此波函数是关于波线上各质元平衡位置和时间两参量的二元函数。而波线上各点的振动是由接近波源方向的质元振动状态传播而来，当已知波线上某一点的振动方程时，只要在波线上选任意一点作为代表点，计算出已知振动点的相位传播到代表点的相位增量，将该相位增量加入原振动方程中，就能获得波函数。

[解]　(1)如图所示，设考察点坐标为 x。从 x_0 到 x 的波程为 $x-x_0$，相位每传播一个波长 λ，波的相位变化 2π，按相位落后的关系，x 处质元的振动相位比 x_0 质元落后 $2\pi\dfrac{x-x_0}{\lambda}$$\left(\text{或称相位增量为}-2\pi\dfrac{x-x_0}{\lambda}\right)$，故 x 轴上任意一点的振动方程，即波函数为

$$y=A\cos\left(\omega t-2\pi\frac{x-x_0}{\lambda}+\varphi_0\right)\tag{1}$$

(2) 把 $x=0$ 代入式(1)，即得原点处质元的振动方程

$$y_0=A\cos\left(\omega t+2\pi\frac{x_0}{\lambda}+\varphi_0\right)$$

(3) 原点处质元的速度为

$$v_0=\frac{\partial y_0}{\partial t}=-\omega A\sin\left(\omega t+2\pi\frac{x_0}{\lambda}+\varphi_0\right)$$

加速度为

$$a_0=\frac{\partial^2 y_0}{\partial t^2}=-\omega^2 A\cos\left(\omega t+2\pi\frac{x_0}{\lambda}+\varphi_0\right)$$

讨论 7：

试说明依据振动曲线、波形曲线分析它们中的一质点运动方向的方法有何不同。如本章的图 11.7 中，(a)(b)中原点处质点的振动方向，取此时 $t=0$，请用旋转矢量法确定它们的初相位。

[例 11.3]　一简谐波沿着 x 轴负方向传播，波速 $u=8.0$ m/s。设 $t=0$ 时的波形曲线如图 11.10 所示。求：(1)原点处质元的振动方程；(2)简谐波的波函数；

(3) $t=\frac{3}{4}T$ 时的波形曲线。

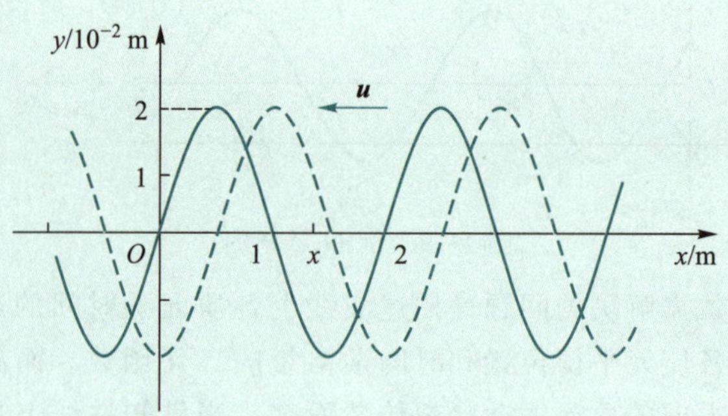

图 11.10 例 11.3 题图

分析：第(1)问写振动方程，要求出振动的三个特征量，代入通式即可；第(2)问在已知波线上一点振动时，在波线上任选一代表点，计算出两点相位增量，加入振动方程，可得波函数；(3)已知 $t=0$ 时刻的波形，波传播$\frac{3}{4}T$ 产生的相位变化距离相差$\frac{3}{4}\lambda$ 的两点的相位差是一致的，因此只要将 $t=0$ 时刻的波形沿波的传播方向平移$\frac{3}{4}\lambda$ 的距离即可。

[解] (1) 由波形曲线图可看出，波的振幅 $A=0.02$ m，波长 $\lambda=2.0$ m，故波的频率为 $\nu=\frac{u}{\lambda}=\frac{8.0}{2.0}$ Hz=4.0 Hz，角频率为 $\omega=2\pi\nu=8\ \pi/\text{s}$。从图中还可以看出，$t=0$ 时原点处质元的位移为零，速度为正值，由旋转矢量法分析，可知原点振动的初相为$-\frac{\pi}{2}$，故原点的振动方程为

$$y_0=0.02\cos\left(8\pi t-\frac{\pi}{2}\right)$$

(2) 设 x 轴上任意一点的坐标为 x，从该点到原点的波程为 x，按相位落后与距离的关系，x 处(取在 x 轴正方向时)质元振动的时间比原点处质元超前，故 x 轴上任意一点的振动方程，即波函数为

$$y_0=0.02\cos\left[8\pi\left(t+\frac{x}{8}\right)-\frac{\pi}{2}\right]$$

(3) 经过$\frac{3}{4}T$ 后的波形曲线应比图中的波形曲线向左平移$\frac{3}{4}\lambda$，也相当于向右平移$\frac{1}{4}\lambda$，如图中虚线所示。

我们看到，如果知道了某一个质元的谐振方程，通过相位(或时间)超前或落后的概念就很容易得到谐波函数。因此在求波函数之前，获取波线上某点的振动方程十分重要。

[例 11.4]　有平面简谐波沿 x 轴正方向传播，波长为 λ，周期为 T。如果 x 轴上坐标为 x_0 处的质元在 t_0 时的位置在平衡位置且正在向 y 轴负方向运动，试求简谐波的波函数。

分析：按经典思路，根据已知条件求出波线上一点的振动方程；在波线上任选一代表点坐标为 x，计算出代表点与已知点之间的相位增量，代入原振动方程，即所求波函数。

[解]　方法一：按题意利用旋转矢量分析可知，x_0 处质元在 t_0 时的振动的相位为$\frac{\pi}{2}$。由于 x_0 处质元振动的相位每过一个 T 要增加 2π，所以 x_0 处质元在任意 t 时的振动相位为$\frac{\pi}{2}+2\pi\frac{t-t_0}{T}$，故 x_0处质元的振动方程为

$$y_0=A\cos\left(2\pi\frac{t-t_0}{T}+\frac{\pi}{2}\right)$$

从 x_0 到坐标为 x 的任意一点的波程为 $x-x_0$，按相位落后与距离的关系，x 处质点的振动相位比 x_0 质点落后 $2\pi\frac{x-x_0}{\lambda}$，故 x 点的振动方程，即波函数为

$$y=A\cos\left(2\pi\frac{t-t_0}{T}-2\pi\frac{x-x_0}{\lambda}+\frac{\pi}{2}\right)$$

方法二：我们也可以通过简谐波的通式 $y(x,t)=A\cos\left[2\pi\left(\frac{t}{T}\mp\frac{x}{\lambda}\right)+\varphi\right]$，用拟合的方法来求出波函数。注意到，对于正行波，$x$ 前面应该取负号，我们设波函数为

$$y(x,t)=A\cos\left[2\pi\left(\frac{t}{T}-\frac{x}{\lambda}\right)+\varphi\right]$$

按题意，x_0 处质点在 t_0 时的振动的相位为$\frac{\pi}{2}$，即

$$2\pi\left(\frac{t_0}{T}-\frac{x_0}{\lambda}\right)+\varphi=\frac{\pi}{2}$$

于是得到

$$\varphi=\frac{\pi}{2}-2\pi\left(\frac{t_0}{T}-\frac{x_0}{\lambda}\right)$$

代入通式即得波函数

$$y(x,t)=A\cos\left[2\pi\left(\frac{t}{T}-\frac{x}{\lambda}\right)+\frac{\pi}{2}-2\pi\left(\frac{t_0}{T}-\frac{x_0}{\lambda}\right)\right]$$
$$=A\cos\left(2\pi\frac{t-t_0}{T}-2\pi\frac{x-x_0}{\lambda}+\frac{\pi}{2}\right)$$

用简谐波的通式通过拟合来求波函数是一个很简洁的方法，在数学上这相当于由通解求定解的过程。由于通式中已包含了波函数的全部物理思想，所以可以很直接地通过对比得到所需要的结果。

2.3　波的能量与能流

2.3.1　波的能量

当弹性波在介质中传播时，介质中的质元在平衡位置附近振动，因而具有动能，同时该处的介质也将产生形变，因而也具有势能。波动传播时，介质由近及远地开始振动，能量也源源不绝地向外传播出去。波在传播中携带着能量，能量随同波一起传播，这是波动的重要特征。我们以平面简谐纵波在棒中传播的特殊情况为例，对能量的传播作简单说明。

在棒中任取长度为 Δx，截面积为 S，体积为 $\Delta V=S\Delta x$ 的体积元。体积元的质量为 Δm（$\Delta m=\rho\Delta V$,ρ 为棒的质量体密度），我们也常把它简称为**质元**。当波动传播到这个质元时，这质元将具有动能 W_k 和弹性势能 W_p，设棒中平面简谐波的表达式为

$$y(x,t)=A\cos\omega\left(t-\frac{x}{u}\right)$$

质元的动能是

$$W_k=\frac{1}{2}(\Delta m)v^2=\frac{1}{2}\rho(\Delta V)v^2$$

由于质元的振动速度为

$$v=\frac{\partial y}{\partial t}=-A\omega\sin\,\omega\left(t-\frac{x}{u}\right)$$

代入上式即得

$$W_k=\frac{1}{2}\rho(\Delta V)A^2\omega^2\sin^2\omega\left(t-\frac{x}{u}\right) \tag{11.12}$$

对质元的势能的分析要复杂一些，可以证明（过程可以参考相关书籍），质元的动能和势能相等，即有

$$W_p=W_k=\frac{1}{2}\rho(\Delta V)A^2\omega^2\sin^2\omega\left(t-\frac{x}{u}\right) \tag{11.13}$$

而质元的总机械能 W 即波能为

$$W=W_k+W_p=\rho(\Delta V)A^2\omega^2\sin^2\omega\left(t-\frac{x}{u}\right) \tag{11.14}$$

波能表现出特殊的规律，即它的任何一个质元的动能和势能相等，它们同时达到最大，同时为零，是一种同相的关系。其必然结论是质元的机械能不守恒。在简谐振动中，谐振子的动能最大时势能最小，势能最大时动能最小，两者相位相反，因而机械能守恒。在简谐波中每一个质元都在进行简谐振动，为什么它的动能和势能会始终相等，机械能不守恒呢？首先，波动中的质元的模型和谐振子的模型不同。以弹簧振子为例，弹簧振子的动能集中在没有弹性的小球上，而势能却集中在没有质量的弹簧上，而波动中的质元却既有质量又有弹性，动能和势能都集中在质元上。如果把质元当作小球，把旁边的其他质元当作弹簧，则模型

本身就有误了。其次是它们运动的外在条件不同。我们前面讨论的谐振子是孤立系统，没有外力对它做功，因而它的机械能守恒。而波动中的任何一个质元都不是孤立的，在波传播的过程中，质元的前后两个截面上都有外力做功，而且两个外力还有相位差，即功率不相同。当输入大于输出时，质元的机械能增加；当输出大于输入时，质元的机械能减少。由于波动的周期性，这种增加和减少也呈周期性的规律，因而质元的机械能也呈周期性的变化，不是一个守恒量。

进一步讲，与势能相关的是介质的相对形变，质元的势能与相对形变的平方成正比。质元的长度是 Δx，伸长为 Δy，因而质元的相对形变为$\frac{\Delta y}{\Delta x}$。借助波形曲线（如图 11.11）不难看出：在 P 点，速度为零，质元的动能为零；同时曲线斜率$\frac{\Delta y}{\Delta x}$也为零，即相对形变为零，所以质元的弹性势能也为零。在 Q 处，速度最大，动能最大，同时波形曲线较陡，$\frac{\Delta y}{\Delta x}$有最大值，所以弹性势能也最大。可见质元的动能和势能确实是同相的。

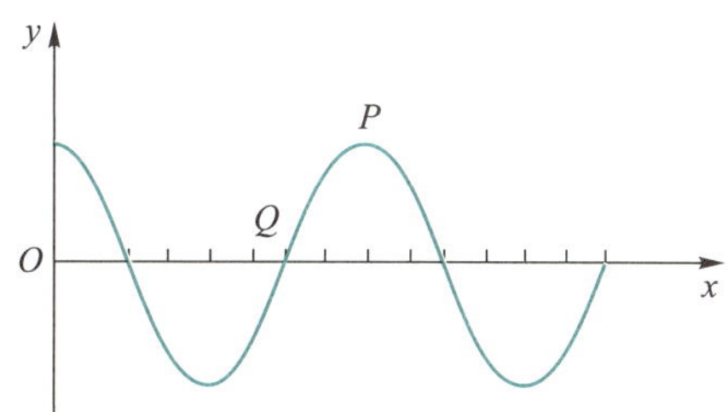

图 11.11　波传播时的体积元的变形

质元的动能和势能相等，机械能随时间而在零和最大值之间周期性地变化着，这说明它在不断地接受和放出能量。波动之所以能传播能量，就是由于它能够交换能量，而孤立的振动系统是不传播能量的。

介质中单位体积的波动能量，称为波的**能量密度**，用 w 表示，有

$$w=\frac{W}{\Delta V}=\rho A^2\omega^2\sin^2\omega\left(t-\frac{x}{u}\right) \tag{11.15}$$

波的能量密度是随时间迅速变化的，从传输能量的角度出发，我们通常关心它的时间平均值，即在一个周期内的平均值。因为正弦函数的平方在一个周期内的平均值为$\frac{1}{2}$，所以波的平均能量密度为

$$\bar{w}=\frac{1}{2}\rho A^2\omega^2 \tag{11.16}$$

这一公式虽然是从平面简谐波的纵波的特殊情况导出的，但是可以证明，这个结论对于所有的简谐机械波都适用。

2.3.2 波的能流

在波动中，波到达的地方，质元开始振动并拥有能量。可见能量是随着波动在介质中传播的。可以引入能流的概念，定量地描述能量在介质中的传播。

1. 能流的概念

我们把单位时间内通过介质中某面积的能量称为通过该面积的**能流**，表示为

$$P=\frac{\mathrm{d}W}{\mathrm{d}t} \tag{11.17}$$

2. 能流密度的定义

能流对于能量传输的描述是粗略的，下面介绍能流密度的概念。通过与波动传播方向垂直的单位面积的能流，称为能流密度，表示为

$$I=\frac{\mathrm{d}P}{\mathrm{d}S}=\frac{\mathrm{d}W}{\mathrm{d}t\cdot\mathrm{d}S} \tag{11.18}$$

即能流密度为单位时间通过单位垂面的波能。

3. 能流密度与能量传播速度的关系

现在推导能流密度与能量传播速度的关系。在介质中垂直于波速 u 取面积 $\mathrm{d}S$，沿波线取 $\mathrm{d}l$，构成一个立方体，如图 11.12 所示，体积为 $\mathrm{d}V=\mathrm{d}S\cdot\mathrm{d}l$，$\mathrm{d}V$ 内的波能密度可以认为均匀的，故 $\mathrm{d}V$ 内的波能为

$$\mathrm{d}W=w\mathrm{d}V=w\mathrm{d}S\cdot\mathrm{d}l$$

这些波能将在 $\mathrm{d}t=\frac{\mathrm{d}l}{u}$ 的时间内通过 $\mathrm{d}S$，故在该处波的能流密度为

$$I=\frac{\mathrm{d}W}{\mathrm{d}t\cdot\mathrm{d}S}=\frac{w\cdot\mathrm{d}l}{\mathrm{d}t}$$

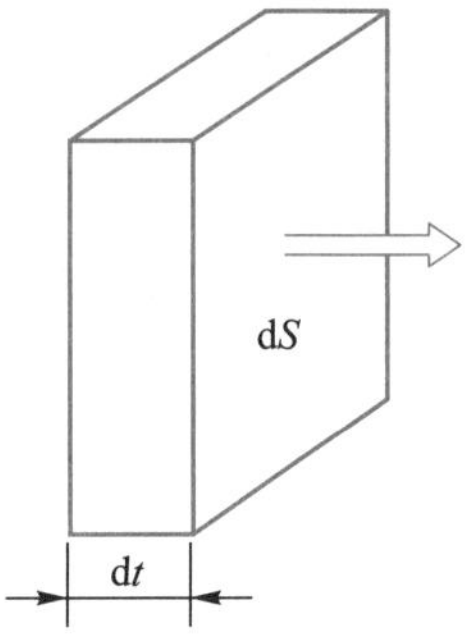

图 11.12 体积 $\mathrm{d}V$ 内的能量在 $\mathrm{d}t$ 时间内通过 $\mathrm{d}S$ 面

由于 $\frac{\mathrm{d}l}{\mathrm{d}t}=u$，我们得到波的能流密度 $I=wu$。把能流密度定义为一个矢量，记作 $\boldsymbol{I}$，其方向就是能量传播的方向即波速 $\boldsymbol{u}$ 的方向，于是有波的能流密度公式

$$\boldsymbol{I}=w\boldsymbol{u} \tag{11.19}$$

即能流密度等于能量密度乘以能量的传播速度。这种关系是具有普遍意义的。如在电流的知识点中，我们学过的电流密度等于电荷密度乘以电荷运动速度。

> **讨论 8：**
> 试说明简谐振动的能量和简谐波的能量的特点。

4. 波的强度

平均能流密度即波的强度（简称波强）定义为能流密度的时间平均值

$$\bar{I}=\bar{w}u \tag{11.20}$$

其中 $\bar{w}$ 为波的平均能量密度。对于简谐波 $\bar{w}=\frac{1}{2}\rho A^2\omega^2$，代入上式得到波强的大小

$$\bar{I}=\bar{w}u=\frac{1}{2}\rho uA^2\omega^2 \tag{11.21}$$

其中 ρu 是实际应用中经常遇到的一个表征介质特性的常量，称为介质的特性阻抗。上式表明，弹性介质中简谐波的强度与介质的特性阻抗成正比，还正比于振幅的二次方，正比于频率的二次方。在国际单位制中，波强的单位为 $\mathrm{W/m^2}$。

5. 能流与能流密度的关系

按照能流密度的定义，通过与波传播方向垂直的面元 $\mathrm{d}S$ 的波的能流为

$dP = IdS$。如果面元不与波速的方向垂直，设面元的法线方向与波的传播方向夹角为 α，则通过面元的波的能流为 $dP = IdS\cos\alpha = \boldsymbol{I}\cdot d\boldsymbol{S}$，故通过任意曲面的波的能流为

$$P = \int_S dP = \int_S \boldsymbol{I}\cdot d\boldsymbol{S} \tag{11.22}$$

即通过曲面的能流为能流密度在曲面上的积分。对上式取时间平均值得到波的平均能流公式

$$\overline{P} = \int_S d\overline{P} = \int_S \overline{\boldsymbol{I}}\cdot d\boldsymbol{S}$$

如果波的能流密度与曲面垂直且大小不变，则通过曲面的平均能流为

$$\overline{P} = \overline{I}S \tag{11.23}$$

6. 平面简谐波振幅

设有一平面简谐波以波速 u 在均匀介质中传播，在垂直于传播方向上取两个平面，面积都等于 S，并且通过第一个平面的波线也通过第二个平面(图 11.13)。设 A_1 和 A_2 分别表示平面波在这两平面处的振幅，由平均能流密度公式可知，通过这两个平面的平均能流分别为

$$\overline{P}_1 = \overline{I}_1 S = \overline{w}_1 uS = \frac{1}{2}\rho A_1^2\omega^2 uS$$

$$\overline{P}_2 = \overline{I}_2 S = \overline{w}_2 uS = \frac{1}{2}\rho A_2^2\omega^2 uS$$

如果介质不吸收波的能量，按能量守恒的观点，应有 $\overline{P}_1 = \overline{P}_2$，因而有 $A_1 = A_2$，即通过这两个平面的平面波的振幅相等。前面我们在推导平面谐波函数时曾谈到，对于在无吸收的均匀介质中传播的平面波，各质点的振幅相等，此处我们给出了振幅保持不变的理由，这实际上是能量守恒在波动中的一个必然结论。

7. 球面波振幅

对于球面波在均匀介质中传播的情况，见图 11.14。可在距离波源为 r 处取一个球面，面积为 $S = 4\pi r^2$。如果球面波的传播是各向同性的，通过球面的平均能流应等于

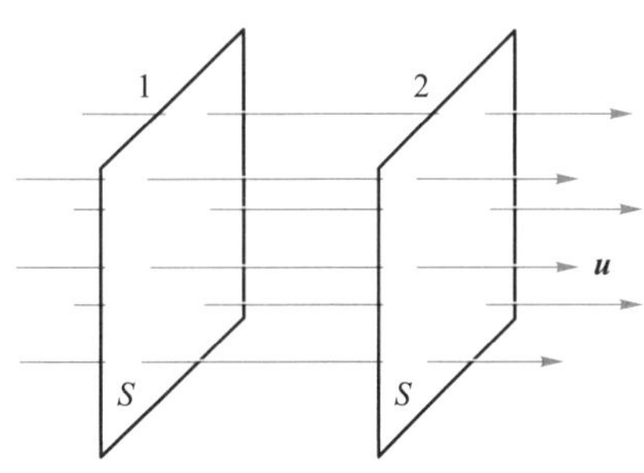

图 11.13 平面波的能流

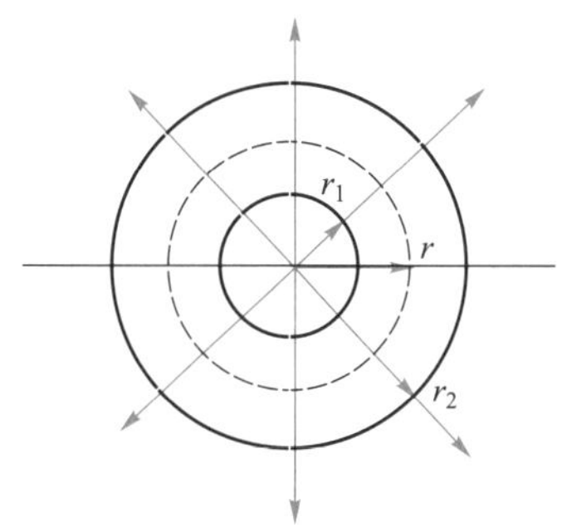

图 11.14 球面波的能流

$$\overline{P}=\overline{I}S=\overline{I}\cdot 4\pi r^2=\frac{1}{2}\rho A^2\omega^2 u\cdot 4\pi r^2 \tag{11.24}$$

在介质不吸收波的能量的条件下，通过所有球面的平均能流应相等，得到

$$Ar=\text{常量}$$

即振幅和离开波源的距离成反比。若距离波源为 r_1 和 r_2 的两点波的振幅分别为 A_1 和 A_2，则有

$$\frac{A_1}{A_2}=\frac{r_2}{r_1} \tag{11.25}$$

如果球面波在距离球心 r_0 处的振动为 $\xi=A_0\cos(\omega t+\varphi_0)$，则在任意 r 处的振幅为 $A=\dfrac{A_0r_0}{r}$。由于从 r_0 处到 r 处的波程为 $r-r_0$，因此 r 处质点的振动的时间要比 r_0 处落后$\dfrac{r-r_0}{u}$。故在 r 处质点的振动方程，即球面简谐波函数为

$$\xi=\frac{A_0r_0}{r}\cos\left[\omega\left(t-\frac{r-r_0}{u}\right)+\varphi_0\right]$$

[例 11.5] 用聚焦超声波的方法，可以在液体中产生强度达 120 kW/cm^2 的超声波。设波源作简谐振动，频率为 500 kHz，水的密度为 10^3 kg/m^3，声速为 1 500 m/s，求这时液体质元的位移振幅、速度振幅和加速度振幅。

分析：这是一个与工程应用有关的问题，只要知道波的强度与质元振动振幅之间的关系，求解就不成问题。

[解] 因波强 $I=\dfrac{1}{2}\rho uA^2\omega^2$，所以

$$A=\frac{1}{\omega}\sqrt{\frac{2I}{\rho u}}=\frac{1}{2\pi\times5\times10^5}\sqrt{\frac{2\times120\times10^7}{1\times10^3\times1.5\times10^3}}\ \text{m}\approx1.27\times10^{-5}\ \text{m}$$

$$v_{\text{m}}=\omega A=2\pi\times5\times10^5\times1.27\times10^{-5}\ \text{m/s}=40\ \text{m/s}$$

$$a_{\text{m}}=\omega^2A=(2\pi\times5\times10^5)^2\times1.27\times10^{-5}\ \text{m/s}^2=1.25\times10^8\ \text{m/s}^2$$

可见液体中声振动的振幅是极小的，但高频超声波的加速度振幅却可以很大。上述结果中的加速度振幅约为重力加速度的 1.28×10^7 倍，这意味着介质的质元受到的作用力比重力大 7 个数量级。可见超声波的机械作用是很强的，在机械加工、粉碎技术、清除垢污等方面有广阔的应用前景。

2.3.3 波的吸收

在导出平面简谐波的波函数时，我们假定波是在均匀无吸收的介质中传播，因此介质中各质元振动的振幅不变，这可从能量守恒的观点得到说明。实际上，平面波在均匀介质中传播时，介质总是要吸收波的一部分能量，因此波的强度和振幅将逐渐减小，所吸收的波动能量将转化成其他形式的能量(例如热能)，这种现象称为**波的吸收**。实验研究其规律后得出：通过极薄的(厚度为 dx)一层介质

后，振幅的减弱$(-dA)$与振幅 A 的比值应与吸收厚度 dx 成正比，即

$$\frac{-dA}{A}=\alpha dx$$

或

$$-dA=\alpha A dx$$

其中 α 为取决于介质并与频率有关的常量，称为介质的**吸收系数**。对于厚度为 x 的介质，由上式积分

$$A=A_0 e^{-\alpha x} \tag{11.26}$$

式中 A_0 和 A 分别为 $x=0$ 和 $x=x$ 处的振幅，由于波的强度与振幅的平方成正比，所以平面波强度的衰减规律是

$$I=I_0 e^{-2\alpha x} \tag{11.27}$$

式中的 I_0 和 I 分别是 $x=0$ 和 $x=x$ 处的波的强度。该式说明波在介质中传播时，波的强度是按指数规律衰减，且比振幅衰减得更快。在地震测试中，根据波强度的衰减来确定地层的吸收系数 α，根据经验再由不同的 α 值确定地层的情况。

第三节 波的基本特性及其应用

3.1 惠更斯原理和波的衍射

3.1.1 惠更斯原理

前文提到，波的传播取决于介质中各质点之间的相互作用。距离波源近的质点的振动将引起邻近的较远的质点振动，较远质点的振动又会引起邻近的更远的质点振动，这表明波动中的相互作用是通过各质点的直接接触来实现的。按照这个观点，波传播的时候，介质中任何一点后面的波，都可以看作由这些点对其后各点的作用而产生。也就是说，介质中任何一点相对于其后面的点来说，都可以看作波的源。例如，我们可以在水面上激起一列平行波(图 11.15)，在波的前方设置一个障碍物，障碍物上留有一个小孔。这时，我们可以清楚地看到，水波将激起小孔中水面的振动，而小孔水面的振动又会在障碍物的后面激起一列圆形的

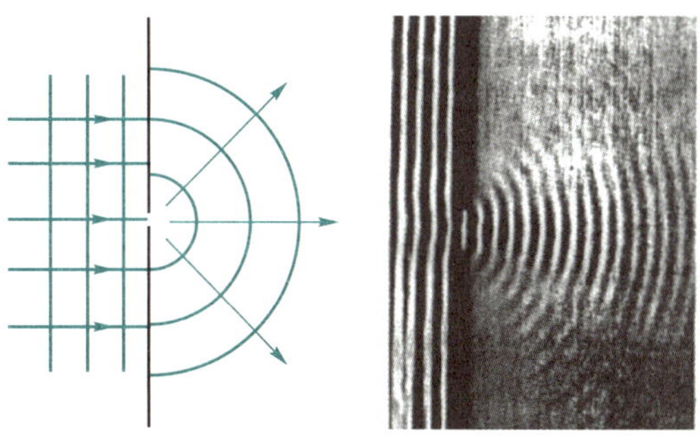

图 11.15 障碍物的小孔成为新的波源

波。显然，对于障碍物后面的波来说，小孔就是波源，波是从小孔发出来的。

惠更斯(C. Huygens)总结了上述现象，提出了波的传播规律：**在波的传播过程中，波阵面(波前)上的每一点都可以看作发射子波的波源，在其后的任一时刻，这些子波的包迹就成为新的波阵面，这就是惠更斯原理**。惠更斯原理适用于任何波动过程，无论是机械波还是电磁波。根据这一原理所提供的方法，只要知道某一时刻的波阵面，就可用几何作图方法来确定下一时刻的波阵面。在各向同性介质中，只要知道了波阵面的形状，就可以按照波射线与波阵面垂直的规律，作出波射线来。因而惠更斯原理在很大程度上解决了波的传播方向问题。图 11.16 是用惠更斯原理描绘的球面波和平面波的传播过程，以图(a)为例，S_1 为某一时刻 t 的波阵面，S_1 上的每一点发出的球面子波，经 Δt 时间后形成半径为 $u\Delta t$ 的球面，在波的前进方向上，这些子波的包迹 S_2 就成为 $t+\Delta t$ 时刻新的球形波阵面。根据惠更斯原理作图，还可以简洁地说明波在传播中发生的衍射、反射和折射等现象。

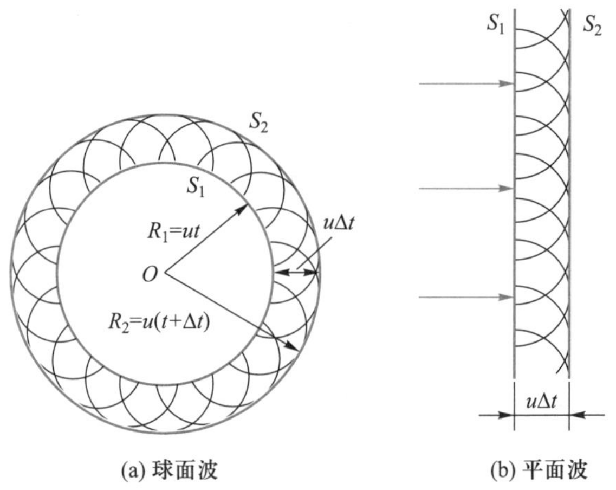

图 11.16 用惠更斯原理求作新的波阵面

应该指出惠更斯原理并没有说明各子波在传播中对某一点振动的相位和振幅究竟有多少贡献，不能给出沿不同方向传播的波的强度分布，后来菲涅耳对惠更斯原理做了补充，这将在本篇波动光学部分介绍。

3.1.2 波的衍射

当波在传播过程中，遇到障碍物时，其传播方向绕过障碍物发生偏折的现象称为**波的衍射**(diffraction of wave)。如图 11.17 所示，平面波通过一狭缝后能偏离原直线前进。这一现象可用惠更斯原理作出解释。当波阵面到达狭缝时，缝处各点成为子波源，它们发射的子波的包迹在边缘处不再是平面，从而使传播方向偏离原方向而向外延展，进入缝两侧的阴影区域。

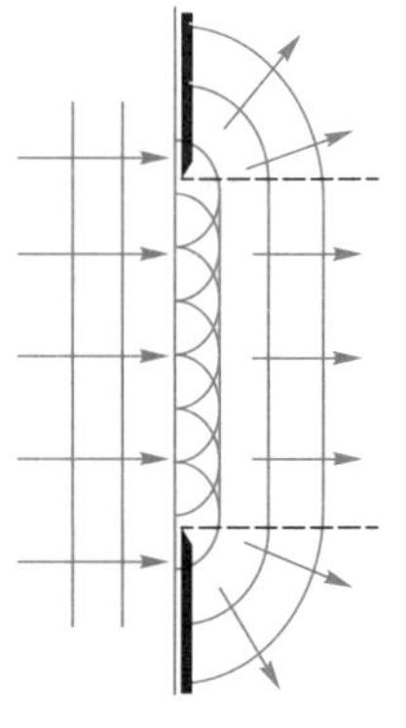

图 11.17 波的衍射

衍射现象是波动的共同特征。例如站在高墙后面的人能听到别人说话的声音，隔了山岭或建筑物能收听无线电广播，这些都是声波和电磁波的衍射实例。实验表明，当障碍物的线度可与波长相比拟时，衍射现象就明显，障碍物越小越显著。

3.2　波的折射和反射

3.2.1　波的反射定律

当波从一种介质传向另一种介质时，在介质的分界面上要发生反射和折射现象，波的传播方向随之改变。根据实验结果，可以得到波的反射定律和折射定律。下面我们先用惠更斯原理来推导反射定律。

在图 11.18 中，一列平面波向两种介质的分界面 MN 传播，入射波的波阵面和介质的分界面均与图面垂直。设 $t=0$ 时，入射波的波阵面与图面的交线到达 AB 所在位置，此时波阵面上的 A 点先到达分界面。随后，波阵面上的 A_1、A_2 各点陆续到达分界面上 E_1、E_2 各点，直到 $t=t_0$ 时，B 点到达 C 点。为了使图形简洁，我们只在波阵面上做出了 A、A_1、A_2 和 B 四个点作为示意。

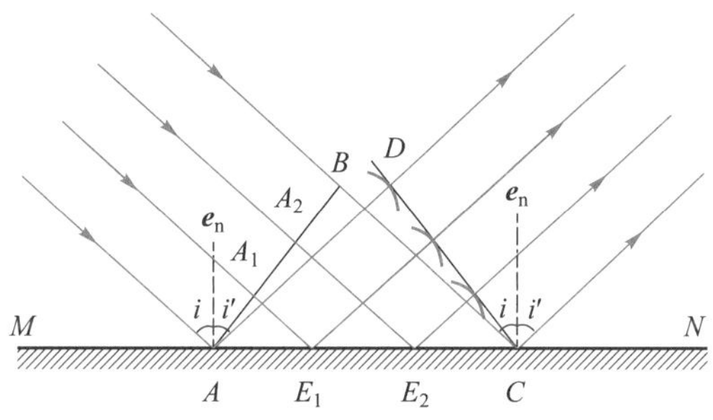

图 11.18　波的反射

入射波到达分界面上的各点作为反射波的子波源发出子波，设图中四条波线的间距相等，并以 u 表示介质中的波速，当 $t=t_0$ 时，从 A、E_1、E_2 各点发射的反射波的子波面均为半球面，与图面的交线是圆弧，半径分别为 ut_0、$\frac{2ut_0}{3}$、$\frac{ut_0}{3}$。这些圆弧的包迹是通过 C 点并与这些圆弧相切的直线 CD，因而当 $t=t_0$ 时，反射波的波阵面为经过 CD 并与图面垂直的平面。图中与波阵面 AB 垂直的射线，是入射波的波射线，称为入射线。与波阵面 CD 垂直的射线，是反射波的波射线，称为反射线。用 $\boldsymbol{e}_n$ 表示分界面的法线方向，入射线与法线的夹角 i 称为入射角，反射线与法线的夹角 i'称为反射角。从图中可以看出，$\triangle BAC$ 和 $\triangle DCA$ 两个直角三角形是全等的。因此 $\angle BAC=\angle DCA$，所以 $i=i'$，即入射角等于反射角。从图 11.18 中还可以看出，入射线、反射线和分界面的法线均在同一平面内。以上两个结论称为波的反射定律。

> **讨论 9：**
> 利用惠更斯原理作图时，确定“新”波面的关键物理参量是什么？

3.2.2　波的折射定律

当波从一种介质进入另一种介质时，在分界面上还要发生折射现象。用 u_1 表示波在第一种介质中的波速，u_2 表示波在第二种介质中的波速，MN 为两种介质的分界面，如图 11.19 所示。入射的情况与推导反射定律时的分析相同，入射波到达分界面上的各点 A、E_1、E_2 仍然是子波的波源。但折射是在第二种介质中进行的，所以子波的波速应为 u_2，因此在 $t=t_0$ 时，从 A、E_1、E_2 各点发出的折射波的子波与图面的交线分别为半径等于 u_2t_0、$\dfrac{2u_2t_0}{3}$、$\dfrac{u_2t_0}{3}$的圆弧。这些圆弧的包迹是通过 C 点并与这些圆弧相切的直线 CD，因而 $t=t_0$ 时折射波的波阵面是通过 CD 并与图面垂直的平面。与这平面垂直的射线是折射波的波射线，称为折射线。折射线与分界面的法线 $\boldsymbol{e}_n$ 的夹角 γ 称为折射角。

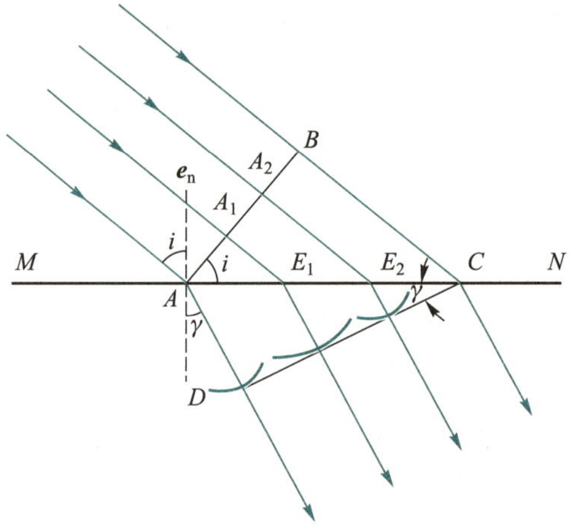

图 11.19　波的折射

从图 11.19 中可以看出，$\angle BAC=i$，$\angle ACD=\gamma$，而 $|BC|=u_1t_0=|AC|\sin i$，$|AD|=u_2t_0=|AC|\sin\gamma$，将这两式相除，得到

$$\frac{\sin i}{\sin\gamma}=\frac{u_1}{u_2}=n_{21} \tag{11.28}$$

此式表明，入射角与折射角的正弦之比等于波在第一、第二两种介质中的波速之比，比值 n_{21}称为第二介质对于第一介质的**相对折射率**。从图中可以看出，入射线、折射线和分界面的法线均在同一平面内。以上两个结论称为**波的折射定律**。

3.3　波的干涉

3.3.1　波的叠加原理

如果有几列波在空间相遇，那么每一列波都将独立地保持自己原有的特性(频率、波长、振动方向、传播方向)，并不会因其他波的存在而改变，这称为**波传播的独立性**。而任一点的振动为各列波单独在该点引起振动的合振动，这一规律称为**波的叠加原理**。

在几个人同时讲话时，我们能够听到每个人的声音；天空中同时有许多无线电波在传播，我们能接收到某一电台的广播，这些都是电磁波传播的独立性的例子。

> **讨论 10：**
> 两列简谐波在相遇点叠加，本质上是什么的叠加？

3.3.2 相干波和相干条件

一般来说，任意的几列简谐波在空间相遇时，叠加的情形是很复杂的，它们可以合成多种形式的波动。下面我们只讨论波的叠加中一种最简单而又最重要的情形，即两列频率相同、振动方向相同、相位差恒定的简谐波的叠加。这种波的叠加会使空间某些点处的振动始终加强，而另一些点处的振动始终减弱，呈现规律性分布。这种现象称为**干涉现象**。能产生干涉现象的波称为**相干波**，相应的波源称为**相干波源**。同频率、同振动方向、恒定相差称为**相干条件**。

> **讨论 11：**
> 由波源的相位确定相遇点的相位的理论依据是什么？

3.3.3 波程与波程差

设有两个相干波源 S_1、S_2 的振动分别为

$$y_{S_1}=A_{S_1}\cos(\omega t+\varphi_1)$$

$$y_{S_2}=A_{S_2}\cos(\omega t+\varphi_2)$$

它们发出的两列相干波在空间某 P 点(称为**干涉点**)相遇，如图 11.20 所示，两列波在该点引起的分振动为

$$y_1=A_1\cos\left(\omega t+\varphi_1-\frac{2\pi r_1}{\lambda}\right)$$

$$y_2=A_2\cos\left(\omega t+\varphi_2-\frac{2\pi r_2}{\lambda}\right)$$

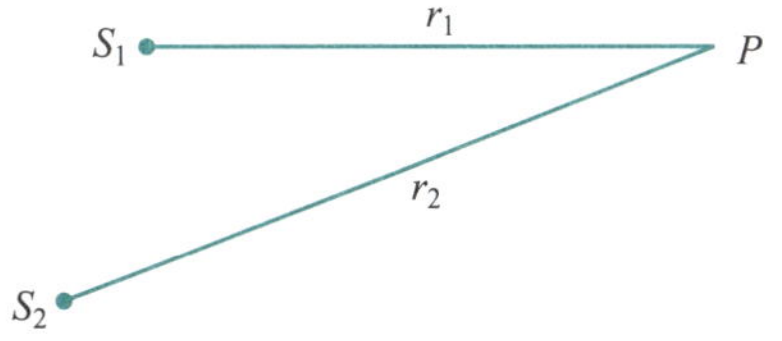

图 11.20 讨论波的干涉用图

式中 A_1 和 A_2 为两列波在干涉点引起振动的振幅，若不考虑波的吸收，对于平面波，波的振幅等于波源的振幅，对于球面波，要考虑振幅随距离的增加而减小的规律。这里我们只考虑平面波。φ_1 和 φ_2 为两个相干波源的初相位，并且 $\varphi_2-\varphi_1$ 是恒定的。r_1 和 r_2 为两个波源到干涉点的波程，λ 为两列相干波的波长。

根据叠加原理，干涉点的合振动为

$$y=y_1+y_2=A\cos(\omega t+\varphi) \tag{11.29}$$

式中合振动的振幅为

$$A=\sqrt{A_1^2+A_2^2+2A_1A_2\cos\Delta\Phi} \tag{11.30}$$

其中

$$\Delta\Phi=\varphi_2-\varphi_1-2\pi\frac{r_2-r_1}{\lambda} \tag{11.31}$$

为两列相干波在干涉点引起的振动的相位差。式中的初相位 φ 满足

$$\tan\varphi=\frac{A_1\sin\left(\varphi_1-\frac{2\pi r_1}{\lambda}\right)+A_2\sin\left(\varphi_2-\frac{2\pi r_2}{\lambda}\right)}{A_1\cos\left(\varphi_1-\frac{2\pi r_1}{\lambda}\right)+A_2\cos\left(\varphi_2-\frac{2\pi r_2}{\lambda}\right)} \tag{11.32}$$

由上面的式子可知，两列相干波在空间任一定点的相位差 $\Delta\Phi$ 是一个常量，因而每一点的合振幅 A 也是常量。对于不同的干涉点，它们到波源的波程差 r_2-r_1 一般并不相同，因而两列波的相位差 $\Delta\Phi$ 不同，振动的合振幅也不同。

> 讨论 12：
> 两列波干涉重点关注的是干涉场中具有什么特征的点？

> 讨论 13：
> 试从相位差表示的干涉极值条件，推导出用波程差表示的干涉极值条件。

3.3.4 干涉极值条件及其应用

1. 以相位差表示的干涉极值条件

若干涉点的相位差满足

$$\Delta\Phi=\varphi_2-\varphi_1-2\pi\frac{r_2-r_1}{\lambda}=2k\pi \qquad k=0,\ \pm1,\ \pm2,\ \cdots \tag{11.33}$$

该点的合振幅达到极大值 $A=A_1+A_2$，称为干涉极大点；若满足

$$\Delta\Phi=\varphi_2-\varphi_1-2\pi\frac{r_2-r_1}{\lambda}=(2k+1)\pi \qquad k=0,\ \pm1,\ \pm2,\ \cdots \tag{11.34}$$

该点的合振幅为极小值 $A=|A_1-A_2|$，称为干涉极小点。在很多实验中，$A_1=A_2$，即两波的振幅相等，此时干涉极大点的振幅 $A=2A_1$，干涉极小点的振幅 $A=0$，称为干涉静止点。上述公式就是以相位差表示的干涉极值条件。

2. 以波程差表示的干涉极值条件

在实际问题中，两个相干源常常是由同一个振源驱动的，这时两个波源的相位相同 $\varphi_1=\varphi_2$。对于同相位的相干波源，干涉的极值条件可简化为

$$\delta=r_1-r_2=k\lambda,\ k=0,\ \pm1,\ \pm2,\ \cdots\text{时},\ A=A_1+A_2\ \text{合振幅极大。} \tag{11.35}$$

$$\delta=r_1-r_2=\left(k+\frac{1}{2}\right)\lambda,\ k=0,\ \pm1,\ \pm2,\ \cdots\text{时},\ A=|A_1-A_2|\ \text{合振幅极小。} \tag{11.36}$$

其中 $\delta=r_1-r_2$ 表示从波源 S_1 和 S_2 发出的两列相干波到干涉点的波程差。上式说明，若两相干波源为同相源，当两列波干涉的时候，在波程差等于波长的整数倍的各点，振幅极大；在波程差等于半波长的奇数倍的各点，振幅极小。

由于波的强度正比于振幅的平方，$I=\frac{1}{2}\rho uA^2\omega^2$，所以两列波叠加后的强度

$$I=I_1+I_2+2\sqrt{I_1I_2}\cos\Delta\Phi \tag{11.37}$$

由此可见，波干涉的强度随着两列相干波在空间各点相位差的不同而不同，有些地方加强了$[I>(I_1+I_2)]$，有些地方减弱了$[I<(I_1+I_2)]$。如果有 $I_1=I_2$（即 $A_1=A_2$），那么叠加后波的强度

$$I=2I_1(1+\cos\Delta\Phi)=4I_1\cos^2\frac{\Delta\Phi}{2} \tag{11.38}$$

当 $\Delta\Phi=2k\pi(k=0,\pm1,\pm2,\cdots)$ 时，这些位置波的强度极大，等于单个波强度的 4 倍（$I=4I_1$）。当 $\Delta\Phi=(2k+1)\pi(k=0,\pm1,\pm2,\cdots)$ 时，波的强度为零（$I=0$）。叠加后波的强度 I 随相位差 $\Delta\Phi$ 变化的情况如图 11.21 所示。

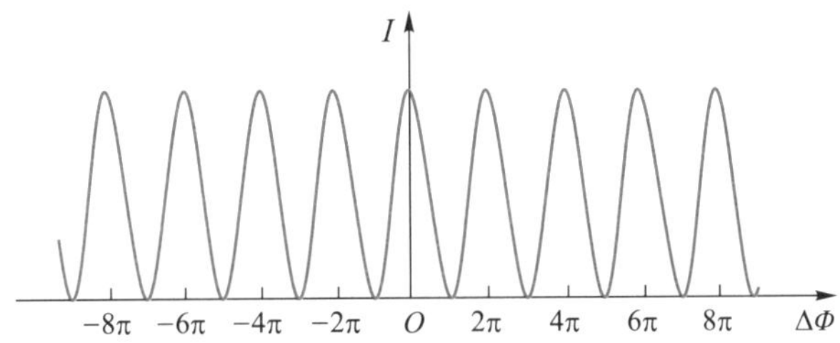

图 11.21　干涉现象的强度分布

波的干涉可用水波演示，如图 11.22(a)所示。两个相干源由同一个振源驱动，它们在水面上不停地拍打水面，产生水波，在水面上产生干涉现象。图 11.22(b)是干涉的示意图，S_1 和 S_2 是两个同相位的相干源，两列相干波的波峰用实线圆弧表示。干涉加强和减弱的地方已在图中标出，黑色实线表示干涉加强，黑色虚线表示干涉减弱，呈曲线状分布，称为干涉条纹。按照干涉极值条件，干涉条纹到两个相干源的距离之差为常量，应该是一组双曲线。例如在 S_1 和 S_2 的中垂线上，质元到两波源的波程差等于 0，出现极大，称为 0 级极大。在干涉极大的地方肯定是两列相干波的波峰相遇或波谷相遇（振动同相）的地方，而干涉极小的地方肯定是两列相干波的波峰和波谷相遇（振动反相）的地方。在图 11.22(a)中，干涉极大的地方是振动激烈的地方，图中表现为明暗反差显著，干涉极小的地方是振动平缓的地方，图中的明暗反差模糊。

干涉现象是波动最重要的特征之一，它对于光学、声学、电磁学等都非常重要，对于近代物理学的发展也有重大的作用。

3.3.5　驻波

1. 驻波现象

驻波是一种特殊的干涉现象，在日常生活和工程技术中都经常发生。在小提琴或笛子发出稳定的音调时，在琴弦上或笛腔中是声音的驻波在振荡；在激光器发光时，工作物质中是光的驻波在振荡。

驻波可用图 11.23 所示的装置来演示。左边放一电音叉 A，音叉末端系一水平的细绳 AB，B 处有一劈尖，可左右移动以调节 AB 间的距离。细绳绕过滑轮 P

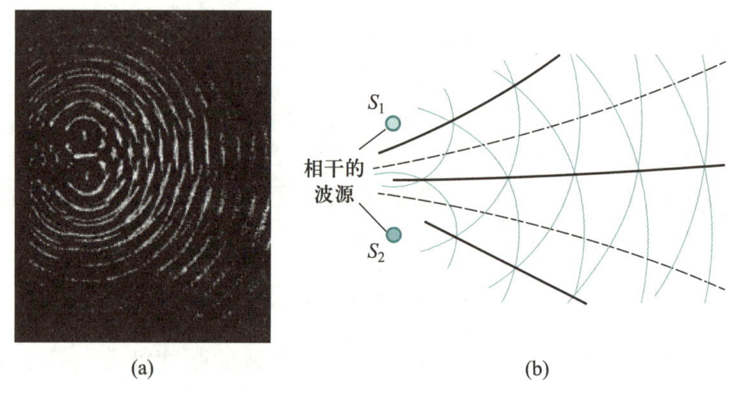

图 11.22 水波干涉现象

后，末端悬一重物 m，使绳上产生张力。音叉振动时，细绳随之振动，调节劈尖的位置使振动稳定，结果形成图上所示的波动状态。

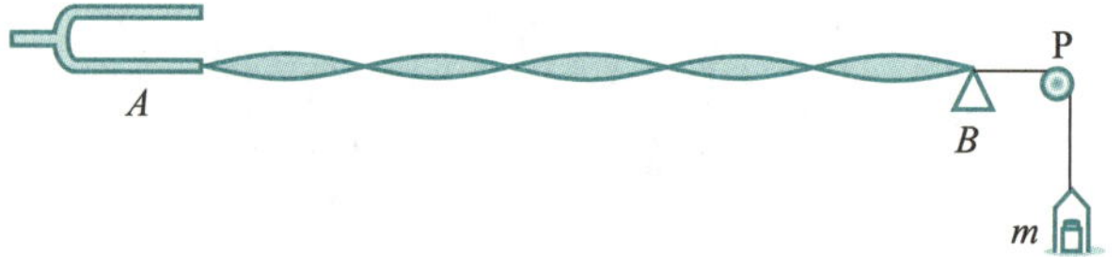

图 11.23 驻波实验

2. 驻波的特点、波腹与波节

从图中可以看出驻波的一些重要特点。驻波中的每一点都在振动，但它们的振幅不同。有的点振幅达到极大，称为**波腹**，有的点振幅为零(干涉静止点)，称为**波节**，波腹和波节均等间距排列。按波节的位置可以把驻波分成若干段，如果把驻波用摄像机拍下来再慢放出来，可以看到驻波各质元的振动相位的特点。每一段内质元振动的振幅虽然不同，但它们的相位相同，它们同时到达各自的正最大的位置，然后同时沿同一方向经过平衡位置，并同时到达负最大的位置。相邻的两段质元的振动相位相反，一段的质元到达正最大位置时，另一段的质元却到达负最大位置，并同时沿相反的方向经过平衡位置。也就是说，驻波的相位在一段之内完全相同，在两段之间却突变一个 π。简言之即：**同段同相，邻段反相，只有相位突变，没有相位传播**。在驻波的图像上，完全看不见前述行波的相位传播的特点，而是整个的一个原地踏步的图形，故称之为**驻波**。

讨论 14：

试总结驻波上的质元振动的相位特点。

3. 驻波的理论解释

通过图 11.23 所示的装置，我们可以分析驻波的生成条件。电音叉振动时，绳上产生行波(横波)向右传播，到达 B 点时发生反射，反射波向左传播并与入射波叠加。由于入射波和反射波满足同频率、同振动方向、恒定相差的相干条件，于是在绳上发生干涉现象。机械波在质地不同的介质之间反射率很高，常常在99%以上，所以反射波的振幅和入射波的振幅相同，因而干涉的合振幅的最大值为入射波振幅的两倍(波腹)，最小为零(波节)。所以我们说，驻波是两列同振幅、反方向传播的相干波叠加的结果。这就是驻波的理论解释。

我们使用图 11.23 对驻波的形成和理论解释做进一步的说明。图 11.24 中虚线表示向右传播的波，细实线表示向左传播的波，粗实线表示合成的波。图 11.24 中画出了这两列波以及它们合成的驻波在 $t=0$，$\frac{T}{8}$，$\frac{T}{4}$，$\frac{3T}{8}$，$\frac{T}{2}$各时刻的波形。从图 11.24 中可以看到，不论什么时刻，合成波在波节的位置(图中以“N”表示)总是不动的，在两波节之间同一段上所有的点，振动相位都相同，各段的中点振幅最大(图中用“L”表示)，这就是波腹。相邻两分段上各点的振动相位相反。这些结论均与实验事实一致。

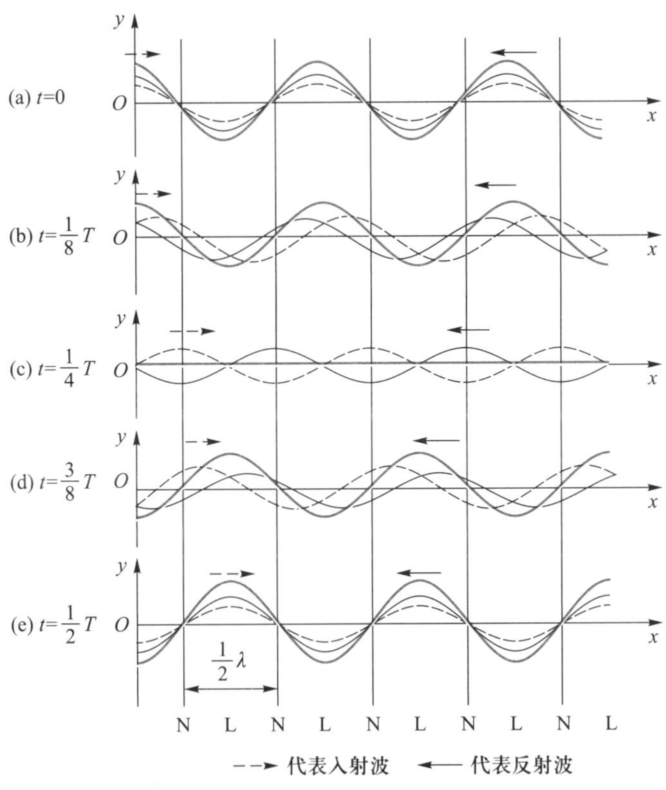

图 11.24　驻波的形成

4. 驻波方程

下面我们根据驻波的理论解释，对驻波的特性给以定量的分析。设有两列同振幅、反方向传播的相干波在 x 轴上传播。为了方便，在它们的波形曲线正好重合的时候，把位移极大的某一点取作坐标原点，并开始计时。于是，两列波的原点初相均为零，它们的波函数分别为

$$y_1=A\cos2\pi\left(\frac{t}{T}-\frac{x}{\lambda}\right)$$

$$y_2 = A\cos 2\pi\left(\frac{t}{T}+\frac{x}{\lambda}\right)$$

由于两列波的振幅相同，我们用和差化积公式来计算合成的结果非常简便

$$y = y_1+y_2 = A\left[\cos 2\pi\left(\frac{t}{T}-\frac{x}{\lambda}\right)+\cos 2\pi\left(\frac{t}{T}+\frac{x}{\lambda}\right)\right]$$

$$=\left(2A\cos\frac{2\pi}{\lambda}x\right)\cos\frac{2\pi}{T}t \tag{11.39}$$

上式称为**驻波方程**，它蕴藏着驻波的所有特点。从此式可以看出，合成以后各点都在作同频率的简谐振动，每一点的振幅为$\left|2A\cos\frac{2\pi}{\lambda}x\right|$，这表示驻波的振幅与位置有关。振幅最大值发生在$\left|\cos\frac{2\pi}{\lambda}x\right|=1$的点，因此波腹的位置可由

$\frac{2\pi}{\lambda}x=k\pi \qquad (k=0,\pm1,\pm2,\cdots)$ 来求出，为

$$x=k\frac{\lambda}{2} \qquad (k=0,\pm1,\pm2,\cdots) \tag{11.40}$$

这就是波腹的位置，波腹就是驻波中的干涉极大点，该点的振幅为 $2A$。相邻的两个波腹间的距离为

$$\Delta x = x_{k+1}-x_k=\frac{\lambda}{2} \tag{11.41}$$

它们是等间距的。同样，振幅的最小值发生在$\left|\cos\frac{2\pi}{\lambda}x\right|=0$的点，因此，波节的位置可由

$\frac{2\pi}{\lambda}x=(2k+1)\pi \qquad (k=0,\pm1,\pm2,\cdots)$来决定，即

$$x=(2k+1)\frac{\lambda}{4} \qquad (k=0,\pm1,\pm2,\cdots) \tag{11.42}$$

这就是波节的位置，波节就是驻波的干涉极小点，即干涉静止点。相邻的两个波节之间的距离也是$\frac{\lambda}{2}$，可见在驻波中相邻的两个波腹或波节相互之间的距离均为

$$\Delta x=\frac{\lambda}{2}$$

而相邻的一个波腹和一个波节之间的距离为 $\Delta x=\frac{\lambda}{4}$。

下面我们分析驻波中各点的相位关系。由于驻波中各点在进行同频率振动，它们之间的相位差不随时间改变。也即说，我们考察某一时刻各点的相位差，就可以代表任一瞬时的相位差。取 $t=0$ 时的状态来分析，此时 $\cos\frac{2\pi}{T}t=1$ 为最大，

驻波方程可以化为

$$y=\left(2A\cos\frac{2\pi}{\lambda}x\right)\cos\frac{2\pi}{T}t=2A\cos\frac{2\pi}{\lambda}x$$

此时驻波的波形曲线见图 11.25。我们看到，在 $x=-\frac{\lambda}{4}$ 和 $x=\frac{\lambda}{4}$ 这两个波节之间，尽管各点的振幅不同，但它们的振动都到达正最大，因而它们振动的相位相同。在 $x=\frac{\lambda}{4}$ 和 $x=\frac{3\lambda}{4}$ 这两个波节之间，各点振动都到达负最大，与前一段振动的相位相反。于是我们可以得出同段同相，邻段反相的结论。显然，在驻波中没有振动状态定向传播的现象，它是一种特殊的干涉现象。

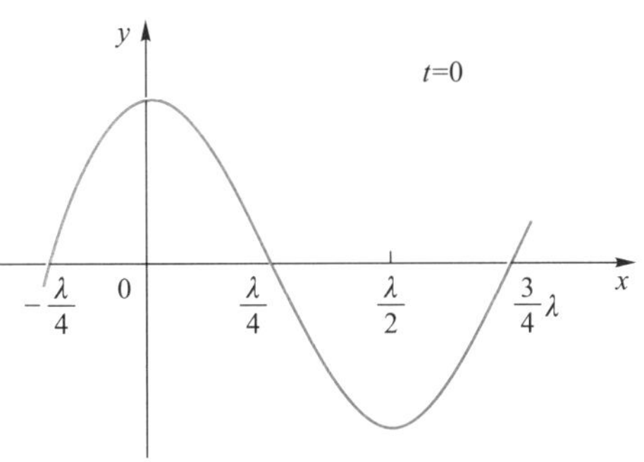

图 11.25　驻波的相位分析

让我们进一步考察驻波的能量，以细绳上的驻波为例来讨论这个问题。当介质中各质元的位移达到最大值时，其速度为零，即动能为零，如上图所示。这时介质的形变最大，驻波上质元的全部能量都是势能。由于在波节附近的相对形变$\left(\text{横波的形变为切变,相对形变仍与曲线斜率}\frac{\Delta y}{\Delta x}\text{成正比}\right)$最大，所以势能最大；而在波腹附近的相对形变为零，所以势能为零。此时驻波的能量以势能的形式集中在波节附近。

当驻波上所有质元同时到达平衡位置时，介质的形变为零，所以势能为零，驻波的全部能量都是动能。这时在波腹处的质元的速度最大，动能最大；而在波节处质元的速度为零，动能为零。此时驻波的能量以动能的形式集中在波腹附近。

由此可见，介质在振动过程中，驻波的动能和势能不断地转化。在转化过程中，能量不断地由波腹附近转移到波节附近，再由波节附近转移到波腹附近。也就是说在驻波中能流是来回振荡的，没有能量的定向传播。

> **讨论 15：**
> 试总结驻波中质元运动的能量变化特点。

5. 半波损失

要在实际上生成一个驻波，用两个独立的波源，激发两列同振幅、传播方向相反的相干波来进行叠加是很难做到的，通常都是通过反射来形成驻波，就像图 11.26 所示的实验那样。入射波在图 11.26 中 B 点反射并生成反射波，反射波和入射波叠加生成驻波。图 11.26 中的 B 点是一个特殊的点，对于入射波它是最后一点，称为入射点，对于反射波它是最开始的一点，称为反射点。入射波和反射波在 B 点的叠加，实际上就是入射点振动和反射点振动的叠加。如果我们简单地认为，反射点的振动就是入射点的振动，那么在该点实现的就是两个完全相同的振动的叠加，理应形成波腹。但在图 11.26 中，B 点是固定不动的，在该处形成的是驻波的一个波节。要形成波节，反射点的振动必须与入射点的振动相位相反。这意味着，图 11.26 中的反射波在反射的时候，突然发生了相位突变，变化了一个 π，最终的结果是形成了波节。在谐波方程中，通常是用波程来计算两点之间的相位差，如果在波程中我们扣除半个波长$\frac{\lambda}{2}$，则相当于把相位差改变了一个 π，所以这个 π 的相位突变一般等效地称之为“**半波损失**”。发生半波损失时入射波和反射波叠加的波形曲线见图 11.26(a)，其中虚线表示入射波，点虚线表示反射波，实线表示合成的驻波。注意到入射点和反射点的相位是始终相反的。

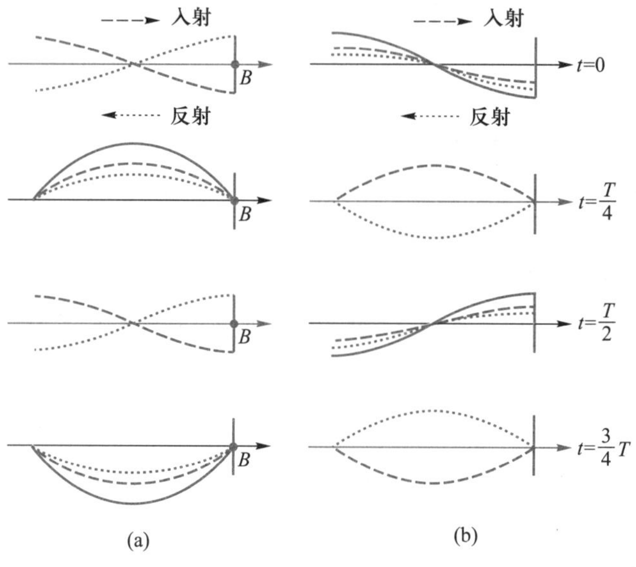

图 11.26　半波损失

并不是所有的反射点都会形成波节。实验表明，当波在介质中传播并在界面反射时，在两种介质的分界面处究竟出现波节还是波腹，取决于两种介质的性质以及入射角的大小。在波的能量密度知识点中，我们介绍过介质的特性阻抗 ρu，它是介质的密度 ρ 与波速 u 的乘积。两种介质相比较，特性阻抗较大的介质称为**波密介质**，特性阻抗较小的介质称为**波疏介质**。在实验中发现，在波垂直入射界面的情况下，如果波是从波疏介质入射到波密介质界面而反射，反射点将出现波节；如果波是从波密介质入射到波疏介质界面，反射点将出现波腹。也就是说，仅仅在前一种情况下，即由波疏介质入射到波密介质界面并反射时，才发生半波损失，即发生相位 π 的突变；在后一种情况，入射点和反射点的相位是相同的。没有半波损失时入射波和反射波叠加的波形曲线见图 11.26(b)。

半波损失也即相位突变问题不仅在机械波反射时存在，在电磁波包括光波反射时也存在。对于光波，我们把折射率 n 较大的介质称为**光密介质**，折射率 n 较小的介质称为**光疏介质**，当光从光疏介质入射到光密介质表面反射时，在反射点也有半波损失，以后在光学中还要反复地讨论这个问题。

> **讨论 16：**
> （1）请说明“半波损失”的现象。
> （2）在什么条件下会出现半波损失，在哪一列波的计算中需考虑半波损失？

6. 弦线上的驻波

在实际应用中，常用波在两个反射壁之间来回反射形成驻波。例如在前面弦振动实验中，弦线的两端拉紧固定，拨动弦线时，波经两端反射，形成两列反向传播的波，叠加后就能形成驻波。由于在两固定端必须是波节，因而要形成稳定的驻波，弦长 L 必须是半波长$\dfrac{\lambda}{2}$的整数倍，即

$$L=n\frac{\lambda}{2}\qquad n=1,\ 2,\ 3,\ \cdots \tag{11.43}$$

从上式可以看出，如果弦长是固定的，波长就不能是任意的，只能等于

$$\lambda_n=\frac{2L}{n}\qquad n=1,\ 2,\ 3,\ \cdots \tag{11.44}$$

由于波速 $u=\lambda\nu$，因而波的频率也不能是随意的，只能取

$$\nu_n=n\frac{u}{2L}\qquad n=1,\ 2,\ 3,\ \cdots \tag{11.45}$$

就是说，只有波长（或频率）满足上述条件的那些波才能在弦上形成稳定的驻波。其中与 $n=1$ 对应的频率称为**基频**，其他频率依次称为二次、三次……谐频（对声驻波则称为**基音**和**泛音**）。各种允许频率所对应的驻波模式（即简谐振动方式）即**简正模式**，相应的频率为**简正频率**。简正频率为驻波系统的结构决定，称为系统的**固有频率**（和谐振子不同，一个驻波系统有多个固有频率）。

［例 11.6］ 在 x 轴上有两个波源，S_1 的位置在 $x_1=0$ 处，S_2 的位置在 $x_2=5$ m 处，它们的振幅均为 a，S_1 的相位比 S_2 超前$\dfrac{\pi}{2}$。假设每个波源都向 x 轴的正方向和负方向发出简谐波，每列波都可以传播到无限远处，波长为 $\lambda=4$ m。（1）求 $x<0$ 区间的合成波的振幅；（2）求 $x>5$ m 区间合成波的振幅；（3）求 $0<x<5$ 区间形成的驻波的波腹和波节的位置。

分析：这是一个波的叠加问题，关键是计算两波源到达相遇点的相位差，重点关注叠加后的振幅，可用合振动的计算公式来求解。

［解］（1）在 $x<0$ 区间，如图 11.27 所示，两个波源 S_1 和 S_2 发出的反行波相互

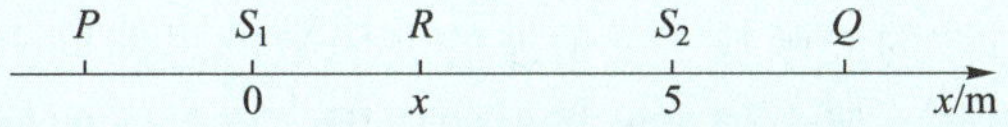

图 11.27　例 11.6 题图

干涉形成反行波，设考察点 P 的坐标为任意 x，S_1 和 S_2 到 P 点的波程差为 $r_2-r_1=5$ m 与 x 无关。按干涉极值公式，在 P 点干涉的相位差是

$$\Delta\Phi=\varphi_2-\varphi_1-2\pi\frac{r_2-r_1}{\lambda}=-\frac{\pi}{2}-2\pi\frac{5}{4}=-3\pi$$

与 P 点的位置无关。则该区间的合振幅应为极小值，即两列波振幅之差。由于两列波的振幅相等，故合振幅：

$$A=0$$

即在 $x<0$ 区间，两列波因干涉而完全抵消。

（2）在 $x>5$ m 区间，如图 11.27 所示，两波源发出的正行波干涉形成正行波，设考察点 Q 的坐标为任意的 x，S_1 和 S_2 到 Q 点的波程差 $r_2-r_1=-5$ m，干涉的相位差

$$\Delta\Phi=\varphi_2-\varphi_1-2\pi\frac{r_2-r_1}{\lambda}=-\frac{\pi}{2}-2\pi\frac{-5}{4}=2\pi$$

按干涉极值公式，该区间的合振幅为极大，即两列波振幅之和

$$A=2a$$

（3）在 $0<x<5$ m 区间，如图 11.27 所示，S_1 发出的正行波与 S_2 发出的反行波干涉形成驻波，设考察点 R 的坐标为任意值 x，S_1 和 S_2 到 R 点的波程差

$$r_2-r_1=(5-x)-x=5-2x$$

相位差

$$\Delta\Phi=\varphi_2-\varphi_1-2\pi\frac{r_2-r_1}{\lambda}=-\frac{\pi}{2}-2\pi\frac{5-2x}{4}=-3\pi+\pi x$$

与 R 点的位置有关。

对于波腹(干涉极大点)，按干涉极值公式，应有

$$\Delta\Phi=-3\pi+\pi x=2k\pi,\ k=0,\ \pm1,\ \pm2,\ \cdots$$

故波腹位置为 $x=2k+3$，在 $0<x<5$ m 区间，取 $x=1$，3 两点。

对于波节，应有

$$\Delta\Phi=-3\pi+\pi x=(2k+1)\pi$$

即波节位置为 $x=2k+4$，在 $0<x<5$ m 区间，取 $x=2$ m，4 m 两点。

[例 11.7] 在 x 轴的原点处有一波源，振动方程为 $y_0=A\cos(\omega t+\varphi)$，发出的波沿 x 轴正方向传播，波长为 λ，波在 $x=x_0$(正值)被一刚性壁反射，求：(1)入射波函数；(2)入射点振动方程；(3)反射点振动方程；(4)反射波函数；(5)驻波方程；(6)所有的波腹和波节的位置。

分析：写入射波的波函数、反射波的波函数的思路同上，关键是反射点和入射点尽管位置相同，但由于半波损失的原因，反射点的振动与入射点的振动相位要增加 π。

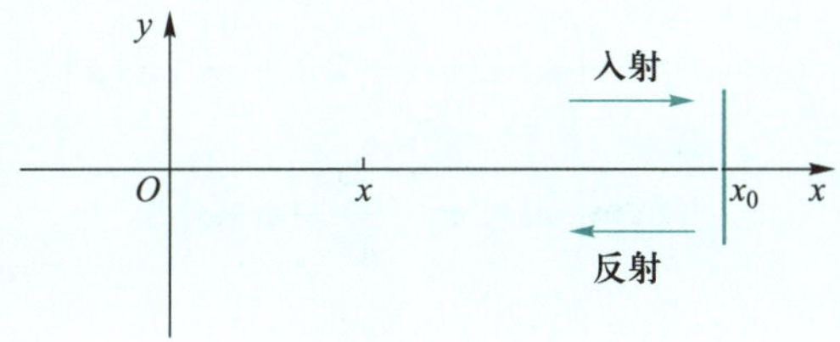

图 11.28　例 11.7 题图

[解]　(1) 波源发出的正行波即入射波，如图 11.28 所示，从波源到 x 轴上坐标为 x 处质点的波程为 x，所以入射波在 x 处振动的相位比波源落后 $2\pi\dfrac{x}{\lambda}$，故入射波函数为

$$y_1=A\cos\left(\omega t-2\pi\frac{x}{\lambda}+\varphi\right)$$

(2) 入射点振动方程可直接由入射波函数得到

$$y_{1x_0}=A\cos\left(\omega t-2\pi\frac{x_0}{\lambda}+\varphi\right)$$

(3) 反射点为刚性壁，理解为波密介质，因而反射点有相位突变，反射点振动与入射点振动有相位差 π，所以反射点振动为

$$y_{2x_0}=A\cos\left(\omega t-2\pi\frac{x_0}{\lambda}+\pi+\varphi\right)$$

(4) 从反射点到 x 处的波程为 x_0-x，因而反射波在 x 处引起的振动比反射点的相位又要落后 $2\pi\dfrac{x_0-x}{\lambda}$，所以反射波函数为

$$\begin{aligned}y_2&=A\cos\left(\omega t+\varphi-2\pi\frac{2x_0-x-\dfrac{\lambda}{2}}{\lambda}\right)\\&=A\cos\left(\omega t+2\pi\frac{x-2x_0}{\lambda}+\pi+\varphi\right)\end{aligned}$$

注意反射波是反行波，所以 x 的符号是正号。

反射波函数也可以直接从波源的振动方程从总的相位差得到。现在把入射和反射合并为一个过程来处理。波从波源出发，先正行到 x_0 处，然后反行到 x 处，波程总共为 $2x_0-x$，考虑到反射点有半波损失(相位突变)，波程应修正为 $2x_0-x-\dfrac{\lambda}{2}$，因而反射波在 x 处的振动相位要比波源落后 $2\pi\dfrac{2x_0-x-\dfrac{\lambda}{2}}{\lambda}$，所以反射波函数应为

$$y_2 = A\cos\left(\omega t - 2\pi\frac{x_0}{\lambda} - 2\pi\frac{x_0 - x}{\lambda} + \pi + \varphi\right)$$
$$= A\cos\left(\omega t + 2\pi\frac{x - 2x_0}{\lambda} + \pi + \varphi\right)$$

(5) 驻波方程可由入射波函数与反射波函数叠加而来

$$y = y_1 + y_2$$
$$= A\cos\left(\omega t - 2\pi\frac{x}{\lambda} + \varphi\right) + A\cos\left(\omega t + 2\pi\frac{x - 2x_0}{\lambda} + \pi + \varphi\right)$$
$$= 2A\cos\left(2\pi\frac{x - x_0}{\lambda} + \frac{\pi}{2}\right)\cos\left(\omega t - 2\pi\frac{x_0}{\lambda} + \frac{\pi}{2} + \varphi\right)$$

(6) 波腹和波节的位置可以从驻波方程的振幅因子求出，但最简单的方法是通过反射点的性质来确定反射点是波腹还是波节，然后按照波腹和波节的排列规律来找出全部波腹、波节位置。前面已经分析过，由于反射壁是刚性壁，反射有半波损失，所以反射点肯定是波节。既然 $x = x_0$ 处是波节，再根据相邻波节距离为$\frac{\lambda}{2}$的规律，我们得到全部波节的位置是

$$x = x_0 - k\frac{\lambda}{2} \quad k = 0,\ 1,\ 2,\ 3,\ \cdots$$

由于相邻的波腹和波节相距$\frac{\lambda}{4}$，所以全部波腹的位置是

$$x = x_0 - \frac{\lambda}{4} - k\frac{\lambda}{2} \quad k = 0,\ 1,\ 2,\ 3,\ \cdots$$

本章主要讨论波动的产生过程——振动状态的传播；并依据这一过程获得波函数的建立，实现了对波动的描述；基于对波的产生和波函数的理解，定性或定量地分析了常见波动特性，如干涉叠加等。当上一章的振动方程会建立以后，**沿着波动方向上波的相位传播的计算，是解决本章多数问题的关键**，望同学们能抓住这一关键问题。

第四节 工程案例：干涉消声技术的应用

内燃机、通风机、鼓风机、压缩机、燃气轮机等工作时，在排放各种高速气流的过程中，都伴随有噪声。从声波传播通道入手，可以采用干涉技术来减弱噪声源的影响。

原理：

(1) 图 11.29(a)为干涉型消声器的结构原理图。

(2) 一列波长为 λ 的声波沿水平管道自左向右传播。入射波在到达 A 处时分

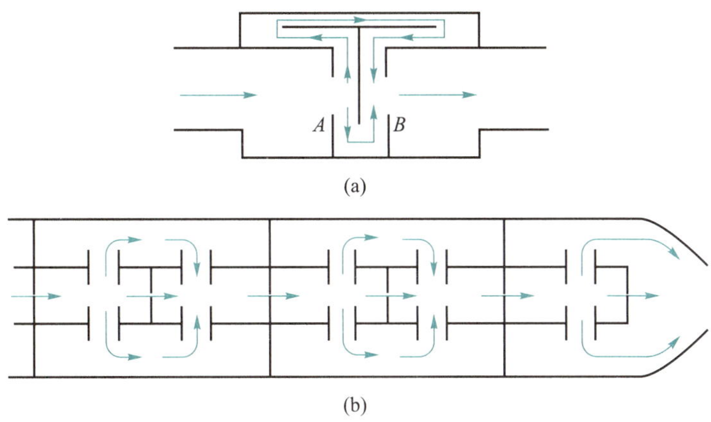

图 11.29 干涉型消声器

成两束相干波，它们分别向上和向下沿着图中箭头所示的方向传播，经过不同的距离(r_1 和 r_2)后，在 B 处会聚。

(3) 若两相干波的振幅相同。由干涉原理知，当

$$\Delta r=r_2-r_1=(2k+1)\frac{\lambda}{2}\quad k=0,\ \pm1,\ \pm2,\ \cdots$$

时，合振幅为零，即两列声波因相干而抵消。

(4) 为了使这类消声器有较宽的消声频率，往往将不同结构的消声单元串联起来，如图 11.29(b)所示，并使每一个单元的 Δr 不等，就可以对不同波长的噪声加以控制。

习题

11.1 沿简谐波的传播方向相隔 Δx 的两质点在同一时刻的相差是多少？

11.2 一个余弦横波以速度 u 沿 x 轴正方向传播，t 时刻波形曲线如图所示。试分别指出图中 A，B，C 各质点在该时刻的运动方向。

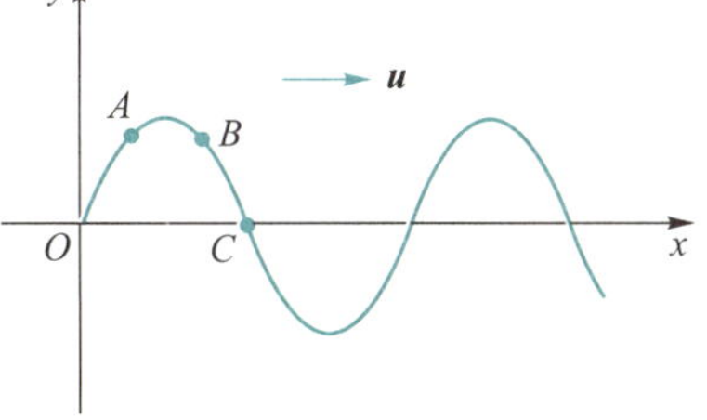

习题 11.2 图

11.3 机械波可以传送能量，机械波能传送动量吗？

11.4 拉紧的橡皮绳上传播横波时，在同一时刻，何处动能密度最大？何处弹性势能密度最大？何处总能量密度最大？何处这些能量密度最小？

11.5 驻波中各质元的相有什么关系？为什么说相没有传播？

11.6 太平洋上有一次形成的洋波速度为 740 km/h，波长为 300 km。这种洋波的频率是多少？横渡太平洋 8 000 km 的距离需要多长时间？

11.7 据报道，1976 年唐山大地震时，当地居民曾被突然向上抛离 2 m 高。

设地震横波为简谐波，且频率为 1 Hz，波速为 3 km/s，它的波长多大？振幅多大？

11.8 已知一平面简谐波的表达式为 $y=0.25\cos(125t-0.37x)$ （SI 单位）

（1）分别求 $x_1=10$ m，$x_2=25$ m 两点处质点的振动方程；

（2）求 x_1，x_2 两点间的振动相位差；

（3）求 x_1 点在 $t=4$ s 时的振动位移。

11.9 如图所示，一平面波在介质中以波速 $u=20$ m/s 沿 x 轴负方向传播，已知 A 点的振动方程为 $y=3\times10^{-2}\cos4\pi t$ （SI 单位）。

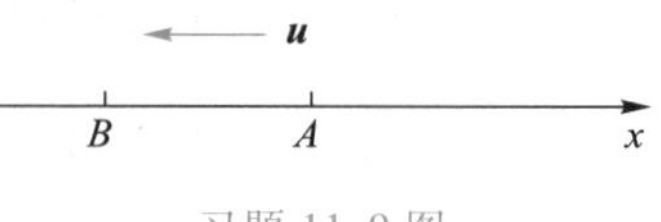

习题 11.9 图

（1）以 A 点为坐标原点写出波的表达式；

（2）以距 A 点 5 m 处的 B 点为坐标原点，写出波的表达式。

11.10 一平面简谐波沿 x 轴正方向传播，其振幅和角频率分别为 A 和 ω，波速为 u，设 $t=0$ 时的波形曲线如图所示。

（1）写出此波的表达式。

（2）求距 O 点分别为 $\lambda/8$ 和 $3\lambda/8$ 两处质点的振动方程。

（3）求距 O 点分别为 $\lambda/8$ 和 $3\lambda/8$ 两处质点在 $t=0$ 时的振动速度。

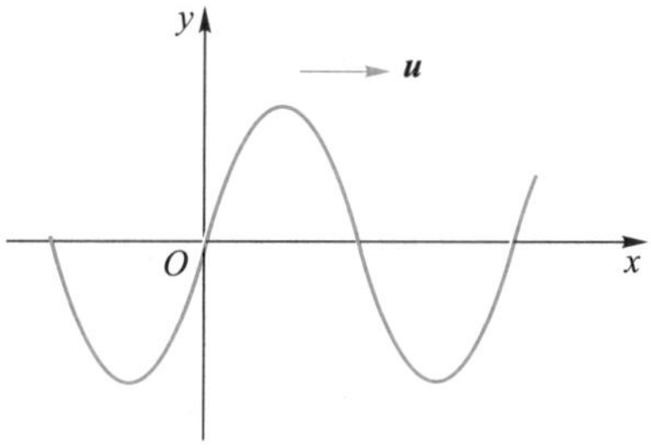

习题 11.10 图

11.11 某质点作简谐振动，周期为 2 s，振幅为 0.06 m，$t=0$ 时刻，质点恰好处在负方向最大位移处，求：

（1）该质点的振动方程；

（2）此振动以波速 $u=2$ m/s 沿 x 轴正方向传播时，形成的一维简谐波的波动表达式(以该质点的平衡位置为坐标原点)；

（3）该波的波长。

11.12 如图所示，一平面简谐波沿 Ox 轴负方向传播，波速大小为 u，若 P 处介质质点的振动方程为 $y_P=A\cos(\omega t+\phi)$，求：

（1）O 处质点的振动方程；

（2）该波的波动表达式；

（3）与 P 处质点振动状态相同的那些点的位置。

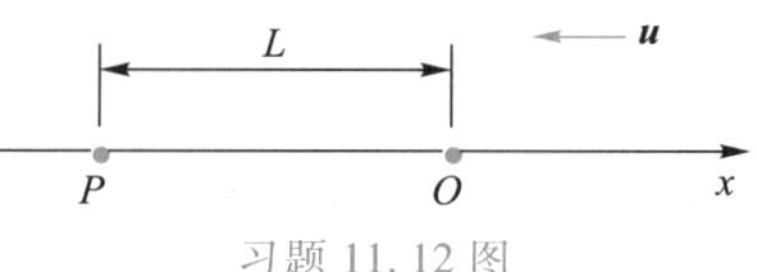

习题 11.12 图

11.13 图示一平面简谐波在 $t=0$ 时刻的波形图，求：

（1）该波的波动表达式；

（2）P 处质点的振动方程。

11.14 图示一平面余弦波在 $t=0$ 时刻与 $t=2$ s 时刻的波形图。已知波速为 u，求：

（1）坐标原点处介质质点的振动方程；

（2）该波的波动表达式。

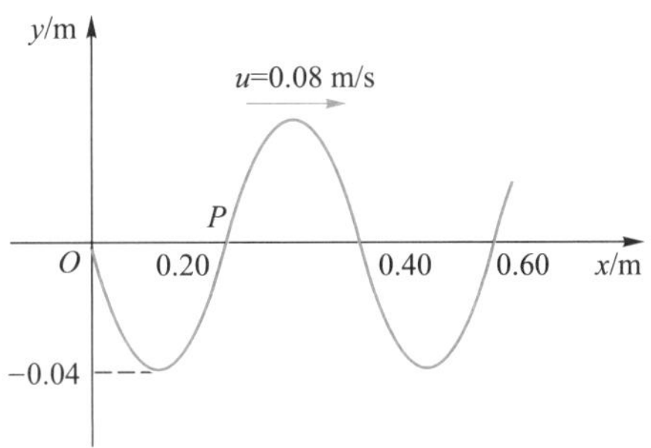

习题 11.13 图

11.15　如图所示为一平面简谐波在 $t=0$ 时刻的波形图，设此简谐波的频率为 250 Hz，且此时质点 P 的运动方向向下，求：

（1）该波的表达式；

（2）在距原点 O 为 100 m 处质点的振动方程与振动速度表达式。

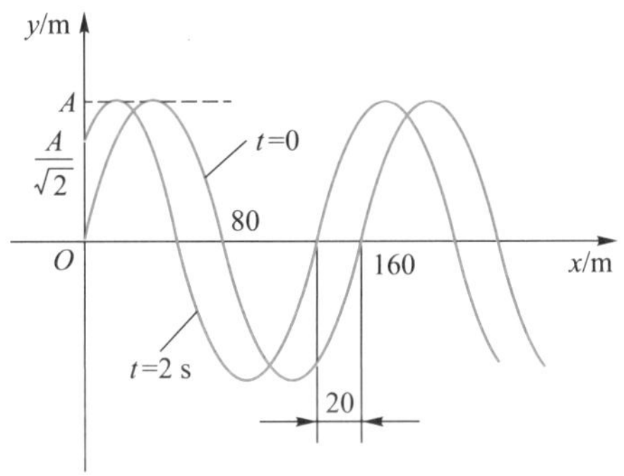

习题 11.14 图

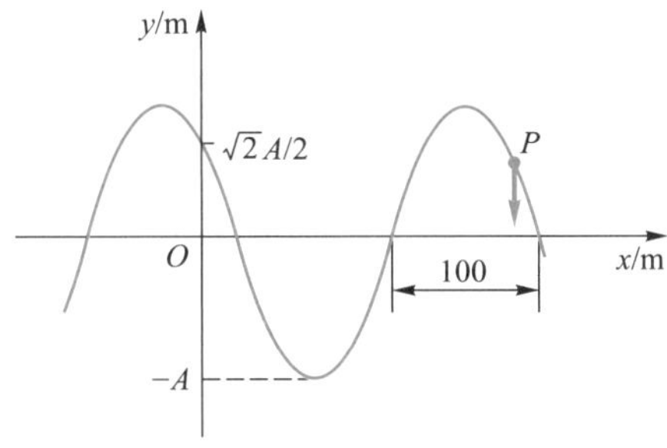

习题 11.15 图

11.16　一平面简谐波沿 Ox 轴负方向传播，波长为 λ，P 处质点的振动规律如图所示。

（1）求 P 处质点的振动方程；

（2）求此波的波动表达式；

（3）若图中 $d=\frac{1}{2}\lambda$，求坐标原点 O 处质点的振动方程。

11.17　在均匀介质中，有两列余弦波沿 Ox 轴传播，波动表达式分别为 $y_1=A\cos[2\pi(\nu t-x/\lambda)]$ 与 $y_2=2A\cos[2\pi(\nu t+x/\lambda)]$，试求 Ox 轴上合振幅最大

与合振幅最小的那些点的位置。

11.18　相干波源 S_1 和 S_2，相距 11 m，S_1 的相位比 S_2 超前 $\frac{1}{2}\pi$。这两个相干波在 S_1、S_2 连线和延长线上传播时可看成两等幅的平面余弦波，它们的频率都等于 100 Hz，波速都等于 400 m/s。试求在 S_1、S_2 的连线上及延长线上，因干涉而静止不动的各点位置。

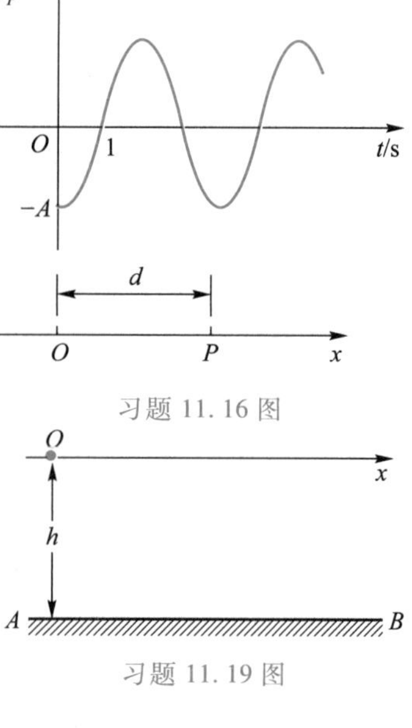

习题 11.16 图

习题 11.19 图

11.19　如图所示，原点 O 是波源，振动方向垂直于纸面，波长是 λ。AB 为波的反射平面，反射时无相位突变。O 点位于 A 点的正上方，$|AO|=h$。Ox 轴平行于 AB。求 Ox 轴上干涉加强点的坐标（限于 $x \geqslant 0$）。

11.20　如图所示，在弹性介质中有一沿 x 轴正方向传播的平面波，其表达式为 $y=0.01\cos\left(4t-\pi x-\frac{1}{2}\pi\right)$　（SI 单位）。若在 $x=5.00$ m 处有一介质分界面，且在分界面处反射波相位突变 π，设反射波的强度不变，试写出反射波的表达式。

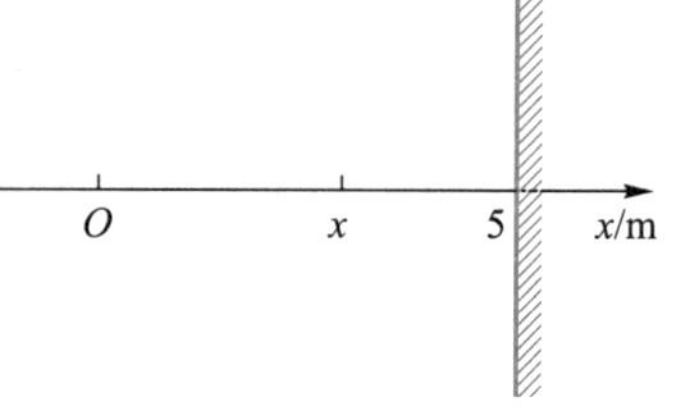

习题 11.20 图

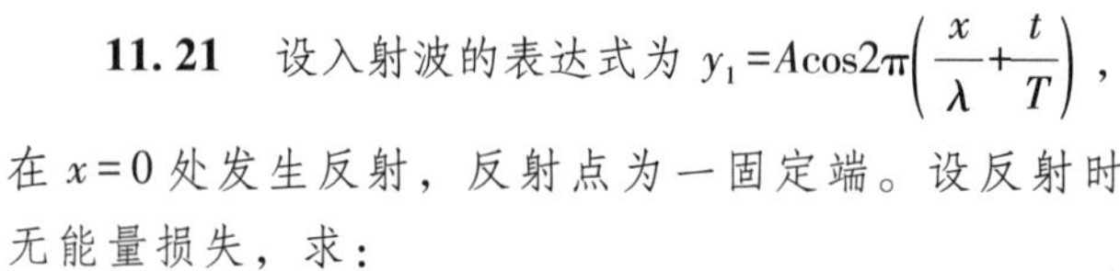

11.21　设入射波的表达式为 $y_1=A\cos 2\pi\left(\frac{x}{\lambda}+\frac{t}{T}\right)$，在 $x=0$ 处发生反射，反射点为一固定端。设反射时无能量损失，求：

（1）反射波的表达式；

（2）合成的驻波的表达式；

（3）波腹和波节的位置。

11.22　一艘船在 25 m 高的桅杆上装有一天线，不断发射某种波长的无线电波，已知波长在 2~4 m 范围内，在高出海平面 150 m 的悬崖顶上有一接收站能收到这无线电波。但当那艘船驶至离悬崖底部 2 km 时，接收站就收不到无线电波。设海平面完全反射这无线电波，求所用无线电波的波长。

11.23　一微波探测器位于湖岸水面以上 0.5 m 处，一发射波长 21 cm 的单色微波的射电星从地平线上缓慢升起，探测器将相继指出信号强度的极大值和极小值。当接收到第一个极大值时，射电星位于湖面以上什么角度？

第十二章　波动光学

思考题

1. 试说明你认为“波动光学”的内容归入振动、波动这一篇章的原因。

2. 试列出“波动光学”这一章的节标题，从中领悟这一章书展开的主要线索。

3. 为什么普通光源不易观察到干涉、衍射等现象，本章主要依据什么思路，实现了在实验室对普通光源的干涉、衍射等现象的观察？

经典物理学中的波按其机理分为机械波和电磁波，机械波是由机械振动在弹性介质里激起的波，又称弹性波，如水波、声波等；电磁波是由电磁振荡所激起的变化的电磁场在空间的传播，不依赖介质也能传播，如无线电波、可见光波、X 射线等。光的本质就是一种电磁波，本章即讨论光的波动特征，包含光的干涉、衍射及偏振特性等。

第一节　光的电磁波本质　波动光学研究对象

1.1　光的电磁波本质

19 世纪 60 年代，光就被人们证明是一段频率的电磁波。频率范围如图 12.1 所示。

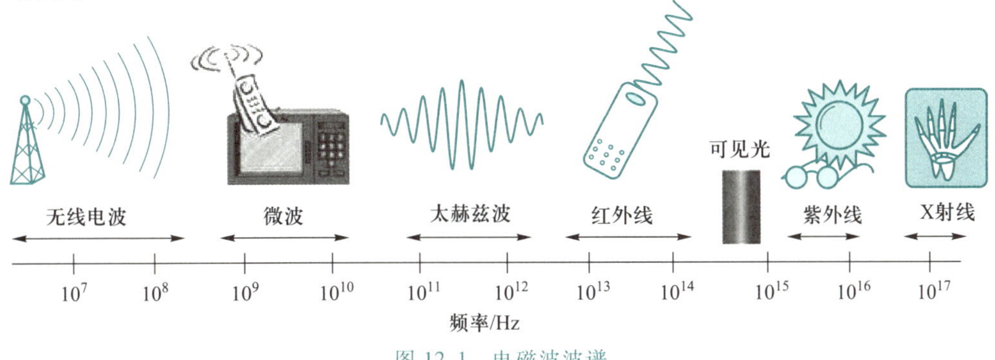

图 12.1　电磁波波谱

可见光是波长范围在 $3.9\times10^{-7}\sim7.6\times10^{-7}$ m，或频率介于 $3.9\times10^{14}\sim7.6\times10^{14}$ Hz的电磁波，能引起人的视觉。而整个光学区(从紫外线到红外线)的波长范围在 $10^{-9}\sim10^{-3}$ m。

电磁波在传播过程中，变化的电场和磁场相互激发，由振源向外传出电磁

波，传播过程中既有电场振动也有磁场振动，一列沿 x 轴正方向传播的单色平面电磁波可表示为

$$E_y = E_{y0}\cos\left[\omega\left(t-\frac{x}{u}\right)+\varphi\right],\quad H_z = H_{z0}\cos\left[\omega\left(t-\frac{x}{u}\right)+\varphi\right]$$

式中，ω 为单色光波的角频率，u 为单色光波在介质中振动状态传播的速率，且存在

$$u^2=\frac{1}{\varepsilon\mu}，即 u=\frac{1}{\sqrt{\varepsilon\mu}} \tag{12.1}$$

真空中光的传播速率为

$$c=\frac{1}{\sqrt{\varepsilon_0\mu_0}}$$

其中，$\varepsilon_0=8.85\times10^{-12}\ \mathrm{F\cdot m^{-1}}$，$\mu_0=4\pi\times10^{-7}\ \mathrm{N\cdot A^{-2}}$，因此，介质的折射率为

$$n=\frac{c}{u}=\frac{\sqrt{\varepsilon\mu}}{\sqrt{\varepsilon_0\mu_0}}=\sqrt{\varepsilon_r\mu_r} \tag{12.2}$$

实验表明，在光波中对人的视觉和光化学效应等起作用的主要是电磁波中的电场强度 $\boldsymbol{E}$，所以一般在讨论光振动时，只写电矢量 $\boldsymbol{E}$ 的波函数，并把 $\boldsymbol{E}$ 称为**光矢量**。

1.2 光的横波特性

电磁波是横波，如图 12.2 所示，可以看到 $\boldsymbol{E}$ 的振动方向，$\boldsymbol{H}$ 的振动方向和波的传播方向 $\boldsymbol{u}$ 三者相互垂直，波速 $\boldsymbol{u}$ 沿 $\boldsymbol{E}\times\boldsymbol{H}$ 的方向。电场强度和磁场强度作相位相同的振动，某时刻某点的电场强度最大时，磁场强度也为最大，另一时刻某点电场强度为零，磁场强度也为零，两者变化的步调一致。E 和 H 在量值上的关系有

$$\sqrt{\varepsilon}E=\sqrt{\mu}H,\qquad \varepsilon E^2=\mu H^2 \tag{12.3}$$

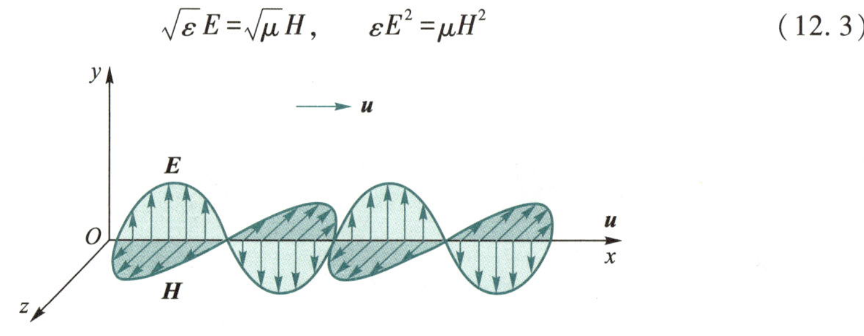

图 12.2 电磁波中电矢量、磁矢量与传播速度方向的关系

沿给定方向传播的电磁波，$\boldsymbol{E}$ 和 $\boldsymbol{H}$ 分别在各自的平面上振动，这一特性称为**电磁波的偏振性**。

1.3 波动光学的研究对象

本章从波动的角度来讨论光的行为，延续前一章波动及波的叠加原理，主要

研究光的波动特性，包括波的干涉、衍射现象及其在检测方面的应用以及作为横波的偏振特性等。

第二节 光的相干性

2.1 普通光源的发光特点

2.1.1 波列

能够发光的物体称为光源。各种光源发光的激发方式不同，辐射机制也不相同。光源物体中的原子每一次从高能级向低能级的电子跃迁会释放多余的能量，其能量以电磁波的形式辐射出去。这个过程只能发出一段持续 10^{-8} s、频率一定、振动方向一定的光辐射，这一列光波即称为波列，如图 12.3 所示。

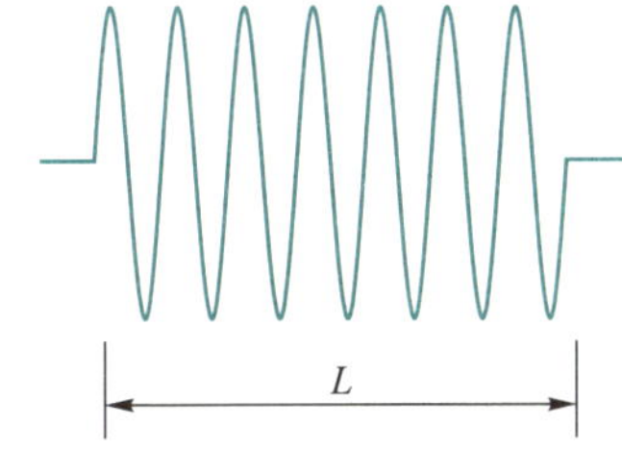

图 12.3 光波波列

对于构成实际普通光源的大量原子或分子，它们发射的波列是各自独立的，彼此的相位和振动方向都是随机的，没有关联。

2.1.2 非相干叠加 相干叠加

设两个同频率的单色光，振动方向相同，在空间某点相遇

$$E_1=E_{10}\cos(\omega t+\varphi_1)$$

$$E_2=E_{20}\cos(\omega t+\varphi_2)$$

则合成的光矢量为

$$E=E_0\cos(\omega t+\varphi) \tag{12.4}$$

其振幅满足

$$E_0^2=E_{10}^2+E_{20}^2+2E_{10}E_{20}\cos\ \Delta\varphi \tag{12.5}$$

1. 当两束光有恒定的相位差时，相位差 $\Delta\varphi$ 与时间无关，根据波的叠加原理，两列波的叠加，是两列波在相遇点引起的振动的叠加，由振动叠加公式可知，两束光相遇后光强由 $\Delta\varphi$ 决定。为简便，假设两束光 $E_{10}=E_{20}$，则合振动的振幅满足

$$E_0^2=2E_{10}^2(1+\cos\Delta\varphi)=4E_{10}^2\cos^2\frac{\Delta\varphi}{2}$$

即可写为

$$I=4I_1\cos^2\frac{\Delta\varphi}{2}$$

干涉加强、减弱条件为

$$\Delta\varphi=\begin{cases}2k\pi\\(2k+1)\pi\end{cases},\quad k=0,\ \pm1,\ \pm2,\ \cdots\quad\begin{matrix}I=4I_1\ \text{形成明条纹}\\I=0\ \text{形成暗条纹。}\end{matrix} \tag{12.6}$$

表明同频率、同振动方向、相位差恒定的两束光相遇，光强分布呈明暗变化，称为**相干叠加**。

2. 如果相位差 $\Delta\varphi$ 不恒定，则 $\Delta\varphi=f(t)$ 是随时间变化的，在一个周期内 $\cos\Delta\varphi$ 的积分为零。式(12.5)则为

$$E_0^2=E_{10}^2+E_{20}^2$$

即

$$I=I_1+I_2 \tag{12.7}$$

这两束光相遇后的光强等于两束光分别照射时的光强之和，称为**非相干叠加**。

> **讨论 1：**
> 你认为普通光源看不到干涉现象的原因有哪些？

2.2　光的相干条件

由波的相干条件知：频率相同、振动方向相同（或相近）、相位差恒定的光源所发出的光波才能产生干涉，在相干区域形成一种稳定的分布，即空间某些点处光振动始终加强，而另一些点处光振动始终减弱。这种现象称为**光的干涉现象**。根据普通光源的发光特点，在自然条件下难以见到光的干涉现象，是因为无法保证两列独立的光波之间能满足相干条件。欲使普通光源发出的光波满足相干条件，一个最好的方法，即所谓“自身干涉”，就是将同一光源发出的光分成两束，然后再使它们相遇，就能实现干涉。通常用以下两种方法获得自相干光。

2.2.1　波面分割法

如图 12.4 所示，S 可视作点光源，S_1 和 S_2 可视为发出子波的新波源，它们来自光源 S 的同一波面。如 S_1 和 S_2 关于光轴对称，即使 S 发出新的波列，相位发生变化，子波 S_1 和 S_2 的相位也是跟着做同样的变化，从它们发出的光在后面的空间某点相遇，它们的相位差也保持恒定，即满足光波的相干条件。这种将一个点光源的波面分割为两束光，以获得相干光的方法，称为**波面分割法**或**分波面法**。著名的杨氏双缝干涉实验就属于分波面法。

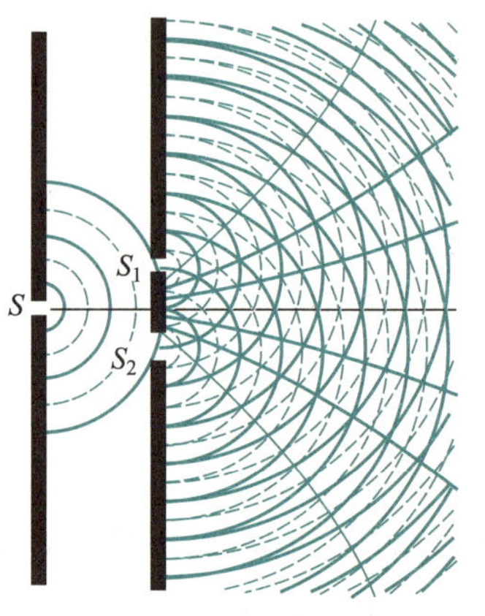

图 12.4　用分波面法获得相干光

利用分波面法获得相干光的实验除杨氏双缝干涉实验外，还有菲涅耳双镜实验和劳埃德镜实验。

2.2.2　振幅分割法

利用薄膜界面的反射和折射，将光波光矢量的振幅分为两部分，以获得相干光的方法，称为**分振幅法**。由于光强（光的能流密度）与振幅平方成正比，分振幅的结果是将较大的入射光强分成两束光强相对较小的反射光和折射光，如图 12.5

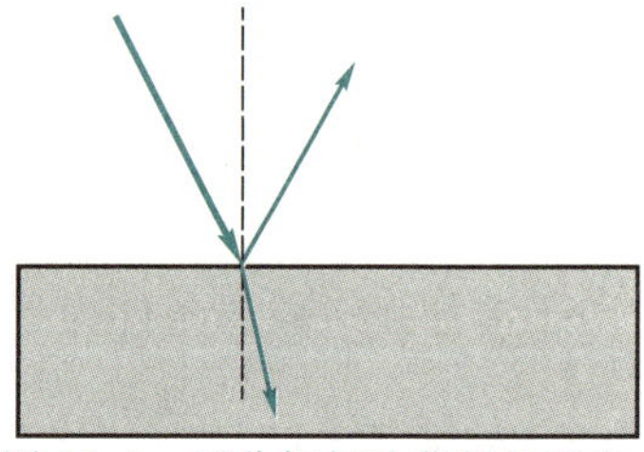
图 12.5　用分振幅法获得相干光

所示。如劈尖的等厚干涉和迈克耳孙干涉等，属于这一类。

> **讨论 2：**
> 试简述由普通光源获得相干光的思想和基本方法。

第三节　光程　光程差

满足相干条件的光波在空间相遇，相遇空间各点的光强取决于两光束在该点引起振动的相位差，当两光源的初相位相同（即 $\varphi_{10}=\varphi_{20}$）时，选用波程差表示的干涉条件更为方便。当引起干涉的光束在不同的介质中传播时，传播速度不同，导致传播相同的距离产生的相位差不等。为解决不同介质中传播的光束，改变相同相位差时对应的等效波程问题，引进了光程和光程差的概念。基本思想是：以光在真空中传播的波程为基础，将光波在各种介质中因传播产生的光的波程，折合成光在真空中传播引起相同相位差的波程，称这一折算成的波程为**光程**，两束光的光程之差称为**光程差**，需注意的是计算光程差时，还应考虑两相干光束因为半波损失而产生的附加光程差。

> **讨论 3：**
> （1）引进光程的概念的目的是什么？
> （2）等效波程问题的基本思想是怎样的？
> （3）试简述光程的计算方法。

3.1　光程与光程差

由波动学可知，同一单色光在不同介质中传播时，其频率 ν 不变。在折射率为 n 的介质中，光速 v 是真空中光速 c 的$\dfrac{1}{n}$，所以在这介质中，单色光的波长 λ_n 是真空中波长 λ 的$\dfrac{1}{n}$，有

$$\lambda_n=v\cdot T=v\cdot\frac{1}{\nu}=\frac{c}{n\nu}=\frac{\lambda}{n}$$

由于波行进一个波长的距离，相位变化 2π，若光波在折射率为 n 的介质中传播的几何路程为 r，则相位的变化为

$$\Delta\varphi=2\pi\frac{r}{\lambda_n}=2\pi\frac{nr}{\lambda}$$

式中 λ 为光在真空中的波长。上式表明，光波在折射率为 n 的介质中传播几何路程为 r 时，与真空中传播几何路程为 nr 时产生的相位变化相等。

把光波在介质中传播的几何路程 r 与这种介质的折射率 n 的乘积 nr，称为**光程**。

引入光程 nr，单色光在折射率为 n_1 的介质中传播 r_1 路程后，相位改变 $\Delta\varphi_1=2\pi\dfrac{n_1r_1}{\lambda}$，如果该单色光再连续通过折射率为 n_2 的介质，传播的路程为 r_2，如图 12.6 所示，此单色光相位的改变是

$$\Delta\varphi=\frac{2\pi}{\lambda}n_1r_1+\frac{2\pi}{\lambda}n_2r_2=\frac{2\pi}{\lambda}(n_1r_1+n_2r_2)$$

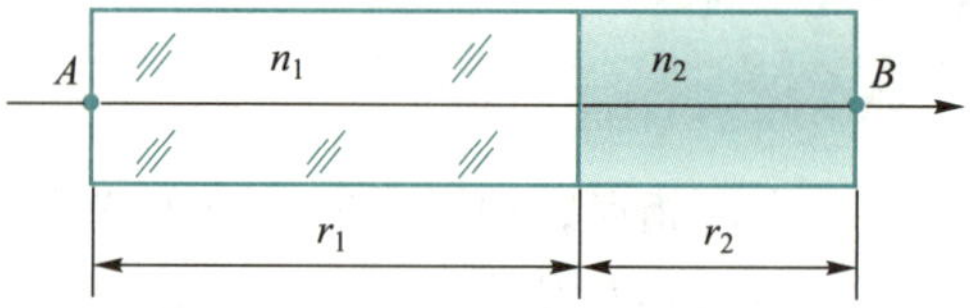

图 12.6 单色光连续通过不同介质

显然，用光程 nr 计算相应的相位的变化，只要知道单色光在真空中的波长 λ，而不须考虑该单色光在介质中的波长 λ_n。

当某一单色光连续通过折射率分别为 n_1、n_2、…、n_i、…、n_n 的多段介质，在对应各介质中的传播距离为 r_1、r_2、…、r_i、…、r_n，光经过该途径的总光程为

$$l=\sum_{i=1}^{n}n_ir_i \tag{12.8}$$

用光程讨论两束相干光的干涉，也有同样的好处，如图 12.7 所示，两束初相位都是 φ_0 的相干光从 S_1、S_2 发出，分别经历光程 n_1r_1 和 n_2r_2 而会聚于 P 点。这两束光在 P 点的相位差为

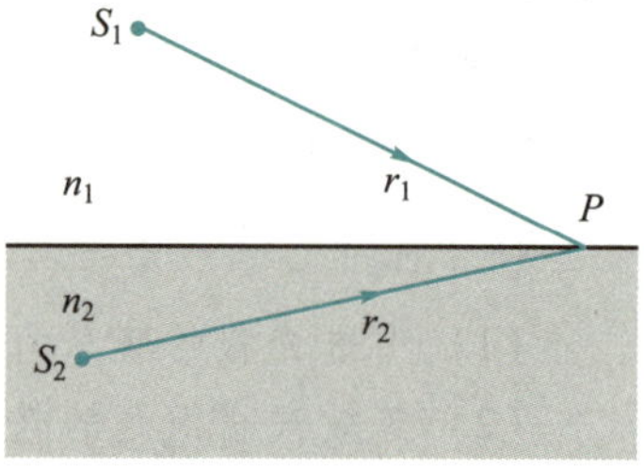

$$\Delta\varphi=\left(\varphi_0-2\pi\frac{n_2r_2}{\lambda}\right)-\left(\varphi_0-2\pi\frac{n_1r_1}{\lambda}\right)=\frac{2\pi}{\lambda}(n_1r_1-n_2r_2)$$

图 12.7 不同介质中的光线的相位差计算

即相位差 $\Delta\varphi$ 取决于这两束光会聚前经历的光程差

$$\delta=l_2-l_1=n_2r_2-n_1r_1 \tag{12.9}$$

其中，符号 δ 表示光程差。

采用光程这一概念，我们就可以把单色光在不同介质中的传播的波程，都折算为该单色光在真空中的传播波程。这样，相位差可用光程差来表示，它们的关系是

$$相位差=\frac{光程差}{\lambda}\times2\pi$$

或

$$\Delta\varphi=\frac{2\pi\delta}{\lambda} \tag{12.10}$$

利用式(12.10)可将相位差表示的干涉明、暗条件：

$$\Delta\varphi=\begin{cases}\pm2k\pi & 明条纹\\ \pm(2k+1)\pi & 暗条纹\end{cases}\quad(k=0,1,2,3,\cdots)$$

转换成用光程差直接表示为

$$\delta=\begin{cases}\pm k\lambda & 明条纹\\ \pm(2k+1)\dfrac{\lambda}{2} & 暗条纹\end{cases}\quad(k=0,1,2,3,\cdots) \tag{12.11}$$

式中，λ 为光在真空中的波长。

3.2　透镜不引起附加的光程差

在干涉和衍射实验中，常常需用薄透镜将平行光线会聚成一点，使用透镜后会不会使平行光的光程发生变化呢？下面对这个问题作简单分析。

我们知道，从实物发出的不同光线，经不同路径通过凸透镜，可以会聚成一个明亮的实像。平行光束通过透镜后，会聚于焦平面上，相互加强成一亮点 F，如图 12.8 所示。

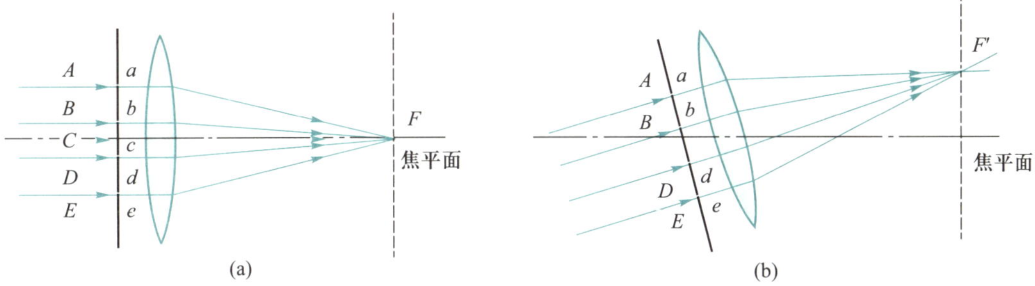

图 12.8　光通过透镜的光程变化

这是由于在垂直于平行光的某一波阵面上的各点(图中 A、B、C、D)相位相同，到达焦平面后相位仍相同，因而互相加强。可见，从 A、B、C、D 各点到 F 点的各光线的光程都相等。我们可以这样来理解这个事实，如图 12.8 所示，虽然光 AaF 比光 CcF 经过的几何路程长，但是光 CcF 在透镜中经过的路程比光 AaF 的长，而透镜材料的折射率大于 1，如果折算成光程，通过计算可以证明两者的光程是相等的。这一点又称作薄透镜主轴上物点和像点之间的**等光程性**。对于斜入射的平行光，会聚于焦平面上的点 F'，类似的讨论可知，AaF'、BbF'、… 的光程均相等[图 12.8(b)]。因此，使用透镜只能改变光波的传播情况，但对物、像间各光线不会引起附加的光程差。

反射光的相位突变和附加光程差

讨论干涉问题时需比较两束光的相位问题，而两束光中往往存在反射光。例如，比较从薄膜的不同表面反射的两束光，反射时可能存在相位突变引起额外的相位差(图 12.9)。在 $n_2>n_1$ 情况下，光线 1 是由光疏介质 n_1 向光密介质 n_2 入射后而被反射的，相位产生了 π 的突变，这一变化相当于光波在空间传播了半个波长的光程，为方便起见，通常把它折合成半个波长来计算光程差，称为**半波损失**，在讨论干涉条纹分布而计算光程差时必须计入。若 $n_2>n_3$，光线 2 则是在薄膜的下表面，由光密介质 n_2 向光疏介质 n_3 入射而被反射回去，在反射时不发生半波损失。理论和实验

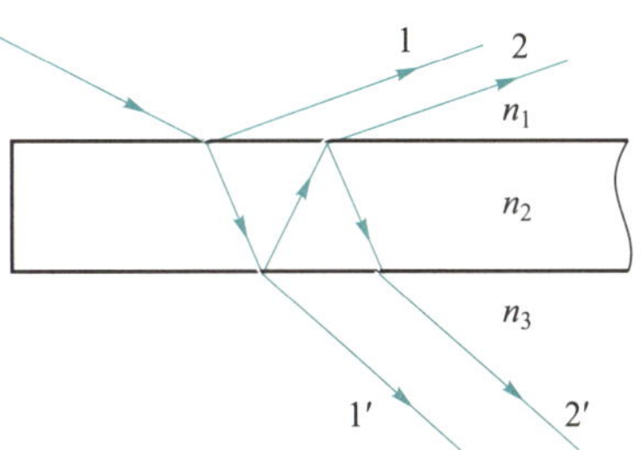

图 12.9　界面反射产生附加光程差

表明：两束光发生的半波损失次数相加为偶数，则无须考虑因半波损失产生的附加光程差。如果两束光发生的半波损失次数相加为奇数，须计入$\frac{\lambda}{2}$作为半波损失导致的附加光程差。

> **讨论 4：**
> （1）何时需要引进附加光程差的半波损失？
> （2）其值通常为多少？

第四节 用分波面法获取相干光

应用一定的装置，从光源上某一点发出的一个波面上取出两小部分，再使它们在一定的空间相遇，实现光的干涉。

4.1 杨氏双缝干涉实验

4.1.1 杨氏双缝干涉实验

如图 12.10 所示，在单色平行光前放置一狭缝 S，S_1 和 S_2 是两条与狭缝 S 平行且等距的狭缝。两缝间距在 10^{-1}mm 量级。

这时 S_1 和 S_2 构成一对相干光源，因为它们来自同一波面，从光源所分出的这两束光的相位是相同的。

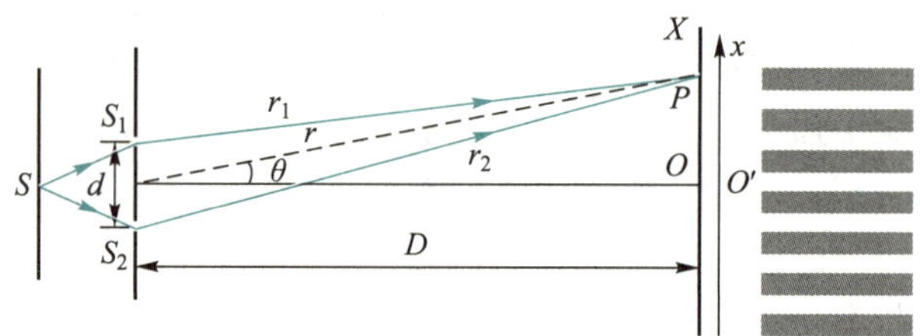

图 12.10 杨氏双缝干涉实验装置示意图

因此，从 S_1 和 S_2 发出的光在空间的叠加满足相干条件，产生干涉。如果在 S_1 和 S_2 后面放置屏幕（与双缝距离为米量级），这样在屏幕上将出现一系列与狭缝平行的明暗相间的稳定干涉条纹。

这是一种典型的分波面的干涉装置。设双缝间的距离为 d，缝至屏的距离为 $D(D\gg d)$，S 与 S_1 和 S_2 等距离。从 S_1 和 S_2 发出的光到达 P 点的光程差为

$$\delta=r_2-r_1$$

设双缝的中垂线与屏交于 O 点，以 O'为原点，取如图坐标轴 OX，两光束会聚于某点 P，其坐标为 x。由几何关系，有

$$r_1^2=D^2+\left(x-\frac{d}{2}\right)^2 \qquad r_2^2=D^2+\left(x+\frac{d}{2}\right)^2$$

两式相减，得　$r_2^2-r_1^2=(r_2-r_1)(r_2+r_1)=2dx$

$$\delta=r_2-r_1=\frac{2dx}{r_2+r_1}$$

因一般情况下 $D\gg d$，所以 $r_1+r_2\approx 2r$，代入以上关系式，可得

$$\delta\approx d\frac{x}{r}=d\sin\theta$$

那么在 P 点处，究竟是出现明条纹还是暗条纹，则由 x 位置确定。设入射光波长为 λ，则按波动理论，干涉极值条件为

$$\delta\approx d\sin\theta=\begin{cases}\pm k\lambda & \text{极大}\\ \pm(2k+1)\dfrac{\lambda}{2} & \text{极小}\end{cases}\quad(k=0,1,2,3,\cdots)$$

在通常观测的情况下，$D\gg x$，即 θ 角很小时，$\sin\theta\approx\tan\theta=\dfrac{x}{D}$，则上式可写为

$$\delta\approx\frac{xd}{D}=\begin{cases}\pm k\lambda & \text{极大}\\ \pm(2k+1)\dfrac{\lambda}{2} & \text{极小}\end{cases}\quad(k=0,\ 1,\ 2,\ 3,\ \cdots)$$

干涉条纹各中心位置可表示为

$$x=\begin{cases}\pm k\dfrac{D}{d}\lambda & \text{明条纹}\quad(k=0,1,2,3,\cdots)\\ \pm(2k-1)\dfrac{D}{2d}\lambda & \text{暗条纹}\quad(k=1,2,3,\cdots)\end{cases}\tag{12.12}$$

上式中，k 为干涉条纹的级次。显然，它在 $x=0$ 处为明条纹，也称**中央明纹（零级明条纹）**。式中正负号表示各级干涉明、暗条纹对称分布在中央明纹的两侧。

由上述分析可知，干涉条纹的位置、形状及间距等都由光程差决定。同一条纹由屏上具有相同光程差的点构成，因此条纹为与缝平行的直纹。

条纹位置 x 是装置参数 D、d、λ 及干涉级次 k 的函数，即 $x=f(D,d,\lambda,k)$。

当装置几何结构不变（即 D、d 不变）时，同一级条纹位置与波长成正比。如用白光入射，中央明纹仍为白色，而在其两侧则因各单色光干涉图样呈现由紫到红的彩色条纹，也存在交错重叠现象。

相邻两明条纹（或暗条纹）中心间的距离 Δx 可由式（12.12）求得

$$\Delta x=x_{k+1}-x_k=\frac{D}{d}\lambda\tag{12.13}$$

可见，Δx 与 k 无关，干涉条纹是等距离分布的。

讨论 5：

（1）在杨氏双缝干涉实验中（如图 12.10 所示），当 S 到 S_1 和 S_2 的距离不相等时，光程差应该如何计算？

（2）在杨氏双缝干涉实验中，为了确定光屏上干涉图形的明暗位置，光程差的计算在哪些地方、各做了什么样的近似？

（3）试总结双缝干涉图形的影响因素。

[例 12.1] 在杨氏双缝干涉实验中，屏与双缝间的距离 $D=1$ m，用钠灯作单色光源（$\lambda=589.3$ nm），(1) $d=2$ mm 和 $d=10$ mm 两种情况下，相邻明条纹间距各为多少？(2)如肉眼仅能分辨两条纹的间距为 0.15 mm，现用肉眼观察干涉条纹，问双缝的最大间距是多少？

[解] (1) 由式(12.13)，相邻两明条纹间的距离为

$$\Delta x=\frac{D}{d}\lambda$$

当 $d=2$ mm 时

$$\Delta x=\frac{1\times589.3\times10^{-9}}{2\times10^{-3}}\ \text{m}\approx2.95\times10^{-4}\ \text{m}=0.295\ \text{mm}$$

当 $d=10$ mm 时

$$\Delta x=\frac{1\times589.3\times10^{-9}}{10\times10^{-3}}\ \text{m}=5.89\times10^{-5}\ \text{m}\approx0.059\ \text{mm}$$

(2) 如 $\Delta x=0.15$ mm，

$$d=\frac{D}{x}\lambda=\frac{1\times589.3\times10^{-9}}{0.15\times10^{-3}}\ \text{m}\approx3.93\times10^{-3}\ \text{m}\approx4\ \text{mm}$$

这表明，在这样的条件下，双缝间距必须小于 4 mm 才能看到干涉条纹。

[例 12.2] 在杨氏双缝干涉实验装置中，采用加有蓝绿色滤光片的白色光源，其波长范围为 $\Delta\lambda=100$ nm，平均波长为 490 nm。试估算从第几级开始，条纹将变得无法辨认？

[解] 设该蓝绿光的波长范围为 $\lambda_1\sim\lambda_2$，则按题意有

$$\lambda_2-\lambda_1=\Delta\lambda=100\ \text{nm},\quad \frac{1}{2}(\lambda_1+\lambda_2)=\lambda=490\ \text{nm}$$

相应于 λ_1 和 λ_2，杨氏双缝干涉条纹中 k 级明条纹的位置分别为

$$x_1=k\frac{D}{d}\lambda_1,\quad x_2=k\frac{D}{d}\lambda_2$$

因此，k 级干涉条纹所占的宽度为

$$x_2-x_1=k\frac{D}{d}(\lambda_2-\lambda_1)=k\frac{D}{d}\Delta\lambda$$

显然，当此宽度大于或等于相应于平均波长 λ 的条纹间距时，干涉条纹变得模糊不清，这个条件可表达为

$$k\frac{D}{d}\Delta\lambda\geqslant\frac{D}{d}\lambda,\ \text{即}\ k\geqslant\frac{\lambda}{\Delta\lambda}=4.9$$

所以，从第 5 级开始，干涉条纹变得无法分辨。

4.1.2 解题指导：由杨氏双缝干涉实验分析可见，讨论光的干涉图样分布，包含以下步骤：

1. 画出装置图，选定计算光程差的代表光束；
2. 根据装置图计算光程差；
3. 为便于测量，建立光程差与条纹观察区坐标之间关系，特别注意需要根据装置几何特点进行近似计算；
4. 写出光程差表示的加强、减弱条件；
5. 联立求解 3、4 步获得的方程组，得到条纹分布规律。

注意事项：

1. 第 5 步得到的条纹分布规律是函数关系，可用于讨论影响条纹分布的各影响因素，也是光学测量所依据的原理；
2. 这一分析问题的思路是从杨氏问题的讨论中总结而来，但它可以用在所有的干涉和衍射装置的条纹分布的分析中。

4.2 劳埃德镜实验

劳埃德(H. Lloyd)于 1834 年提出了一种更简单的观察干涉的装置。如图 12.11 所示，MN 是一块平板玻璃，用作反射镜，S_1 是一狭缝光源，从光源发出的光波，一部分掠射(即入射角接近 90°)到平板玻璃上，经玻璃表面反射到达屏上；另一部分直接射到屏上，这两部分光也是相干光，它们同样是用分波面法得到的。反射光可看成由虚光源 S_2 发出，S_1 和 S_2 构成一对相干光源，犹如杨氏实验中的双缝，对干涉条纹的分析与杨氏实验相同。当两光相遇时，在相遇区(图中阴影部分)中放一屏幕 E，这时在屏上就可以观察到明暗相间的干涉条纹。

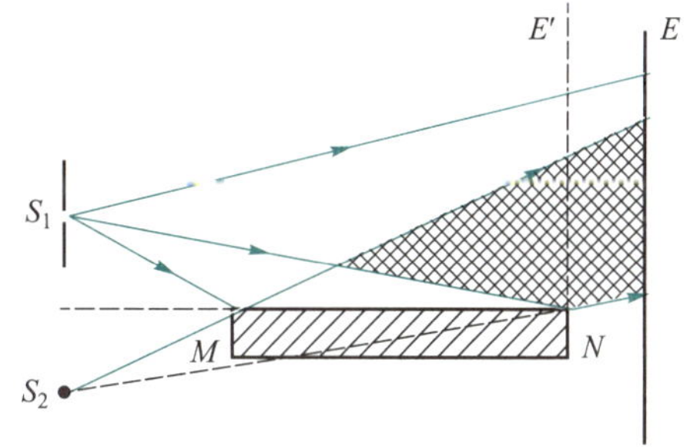

图 12.11 劳埃德镜实验装置示意图

应该指出，在劳埃德实验中，如果将屏幕移到和镜面边缘 N 相接触，即图中 E' 的位置，这时从 S_1 和 S_2 发出的光到达接触处的路程相等，即 $|S_1N|=|S_2N|$，似乎在接触处应出现明条纹，但实验结果却是暗条纹！其他的条纹也有相应的变化。这一实验事实说明，由镜面反射出来的光和直接射到屏上的光在 N 处的相位相反，即相位差为 π。由于直射光的相位不会变化，所以只能认为光从空气射向平板玻璃发生反射时，反射光的相位跃变了 π。

进一步的实验表明：在掠射(入射角 $i\approx 90°$)或正入射($i\approx 0$)的情况下，当光从光疏介质射向光密介质而被反射时，反射光的相位较之入射光的相位有 π 的突变，这相当于反射光多走(或少走)了半个波长的路程，故常称为“半波损失”。今后在讨论光波叠加时，若有半波损失，在计算光程差时必须计及，否则会得出与实际情况不同的结果。

第五节 用分振幅法获取相干光(薄膜干涉)

分振幅法是利用薄膜的分界面将入射光的振幅分为两个部分后，再使其在一定空间相遇而形成干涉。

5.1 等倾干涉

在日常生活中，我们常见到在阳光的照射下，肥皂膜、水面上的油膜以及许多昆虫(如蜻蜓、蝉、甲虫等)的翅膀上呈现彩色的花纹，这是一种光波经薄膜两表面反射后相互叠加所形成的干涉现象，称为**薄膜干涉**。工厂中一些金属工件的表面因有氧化层也会看到由薄膜干涉而呈现彩色花纹。由于反射波和透射波的能量是由入射波的能量分出来的，因此形象地说，入射波的振幅被“分割”成若干部分，这样获得相干光的方法常称为**分振幅法**。

如图 12.12 所示，折射率为 n_2、厚度为 e 的均匀平面薄膜，其上、下方的折射率分别为 n_1 和 n_3，设有一条光线以入射角 i 射到薄膜上，入射光在入射点 A 产生反射光 a，而折射入膜内的光在 C 点经反射后射到 B 点，又折射回膜的上方成为光线 b，此外还有在膜内经三次反射、五次反射……再折射回膜上方的光线，但其强度迅速下降，所以只需考虑 a、b 两束光线间的干涉。由于这两束光线是平行的，所以它们经透镜 L 会聚于焦平面上一点 P，在其焦平面上放上光屏，就能在屏上观察到干涉现象。

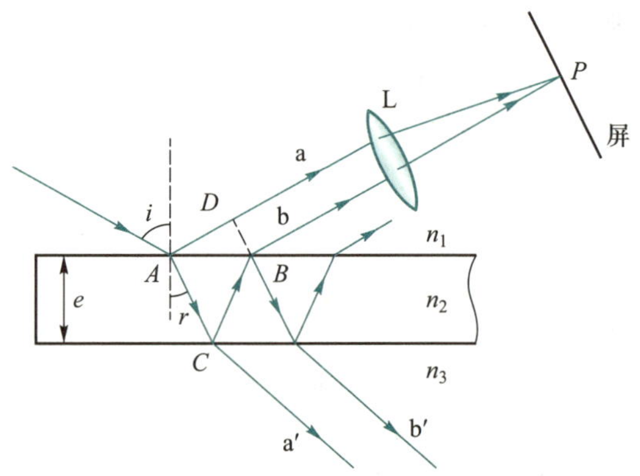

图 12.12 薄膜干涉装置示意图

计算两光线 a、b 在焦平面上 P 点相交时的光程差，a、b 两光线在 A 点分开，到达 P 点有会聚。从出射点 B 作光线 a 的垂线 BD，由于从 D 点到 P 点和从 B 点到 P 点的光程相等(透镜不引起附加的光程差)，所以这两束光线之间的光程差为

$$\delta=n_2(|AC|+|CB|)-n_1|AD|+\delta'$$

式中 δ' 附加光程差，等于 $\pm\frac{\lambda}{2}$ 或 0，由 a、b 两光束在薄膜上、下表面反射时的半

波损失次数的奇偶性决定。当两光束总的半波损失偶数次时，不存在附加光程差；当为奇数时，要考虑附加光程差$\frac{\lambda}{2}$。从图上还可以看出

$|AC|=|BC|=\frac{e}{\cos r}$，$|AD|=|AB|\sin i=2e\tan r\sin i$ 代入上式，得到

$$\delta=2n_2\frac{e}{\cos r}-2n_1 e\tan r\sin i+\delta'$$

式中 e 为薄膜厚度，r 为折射角。再利用折射定律 $n_1\sin i=n_2\sin r$，所以

$$\delta=\frac{2n_2 e}{\cos r}(1-\sin^2 r)+\delta'=2n_2 e\cos r+\delta' \tag{12.14}$$

$$\delta=2e\sqrt{n_2^2-n_1^2\sin^2 i}+\delta' \tag{12.15}$$

由上式可见，对于厚度均匀的薄膜，光程差是由入射角 i 决定的。凡以相同倾角入射的光，经膜的上、下表面反射后产生的相干光束都有相同的光程差，从而对应于干涉图样中的一条条纹，故又将此类干涉条纹称为**等倾条纹**。

我们在此取 $n_1<n_2>n_3$，则 $\delta'=\frac{\lambda}{2}$，于是干涉条件为

$$\delta=2e\sqrt{n_2^2-n_1^2\sin^2 i}+\frac{\lambda}{2}=\begin{cases}k\lambda & \text{明条纹}\\(2k+1)\frac{\lambda}{2} & \text{暗条纹}\end{cases}\quad(k=0,1,2,3,\cdots) \tag{12.16}$$

当光垂直照射(即 $i=0$)

$$\delta=2n_2 e+\frac{\lambda}{2}=\begin{cases}k\lambda & \text{明条纹}\\(2k+1)\frac{\lambda}{2} & \text{暗条纹}\end{cases}\quad(k=0,1,2,3,\cdots) \tag{12.17}$$

透射光也有干涉现象。这时，光线 a′(图 12.12)是由光线直接透射而来的，而光线 b′是光线折射入薄膜后，在 C 点和 B 点处经两次反射后再透射出来的。如 $n_1<n_2>n_3$，则这两次反射都是由光密介质入射到光疏介质的，所以不存在反射时的附加光程差。因此，这两束透射的相干光的光程差是

$$\delta=2e\sqrt{n_2^2-n_1^2\sin^2 i}$$

与式(12.16)相比较，两者的光程差相差$\left|\frac{\lambda}{2}\right|$，可见当反射光相互加强时，透射光将相互减弱；当反射光相互减弱时，透射光将相互加强，两者是互补的。

以上所讨论的是单色光的干涉情形。若用复色光源，则在屏幕上看到的干涉条纹将是彩色的。实际生活中所用的光源一般都是复色光源，所以我们看到的是彩色图样。

讨论 6：

(1) 如何理解“平行薄膜”产生的干涉为等倾干涉？

(2) 在等倾干涉中，观察反射光的干涉时，计算哪两束光的光程差，为什么？而观察透射光的干涉时，又计算哪两束光的光程差？

[例 12.3] 空气中的水平肥皂膜($n_2=1.33, n_1=n_3=1$)厚 0.32 μm，如果用白光垂直入射，问肥皂膜呈现什么色彩？

[解] 由于 $n_1<n_2>n_3$，所以由肥皂膜上、下两表面反射形成相干光的光程差为 $\delta=2n_2e+\dfrac{\lambda}{2}$，由式(12.11)知，当 $\delta=k\lambda$ 时，即

$$\lambda=\frac{2n_2e}{k-\frac{1}{2}},\ k=1,\ 2,\ 3,\ \cdots$$

把 $n_2=1.33$，$e=0.32\ \mu m$ 代入，得到干涉明条纹的光波波长为

$$k=1,\ \lambda_1=4n_2e=1.70\ \mu m$$

$$k=2,\ \lambda_2=\frac{4}{3}n_2e=0.567\ \mu m$$

$$k=3,\ \lambda_3=\frac{4}{5}n_2e=0.341\ \mu m$$

其中，$\lambda_2=0.567\ \mu m$ 的绿光在可见光范围内，所以肥皂膜呈现绿色。

5.2　增透膜与增反膜

现代光学仪器中，为了减少入射光在透镜等元件的玻璃表面反射所引起的光能损失，通常在镜面上镀一层厚度均匀的薄膜。如 MgF_2，它的折射率介于玻璃和空气之间，当膜的厚度适当时，可使某种单色光在膜的两个表面上的反射光相消，于是该单色光就几乎不发生反射而透过薄膜。

如图 12.13 所示，光线垂直入射，两界面的反射光束①和②干涉相消。所以，透射光增强，这种膜称**单层增透膜**。

如多种镜头、现代装饰玻璃等都采用真空镀膜技术。为获得更宽的波段的增透效果，可以镀多层增透膜。

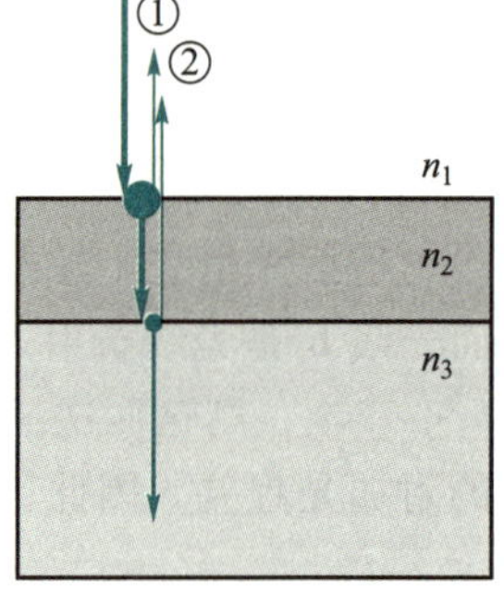

图 12.13　增透膜

[例 12.4] 如图 12.13 所示，已知 $n_1\approx1$，$n_2=1.38$，$n_3=1.52$，波长 $\lambda=550$ nm。求最小增透膜厚度。

[解] 注意到上、下表面反射均有半波损失，故而两光线总体上没有附加光程差，反射光最小时应满足下列条件

$$\delta=2n_2e=(2k+1)\frac{\lambda}{2}\quad(k=0,1,2,\cdots)$$

如果镀最小膜厚，k 取 0，则

$$2n_2e=\frac{\lambda}{2},\qquad e=\frac{\lambda}{4n_2}\approx0.1\ \mu m$$

所以，对 $\lambda=550\ \mathrm{nm}$ 的黄绿光而言，在玻璃上镀约 0.1 μm 厚的 $n_2=1.38$ 的增透膜，能够增加对该波长(黄绿色)光的透射。黄绿光增透了，但偏离此波长的红光和蓝光仍有一定的反射。所以我们看到这种镀膜透镜的表面，常呈现紫红色。

还可以镀增反膜，即选择同样厚度的介质膜，但是介质的折射率应满足 $n_1<n_2>n_3$，以使某色光在膜的两表面反射加强。

5.3 等厚干涉

5.3.1 劈尖的干涉

如图 12.14 所示，薄片或细丝将两块光学玻璃片的一端垫起，两玻璃片之间形成一个空气劈尖，两玻璃片的交线即棱边。因薄片厚度或细丝直径很小，故空气劈尖的楔角 θ 很小，一般在零点几度或 10^{-3} rad 量级。当平行单色光垂直入射($i=0$)时，在劈尖上下表面的反射光为相干光。设某入射点对应膜厚为 e，考虑入射光从空气劈尖的上表面反射无半波损失，而从空气劈尖的下表面反射却有半波损失。该入射点处劈尖上下反射光的光程及干涉条件为

$$\delta=2e+\frac{\lambda}{2}=\begin{cases}k\lambda & \text{明条纹}\quad (k=1,2,3,\cdots)\\(2k+1)\dfrac{\lambda}{2} & \text{暗条纹}\quad (k=0,1,2,3,\cdots)\end{cases}\tag{12.18}$$

上式表明，凡是劈尖膜上厚度相等的地方，两相干光的光程差一样，形成统一干涉条纹。因此，劈尖的干涉条纹是一系列平行于劈形膜棱边的明暗相间的等间距直条纹，称为**等厚条纹**，这类干涉又称**等厚干涉**。观察装置如图 12.14 所示。

1. 条纹间距

如图 12.15 所示，劈尖干涉两相邻明条纹(或暗条纹)在膜表面的间距为 Δl，Δe 为相邻明条纹(或暗条纹)对应的厚度差。

对 k 级暗条纹：$2e_k+\dfrac{\lambda}{2}=(2k+1)\dfrac{\lambda}{2}$

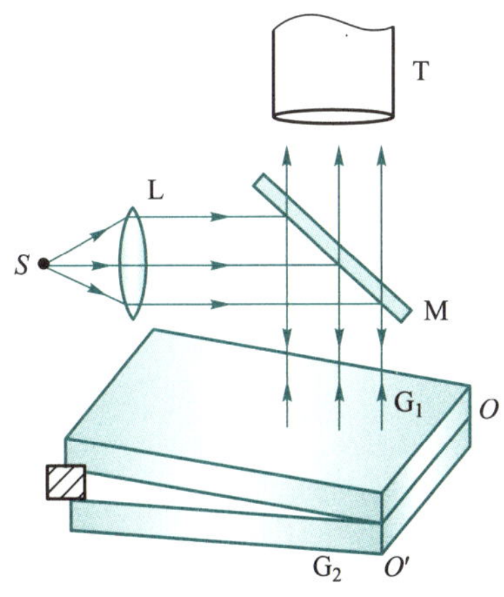

图 12.14 劈尖干涉实验装置

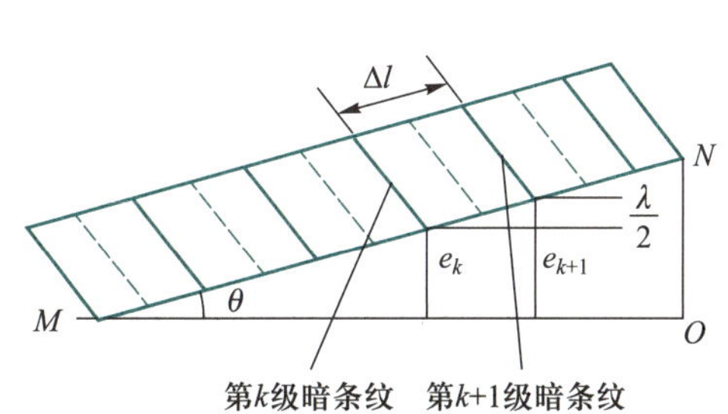

图 12.15 劈尖干涉条纹示意图

对 $k+1$ 级暗条纹：$2e_{k+1}+\frac{\lambda}{2}=[2(k+1)+1]\frac{\lambda}{2}$

两式相减可得

$$\Delta e=(e_{k+1}-e_k)=\frac{\lambda}{2} \tag{12.19}$$

$$\Delta l=\frac{\Delta e}{\sin\theta}=\frac{\lambda}{2\sin\theta}\approx\frac{\lambda}{2\theta} \tag{12.20}$$

2. 讨论

(a) 用某一单色光入射，λ 一定时，条纹间距与劈尖角 θ 成反比。显然 θ 越小，条纹间距 Δl 越大，干涉条纹越稀疏；θ 越大，则干涉条纹越密。

(b) 在两玻璃片相接触的棱边处，$e=0$，则由式(12.18)，得 $\delta=\frac{\lambda}{2}$，即满足暗条纹条件，观察结果正是这样，这也是“半波损失”的又一有力证据。

(c) 对玻璃等折射率为 n 的介质劈尖，光程差和条纹间距为

$$\delta=2ne+\frac{\lambda}{2}$$

$$\Delta l=\frac{\Delta e}{\sin\theta}=\frac{\lambda_n}{2\sin\theta}\approx\frac{\lambda}{2n\theta} \tag{12.21}$$

讨论 7：

(1) 如何理解“厚度不同的薄膜”产生的干涉为等厚干涉？

(2) 为求劈尖干涉条纹分布，计算光程差时做了什么样的近似计算？

(3) 试总结影响等厚干涉条纹分布的因素。

[例 12.5] 用波长 $\lambda=500$ nm(1 nm $=10^{-9}$ m)的单色光垂直照射在由两块玻璃板(一端刚好接触成为劈尖棱边)构成的空气劈形膜上。劈尖角 $\theta=2\times10^{-4}$ rad。如果劈形膜内充满折射率为 $n=1.40$ 的液体，求从劈尖棱边数起第 5 个明条纹在充入液体前后移动的距离。

[解] 设第 5 个明条纹处膜厚为 e，则有

$$2ne+\frac{\lambda}{2}=5\lambda$$

设该处至劈棱的距离为 d，则有近似关系

$$e\approx d\theta$$

由上两式得

$$d=\frac{9\lambda}{4n\theta}$$

充入液体前后第 5 个明纹移动的距离

$$\Delta d=d_2-d_1=\frac{9\lambda}{4\theta}-\frac{9\lambda}{4n\theta}\approx1.61\ \text{mm}$$

3. 劈尖干涉的应用

(a) 测量薄片的厚度。用已知波长的平行单色光垂直照射到如图 12.16 所构成的劈尖

$$h=D\tan\theta\approx D\theta=D\frac{\lambda}{2\cdot\Delta l}$$

测出玻璃片长度 D 和条纹间距 L，即可求出薄片的厚度或细丝直径。

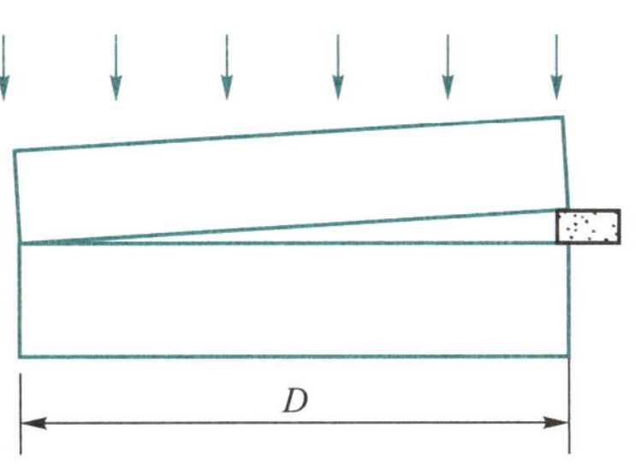

图 12.16　用劈尖干涉条纹测厚示意图

(b) 利用劈尖的等厚条纹，可检查工件的表面平整与缺陷，如图 12.17 所示。图(b)的条纹与图(a)的位置和空气劈尖厚的具有对应关系。图(b)中左起第 3 根条纹的 A 点对应的位置，正常情况下的空气劈尖厚度，要大于该条纹出现位置的厚度$\left(3\frac{\lambda}{2}\right)$，而 A 点却出现在空气劈尖厚度为 $3\frac{\lambda}{2}$ 的条纹上，导致这一现象的原因可能是工件表面隆起。

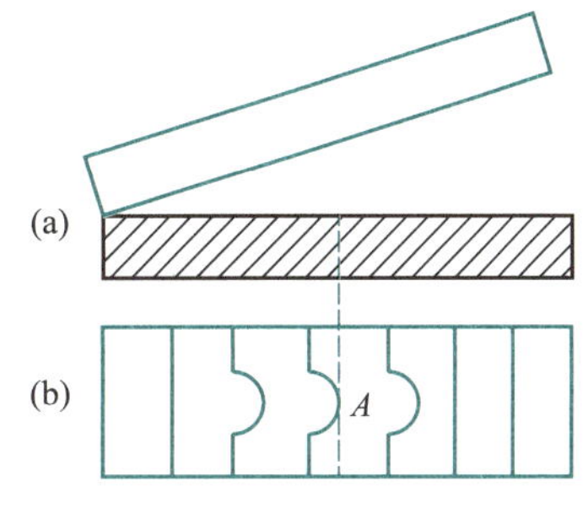

图 12.17　劈尖干涉检查工件平整度示意图

5.3.2　**牛顿环**

如图 12.18(a)所示，在一块光学平面玻璃上，放置一曲率半径很大的平凸透镜，在透镜和平面玻璃间便形成空气膜层。以单色平行光垂直照射，经空气膜上、下表面反射的两束光发生干涉，于是在空气膜的上表面出现一组干涉条纹。这也是一种等厚干涉条纹，并且是以触点为圆心的一组同心圆环，称为**牛顿环**[图 12.18(b)]。

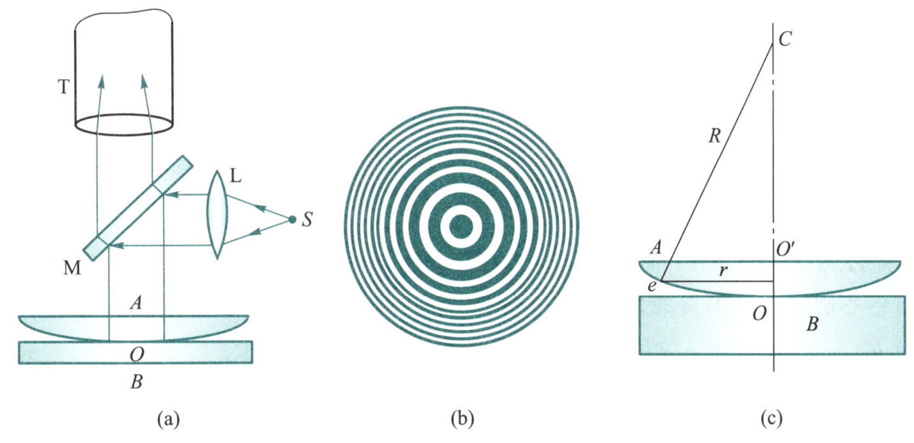

图 12.18　牛顿环实验分析示意图

由等厚干涉光程差计算方法得，牛顿环条纹位置由下式确定

$$\delta=2e+\frac{\lambda}{2}=\begin{cases}k\lambda & \text{明条纹} \quad (k=1,2,3,\cdots)\\(2k+1)\frac{\lambda}{2} & \text{暗条纹} \quad (k=0,1,2,3,\cdots)\end{cases} \tag{12.22}$$

式中 e 是条纹处所对应的空气层厚度。

由图 12.18(c) 中的几何关系，可得在 $\triangle CO'A$ 中

$$r^2=R^2-(R-e)^2=2Re-e^2$$

因为 $R\gg e$，略去二阶小项 e^2 后，得 $e=\frac{r^2}{2R}$，代入式(12.22)：

当 $\delta=\frac{r^2}{R}+\frac{\lambda}{2}=k\lambda$，$(k=1,2,3,\cdots)$ 时为明环；

当 $\delta=\frac{r^2}{R}+\frac{\lambda}{2}=(2k+1)\frac{\lambda}{2}$，$(k=0,1,2,\cdots)$ 时为暗环。

化简得，满足式(12.23)为反射光明环半径；满足式(12.24)为反射光暗环半径。

$$r_k=\sqrt{\left(k-\frac{1}{2}\right)R\lambda}\,,\ (k=1,2,3,\cdots) \tag{12.23}$$

$$r_k=\sqrt{kR\lambda}\,,\ (k=0,1,2,\cdots) \tag{12.24}$$

1. 讨论

(a) 由式(12.23)和式(12.24)，$r\propto\sqrt{k}$，$\Delta r\propto\frac{1}{\sqrt{k}}$，所以，随着 k 增大而 Δr 减小。即半径越大，对应牛顿环的干涉条纹级次越高，干涉条纹也越密。所以，牛顿环为一组“里低外高”，“里疏外密”的同心圆条纹。

(b) 在环心处，$e=0$，则 $\delta=\frac{\lambda}{2}$，满足暗环条件，即中心处为零级暗环(点)。一般情况下中心为一暗斑，不易确定中心的准确位置，所以牛顿环实验中测量时常测牛顿环的直径。

讨论 8：

(1) 在计算牛顿环干涉光程差时，进行了什么样的近似处理?

(2) 你认为，为什么要把干涉条纹的信息与牛顿环的半径关联起来?

[例 12.6] 图 12.19 所示为一牛顿环装置，设平凸透镜中心恰好和平面玻璃接触，透镜凸表面的曲率半径是 $R=400$ cm。用某单色平行光垂直入射，观察反射光形成的牛顿环，测得第 5 个明环的半径是 0.35 cm。

(1) 求入射光的波长。(2) 设图中 $|OA|=1.00$ cm，求在半径为 $|OA|$ 的范围内可观察到的明环数目。

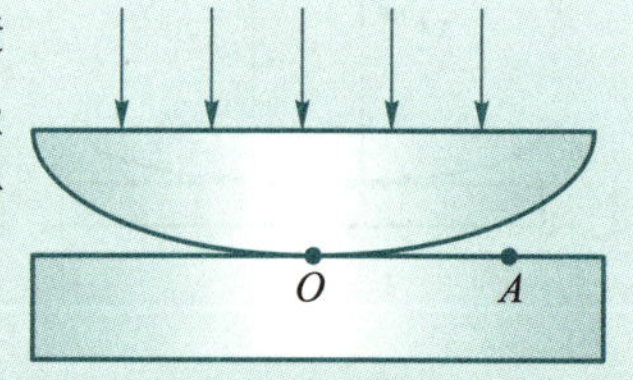

图 12.19 例 12.6 题图

[解] (1) 明环半径 $r=\sqrt{\frac{(2k-1)R\lambda}{2}}$

$$\lambda=\frac{2r^2}{(2k-1)R}=500\ \text{nm}$$

（2）由 $(2k-1)=\dfrac{2r^2}{R\lambda}$

当 $r=1.00$ cm 时，$k=\dfrac{r^2}{R\lambda}+\dfrac{1}{2}=50.5$

答：在 $|OA|$ 范围内可观察到的明环数目为 50 个。

2. 牛顿环的应用

(a) 以波长为 λ 的平行光垂直照射牛顿环，如测得反射光第 m 级暗环直径为 D_m，第 n 级暗环直径为 D_n，由式(12.23)和式(12.24)，则

$$\left(\frac{1}{2}D_m\right)^2=mR\lambda,\qquad \left(\frac{1}{2}D_n\right)^2=nR\lambda$$

两式相减可得平凸透镜凸面的曲率半径

$$R=\frac{D_n^2-D_m^2}{4(n-m)\lambda} \tag{12.25}$$

如已知曲率半径 R，也可由上式求波长 λ。

(b) 利用牛顿环能检查透镜质量，光圈数越少，透镜与样板相差越小。

(c) 若空气膜变为油膜，水膜等，则式(12.23)和式(12.24)中的 λ 应为相应介质中的波长。

讨论 9：

你认为光的干涉这部分求解的核心问题是什么？

5.3.3 迈克耳孙干涉仪

迈克耳孙干涉仪是一百多年前由迈克耳孙设计的用于检测“以太”的一种双光束干涉仪。虽然“以太”已被证实是不存在的，但迈克耳孙干涉仪由于其精巧的设计成为了许多近代干涉仪的原型，在近代科技中有着非常广泛的应用。

1. 干涉仪的构成

迈克耳孙干涉仪是用分振幅法产生双光束干涉的仪器，其构造如图 12.20 所示。图中 M_1、M_2是平面反射镜，分别安装在相互垂直的两臂上。其中 M_1镜是固定的，M_2镜在精密丝杠的带动下可沿着臂轴方向移动。G_1是一块半反半透镜，它的一个表面上镀有半反半透的银膜层，可以将入射光束分成振幅近似相等的反射光束和折射光束。图中 G_2为补偿镜，其作用是补偿光程，当光路中插入 G_2后，使得反射光束和透射光束通过玻璃板的次数相同，这样两束光的光程差就和玻璃板中的光程无关。其中 G_1、G_2与 M_1、M_2镜面均成 45°角。

如图 12.21 所示，当 M_1、M_2镜面严格相互垂直时，反射镜 M_2的像 M_2'和反射镜 M_1严格平行，其之间形成了厚度均匀的空气膜，这时可以观察到等倾干涉现象；当 M_1、M_2镜面不严格垂直时，像M_2'和反射镜 M_1之间有微小的夹角，其间形

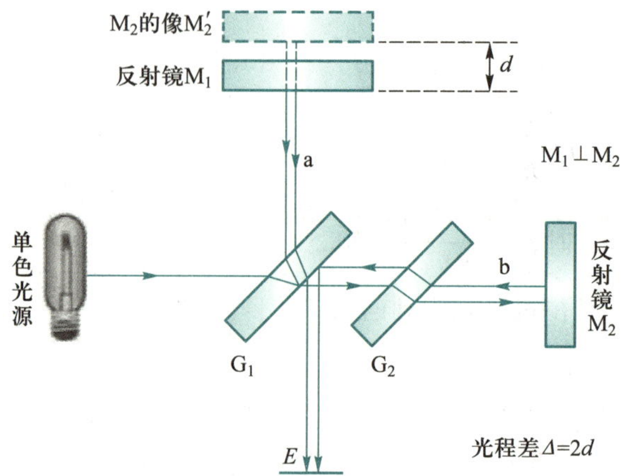

图 12.20 迈克耳孙干涉仪光路

成空气劈尖，此时可以观察到等厚干涉现象。

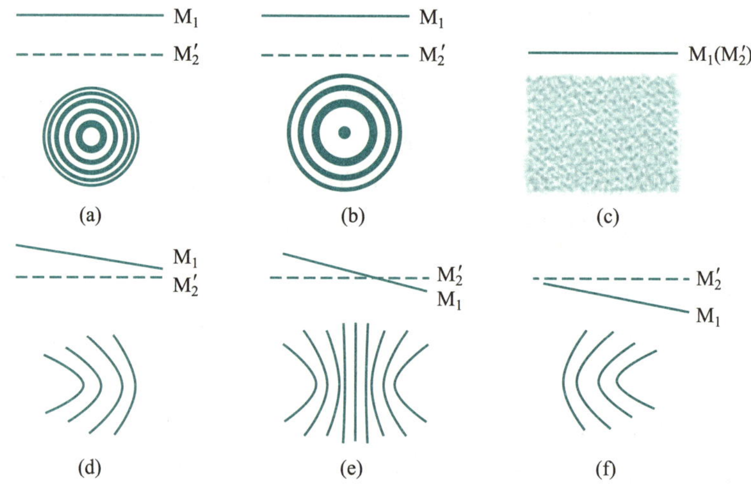

图 12.21 迈克耳孙干涉仪等倾、等厚干涉条纹

> **讨论 10：**
>
> (1) 你认为，迈克耳孙干涉仪既能观察等倾干涉，又能观察等厚干涉的关键在何处？
>
> (2) 迈克耳孙干涉仪中“补偿板”设计的意义何在？

2. 条纹移动

一束扩展的平行光，经过 G_1后分为反射和折射两束相干光束，若重合则在观察屏上可以看到干涉条纹。如果 M_2镜与 M_1镜垂直，则相应地像 M_2'与 M_1镜平行，因此，像 M_2'与 M_1镜构成一个假想的空气膜，其厚度均匀，所以，在视场中将观察到等倾干涉条纹。由于光在空气膜中经历了往返的过程，因此当 M_1镜每移动 $\lambda/2$ 的距离时，相应光程差就改变一个 λ，条纹将移过一个条纹间距，那么观察屏视场中就有一个条纹的移动(圆条纹吐出或缩进)。由视场中移动的明条纹（或

暗条纹）的数目 ΔN，就可算出 M_1 镜平移的距离 Δd

$$\Delta d=\Delta N\frac{\lambda}{2} \tag{12.26}$$

若数出条纹移动的数目 ΔN，读出 M_1 镜移动的距离 Δd，则可算出实验所用单色光波长 λ。迈克耳孙干涉实验能够很好地演示等倾干涉、等厚干涉条纹的图样以及条纹的变化情况。另外由于迈克耳孙干涉仪两个相干光束在空间上是完全分开的，互不干扰，因此可以移动反射镜或者单独在某一光路中加入其他光学元件或材料来改变光程差，可用于测量微小长度、折射率以及检查光学元件表面平整度等，其测量精度很高。可见，迈克耳孙干涉仪及其变形在近代科技中也具有广泛的应用。

3. 相干长度

由迈克耳孙干涉实验，当像 M_2' 与 M_1 镜之间的距离超过一定限度时，视场中就观察不到干涉条纹。这是因为构成光源的每个原子发出的波列都有一定的长度，由同一波列分出的两波叠加，能够产生干涉，若两光路的光程差太大，由同一波列分解出来的两列波不能重合，这时就不能产生干涉。

当光程差达到某一数值时，波长为 λ 的第 $k+1$ 级明条纹和波长为 $\lambda+\Delta\lambda$ 的第 k 级明条纹正好重合。两光束产生干涉的最大光程差叫该光源的**相干长度**。

由 $(k+1)\left(\lambda-\frac{\Delta\lambda}{2}\right)=k\left(\lambda+\frac{\Delta\lambda}{2}\right)$，可得

$$k=\frac{\lambda}{\Delta\lambda}$$

$$L=\frac{\lambda^2}{\Delta\lambda} \tag{12.27}$$

$\Delta\lambda$ 称为**谱线宽度**，$\Delta\lambda$ 越小，光谱线的单色性越好。一般钠灯和汞灯的相干长度为零点几个毫米，优质氪灯的相干长度可达十几厘米，而单模稳频的氦氖激光器相干长度可达千米以上，实验室常用的小型氦氖激光器的相干长度一般为几厘米到十几厘米。

讨论 11：

如何理解激光比普通光源的干涉性要好？

第六节　光的衍射

除了干涉之外，衍射也是波动的重要特征之一。在第十一章中已经介绍过波的衍射现象，即波在其传播路径上如果遇到障碍物，它能绕过障碍物的边缘而进入几何阴影内传播的现象。作为电磁波，光也存在衍射现象。光的衍射现象在日常生活中也很常见，例如蝴蝶的斑斓色彩、光盘表面反射出的彩色等。本节讨论

光的衍射现象规律，所讲的内容不只是说明光能绕过遮光屏边缘传播，而且根据叠加定理说明在光的衍射现象中光的强度分布。

6.1 惠更斯-菲涅耳原理

1. 光的衍射现象

由于光波的波长较短(可见光波长在微米量级)，故光的衍射现象在一般光学实验中不易被观察到，不像声波的衍射那样明显，只有当障碍物(例如小孔、狭缝、毛发、细针等)的大小与光的波长可以相比时(一般为 10^{-4} m 以下)，才能观察到光的衍射现象。在光的衍射现象中，光不仅能绕过障碍物传播，还能使原来均匀分布的光强变成一系列明暗相间的条纹，即在波场中的能量将重新分布。如图 12.22 所示，分别为光经过单缝、方孔、针或细线等衍射后呈现的明暗相间的条纹。

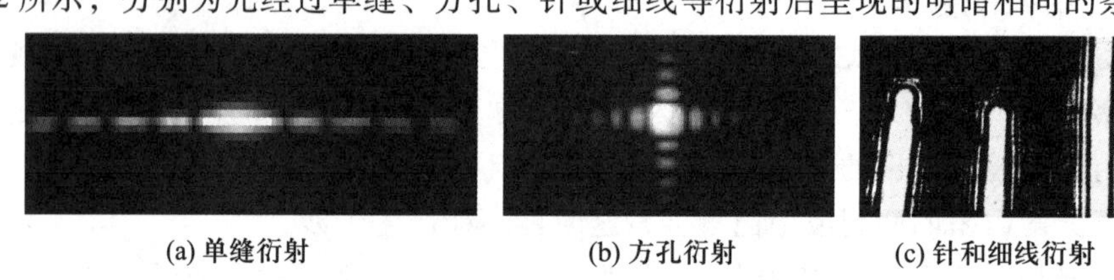

图 12.22 光的衍射条纹

用肉眼也可以观察到光的衍射现象。当你看远处发光的灯时，如果你眯缝着眼，使光通过一条缝进入眼内，你就会看到它向上向下发出长的光芒。这就是光在视网膜上的衍射图像产生的感觉。如果你将五指并拢，使指缝与日光灯平行，透过指缝看发光的灯管，也会看到带有淡彩色的明暗条纹。

2. 衍射的两种模型

根据观察方式的不同，通常把衍射现象分为两类。一类如图 12.23(a)所示，光源 S 和观察屏(或两者之一)离开衍射孔(或缝)的距离有限，这种衍射称为**菲涅耳衍射**，或**近场衍射**。另一类是光源和观察屏都在离衍射孔(或缝)无限远处，这种衍射称为**夫琅禾费衍射**，或**远场衍射**。夫琅禾费衍射实际上是菲涅耳衍射的极限情况。在实验室中，夫琅禾费衍射可用两个会聚透镜来实现，如图 12.23(b)所示。在会聚透镜的作用下，对衍射缝来讲，就相当于把光源和观察屏都推到无穷远去了。由于夫琅禾费衍射在实际应用和理论上都十分重要，而且这类衍射的分

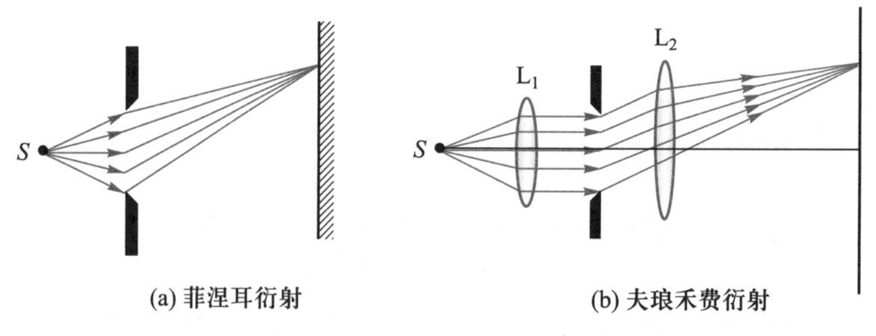

图 12.23 菲涅耳衍射和夫琅禾费衍射

析与计算都比菲涅耳衍射简单，因此本书只讨论夫琅禾费衍射，本节讨论单缝衍射，第七节将讨论光栅衍射。

3. 惠更斯-菲涅耳原理

对于衍射的理论分析，在第十一章中曾提到过惠更斯原理，它的基本内容是把波阵面上各点都看成子波(次波)波源，这些子波下一时刻的包络面，就是新的波前，如图12.24(a)所示。已经指出惠更斯原理只能定性地解决衍射现象中光的传播方向问题。为了说明光波衍射图样中的强度分布，菲涅耳又补充指出：**波在传播过程中，从同一波阵面上各点发出的子波，经传播而在空间某点相遇时，产生相干叠加**。利用相干叠加概念发展了的惠更斯原理叫**惠更斯-菲涅耳原理**。

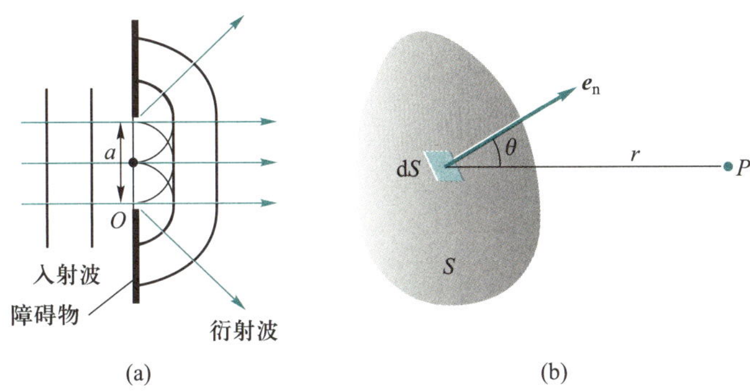

图 12.24 惠更斯-菲涅耳原理

利用惠更斯-菲涅耳原理，原则上可以解决衍射光强的分布问题，其基本运算过程为

(1) 如图12.24(b)所示，波面 S 上任一面元 $\mathrm{d}S$ 发出的子波都有相同的初相位；

(2) $\mathrm{d}S$ 发出的子波在波阵面前方某点 P 点处引起的光振动的振幅大小与面元到 P 点的距离 r 成反比；

(3) $\mathrm{d}S$ 发出的子波在 P 点处引起振动的振幅与波面 S 的振幅分布 $a(S_i)$、$\mathrm{d}S$ 的面积以及面元法线与 r 间的夹角 θ 有关，其关系式为

$$\mathrm{d}E=C\frac{a(S_i)K(\theta)}{r}\cos\left[\left(\omega t-\frac{2\pi r}{\lambda}\right)+\phi_0\right] \tag{12.28}$$

其中，C 为比例系数，$K(\theta)$ 为**倾斜因子**$\left[\text{当 }\theta=0\text{ 时},K(\theta)\text{最大};\theta\geqslant\frac{\pi}{2}\text{ 时},K(\theta)=0\right]$。将上式对整个波阵面积分，就可得到 P 点处的光强。该式就是惠更斯-菲涅耳原理的数学表达式，称为菲涅耳衍射积分法。该表达式也解释了波为什么不向后传的问题，这是惠更斯原理所无法解释的。

6.2 夫琅禾费单缝衍射

理论上利用(12.28)式可以计算一般衍射条纹中的光强分布，但是计算过程相当复杂。对于具有对称性的情况，菲涅耳设计了更为简单的方法。下面我们将

使用半波带法和振幅矢量法来解释夫琅禾费单缝衍射现象。

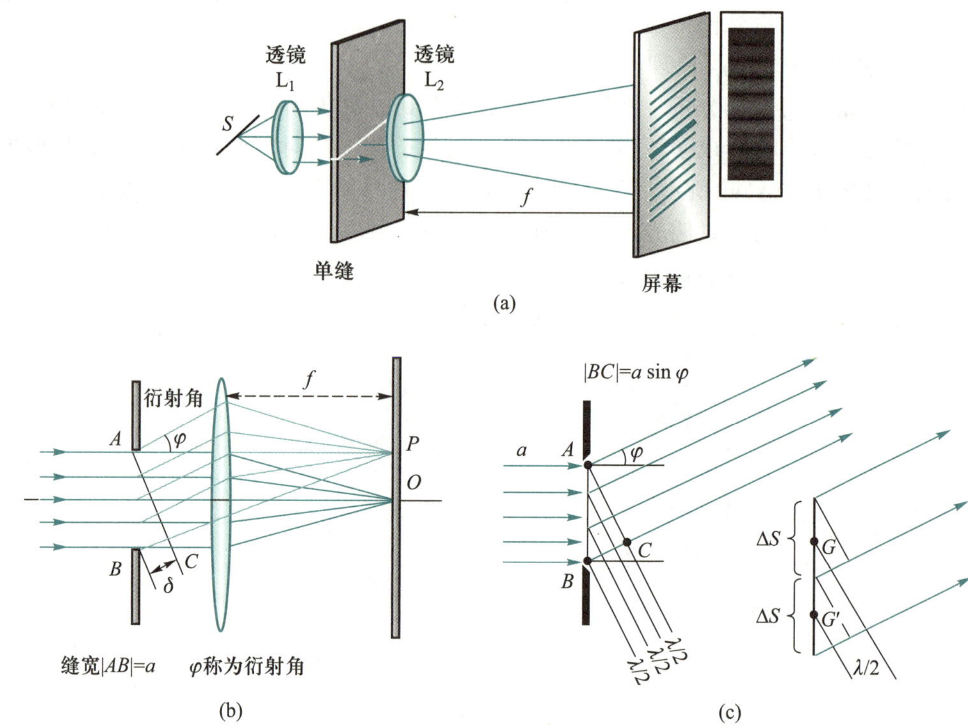

图 12.25 菲涅耳半波带分析

6.2.1 利用菲涅耳半波带法解释单缝衍射条纹

图 12.25(a)所示为夫琅禾费单缝衍射实验装置图，光源 S 放在透镜 L_1 的主焦面上，因此穿过透镜 L_1 的光线为平行光束，再照在单缝上，经单缝衍射后到达透镜 L_2，穿过 L_2 后在其焦平面处的屏幕上将出现一组明暗相间的直条纹。为了便于说明，图 12.25(b)和(c)中大大扩大了缝 AB 的宽度(缝的长度方向是垂直于纸面的)。

根据惠更斯-菲涅耳原理，单缝后面空间任意一点 P 的光振动是单缝处波阵面上所有子波波源发出的子波传到 P 点的振动的相干叠加。如图 12.25(b)所示，根据单缝衍射的光路图可知，衍射角 φ 的变化范围为$\left(-\frac{\pi}{2},\ \frac{\pi}{2}\right)$，$\varphi$ 角相同的平行光会经过透镜后到达屏幕上同一点，此时通过狭缝上边缘 A 的子波与通过下边缘 B 的子波的光程差为 $\delta=a\sin\varphi$。当 $\varphi=0°$时的子波都会到达屏幕中心 O 点，所有子波之间的光程差都等于零。为了考虑在 P 点的振动的合成，我们想象在衍射角 φ 为某些特定值时能将单缝处宽度为 a 的波阵面 AB 分成许多等宽度的纵长条带，并使得相邻两带上的对应点发出的光在 P 点的**光程差为半个波长**，这样的条带称为**半波带**，如图 12.25(c)所示。利用这样的半波带来分析衍射条纹的方法叫**半波带法**。

如图 12.25(c)所示，作 $AC\perp BC$，显然，图中两端点 A、B（单缝边缘）到 P

点的光程差为

$$\delta=|BC|=a\sin\varphi \tag{12.29}$$

当 $|BC|$ 等于半波长的奇数倍时，单缝处波阵面可分为奇数个半波带；当 $|BC|$ 等于半波长的偶数倍时，单缝处波阵面可分为偶数个半波带。这样分出的各个半波带，由于它们到 P 点的距离近似相等，因而各个带发出的子波在 P 点的振幅近似相等，而相邻两带的对应点上发出的子波在 P 点的相位差为 π。因此，相邻两波带发出的振动在 P 点合成时将互相抵消。这样，如果单缝处波阵面被分成偶数个半波带，则由于一对对相邻的半波带发的光都分别在 P 点相互抵消，所以合振幅为零，P 点应是暗条纹的中心。如果单缝处波阵面被分为奇数个半波带，则一对对相邻的半波带发的光分别在 P 点相互抵消后，还剩一个半波带发的光到达 P 点合成。这时，P 点应近似为明条纹中心，而且衍射角 φ 越大，半波带面积越小，明条纹光强越小。当 $\varphi=0°$ 时，各衍射光通过透镜后会聚在透镜焦平面上，由于光程差都为零，所有衍射光干涉相长，形成**中央明纹**(或**零级明纹**)中心的位置，此处光强最大。对于其他的衍射角 φ，AB 一般不能恰巧分成整数个半波带。此时，衍射光束形成介于最明和最暗的中间区域。

综上所述可知，当平行光垂直于单缝平面入射时，单缝衍射形成的明暗条纹的位置用衍射角 φ 表示，由以下公式决定：

暗条纹中心

$$\delta=a\sin\varphi=\pm k\lambda,\quad k=1,\ 2,\ 3,\ \cdots \tag{12.30a}$$

明条纹中心(近似)

$$\delta=a\sin\varphi=\pm(2k+1)\frac{\lambda}{2},\quad k=1,\ 2,\ 3,\ \cdots \tag{12.30b}$$

中央明纹中心

$$\varphi=0$$

讨论 12：

(1) 半波带理论求解衍射条纹分布时，是计算哪两束光线的光程差？

(2) 试总结半波带理论求解衍射条纹分布的基本步骤。

6.2.2 条纹宽度分析

在两个第 1 级($k=\pm1$)暗条纹中心之间的区域即中央明纹，中央明纹的宽度最宽，其满足

$$-\lambda<a\sin\varphi<\lambda \tag{12.31a}$$

由于单缝衍射也满足傍轴近似条件，即 φ 角较小时，$\sin\varphi\approx\varphi$，因此，中央明纹的角宽度为

$$-\lambda/a<\varphi<\lambda/a \tag{12.31b}$$

半角宽度为

$$\Delta\varphi=\frac{\lambda}{a} \tag{12.32}$$

以 f 表示透镜 L_2 的焦距，以中央明纹中心位置为坐标原点，在屏幕上沿垂直于条纹的方向建立 x 轴，则衍射角为 φ 的条纹位置为

$$x=f\tan\varphi\approx f\sin\varphi$$

由暗条纹条件(12.30a)式，取 $k=1$，可得 $a\sin\varphi=\pm2\times\frac{\lambda}{2}$，代入上式可得 $x=\pm f\frac{\lambda}{a}$，则观察屏上中央明纹的线宽度为

$$\Delta x_0=2f\frac{\lambda}{a} \tag{12.33}$$

上式表明，中央明条纹的宽度正比于波长 λ，反比于缝宽 a。这一关系又称为衍射反比律。即缝越窄(接近波长)，衍射越明显；缝越宽，衍射越不明显。由式(12.33)和式(12.30)可知，当缝宽 $a\gg\lambda$ 时，各级衍射条纹向中央靠拢，密集得以至于无法分辨，只显出单一的明条纹。实际上，这明条纹就是线光源 S 通过透镜所成的几何光学的像，这个像相应于从单缝射出的光是直线传播的平行光束。由此可见，光的直线传播现象，是光的波长较透镜孔或缝(或障碍物)的线度小很多时，衍射现象不显著的情形。由于几何光学是以光的直线传播为基础的理论，所以**几何光学是波动光学在 $\boldsymbol{\lambda/a\to0}$ 时的极限情形**。对于透镜成像，仅当衍射不显著时，才能形成物的几何像，如果衍射不能忽略，则透镜所成的像将不是物的几何像，而是一个衍射条纹。又由式(12.31a)可知，当缝宽 $a<\lambda$ 时，中央明纹角宽度达到 180°，因此完全看不到条纹图案。所以只有当缝宽大于波长，且与波长可相比时，才会产生明显的明暗相间的衍射条纹。

如果入射光为白光，白光中各种波长的光抵达 O 处都没有光程差，所以中央是白色明纹。但在 O 两侧的各级条纹中，不同波长的单色光在屏幕上的衍射明纹将不完全重叠。各种单色光的明纹将随波长的不同而略微错开，最靠近 O 的为紫色，最远的为红色，形成彩色条纹，称为衍射光谱。

6.2.3 光强分布

由以上分析可给出单缝衍射的光强分布，如图 12.26 所示。此图显示了单缝衍射各光强极大处的光强是不相同的。中央明纹中心光强最强，两侧光强迅速减小，直至第一个暗条纹；其后光强又逐渐增大而称为第一级明条纹，依次类推。必须注意，其他各级明条纹中心光强均远小于中央明纹中心的光强，且随着级数的增大而逐渐减小。

*6.2.4 单缝衍射条纹光强的计算——振幅矢量法

菲涅耳半波带法只能大致说明衍射条纹的情况，要定量给出衍射条纹的强度分布，需要对子波进行相干叠加。下面用振幅矢量法导出夫琅禾费单缝衍射的强度公式。

为了用惠更斯-菲涅耳原理计算屏上各点光强，想象将单缝处的波阵面 AB 分成 N 条(N 很大)等宽度的波带，每条波带的宽度为 $\Delta x=a/N$，如图 12.27(a)所示。由于各波带发出的子波到 P 点的传播方向一样，距离也近似相等，所以在 P

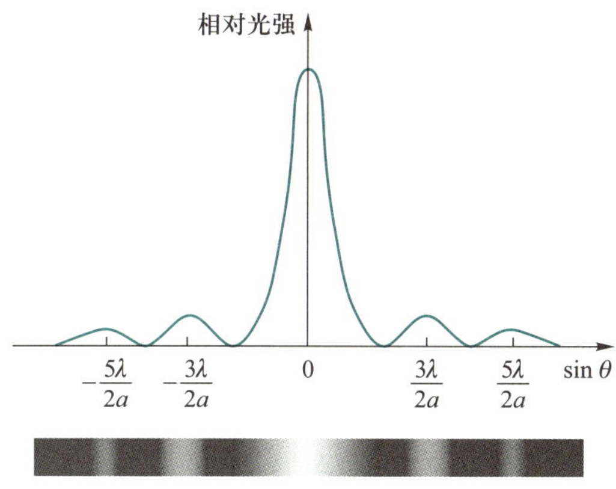

图 12.26　夫琅禾费衍射光强分布

点各子波的振幅也近似相等，今以 ΔE_0 表示其振幅。相邻两波带发出的子波传到 P 点时的光程差都是

$$\Delta l=\frac{a\sin\varphi}{N}=\Delta x\sin\varphi \tag{12.34}$$

相位差为

$$\Delta\phi=\frac{2\pi}{\lambda}\frac{a\sin\varphi}{N} \tag{12.35}$$

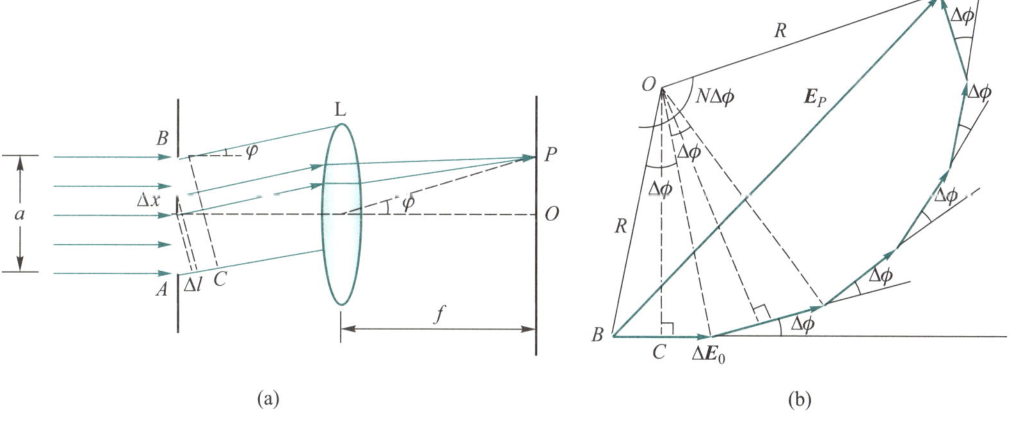

图 12.27　夫琅禾费衍射振幅矢量分析

根据菲涅耳的叠加思想，P 点光振动的合振幅 E_P 就应等于这 N 个同频率、等振幅(ΔE_0)、相位差依次都是 $\Delta\phi$ 的振动的合成，这一合成振幅可借助矢量图 12.27(b)计算出来。图中各分振幅矢量 $\Delta\boldsymbol{E}_0$ 首尾相接构成一正多边形的一部分，此正多边形有一外接圆。以 R 表示此处外接圆的半径，则合振幅 $\boldsymbol{E}_P$ 对应的圆心角就是 $N\Delta\phi$，而 E_P 的值为

$$E_P=2R\sin\frac{N\Delta\phi}{2} \tag{12.36}$$

在 $\triangle OCB$ 中

$$\Delta E_0=2R\sin\frac{\Delta\phi}{2} \tag{12.37}$$

以上两式相除可得衍射角为 φ 的 P 处的合振幅为

$$E_P=\Delta E_0\frac{\sin\dfrac{N\Delta\phi}{2}}{\sin\dfrac{\Delta\phi}{2}} \tag{12.38}$$

由于 N 非常大，所以 $\Delta\phi$ 非常小，$\sin\dfrac{\Delta\phi}{2}\approx\dfrac{\Delta\phi}{2}$，因而又可得

$$E_P=\Delta E_0\frac{\sin\dfrac{N\Delta\phi}{2}}{\dfrac{\Delta\phi}{2}}=N\Delta E_0\frac{\sin\dfrac{N\Delta\phi}{2}}{\dfrac{N\Delta\phi}{2}} \tag{12.39}$$

结合式(12.35)，令

$$\alpha=\frac{N\Delta\phi}{2}=\frac{\pi a\sin\varphi}{\lambda} \tag{12.40}$$

代入式(12.39)，则

$$E_P=N\Delta E_0\frac{\sin\alpha}{\alpha} \tag{12.41}$$

可得，当 $\varphi=0$ 时，$\alpha=0$，而 $\dfrac{\sin\alpha}{\alpha}=1$，则 $E_P=N\Delta E_0$。由此可知，$N\Delta E_0$ 为中央条纹中点 O 处的合振幅，以 E_0 表示此振幅，则 P 点的合振幅为

$$E_P=E_0\frac{\sin\alpha}{\alpha} \tag{12.42}$$

对两边平方可得 P 点的光强为

$$I=I_0\left(\frac{\sin\alpha}{\alpha}\right)^2 \tag{12.43}$$

式中，I_0 为中央明纹中心处的光强。此式即夫琅禾费单缝衍射的光强公式。用相对光强表示，则有

$$\frac{I}{I_0}=\left(\frac{\sin\alpha}{\alpha}\right)^2 \tag{12.44}$$

可求出光强极大和极小的条件及相应的角位置。

（1）主极大

在 $\varphi=0$ 处，$\alpha=0$，$\dfrac{\sin\alpha}{\alpha}=1$，$I=I_0$，光强最大，称为**主极大**，此即中央明纹中心的光强。

（2）极小

$\alpha=k\pi$，$k=\pm1$，±2，±3，…时，$\sin\alpha=0$，$I=0$，光强最小，因为 $\alpha=\dfrac{\pi a\sin\varphi}{\lambda}$，

于是得

$$a\sin\varphi = k\lambda,\ k=\pm1,\ \pm2,\ \pm3,\ \cdots$$

此即暗条纹中心的条件。这一结论与半波带法所得结果式（12.30a）一致。

（3）次极大

令$\dfrac{\mathrm{d}}{\mathrm{d}\alpha}\left(\dfrac{\sin\alpha}{\alpha}\right)^2=0$，可求得次极大的条件为 $\tan\alpha=\alpha$。如图 12.28 所示，用图解法可求得各次极大相应的 α 值为

$$\alpha=\pm1.43\pi,\ \pm2.46\pi,\ \pm3.47\pi,\ \cdots$$

相应地有

$$\sin\varphi=\pm1.43\frac{\lambda}{a},\ \pm2.46\frac{\lambda}{a},\ \pm3.47\frac{\lambda}{a},\ \cdots$$

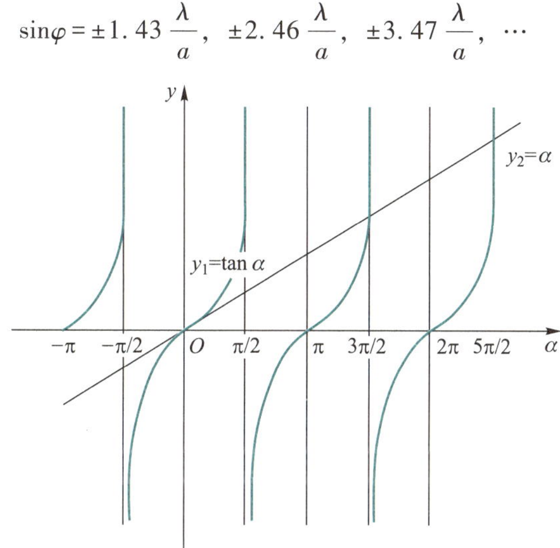

图 12.28　用图解法可求得和各次极大相应的 α 值

把上述 α 值代入光强公式(12.44)，可求得各次极大的强度。计算结果表明，次极大的强度随着级次 k 值的增大迅速减小。第一级次极大的光强还不到主极大强度的 5%，如图 12.29 所示。在日常生活中，我们观察到水波经过小孔的衍射时，与单缝衍射的光波完全一样，只有中央强峰内的衍射波是明显可见的，更大角度处的波太微弱，无法看见。

［例 12.7］　用波长 $\lambda=632.8$ nm 的平行光垂直入射在单缝上，缝后用焦距 $f=40$ cm的凸透镜把衍射光会聚于焦平面上。测得中央明纹的宽度为 3.4 mm，求单缝的宽度。

［解］　中央明纹宽度为

$$\Delta x=2x\approx\frac{2f\lambda}{a}$$

得单缝的宽度

$$a=\frac{2f\lambda}{\Delta x}=0.15\ \text{mm}。$$

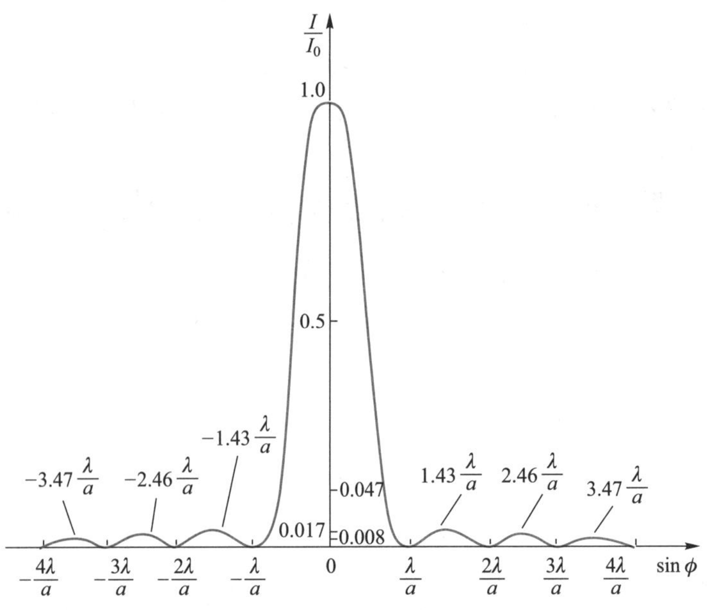

图 12.29 用方程 $\tan\alpha=\alpha$ 求得对应的强度分布

[例 12.8] 在夫琅禾费单缝衍射实验中，如果缝宽 a 与入射光波长 λ 的比值分别为(1)1，(2)10，(3)100，试分别计算中央明纹边缘的衍射角，再讨论计算结果说明什么问题。

[解] (1) $a=\lambda$，$\sin\varphi=1$，$\varphi=90°$

(2) $a=10\lambda$，$\sin\varphi=\dfrac{\lambda}{10\lambda}=0.1$，$\varphi=5°44'$

(3) $a=100\lambda$，$\sin\varphi=\dfrac{\lambda}{100\lambda}=0.01$，$\varphi=34'$

这说明，比值 λ/a 变小的时候，所求的衍射角变小，中央明纹变窄(其他明条纹也相应地变为更靠近中心点)，衍射效应越来越不明显。

$(\lambda/a)\to0$ 的极限情形即几何光学的情形：光线沿直传播，无衍射效应。

6.3 圆孔衍射(光学成像仪器的分辨本领)

6.3.1 圆孔衍射

我们已经详细研究了细长狭缝所产生的衍射条纹。实际上，任一形状的孔都会产生衍射图案。圆孔常用于光学仪器，例如孔径光阑、透镜的边框等都相当于一个透光的圆孔，它对光学仪器分辨细节的能力起着限制作用，所以夫琅禾费圆孔衍射具有重要的意义。从原理上讲，我们能计算出衍射图案中任意点 P 的强度，只要把圆孔区域分成许多微元，算出微元产生的波在 P 点的振幅和相位，然后在整个圆孔面积上积分，即可求出在 P 点合成的振幅和强度。然而实际上，这个积分无法用初等函数计算。下面我们将简单描述这种衍射图案并引入几个相关数字。

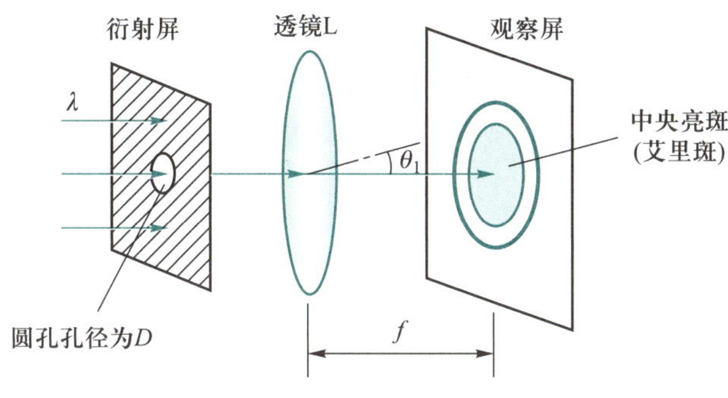

图 12.30　圆孔衍射

如图 12.30 所示，波长为 λ 的光波通过直径为 D 的圆形孔径后，在透镜 L 的焦平面上形成夫琅禾费圆孔衍射图案，图案中央是一个明亮的圆斑，周围有明暗相同的同心圆环。第一个暗纹中心对应的衍射角 θ_1 为

$$\sin\theta_1 = 1.22\frac{\lambda}{D}$$

接下来两个暗环（第 2、3 级暗环）中心对应的衍射角为

$$\sin\theta_2 = 2.23\frac{\lambda}{D},\quad \sin\theta_{31} = 3.24\frac{\lambda}{D}$$

暗环之间为亮环，第 1、2、3 级亮环中心对应的衍射角分别为

$$\sin\theta = 1.63\frac{\lambda}{D},\quad 2.68\frac{\lambda}{D},\quad 3.70\frac{\lambda}{D}$$

中心亮斑叫做**艾里斑**，这是纪念英国天文学家乔治·艾里（George Airy，1801—1892），是他首先导出了该图案的强度表达式。艾里斑的半角宽度即第一暗环中心对应的衍射角 θ_1。

亮环的强度随衍射角的增大而很快减小。在光学设备中，通常是 D 远大于波长 λ，此时第 1 级亮环中心的强度仅为艾里斑中心强度的 1.7%，第 2 级亮环中心的强度仅为 0.4%。大部分（85%）光能落在艾里斑内。

6.3.2　光学仪器的分辨本领

当我们讨论各种光学仪器的成像问题时，如果仅从几何光学的定律来考虑，只要适当选择透镜焦距并且适当安排多个透镜的组合，总可能用提高放大率的办法把任何微小物体或远处物体放大到清晰可见的程度。但是，从波动光学角度来看，即使没有任何像差的理想成像系统，它的分辨本领也要受到衍射的限制。光通过光学系统中的光阑、透镜等限制光波传播的光学元件时要发生衍射，因而点物并不能成点像，而是在点像处呈现一衍射图案。例如眼睛的瞳孔、望远镜、显微镜、照相机等的物镜，在成像过程中都是一些衍射孔。两个点物或同一物体上的两点发出的光通过这些衍射孔成像时，会形成两个衍射斑（艾里斑），它们的像是这两个衍射斑的非相干叠加。如果两个衍射斑之间的距离过近，斑点过大，则两个点物或同一物体上的两点的像就不能分辨，像也就不清晰了。也就是说，由于衍射的限制，光学仪器的分辨能力有一个最高的极限。因此，借助光学仪器观察细小物体时，不仅要有一定的放大倍数，还要有足够的分辨本领，才能把微小物体放大到清晰可见的程度。我们这里讨论光学仪器的分辨本领，就是要说明为什么有一个分辨极限，并给出分辨极限的大小。

讨论 13：

试依据光的衍射知识，说明影响光学仪器分辨率的因素。

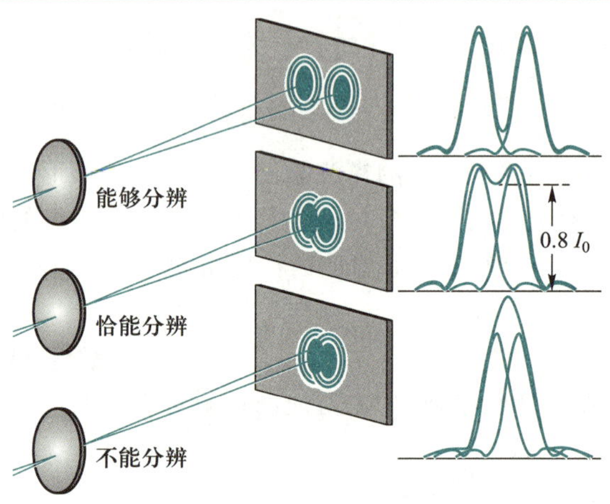

图 12.31 瑞利判据示意图

怎样才算能分辨？两个点物的分辨率有一个广泛采用的判据，它是由英国物理学家瑞利(Rayleigh,1842—1919)提出的，称为**瑞利判据**。它说的是，对于两个强度相等的不相干的点光源(物点)，一个点光源的衍射图案的主极大刚好和另一个衍射图案的第 1 个极小相重合时(见图 12.31)，即一个艾里斑的中心刚好落在另一个艾里斑的边缘上时，两个衍射图案的合成光强的谷、峰比约为 0.8。这时，两个点光源(或物点)恰为这一光学仪器所分辨。一般人的眼睛刚能够分辨两物点时，两物点在物镜处的张角为**最小分辨角**，用 $\delta\theta$ 表示，

$$\delta\theta=\frac{1.22\lambda}{D} \tag{12.45a}$$

最小分辨角的倒数称为**成像仪器分辨本领**，用 R 表示，设物镜的孔径为 D，根据瑞利判据

$$R=\frac{1}{\delta\theta}=\frac{D}{1.22\lambda} \tag{12.45b}$$

式(12.45b)表明，分辨本领与仪器的孔径 D 和光波波长 λ 有关，因此大口径的物镜对提高望远镜的分辨本领有利。例如，主要覆盖可见光和紫外线的哈勃太空望远镜，其物镜的直径为 2.4 m，对波长为 632.8 nm 的光，其角分辨率约为 0.066″；专注于红外线的詹姆斯·韦伯太空望远镜主镜的孔径达到 6.5 m。

显微镜和望远镜不同，显微镜物镜的焦距较短，被观察物体放置在物镜焦距外，经物镜成一放大的实像后再由目镜放大。显微镜的分辨极限不用最小分辨角而用**最小分辨距离**来表示。理论计算得到最小分辨距离 σ 为

$$\sigma = \frac{0.61\lambda}{n\sin\alpha} \tag{12.46a}$$

其中 n 为物方的折射率，α 为孔径对物点的半张角(图 12.32)。乘积 $n\sin\alpha$ 常称为显微镜的**数值孔径**(numerical aperture)，用符号 N. A. 表示。因此，**显微镜的分辨本领**为

$$R = \frac{1}{\sigma} = \frac{n\sin\alpha}{0.61\lambda} \tag{12.46b}$$

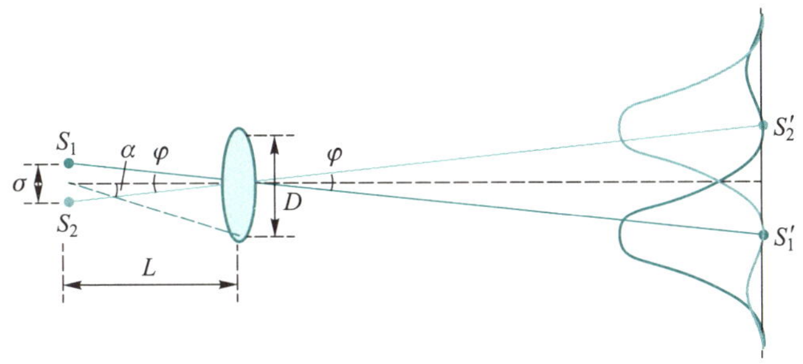

图 12.32 最小分辨距离的分析图

可见，要提高显微镜的分辨本领，就是要减小使用的光波的波长，增大显微镜的数值孔径。一般显微镜的数值孔径总是小于 1，高倍率的显微镜使用油浸式的镜头，就是使用显微镜时，在载物片和物镜之间滴上一滴油，这样可使数值孔径增大到 1.5 左右，这时分辨的最小距离可达 0.4λ，这是光的波动性为显微镜定下的极限。因此，提高显微镜分辨本领的唯一办法是减小波长。例如用紫外线照明等，如果使用 $\lambda = 400$ nm 的紫光照射物体而进行显微观察，最小分辨距离约为 200 nm，最大放大倍数约为 2 000，这已是光学显微镜的极限。近代电子显微镜利用电子束的波动性来成像，当加强电压为几十万伏时，电子的波长只有约 10^{-3}nm，所以电子显微镜可以获得很高的分辨率。这就为研究分子、原子的结构提供了有力的工具。

[例 12.9] 在通常亮度下，人眼瞳孔的直径约为 3 mm，问人眼的最小分辨角是多大？远处两根细丝之间的距离为 2.0 mm，问细丝离开多远时人眼恰能分辨？

[解] 视觉最敏感的黄绿光波长为 $\lambda = 550$ nm，因此，由式(12.45a)可得人眼的最小分辨角为

$$\delta\theta = 1.22\frac{\lambda}{D} = 1.22\times\frac{550\times10^{-9}}{3\times10^{-3}} = 2.24\times10^{-4}(\text{rad}) \approx 1'$$

设细丝间距离为 Δs，人与细丝相距 L，则两丝对人眼的张角 θ 为

$$\theta = \frac{\Delta s}{L}$$

恰能分辨时应有

$$\theta = \delta\theta$$

于是有

$$L=\frac{\Delta s}{\delta\theta}=\frac{2.0\times10^{-3}}{2.24\times10^{-4}}\text{m}=8.9\ \text{m}$$

若小于上述距离，则人眼不能分辨。

第七节 光栅衍射

7.1 双缝干涉与单缝衍射的进一步探讨

在杨氏双缝干涉的讨论中，我们将双缝视为两个“无限窄”的狭缝而没有考虑其宽度。在这种忽略双缝宽度的考虑下，双缝就是两个线光源，它们朝各个方向所发射的光的光强是一样的。如果我们扩大缝的宽度使缝宽为一有限值 a，那么像这样的有限缝宽的双缝干涉图样和之前相比又会有哪些变化呢？

在单缝衍射一节中，我们已经分析过一个宽度为 a 的狭缝所产生的衍射图样，并知道在不同的衍射角下，衍射光强是不一样的。如果双缝干涉中的缝是一个有限宽的缝而不是无限窄的，那么这样的缝也必然存在衍射效应。也就是说，由于单缝衍射效应的存在，在不同出射角度下，狭缝射出的光强是不一样的。之前在双缝干涉探讨中，我们没有考虑这种不同出射方向的光强差异，所以要得到有限缝宽的双缝干涉图样，就必须将有限缝宽引起的单缝衍射效应考虑进来。

我们可以从双缝干涉的零级亮纹和第一级亮纹的亮度开始探讨。图 12.33 是双缝干涉的光路示意图。当光屏足够远的时候，双缝干涉的中央明纹应出现在图中的 O 处，对应的衍射角为零(因为 $D\gg d$)。根据单缝衍射的结果，在衍射角为零的时候，衍射光强是最大的，因此中央明纹将是最亮的。第一级亮条纹出现在光屏上 $x=D\lambda/d$ 的位置。这个位置对应衍射角 $\varphi=x/D=\lambda/d$。根据单缝衍射的知识我们可以知道在衍射角 φ 不为零的方向上，衍射光强肯定小于衍射角为零的方向上的光强，于是可以推知这时双缝干涉的第一级亮条纹肯定不如中央明纹亮。双缝干涉的条纹亮度此时受到了其对应的衍射角下的出射光强的限制，于是不再是等亮度条纹了。事实上不仅是亮条纹受到影响，屏幕上任何一个地方双缝干涉图样的亮度都将受到该处的衍射角对应的出射光强的限制。我们可以说这时候**双缝干涉图样受到了单缝衍射的调制**。

我们可以严格地得到这种衍射对干涉光强调制的数学表达式。前面分析过，杨氏双缝干涉中两条缝到屏幕上一点 P 的两光线的光程差可近似为

$$\delta=r_2-r_1\approx d\sin\varphi$$

其中 φ 就是衍射角(参见图 12.33)。光程差 δ 所对应的相位差 $\Delta\phi=\frac{2\pi}{\lambda}\delta$。假设在衍射角 φ 下，每个单缝的衍射光强为 I_1，那么 P 点的光强应为

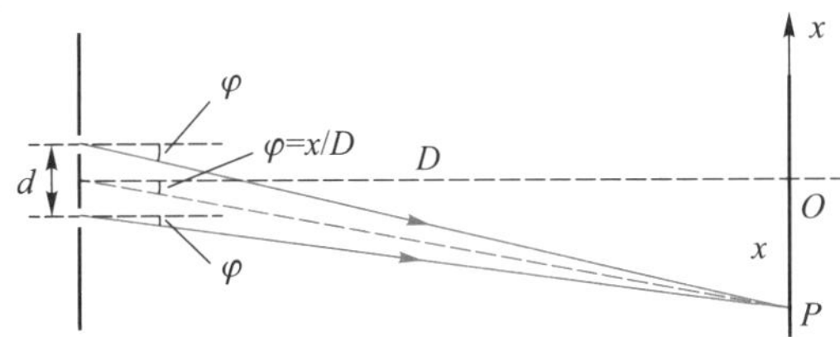

图 12.33　双缝干涉光路图

$$I(\varphi)=4I_1\cos^2\left(\frac{\Delta\phi}{2}\right)=4I_1\cos^2\left(\frac{\pi}{\lambda}d\sin\varphi\right) \tag{12.47}$$

在探讨单缝衍射的时候，我们已经探讨过衍射角 φ 下的光强 I_1 与衍射角为零时的光强的关系[式(12.44)]，为

$$I_1=I_0\left(\frac{\sin\alpha}{\alpha}\right)^2$$

其中 $\alpha=\frac{a\pi\sin\varphi}{\lambda}$。将这个式子代入到式(12.47)中，就得到了缝宽为 a、缝间距为 d 的双缝干涉的光强随衍射角 φ 的分布为

$$I(\varphi)=4\,I_0\left(\frac{\sin\alpha}{\alpha}\right)^2\cos^2\left(\frac{\Delta\phi}{2}\right)$$

从这个式子中可以发现，光强 $I(\varphi)$ 在 $\varphi=0$ 时有最大值，为 $4\,I_0$，此时对应屏幕中的中央明纹。很多时候我们只关心光强与最大光强的比值，于是上式可以写作

$$I=I_{\max}\cos^2\left(\frac{\Delta\phi}{2}\right)\left(\frac{\sin\alpha}{\alpha}\right)^2 \tag{12.48}$$

上式中 $\Delta\phi=\frac{2\pi}{\lambda}\delta=\frac{2\pi d}{\lambda}\sin\varphi$，$\alpha=\frac{a\pi\sin\varphi}{\lambda}$，$\varphi$ 为衍射角。这个式子表示了考虑缝的宽度为 a 时，屏幕上光强的分布情况。根据式(12.48)可以画出有限缝宽时的双缝干涉图样为图 12.34。

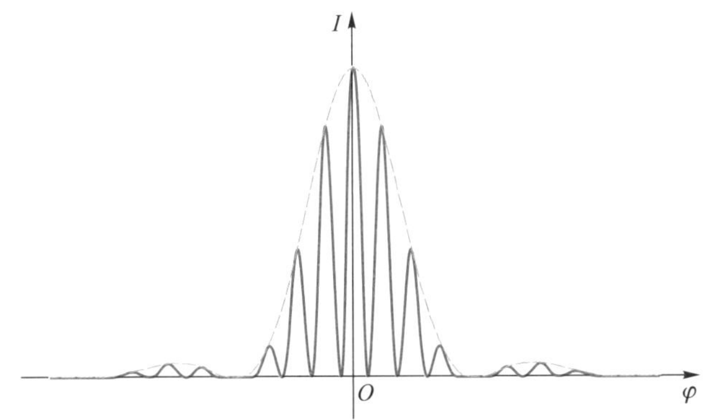

图 12.34　考虑有限缝宽时双缝干涉图样，图中缝宽 a 是双缝间距 d 的 1/4

从式(12.48)可以发现，之前所说的单缝衍射对双缝干涉的调制本质上就是单缝衍射光强分布函数与双缝干涉光强的分布函数相乘。而从图 12.34 上来看，有限宽双缝的干涉图样表现为单缝衍射和不考虑缝宽的双缝干涉两个图案的叠

加。图中虚线所示为单缝衍射图案，而实线是最终的光强分布。和原来不考虑缝宽的双缝干涉图样对比，干涉光强的峰的位置并没有改变，但是峰的高度受到了衍射的“调制”，这种调制表现为衍射光强函数作为了最终光强函数的包络线。图中还有一个有趣的现象，双缝干涉的第 4 级条纹消失了。这并不难理解，因为从图中可以看出，双缝干涉的第 4 级明条纹正好遇到了单缝衍射(虚线所示)的第一级暗条纹。单缝衍射第一级暗条纹所对应的衍射角方向，衍射出射光强为零，因此即便这个角度双缝干涉是加强的，但是单缝衍射没有任何光线出射，因此不可能形成干涉的极大。这种干涉的极大遇上单缝衍射暗纹，从而导致本应该出现的条纹消失的现象称为缺级。

哪些条纹缺级可以通过如下方式判定。干涉极大要满足 $\delta=d\sin\varphi=k\lambda$，而衍射暗纹需要满足 $a\sin\varphi=k'\lambda$。缺级的成因是干涉极大遇上了衍射暗纹，意味着缺级的时候，衍射角 φ 应同时满足干涉极大的方程和衍射暗纹的方程，即

$$\begin{cases} d\sin\varphi=k\lambda \\ a\sin\varphi=k'\lambda \end{cases}$$

两式相除可以解得

$$k=\frac{d}{a}k' \tag{12.49}$$

这就是缺级的判断方法，式中 $k'=\pm1$，±2，±3，…，代入就可以得到缺级的级次 k。例如，图 12.34 所画的情形为 $d=4a$ 的情形，即缝间距 d 是缝宽 a 的 4 倍。代入缺级公式有 $k=\frac{d}{a}k'=4k'$，于是取 $k'=\pm1$，±2，±3，…立即可得缺级的级次为 ±4，±8，±12，…，而从图 12.34 可以看出确实 ±4、±8…的主极大是消失的。

7.2 多缝干涉

现在来考虑有多条缝而不只是两条缝的情况。图 12.35 中画出了多缝干涉的光路图。设总的缝的个数是 N，相邻的缝之间的间距为 d。这些缝被一束平行光照射，光线经过缝后将射向缝后方无限远处的光屏。也可以使用凸透镜来实现等效的无限远，如图 12.35 所示，缝的后方放置一个凸透镜，根据凸透镜成像法则，每个缝射出的具有相同角度 φ 的出射光线将会被凸透镜会聚于其焦平面上的一点 P。不难证明，P 点到光屏中心 O 的距离 x 是与出射角度 φ 是一一对应的。因此在探讨多缝干涉的时候，我们只需要研究具有相同角度 φ 的光线的叠加就可以了。按照前面的习惯，我们这里仍然把 φ 叫做衍射角。

实际的缝有一定的宽度 a，但在这里我们先不考虑缝的宽度，而认为每条缝隙的宽度 a 是无穷小的，就像我们最开始探讨杨氏双缝干涉那样。这样，每条缝就是一条数学上没有宽度的线，这样的线光源在任何方向上射出的光的强度都可以认为是一样的，设这个光强为 I_1。当具有相同角度 φ 的光线被凸透镜会聚到 P 点时，这 N 条光强为 I_1 的光线在 P 点相干叠加，那么叠加后 P 点是亮的还是暗

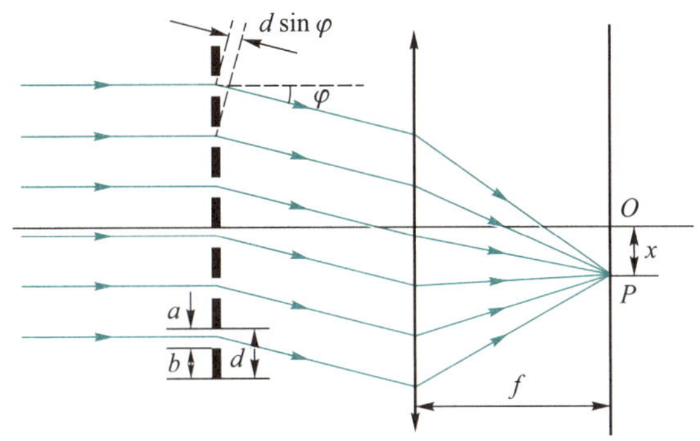

图 12.35 多缝干涉的光路图

的呢？要回答这个问题，同样需要从光程差入手。从图 12.35 不难看出，相邻的两条缝射出的具有相同衍射角 φ 的两光线的光程差为

$$\delta = d\sin\varphi$$

如果 δ 是波长的整数倍，即 $\delta = d\sin\varphi = k\lambda$，那么相邻的两条光线就是加强的。如果相邻的光线均是加强的，那么最终 P 点的光线也将是加强的，于是我们就得到了多缝干涉的亮条纹所满足的方程

$$d\sin\varphi = k\lambda \tag{12.50}$$

其中 k 为整数，$k=0$，±1，±2，…。方程(12.50)被称为**光栅方程**。满足光栅方程 $d\sin\varphi = k\lambda$ 的衍射角 φ 所射出的光线，将会在屏幕上形成一个亮条纹，称为**主极大条纹**。k 自然就是主极大条纹的级次。多缝干涉主极大的衍射角 φ 由式(12.50)决定，φ 确定后就可以计算屏幕上主极大的实际坐标 x。由几何关系不难得到 $x = f\tan\varphi$，这是因为屏幕是放在凸透镜的焦平面上的，因而透镜到屏幕的距离就是凸透镜的焦距 f。

光栅方程(12.50)决定了多缝干涉的主极大，那么多缝干涉的暗条纹位置如何确定？我们不能通过让光程差 δ 等于半波长的奇数倍来计算暗条纹位置，这是因为可能出现相邻光线无法相消，但所有 N 条光线叠加是相消的情况。我们需要借助旋转矢量法来处理 N 条光线叠加相消的问题。N 条光线叠加相消，意味着这 N 条光线所对应的光振动的旋转矢量加起来是零矢量。根据矢量的加法法则可知，这等同于这 N 个旋转矢量首尾相接构成一个封闭图形。再考虑到每一条缝隙的光线的光强一样，相邻光线的光程差相同，于是 N 个首尾相接的旋转矢量将构成正多边形，如图 12.36 所示，正多边形的外角 $\Delta\phi$ 正好就是相邻缝隙的光线的相位差，即 $\Delta\phi = (2\pi/\lambda)\delta = (2\pi d/\lambda)\sin\varphi$。图 12.36 画出了 $N=9$ 的情形。

从图 12.36 可以看出，正 N 边形的外角和是 $N\Delta\phi$，而几何知识告诉我们多边形外角和是 2π，于是得到暗条纹条件可以写作 $N\Delta\phi = 2\pi$。但稍加思考不难发现，N 个旋转矢量加起来为零矢量，不一定只绕一圈，它们可以绕多圈后构成封闭图形。例如图 12.36 所示的 9 个旋转矢量完全可以重复 3 圈，绕成一个正三角形。这样暗条纹的真正条件应该是 $N\Delta\phi = 2\pi m$，m 就是绕的圈数，它必须是不为零的整数。代入 $\Delta\phi = (2\pi/\lambda)\delta = (2\pi d/\lambda)\sin\phi$ 可将暗纹条件写作

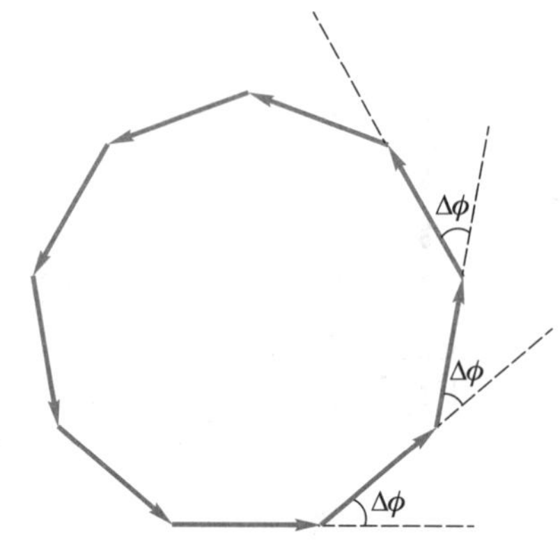

图 12.36 N 条光线的旋转矢量叠加相消将构成正多边形，图中 $N=9$

$$d\sin\varphi=\frac{m}{N}\lambda \tag{12.51}$$

其中 $m=\pm1$，±2，…且 $m\neq kN$，即 m 取整数，但不能是 N 的倍数。m 不能取为 N 的倍数很容易理解，因为当 m 是 N 的倍数时，式(12.51)将变为光栅方程(12.50)，而满足光栅方程的是主极大不是暗条纹。

以 $N=4$ 为例，可以由光栅方程(12.50)算出第一级主极大衍射角为 $\varphi=k\lambda/d=\dfrac{\lambda}{d}$，而暗条纹衍射角为 $\varphi=m\lambda/Nd=\dfrac{m}{4}\dfrac{\lambda}{d}$（这里假设衍射角很小，$\sin\varphi\approx\varphi$）。于是，在第一级主极大和第零级主极大之间，将存在 $m=1$，2，3 共 3 个暗条纹。可以看到，暗条纹比主极大多，这意味着在第 1 和第 2、第 2 和第 3 暗条纹之间还有两个亮条纹，但它们却不是主极大条纹，因为它们不满足光栅方程。不是主极大的亮条纹称为**次极大**。

图 12.37 画出了 $N=4$ 的多缝干涉的图样，可以看出，每两个主极大之间有两个小的峰，为次极大。次极大峰的高度比主极大低得多，因此在很多情况下，次极大并不容易观察到。

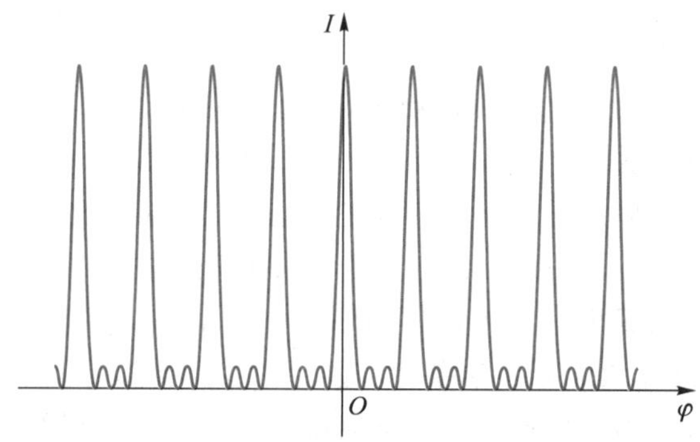

图 12.37 多缝干涉的光强分布

如果不用旋转矢量法，也可以通过计算得到同样的结果。取第一个缝过来的光线的振动方程为

$$E_1=E_0\cos(\omega t)$$

E_0 为振幅。第二条缝的光的振动方程将在相位上有一个延迟，这个延迟的相位 $\Delta\phi$ 等于光程差 δ 乘以 $2\pi/\lambda$。于是第二条缝的光的振动方程可以写为

$$E_2=E_0\cos(\omega t+\Delta\phi)$$

同理，第 n 条缝过来的光线与第一条缝过来的光线的相位差应为 $(n-1)\Delta\phi$，其振动方程为

$$E_n=E_0\cos[\omega t+(n-1)\Delta\phi]$$

于是 P 点最终的振动为所有的 N 条缝过来的光振动的合成，利用数学公式不难算出 E 的最终结果如下

$$E=\sum_{n=1}^{N}E_0\cos[\omega t+(n-1)\Delta\phi]=E_0\csc\frac{\Delta\phi}{2}\sin\frac{N\Delta\phi}{2}\cos\left[\omega t+(N-1)\frac{\Delta\phi}{2}\right]$$

上式表明 P 点的光振动的振幅为 $E_0\csc\dfrac{\Delta\phi}{2}\sin\dfrac{N\Delta\phi}{2}$。而光强是正比于振幅的平方的，所以得到多缝干涉光强 I 与衍射角 φ 的函数关系为

$$I=I_1\csc^2\frac{\Delta\phi}{2}\sin^2\frac{N\Delta\phi}{2} \tag{12.52}$$

式中 $\Delta\phi=\left(\dfrac{2\pi}{\lambda}\right)\delta=\dfrac{2\pi d}{\lambda}\sin\varphi$，而 I_1 是每一条缝的光强，$I_1\propto E_0^2$。根据式(12.52)可以画出多缝干涉的光强的分布图像为图 12.37。

计算的结果还能给出关于多缝干涉更多的信息。式(12.52)表明，不考虑缝宽(即 a 趋近于零的极限)时多缝干涉的主极大是等亮度的。而光栅方程(12.51)却只能给出主极大位置的信息。此外，当 $N=2$ 的时候，多缝干涉应当回到杨氏双缝干涉。将 $N=2$ 代入式(12.52)，可得 $I=4I_1\cos^2\left(\dfrac{\pi}{\lambda}d\sin\varphi\right)$，可以发现确实回到了式(12.47)。因此，杨氏双缝干涉只是这里的多缝干涉 $N=2$ 的特例。因为相邻主极大之间的次极大数目为 $N-2$，所以杨氏双缝干涉中没有次极大，即不考虑缝宽的杨氏双缝干涉是明暗相间的等亮度条纹，这和之前的结论是一致的。

7.3　光栅衍射

前面我们忽略了多缝的宽度 a，如果多缝的缝宽 a 不能忽略，那么就必须考虑缝有宽度而引起的单缝衍射效果，就如之前分析有限缝宽的双缝干涉时一样。当考虑了多缝的缝宽 a 之后，整个光强分布结果也将存在两种效应——多缝干涉和单缝衍射。即最终光屏上的图案为单缝衍射的图案对多缝干涉图案的调制。

实际上，像这样由大量的具有相同宽度 a 以及相同缝间距 d 的平行狭缝组成的阵列称为**衍射光栅**。缝间距 d 称为**光栅常量**，它等于缝的宽度 a 加上不透光部分的宽度 b，即 $d=a+b$。实际的光栅的缝的数目 N 可以非常大，能达到数千条之多。因此光栅的缝隙在制作时一般不是制造一个真正意义上的缝隙。例如，可使用金刚石在玻璃或者金属表面上刻出许多等距沟槽，这种结构会起到多缝类似的

效果，因为沟槽部分散射光线，相当于不透光部分，其余部分可以透过光，构成缝隙，如图 12.38 所示。光栅还可以分为透射光栅和反射光栅。其原理均是类似的。生活中可以看作反射光栅的一个常见例子就是光盘，光盘上记录数据的一面有许多规则的凹槽，这些结构类似于一个反射光栅。同样，手机屏幕在某些情况下也能够具有类似反射光栅的一些性质，当使用激光照射手机屏幕时可以观察到类似于光栅衍射的一些现象。

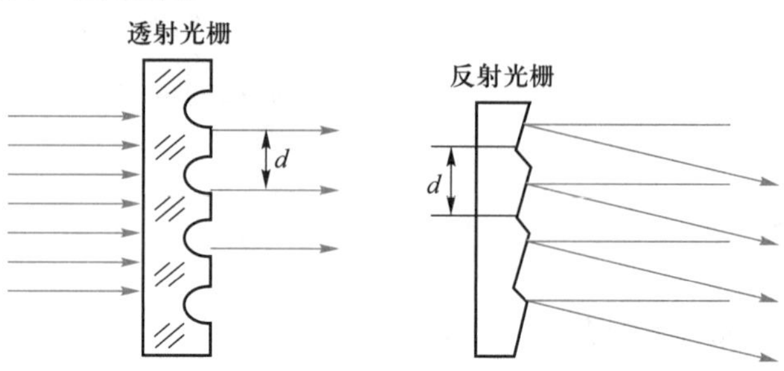

图 12.38 光栅元件示意图

光栅的本质就是 N 条具有一定宽度的平行多缝，因此光栅的衍射图案就是单缝衍射对多缝干涉调制后形成的图案。下面就按照这个思路来分析光栅衍射图案的特点。

光栅衍射图案中会出现主极大，这些主极大是多缝干涉所形成的。光栅衍射的主极大所满足的条件和多缝干涉主极大满足的条件一样，都是由之前推导的式(12.50)所决定的，即光栅的主极大满足

$$d\sin\varphi = k\lambda \tag{12.53}$$

其中 k 为整数，$k=0,\ \pm1,\ \pm2,\ \cdots$。上式称为**光栅方程**。光栅方程决定了哪些衍射角将出现主极大条纹。与不考虑缝宽的多缝干涉主极大不同的是，光栅的主极大还要受到单缝衍射的调制。这是因为光栅中缝是有一定宽度 a 的。于是光栅的主极大不是等亮度的条纹。

与之前分析有限缝宽的双缝干涉一样，光栅中也可能出现某个衍射角虽然满足光栅方程，但它正好又是衍射暗纹所对应的衍射角的情形，这时候原本应该出现的主极大消失了。这种现象称为**缺级**。因为光栅缺级的成因和有限缝宽双缝干涉缺级成因一样，所以缺级的条件不变，即当级次 k 满足如下方程的时候，第 k 级主极大就会缺级

$$k = \frac{d}{a}k' \tag{12.54}$$

式中 d 是光栅常量(即缝间距)，a 是缝的宽度，$k'=\pm1,\ \pm2,\ \pm3,\ \cdots$。

光栅衍射的最终光强随衍射角的分布图像如图 12.39 所示。可以看出，光栅衍射的光强图像(图中实线)就是单缝衍射的图样(图中的虚线)对多缝干涉图样的调制。当多缝干涉的主极大正好遇上衍射暗纹的时候，就会出现缺级现象。

同样，当 $N>2$ 的时候，主极大之间会出现次极大，但实际使用的光栅一般 N 都是非常大的，次极大峰会非常接近于零，以至于几乎不能观察到次极大条纹。

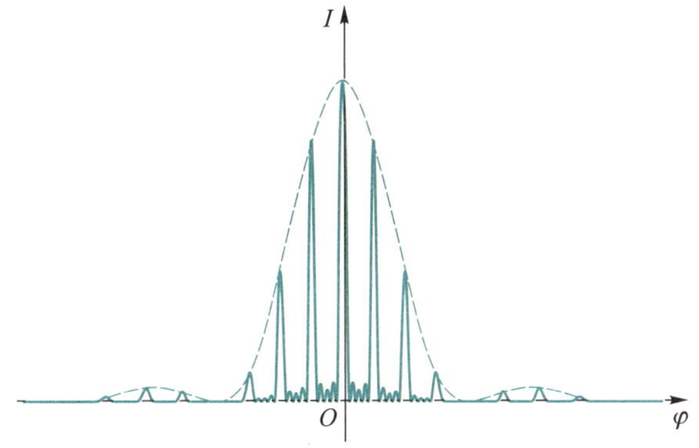

图 12.39　光栅衍射的光强分布图，图中给出的是 $N=5$ 的例子

因此一般在应用光栅的时候，只关注主极大条纹。

式(12.44)描绘了单缝衍射的光强分布，而式(12.52)描绘了不考虑缝宽的多缝干涉的光强分布。与之前讨论有限缝宽的双缝干涉一样，单缝衍射对多缝干涉的调制在数学上表现为单缝衍射光强与多缝干涉光强的乘积，于是将式(12.44)与式(12.52)相乘即可得到光栅衍射光强随衍射角分布的公式，为

$$I=I_0\left(\frac{\sin\alpha}{\alpha}\right)^2\csc^2\frac{\Delta\phi}{2}\sin^2\frac{N\Delta\phi}{2} \tag{12.55}$$

式中 $\alpha=\dfrac{a\pi\sin\varphi}{\lambda}$，$\Delta\phi=\dfrac{2\pi d}{\lambda}\sin\varphi$。根据式(12.55)就可以画出光栅衍射的光强随衍射角的分布为图 12.39。

讨论 14：

(1) 求解光栅衍射图形分布时(光栅方程)，考察的是哪两束光的光程差？为什么？

(2) 试总结应用光栅方程，求解光栅衍射图形分布的基本步骤。

(3) 与光的双缝干涉、单缝衍射图形比较，光栅衍射图形有何特点？在光学测量中有何优势？

[例 12.10]　一衍射光栅，每厘米有 200 条透光缝，每条透光缝宽为 $a=2\times10^{-3}$ cm，在光栅后放一焦距 $f=1.00$ m 的凸透镜，现以 $\lambda=600$ nm 的单色平行光垂直照射光栅，求：(1)透光缝 a 的单缝衍射中央明纹宽度为多少？(2)在该宽度内，有几个光栅衍射主极大？

[解]　(1)对于单缝衍射，正负一级暗纹衍射角满足 $a\sin\varphi=k'\lambda$(为使单缝衍射级次与光栅衍射级次在表述上区分开来，在此单缝衍射级次用 k'表示)。由此解得

$$\varphi_{\pm1}=\arcsin\frac{k'\lambda}{a}$$

正负一级暗条纹 $k'=\pm1$，于是

$$\varphi_{\pm1}=\pm\arcsin\frac{\lambda}{a}$$

在 $f\gg x$ 的情况下，$\tan\varphi\approx\sin\varphi\approx\varphi$，所以 $\varphi_{\pm1}=\pm\frac{\lambda}{a}$。于是 $x_{\pm1}=f\varphi_{\pm1}=\pm\frac{\lambda}{a}f$，所以中央明纹宽度(实际宽度)为

$$\Delta x=x_1-x_{-1}=\frac{2\lambda f}{a}=6\ \text{cm}$$

(2) 每厘米有 200 条透光缝，由此可得光栅常量 $d=\frac{1\ \text{cm}}{200}=5\times10^{-5}\,\text{m}$。由光栅方程可知

$$d\sin\varphi=k\lambda$$

在 φ 很小的情况下有

$$\varphi=\frac{k\lambda}{d}$$

于是主极大的坐标

$$x=f\varphi=\frac{f\lambda}{d}k$$

主极大在衍射中央明纹内，根据上一问的结果有 $x<\frac{\Delta x}{2}$，解得

$$k<\frac{\Delta xd}{2f\lambda}=2.5$$

k 只能取整数，因此可能出现的光谱级次为 $k=0$，±1，±2，共 5 个主极大。

[**例 12.11**] 波长 $\lambda=600$ nm 的单色光垂直入射到一光栅上，测得第二级主极大的衍射角为 30°，且第三级是缺级。(1)求光栅常量 $a+b$ 等于多少？(2)问透光缝可能的最小宽度 a 等于多少？(3)在选定了上述 $a+b$ 和 a 之后，求可能观察到的全部主极大的级次(全部范围即衍射角范围为 $-\pi/2<\varphi<\pi/2$)。

[**解**] (1)根据光栅方程有

$$d\sin30^\circ=2\lambda$$

解得

$$d=\frac{2\times600\times10^{-9}}{\sin30^\circ}\text{m}=2.4\times10^{-6}\,\text{m}$$

(2) 因为第三级缺级，根据缺级的条件 $k=\frac{d}{a}k'$ 可知

$$3=\frac{d}{a}k'$$

解得 $a=\frac{d}{3}k'$。因为 $k'=\pm1$，±2，…。当 $k'=1$ 时，a 有最小的正值，于是透光缝

可能的最小宽度 a 为

$$a=\frac{d}{3}=8.00\times10^{-7}\text{m}$$

(3) 由光栅方程可得

$$d\sin\varphi=k\lambda$$

解得

$$k=\frac{d\sin\varphi}{\lambda}$$

衍射角正弦只能在-1 和 1 之间，所以 k 最大取值为$\frac{d}{\lambda}=4$，最小取值为$-\frac{d}{\lambda}=-4$。第 4 级次对应衍射角为 90°，实际上是不可能看到的。同时，第三级缺级，根据缺级条件，$k=3k'$，$k=\pm1$，±2，…的级次都缺级，所以±3，±6，…级次是看不到的。综上，能看到的级次为 $k=0$，±1，±2，共 5 条。

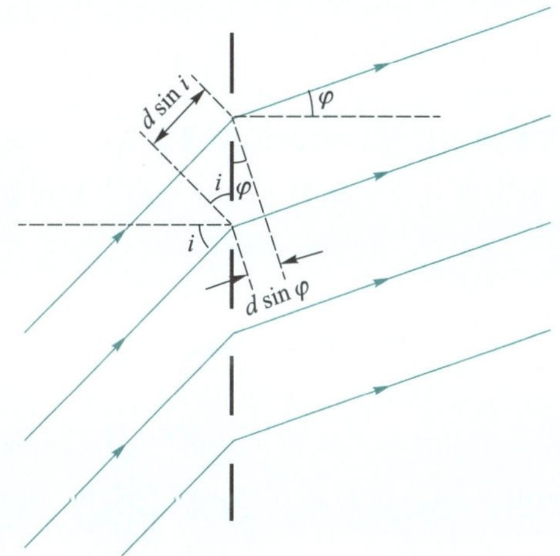

图 12.40 平行光斜入射光栅

有时候平行光并不是垂直入射光栅的，而是以一定的角度斜入射光栅，如图 12.40 所示。在这种情况下，光栅方程会发生变化。之前在推导光栅方程 $d\sin\varphi=k\lambda$ 的时候，左边 $d\sin\varphi$ 是相邻两光线的光程差。斜入射的情形下光栅方程左边同样应该是相邻两光线的光程差，但此时在光线入射光栅前就已经产生了光程差。如图 12.40 所示，设 i 是入射角，即入射光线与光栅平面法线的夹角，于是入射前相邻两条光线中的下面那条比上面那条光线少走了 $d\sin i$ 的长度，所以入射前相邻光线就已经有了$-d\sin i$ 的光程差。在光栅的右边，则变成了上面的光线比下面的光线少走 $d\sin\varphi$ 的路程，因此又会引入一个正的光程差 $d\sin\varphi$。因此最终相邻两光线的光程差为 $d(\sin\varphi-\sin i)$。考虑到以入射角 i 入射的时候，入射方向实际上有两个，于是可以对入射角 i 规定一个正负。像图 12.40 中那样当光线在法线下方的时候 i 取为负值，当光线在法线上方的时候 i 取为正值(φ 的正负也是这样

的)，那么我们可以把光程差的符号吸收到入射角 i 里面，最终斜入射的光栅方程现在变为了

$$d(\sin\varphi+\sin i)=k\lambda \tag{12.56}$$

式中 i 为入射光线与法线的夹角，当入射光线从下方射来的时候，入射角是负的。

[例 12.12] 设光栅平面和透镜都与屏幕平行，在平面透射光栅上每厘米有 5 000条刻线，用它来观察钠黄光($\lambda=589$ nm)的光谱线。(1)当光线垂直入射到光栅上时，能看到的光谱线的最高级次 $k_{\max1}$ 是多少？(2)当光线以 30°的入射角(入射线与光栅平面的法线的夹角)斜入射到光栅上时，能看到的光谱线的最高级次 $k_{\max2}$ 是多少？

[解] (1)光栅常量 $d=\dfrac{1}{5\ 000}\text{cm}=2\times10^{-6}\text{m}$。垂直入射时，由光栅方程可得

$$d\sin\varphi=k\lambda$$

当 $\sin\varphi=1$ 时，有最高级次，解得

$$k_{\max1}=\frac{d}{\lambda}=3.4$$

级次是整数，因此需要向下取整，因此最高级次为 $k_{\max1}=3$。

(2) 以 30 度入射角斜入射，由斜入射的光栅方程可知

$$d(\sin i+\sin\varphi)=k\lambda$$

于是

$$k=\frac{d(\sin i+\sin\varphi)}{\lambda}$$

$\sin\varphi$ 的范围为±1，而入射角 i 有±30°两个取值(因为没有说明是哪个方向以 30°入射的)。要使 k 取最大值，容易知道 $\sin\varphi$ 应取 1，而 i 应当取+30°。代入 $i=30°$ 可得

$$k_{\max2}=\frac{d(\sin30°+1)}{\lambda}=5.09$$

向下取整得到最高级次为 $k_{\max2}=5$。

7.4 光栅衍射的工程应用

7.4.1 相控雷达扫描

传统雷达要扫描整个天空，需要使用机械装置使雷达旋转，但机械旋转装置的转速受到动力机构的性能、雷达转动惯性的限制，不能快速、随意调整发射方向，对于快速移动目标不能实时跟踪。而相控阵雷达利用电磁波的干涉，可以无须机械装置就能实现定向发射雷达波，因此具有传统雷达不具备的优点。相控阵雷达做到这一切的关键就是对光栅方程的应用。

相控阵雷达由一系列发射单元组成，如图 12.41 所示，每个发射单元由一个天线一个移相器构成，移相器可以改变输入信号的相位。当所有移相器都设置为

不改变输入信号的相位时，所有天线发射的电磁波的相位都是一样的。可以发现，此时整个装置与光栅非常相似，每个天线就是光栅的透光缝，而相邻天线之间的距离 d 就是光栅常量。由于每个发射单元发射的电磁波都是同相位的，因此它等同于是一个垂直入射的光栅。

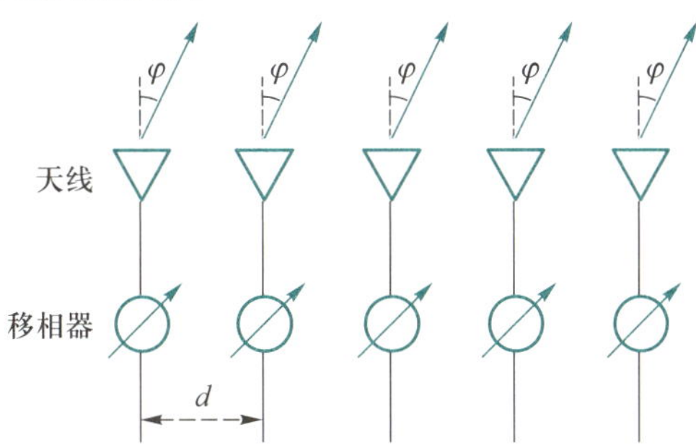

图 12.41 相控阵雷达示意图

根据光栅的相关知识可知，这个时候只有某些方向上才有电磁波射出，这些方向就是满足光栅方程的方向。即只有满足 $d\sin\varphi=k\lambda$ 的 φ 角方向，才有电磁波发射出去，而其他方向则没有电磁波发射。我们现在只关注零级主极大，暂时不关心其他的主极大。从光栅方程中不难发现零级主极大此时对应的发射方向是 $\varphi=0$。

如果我们要扫描整个天空，就要让零级主极大能够朝我们想要的任意方向发射出去，这时候就需要使用移相器了。移相器会改变输入信号的相位，它们被设置为相邻天线依次增加一个相位 $\Delta\phi$，即如图 12.42 所示。

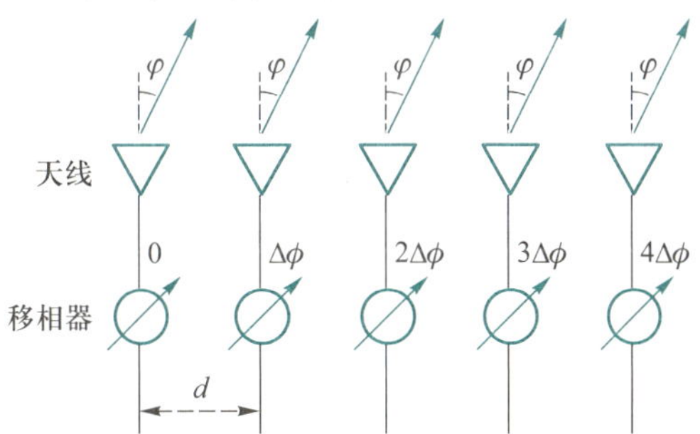

图 12.42 相控阵雷达示意图

增加了移相器之后，每个发射单元发射的相位不再保持一致。可以看到这时候各天线发射电磁波的相位关系与斜入射光栅是类似。因为斜入射光栅中每条缝的射出的光线都依次比前一个缝多了一个相位差 $\Delta\phi=\dfrac{2\pi}{\lambda}d\sin i$。这时候雷达满足斜入射光栅方程 $d(\sin\varphi+\sin i)=k\lambda$。代入 $\sin i=\dfrac{\lambda\Delta\phi}{2\pi d}$ 可得，此时雷达满足的方程为

$$d\sin\varphi+\frac{\lambda\Delta\phi}{2\pi}=k\lambda \tag{12.57}$$

零级主极大的 $k=0$，于是有

$$\sin\varphi=-\frac{\lambda\Delta\phi}{2\pi d}$$

可以看到，当我们连续地改变移相器移动相位值 $\Delta\phi$ 的时候，零级主极大的发射方向 φ 可以随之连续变化。因此只需改变移相器的 $\Delta\phi$ 为合适的值，就能实现了朝任意方向发射电磁波。

前面只研究了零级的发射情况，但光栅还可能存在更高级次的主极大，也就是说雷达可能还会向其他方向发射电磁波。但一般来说，使用相控雷达时希望只朝一个方向发射电磁波，因此在 $-\frac{\pi}{2}<\varphi<\frac{\pi}{2}$ 的范围内，我们希望只有一个零级主极大，而 $k=\pm1$ 以及更高级次的主极大则不能出现。通过式(12.57)可以解得

$$\varphi=\arcsin\left(\frac{2k\pi-\Delta\phi}{2\pi}\frac{\lambda}{d}\right)$$

我们希望只有零级主极大，从数学上说就是上式只能在 $k=0$ 时有一个取值，而 k 取其他值的时候，φ 不能够有实数解。代入 $k=1$ 可得

$$\varphi=\arcsin\left[\left(1-\frac{\Delta\phi}{2\pi}\right)\frac{\lambda}{d}\right]$$

arcsin 的定义域是$(-1,1)$，因此只要让 $\left(1-\frac{\Delta\phi}{2\pi}\right)\frac{\lambda}{d}$ 不在$(-1,1)$范围内，φ 就不会有实数值，从而不会有零级以外的主极大出现。相位差 $\Delta\phi$ 的范围是$(-\pi,\pi]$，所以 $1-\frac{\Delta\phi}{2\pi}\geqslant\frac{1}{2}$。于是只要 $\frac{\lambda}{d}\geqslant2$，就有 $\left(1-\frac{\Delta\phi}{2\pi}\right)\frac{\lambda}{d}\geqslant1$，从而 φ 是一个虚数，此时只有零级主极大出现。因此要使任何时候都只有一个方向发射电磁波，一个可行的方案是将天线之间的距离 d 设计为小于发射电磁波的半波长。

相控阵雷达通过控制信号的相位，实现了向各个方向发射电磁波的能力，同时还不需要旋转天线的方向，从而提升了对目标的搜索、跟踪、测量的能力。

7.4.2 光栅光谱

当原子因为某种原因从基态激发到激发态之后，由于激发态不稳定，原子最终将回到基态。从激发态跃迁回到基态的过程中，多余的能量将以光子的形式发射出来。由于原子的能级是分立的，因此从激发态跃迁到基态的过程中，原子释放的光子的能量也是分立的。根据量子力学理论，光子能量 E 与光子频率 ν 之间的关系为 $E=h\nu$，h 是普朗克常量。原子发出的光子能量 E 是分立的，于是原子只能发射某些特定频率的光。不同的原子发射的光的频率不一样，因此分析出原子发出的光包含哪些频率(或波长)的光，就能分析出是什么原子。

如何分析原子发光的光谱呢？可以使用光栅来分析光谱。根据光栅方程，$d\sin\varphi=k\lambda$，对于同一级次的光，波长不一样则衍射角不一样，这样就把不同波长的光分开了。因为原子发出的光的频率是一些分立的值，因此经过光栅之后，不同的波长将形成一条条分立的线，称为原子的光谱线。对光谱线的位置和强度进行测量，就可以反推出是什么原子发出的光了。

(1) 光栅光谱仪的色散本领

使用光栅进行分光时，我们希望在同一级次 k 下，能够将不同的波长尽可能地分开。如何选择光栅来满足我们尽可能分光的要求呢？为此可以把光栅方程两边进行微分，得到 $d\cos\varphi \mathrm{d}\varphi = k\mathrm{d}\lambda$。由此可以定义

$$D=\frac{\mathrm{d}\varphi}{\mathrm{d}\lambda}=\frac{k}{d\cos\varphi}$$

D 代表的意义就是单位波长所分开的角度。D 越大，则单位波长所分开的角度也就越大。因此 D 称为光栅光谱仪的角色散本领。由此可知，当光栅常量 d 越小，级次 k 越大，角色散本领就越大。当衍射角 $\varphi\approx 0$ 时，$\cos\varphi\approx 1$，对于某一级次 k 的光线，角色散本领为一与波长无关的常量，衍射角随波长是线性变化的，这是一些其他分光仪器(例如棱镜)所不具备的优点。

实际工作中一般是测量光谱之间的实际宽度，这时候只需要乘以焦距 f 就可以了。于是可以定义线色散本领为

$$D=\frac{kf}{d\cos\varphi}$$

线色散本领与透镜焦距成正比，于是实际应用的时候一般选用长焦物镜，以使不同波长的谱线分得更开一些。

(2) 光栅光谱仪的色分辨本领

色散本领表示了不同波长的光的主极大分开的程度。但如果分开的两个主极大靠得很近，实际上仍然有可能看不出是两条主极大，而被认为是一条谱线。这是因为谱线实际上是有一定宽度的。例如钠的发出的光中就包含 589.0 nm 和 589.6 nm 两种波长十分相近的光。要分辨这两个波长的光，就对光栅光谱仪的分辨本领提出了一定的要求。

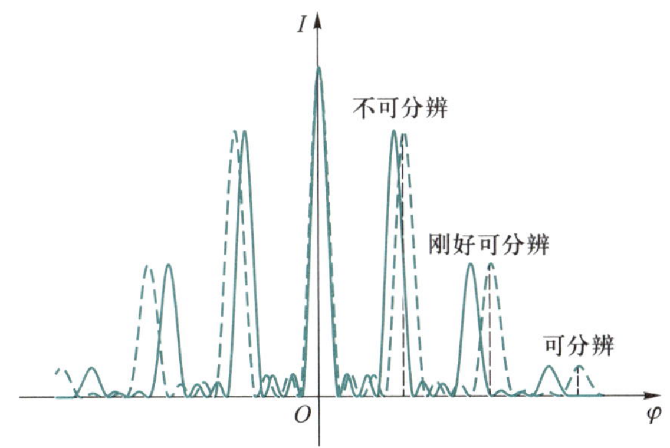

图 12.43 相近波长的光形成的主极大可分辨与不可分辨的判定

根据瑞利判据，两条谱线正好能分辨的条件是第二种波长的光的主极大正好落在了第一种波长的光的主极大旁边的第一条暗条纹处。如图 12.43 所示，是两种波长相近的光同时照射光栅后形成的光强分布。$k=2$ 的两个主极大就是正好可以分辨的。

设波长 λ 和 $\lambda+\Delta\lambda$ 的两种光同时照射光栅。如果这两种波长的光的第 k 级主极大是恰好可以分辨的，那么波长 $\lambda+\Delta\lambda$ 的光的第 k 级主极大将正好落在波长 λ 的光的第 k 级主极大旁边的第一条暗条纹处(参考图 12.43)。也就是说，波长 $\lambda+\Delta\lambda$ 的光的第 k 级主极大衍射角 φ 要满足波长 λ 的光的暗条纹条件。根据暗条纹条件公式(12.57)可知，此时有

$$d\sin\varphi=\frac{Nk+1}{N}\lambda$$

注意衍射角 φ 同时也对应波长 $\lambda+\Delta\lambda$ 的第 k 级主极大，所以它还要满足波长 $\lambda+\Delta\lambda$ 的光的光栅方程，即

$$d\sin\varphi=k(\lambda+\Delta\lambda)$$

由以上两个方程可得

$$\frac{Nk+1}{N}\lambda=k(\lambda+\Delta\lambda)$$

于是解得

$$\lambda=kN\Delta\lambda$$

对于刚好可以分辨的两个波长 λ 和 $\lambda+\Delta\lambda$，一般定义 λ 与 $\Delta\lambda$ 的比值为分辨本领。于是可得光栅光谱仪的**色分辨本领** R 为

$$R=\frac{\lambda}{\Delta\lambda}=kN \tag{12.58}$$

即光栅的色分辨本领等于光谱级次 k 和光栅的总缝数 N 的乘积。一般使用光栅的时候不会用到太高的级次，k 一般为 1~3。但是光栅的总缝数可以做到很大，例如某光栅有 50 mm 长，每毫米刻有 1 200 条缝，那么光栅的总缝数为 6×10^4。这个光栅的一级光谱的色分辨能力为 $R=1\times6\times10^4=6\times10^4$。如果使用 600 nm 附近的光照射光栅，可以发现 $\Delta\lambda=\frac{\lambda}{R}=\frac{600\times10^{-9}}{6\times10^4}\ \text{m}=10^{-11}\ \text{m}=0.01\ \text{nm}$，即波长相差 0.01 nm的光都能被该光栅分辨出来，由此可见，光栅可以有很高的色分辨能力。这里需要注意，如果光线没有照满光栅的刻线面，光栅的分辨本领要下降。由光栅方程 $d\sin\varphi=k\lambda$ 解得 $k=d\sin\varphi/\lambda$，代入 R 的表达式可得

$$R=\frac{Nd\sin\varphi}{\lambda}$$

上式中 N 为总缝数，d 为缝间距，所以 Nd 为光栅的长度。由此可知，使用光栅时一定要使光线照满光栅的刻线面，否则光栅的分辨本领会降低。

7.4.3 分光仪器的分辨本领

分光仪器的分辨率本领是指把波长靠得很近的两条谱线分辨清楚的本领。通常把恰好能分辨的两条谱线的平均波长 λ 与这两条谱线的波长差 $\delta\lambda$ 之比，定义为分辨本领，用 R 表示

$$R=\frac{\lambda}{\delta\lambda} \tag{12.59}$$

对于光栅来说，按照瑞利判据，要分辨第 k 级光谱中波长为 λ 和 $\lambda+\delta\lambda$ 的两条谱线，就是波长为 λ 的光第 k 级主极大正好和波长为 $\lambda+\delta\lambda$ 的光第 $(Nk-1)$ 级极小相重合，由式(12.56)和式(12.57)可得

$$k\lambda=\frac{Nk-1}{N}(\lambda+\delta\lambda)$$

整理得

$$\lambda=(Nk-1)\delta\lambda$$

因为 $Nk\gg1$，有

$$R=\frac{\lambda}{\delta\lambda}=Nk \tag{12.60}$$

可见，光栅的分辨本领 R 与缝数 N 以及光谱级次 k 成正比，而与光栅常量 d 无关。

[例 12.13]　在钠蒸气发出的光中有波长为 589.00 nm 和 589.59 nm 的两条谱线，为要在第二级光谱中分辨出来，问光栅最少应有多少条狭缝？

[解]　由式（12.60）可得

$$N=\frac{R}{k}=\frac{\lambda}{k\delta\lambda}=\frac{(589.00+589.59)/2}{2\times(589.59-589.00)}\approx500$$

7.4.4　X 射线衍射

1895 年伦琴(1845—1923,德国人,1901 年获诺贝尔物理学奖)发现了用高速电子撞击固体可产生一种能使胶片感光、空气电离、荧光质发光的中性射线，称**伦琴射线**，这种射线人眼看不见，具有很强的穿透力，当时是前所未知的一种射线，又称为 **X 射线**。

人们后来认识到，X 射线是一种波长很短的电磁波，波长在 0.01～10 nm 之间，既然 X 射线是一种电磁波，也应该有干涉和衍射现象，但是由于 X 射线波长太短，用普通光栅观察不到 X 射线的衍射现象，而且也无法用机械方法制造出 X 射线的光栅。

1912 年德国物理学家劳厄想到，晶体由于其中粒子的规则排列应该是一种适合于 X 射线的三维空间光栅。他进行了实验，第一次圆满地获取了 X 射线的衍射图样，从而证实了 X 射线的波动性。

图 12.44 所示，图中 P 为铅屏，中间有一个小孔，X 射线由小孔通过，C 为晶体，E 为照相底片。图 12.45(a)、(b)分别是 X 射线通过红宝石晶体和硅单晶体后投射到照相底片上形成的衍射斑，称为劳厄斑。

英国的布拉格对 X 射线在晶体上的衍射提出了一个简单而有效的解释。他把晶体看成由一系列平行的原子层构成，这些原子层称为晶面，如图 12.46(a)所示，aa、bb、cc 等分别构成不同的晶面簇，每个晶面簇内，相邻两面的间距 d 相同，不同的晶面簇的 d 值不同，在空间的取向也不同。当 X 射线照射到晶体上时，组成晶体的每个原子都可以看作一个子波源，向各个方向发出衍射线，这个

称为散射，不仅表面的原子有散射，内层的原子也会散射。考虑散射光的叠加效应时，可分为两个方面，一是同一晶面上各子波源所发子波的叠加；二是各个不同晶面上所发子波的叠加，当一束平行、相干的 X 射线以 φ 角掠射到晶体的表面上时，同一晶面上的散射波中满足反射定律的散射波(也称反射线)彼此间光程差为零，因而相互干涉加强；相邻两晶面间的反射线，其光程差由图 12.46(b)可知为

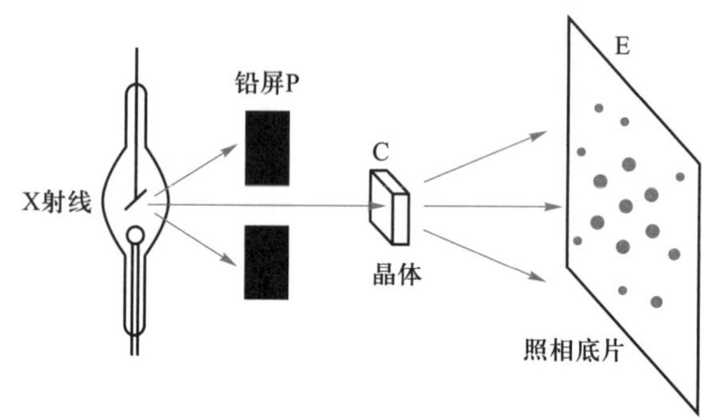

图 12.44 劳厄实验装置

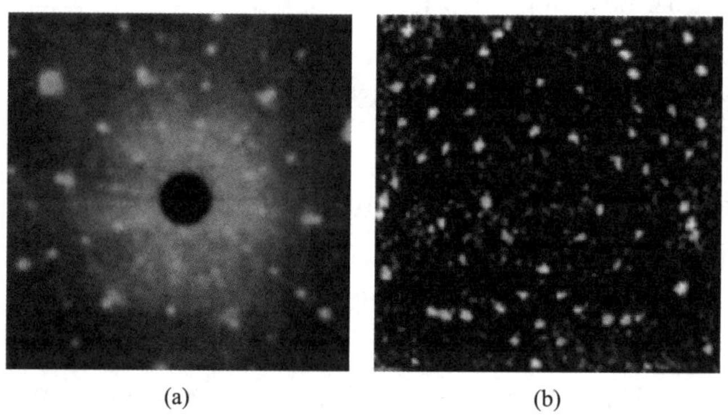

图 12.45 红宝石、硅单晶劳厄斑

$$|AC|+|CB|=2d\sin\varphi$$

d 是晶面间的距离，称为晶格常量，显然，满足下列条件：

$$2d\sin\varphi=k\lambda,\quad k=1,2,3,\cdots \tag{12.61}$$

时，各层晶面的反射线都相互加强，形成亮点(劳厄斑点)，上式就是著名的布拉格公式。

[例 12.14] 波长 $\lambda=0.13$ nm 的一束平行 X 射线，投射在一个晶体表面。在掠射角 $\varphi=45°9'$的方向上观测到第三级强反射，试求此晶体的晶格常量 d。

[解] 按布拉格公式(12.61)可知

$$d=\frac{k\lambda}{2\sin\varphi}=\frac{3\times0.13\times10^{-9}}{2\times\sin45°9'}\ \text{m}=0.195\times10^{-9}\ \text{m}$$

X 射线衍射与普通光栅衍射的区别为

（1）晶体内有许多晶面簇，入射方向和 λ 一定时，对第 i 个晶面簇有

$$2d_i\sin\varphi_i = k_i\lambda,\quad i=1,\ 2,\ 3,\ \cdots$$

因此 X 射线衍射有一系列的布拉格条件，而一维光栅只有一个干涉加强条件，即光栅方程。

（2）晶体在 d_i、φ_i、λ 都确定时，不一定能满足 $2d_i\sin\varphi_i = k_i\lambda$ 的关系，而作为光栅在 λ 和入射方向确定后总有衍射角满足光栅方程。

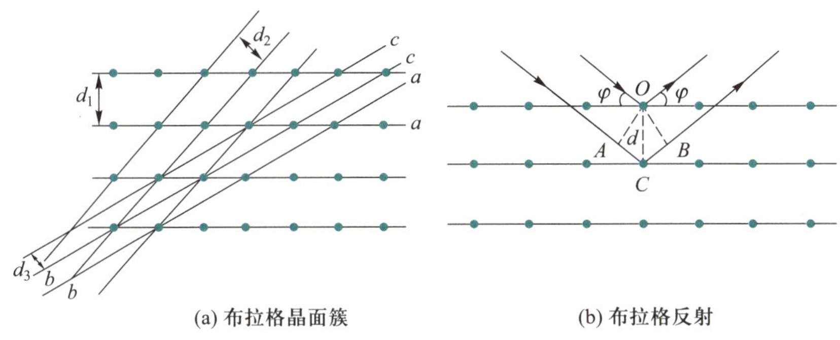

图 12.46　布拉格晶面模型及布拉格反射

第八节　光的偏振

8.1　自然光和偏振光

麦克斯韦在电磁波理论中已经指出，光是一种电磁波，电磁波是横波。实际上，在此之前人们已从光的偏振现象认识到光是横波。光的偏振与光的干涉和衍射现象中都揭示了光的波动性。

8.1.1　自然光

光波是由两个垂直的振动矢量即电矢量 $\boldsymbol{E}$ 和磁矢量 $\boldsymbol{H}$ 来表征，如图 12.47 所示，我们常将对光强起主要作用的 $\boldsymbol{E}$ 矢量叫光矢量，$\boldsymbol{E}$ 振动叫光振动。

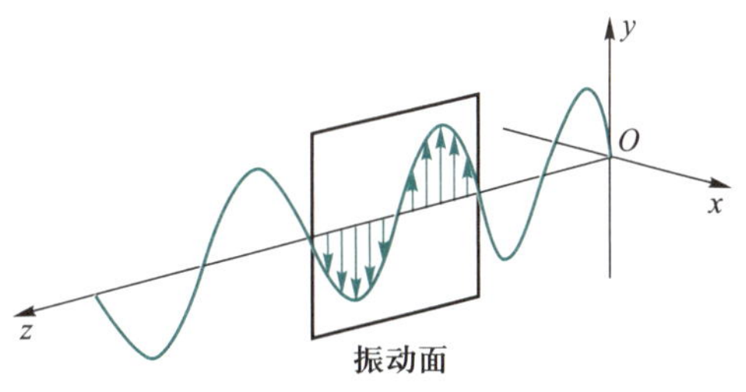

图 12.47　光振动

前面我们讲过，普通光源发光是大量分子或原子的发光过程，它们彼此独立、自发地进行，其频率、相位、振动方向都不能保持恒定，包括各个方向的光振动，既快又不规则。因此，普通光源发出的光是自然光。光矢量 $\boldsymbol{E}$ 在各个方向的振幅可视作相等，如图 12.48(a) 所示。

在任一时刻，可以把各个光矢量分解为两个互相垂直的光矢量，所以自然光可以看成由两个互相垂直的光矢量合成，它们各占自然光总强度的一半，如图

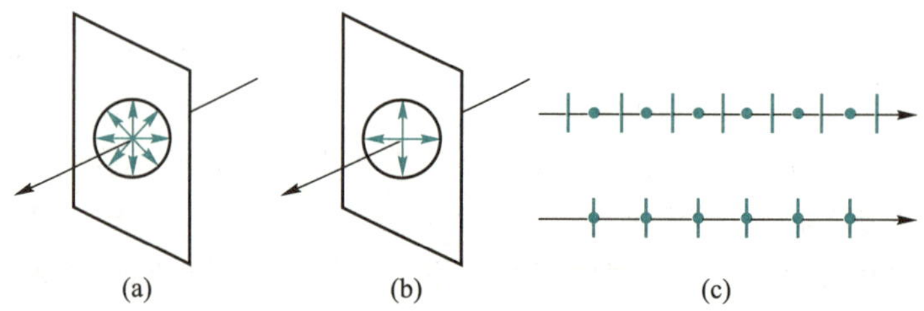

图 12.48 自然光振动及表示

12.48(b)所示，表示符号如图 12.48(c)所示，即一束自然光可分解为两束振动方向相互垂直、等振幅、不相干的线偏振光，因为这两个相互垂直的光矢量之间没有确定的相位关系。

8.1.2 线偏振光

光矢量 $\boldsymbol{E}$ 在垂直于光的传播方向的平面内只沿某一固定的方向振动，这种光称为**线偏振光**，其振动方向与光传播方向组成的平面称为光矢量的振动面或偏振面。如图 12.49 表示，线偏振光也称为**平面偏振光**或**完全偏振光**。

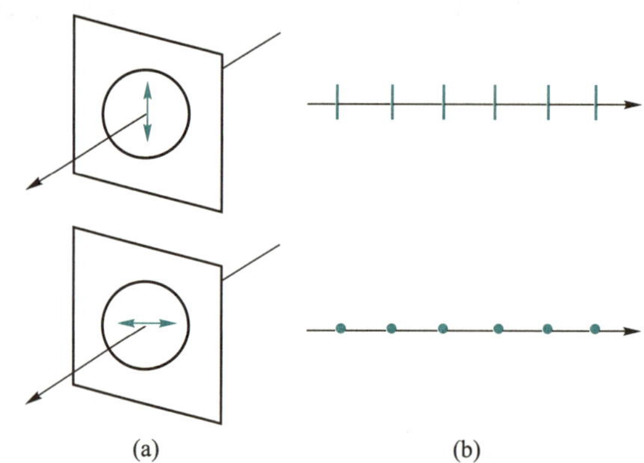

图 12.49 线(平面)偏振光振动及表示

8.1.3 部分偏振光

自然光在传播过程中，由于外界的作用，造成各个振动方向上的强度不等，某一方向的振动比其他方向占优势，这种光称为**部分偏振光**，如图 12.50(a)所示，表示符号如图 12.50(b)所示。

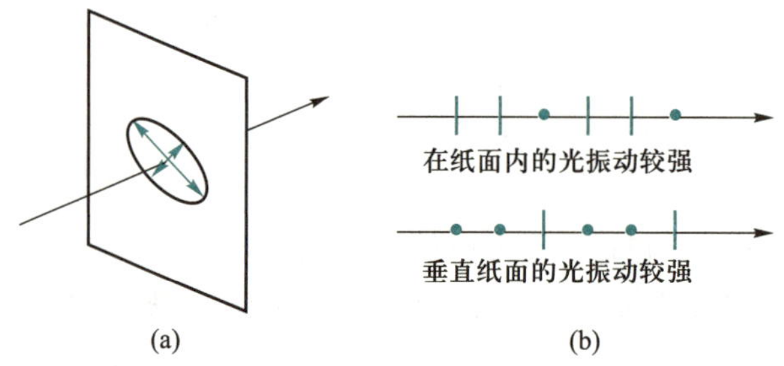

图 12.50 部分偏振光振动及表示

8.2　起偏和检偏

8.2.1　偏振片

我们常采用某些装置移去自然光中的一部分振动而获得偏振光，这种器件称为**偏振片**。那些被用来从自然光获得偏振光的装置称为**起偏器**。把自然光中两个互相垂直，振幅相等的独立的分振动之一完全移去，就获得完全偏振光，即线偏振光，如果部分地移去就称为部分偏振光，如图 12.51 所示。

同样，偏振片也可用作检偏器，用来检验某一束光是不是偏振光。一般我们用“偏振化方向”来表明该偏振片允许通过的光振动的方向。如图 12.51 所示，一束自然光通过偏振片 A 后成为线偏振光，A 作为起偏器用，让通过 A 后的偏振光射到偏振片 B 上，B 可用来检查入射光是否为偏振光，B 作为检偏器用。当 B 的偏振化方向与 A 相同时，其光强减为入射自然光光强的一半。

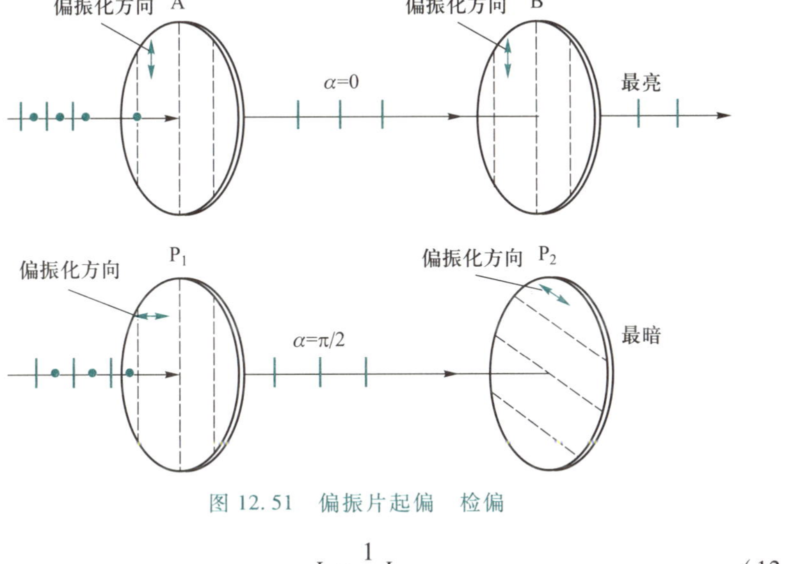

图 12.51　偏振片起偏　检偏

$$I_1=\frac{1}{2}I_0 \tag{12.62}$$

当 B 的偏振化方向与 A 垂直时，通过 A 的光强 $I_1=\frac{1}{2}I_0$，但通过 B 的光强 $I_2=0$（即消光）。旋转检偏器 B，会观察到透过 B 的偏振光光强发生变化。一周内有两次最强和两次消光，当 $\alpha=0°$或 $180°$时，光强最大；当 $\alpha=90°$或$270°$时，没有光从检偏器射出；当 α 为其他值时，光强介于 0 和最大光强之间。

8.2.2　马吕斯定律

马吕斯定律指出了偏振光通过检偏器前后，偏振光强度的变化规律。以 E_1 表示线偏振光光矢量的振幅，当光矢量的振动方向与检偏器的偏振化方向成 α 角时，如图 12.52 所示，图中 MM'表示入射线偏振光的振动方向，NN'表示检偏器偏振化方向，透过检偏器的光矢量的振幅 E_2 只是 E_1 在偏振化方向的分量大小，即 $E_2=E_1\cos\alpha$，因光强与光矢量振幅的平方成正比，因此，若以 I_1 表示入射偏振

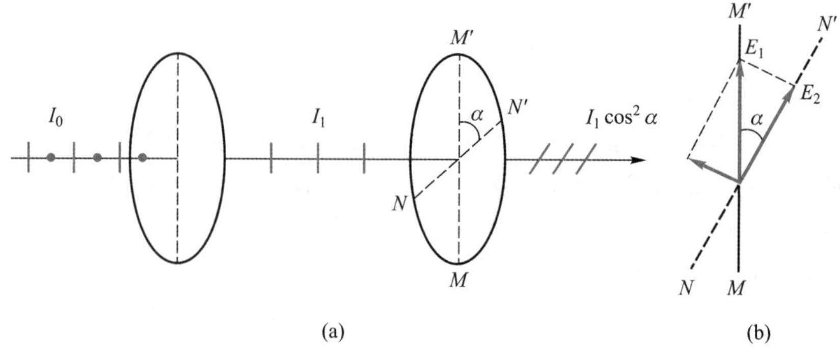

图 12.52 马吕斯定律

光的光强，I_2 表示透过检偏器的光强，则有强度为 I_0 的自然光经过起偏器后，光强 $I_1=\frac{1}{2}I_0$，经检偏器后的光强 I_2 与其入射光强 I_1 的关系有

$$\frac{I_2}{I_1}=\frac{(E_1\cos\alpha)^2}{E_1^2}=\cos^2\alpha$$

$$I_2=I_1\cos^2\alpha \tag{12.63}$$

称式(12.63)为马吕斯定律。

> **讨论 15**：
> (1) 马吕斯定律中，α 是哪两条线的夹角？
> (2) 自然光通过无吸收的偏振片后，出射光有什么特征？

[例 12.15] 一光束是自然光和线偏振光的混合，当它通过一偏振片时，发现透射光的强度取决于偏振光的取向，并可变化 5 倍，求入射光束中这两种光的强度各占总入射光强度的几分之几？

[解] 设入射光中自然光光强为 I_1，线偏振光光强为 I_2，因此，入射光总光强

$$I=I_1+I_2$$

自然光通过偏振片后光强总是为$\frac{1}{2}I_1$，所以，两束混合光通过偏振片

$$I_{\max}=\frac{1}{2}I_1+I_2$$

$$I_{\min}=\frac{1}{2}I_1+0$$

由题意 $I_{\max}=5I_{\min}$，即

$$\frac{1}{2}I_1+I_2=5\times\frac{1}{2}I_1$$

解得 $I_1=\frac{1}{2}I_2$，所以

$$I_1=\frac{1}{3}I,\ I_2=\frac{2}{3}I$$

部分偏振光也可以看作由一束完全偏振光和一束自然光混合组成，线偏振光所占比例称为**偏振度** P，$P=\frac{I_p}{I_n+I_p}$，则该题中的偏振度 $P=\frac{2}{3}$。

8.3　反射和折射时的偏振

8.3.1　布儒斯特定律

当自然光射到折射率为 n_1 和 n_2 的两种界面时，反射光和折射光都是部分偏振光。在反射光中，垂直入射面的光振动强于平行振动，而在折射光束中，平行入射面的光振动较强，如图 12.53(a)所示。

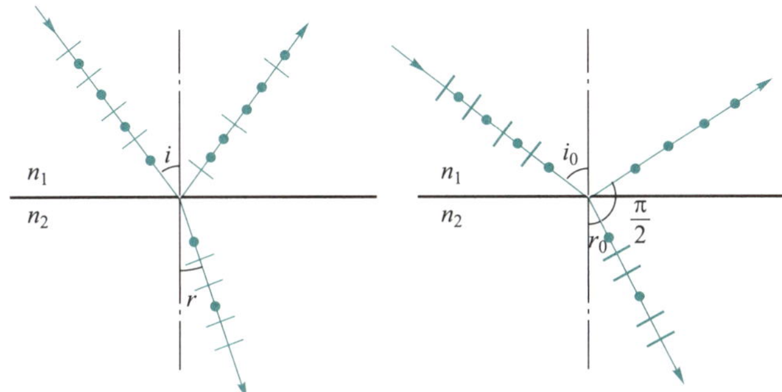

图 12.53　布儒斯特定律

实验指出，当改变入射角 i 时，反射光的偏振度也随之改变，当入射角满足

$$\tan i_0=\frac{n_2}{n_1} \tag{12.64}$$

此时反射光即完全偏振光，且只有垂直于入射面的光振动；而折射光仍为部分偏振光，称为**布儒斯特定律**。如图 12.53(b)所示，i_0 称为**布儒斯特角**，即**起偏振角**。

由折射定律

$$\frac{\sin i_0}{\sin r_0}=\frac{n_2}{n_1}$$

上式与式(12.64)比较得

$$\tan i_0=\frac{\sin i_0}{\cos i_0}=\frac{\sin i_0}{\sin r_0}$$

即有 $\cos i_0=\sin r_0$，因此

$$i_0+r_0=\frac{\pi}{2} \tag{12.65}$$

所以，当入射角为布儒斯特角时，反射光线垂直折射光线；反之，如果反射

光垂直折射光，则入射角 $i=i_0$，为布儒斯特角，此时的反射光均为线偏振光。

8.3.2　**玻璃片堆**

只用一块玻璃，自然光以 $i=i_0$ 入射，反射光虽然是线偏振光，但光强太弱，一般仅占入射光强 15%；透射光强度大，但偏振化程度又低。如图 12.54 所示，让光线通过多片玻璃叠合的玻璃片堆，则经过玻璃片堆的多次反射和折射后，从玻璃出射的折射光近似为线偏振光，且光强较大。

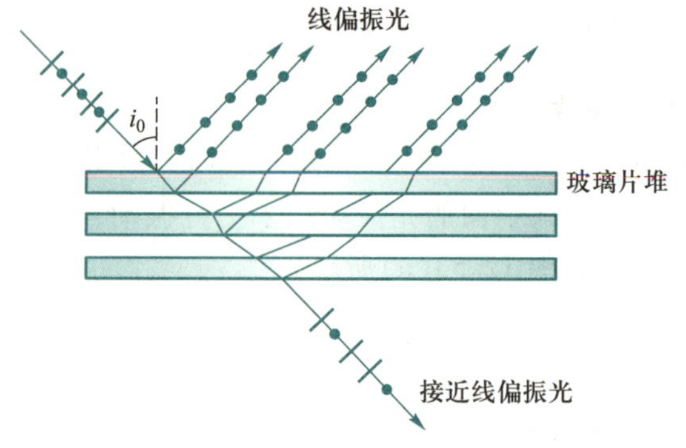

图 12.54　玻璃片堆

由反射起偏的现象看，平行入射面的光振动能够无反射地透过。例如，在外腔式氦氖激光管的管端，安装有布儒斯特窗，如图 12.55 所示，这种外腔式激光器输出的即线偏振光。

利用布儒斯特定律可以获得线偏振光；利用某些具有二色向性的物质，以及利用晶体的双折射现象，也可以产生线偏振光。

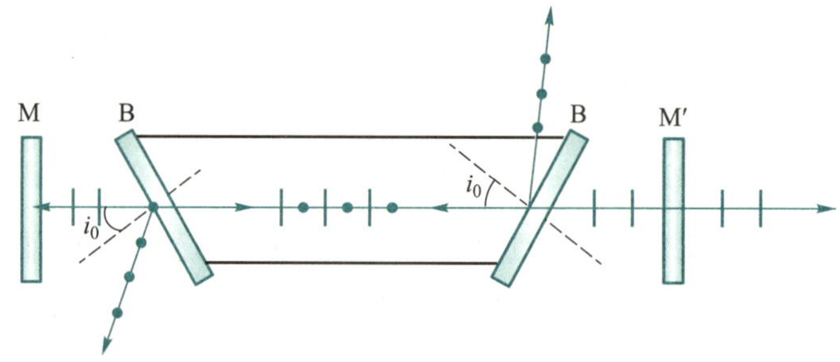

图 12.55　外腔式激光器输出线偏振光

讨论 16：

试总结布儒斯特定律的含义。

8.4　双折射　椭圆偏振光和圆偏振光

8.4.1　**双折射现象**

前面介绍的反射、折射时的起偏，是发生在两种各向同性介质的界面上，光在射入另种介质后的折射线服从折射定律。但是，自然光入射到光学各向异性物质后，如方解石晶体或石英晶体，其折射光线分成两束，它们沿不同方向折射，这种现象称为**双折射现象**，两束折射光成为线偏振光，且偏振方向不同。

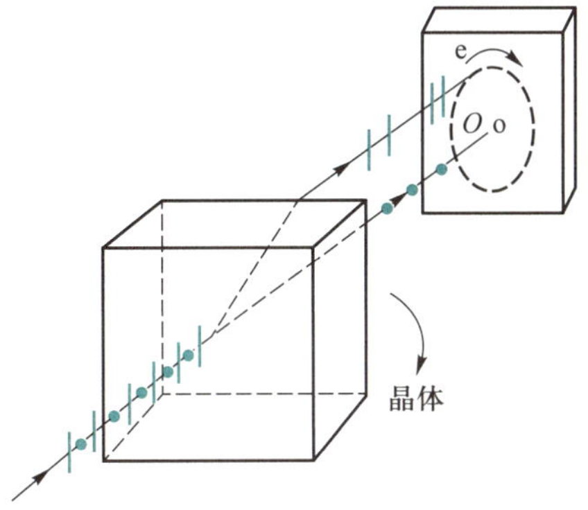

图 12.56　晶体双折射

当光垂直晶体表面入射而产生双折射现象时，如图 12.56 所示。如果将晶体绕光的入射方向慢慢转动，则其中按原方向传播的那一束光方向不变，而另一束光随着晶体的转动绕前一束光旋转。根据折射定律，入射角 $i=0$ 时，折射光应沿着原方向传播，可见沿原方向传播的光束是遵守折射定律的，而另一束却不遵守。更一般的实验表明，改变入射角 i 时，两束折射光中的一束恒遵守折射定律，这束光称为**寻常光线**，通常用 o 表示，简称 o 光。另一束光则不遵守折射定律，即当入射角 i 改变时，$\sin i/\sin r$ 的比值不是一个常量，该光束一般也不在入射面内，这束光称为**非寻常光线**，并用 e 表示，简称 e 光。用检偏器检验的结果表明，o 光和 e 光都是线偏振光，而且它们的振动面相互垂直。

双折射现象可作如下解释。晶体，如方解石、石英、冰等是各向异性的物质，非寻常光线在晶体内各个方向上的折射率（或 $\sin i/\sin r$ 的比值）不相等，而折射率和光线传播速度有关，因而非寻常光线在晶体内的传播速度是随方向的不同而改变的，寻常光线则不同，在晶体中各个方向上的折射率以及传播速度都是相同的，图 12.57 画出了在方解石晶体内传播时 o 光和 e 光的波面图。

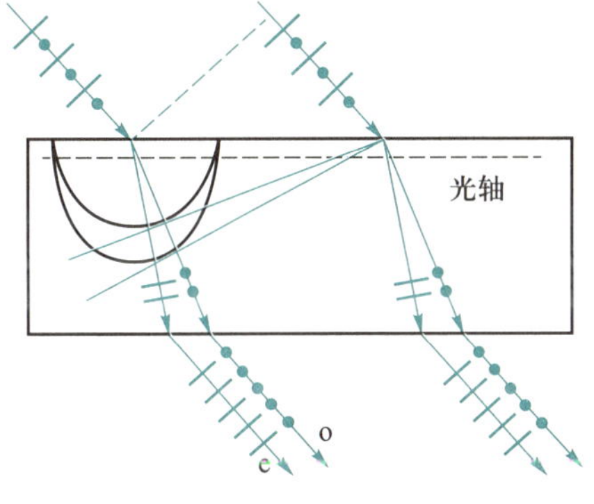

图 12.57　晶体双折射成因

研究指出，在晶体内部存在着某些特殊的方向，光沿着这些特殊方向传播时，o 光和 e 光不分开（即它们的传播速度和传播方向都一样），晶体内部的这个特殊的方向称为晶体的**光轴**。双折射晶体有两类，像冰洲石、石英、红宝石、冰等一类晶体只有一个光轴方向，它们称为**单轴晶体**；像云母、蓝宝石、橄榄石、硫黄等一类晶体有两个光轴方向，它们称为**双轴晶体**。

> **讨论 17：**
> 寻常光和非寻常光的叫法依据是什么？

8.4.2　椭圆偏振光和圆偏振光

椭圆偏振光和圆偏振光不同于部分偏振光和自然光。

当两个相互垂直的振动同时作用于一点时，若它们的频率相同并且有固定的相位差 $\Delta\phi$，则该点的合成振动的轨迹一般呈椭圆形。椭圆偏振光是指光的电场方向或光矢量末端在垂直于传播方向的平面上描绘出的轨迹为椭圆。旋转电矢量端点描出圆轨迹的光称圆偏振光，是椭圆偏振光的特殊情形。

以一线偏振光入射到如图 12.58 所示的光轴平行于晶面的单轴晶体 C 的表面为例，并且令

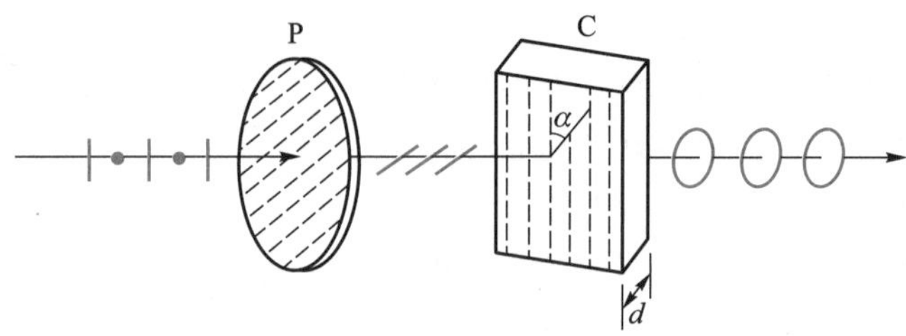

图 12.58 椭圆偏振光的产生

其振动平面(即偏振片 P 的偏振化方向)与晶体光轴成一夹角 α，于是在晶体表面上，振幅为 E 的线偏振光分解为振幅为 $E\sin\alpha$ 的 o 光和振幅为 $E\cos\alpha$ 的 e 光，并且此时 o 光和 e 光有相同的相位。当进入晶体内，o 光和 e 光虽在相同的方向传播，但是传播速度不同，因而产生相位差为

$$\Delta\phi=\frac{2\pi}{\lambda}(n_o-n_e)d$$

式中 n_o 和 n_e 分别为该晶体对在真空中波长为 λ 的 o 光和 e 光的主折射率，d 为两者透过晶体的厚度。

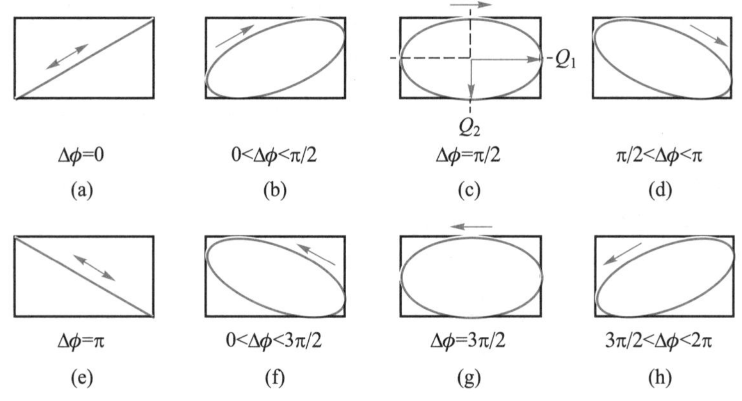

图 12.59 椭圆偏振光的产生相位

图 12.59 给出了由穿过不同厚度的 o 光和 e 光合成的光矢量末端的轨迹，除 $\Delta\phi=0$ 和 π 外，都是椭圆形，这样的光就是椭圆偏振光。显然 $\Delta\phi=0$ 和 π 所对应的线偏振光可视为椭圆偏振光的特例；不难想到，当 $\alpha=\frac{\pi}{4}$时，与 $\Delta\phi=\frac{\pi}{2}$和$\frac{3\pi}{2}$对应的是圆偏振光。

> **讨论 18：**
> 你认为椭圆偏振光和圆偏振光是否为基本的偏振光类型？为什么？

习题

12.1 计算真空中频率为 5.45×10^{14} Hz 的光的波长，计算真空中这种光的一个光子的能量。

12.2 在杨氏双缝干涉实验中，两缝的间距为 0.6 mm，照亮狭缝的光源是汞弧灯加上绿色滤光片。在 2.5 m 远处的屏幕上出现干涉条纹，测得相邻两明条纹中心的距离为 2.27 mm。试计算入射光的波长。

12.3 在空气中，一束波长为 623 nm 的相干光入射到折射率为 1.40 的矩形玻璃上。如果穿过玻璃的光波与穿过空气的光波相位差为 180°，则玻璃的长度 d 是多少？（忽略反射）

12.4 用很薄的云母片覆盖在双缝实验中的一条缝上，这时屏幕上的零级明条纹移动到原来的第七级明条纹的位置上。如果入射光波长为 550 nm，试问此云母片的厚度为多少？

12.5 波长为 660 nm 的光射入两个狭缝，在屏幕上看到如图所示的图案。A 点正对着这两条缝中间的点。光通过两个不同的狭缝到达屏幕 A、B、C、D 和 E 点时，光的路径长度差是多少？

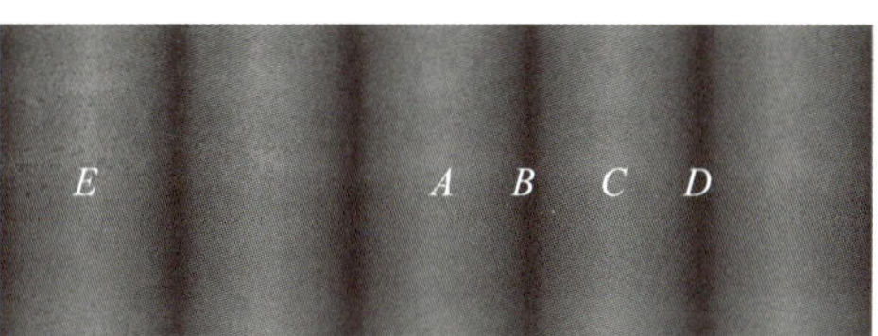

第 12.5 题图

12.6 一杨氏双缝干涉实验中两缝的间距为 0.15 mm，在 1.0 m 远处测得第 1 级和第 10 级暗条纹之间的距离为 36 mm，求所用单色光的波长。

12.7 如题图所示，在杨氏双缝干涉实验中，单色光源 S_0 到两缝 S_1 和 S_2 的距离分别为 l_1 和 l_2，并且 $l_1-l_2=3\lambda$，λ 为入射光的波长，双缝之间的距离为 d，双缝到屏幕的距离为 $D(D\gg d)$，求：

(1) 零级明条纹到屏幕中央 O 点的距离；

(2) 相邻明条纹间的距离。

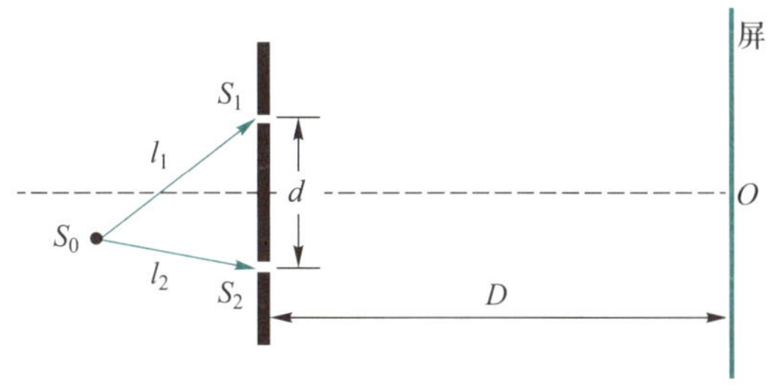

第 12.7 题图

12.8 在制作珠宝时，为了使人造水晶($n=1.5$)具有强反射本领，就在其表面上镀一层一氧化硅($n=1.5$)。要使波长为 560 nm 的光强烈反射(反射加强)，这镀层至少应多厚?

12.9 在折射率 $n_3=1.52$ 的照相机镜头表面涂有一层折射率 $n_2=1.38$ 的 MgF_2 增透膜，若此膜仅适用于波长 $\lambda=550\ nm$ 的光，则此膜的最小厚度为多少?

12.10 波长为 λ 的单色光垂直照射到折射率为 n_2 的劈形膜上，如题图所示，图中 $n_1<n_2<n_3$，观察反射光形成的干涉条纹。

(1) 从劈形膜顶部 O 开始向右数起，第五条暗条纹中心所对应的薄膜厚度 e_5 是多少?

(2) 相邻的两明条纹所对应的薄膜厚度之差是多少?

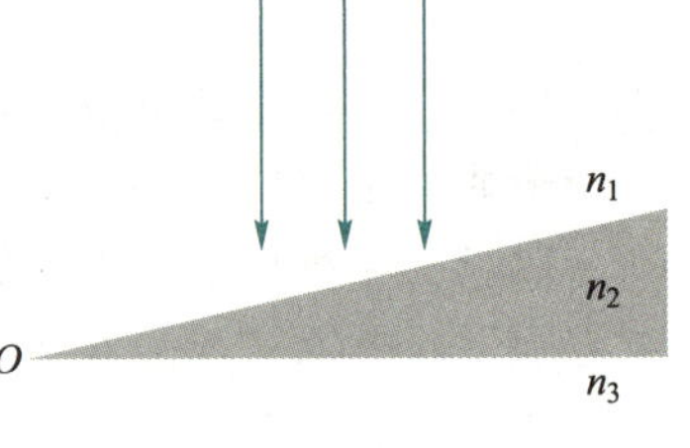

第 12.10 题图

12.11 一玻璃薄片，厚度为 0.4 μm，折射率为 1.50，用白光垂直照射，问在可见光范围内，哪些波长的光在反射中加强? 哪些波长的光在透射中加强?

12.12 制造半导体元件时，常常要精确测定硅片上二氧化硅薄膜的厚度，这时可把二氧化硅薄膜的一部分腐蚀掉，使其形成劈尖，利用等厚条纹测出其厚度。已知 Si 的折射率为 3.42，SiO_2 的折射率为 1.5，入射光波长为 589.3 nm，观察到 7 条暗纹(如图所示)，问 SiO_2 薄膜的厚度 e 是多少?

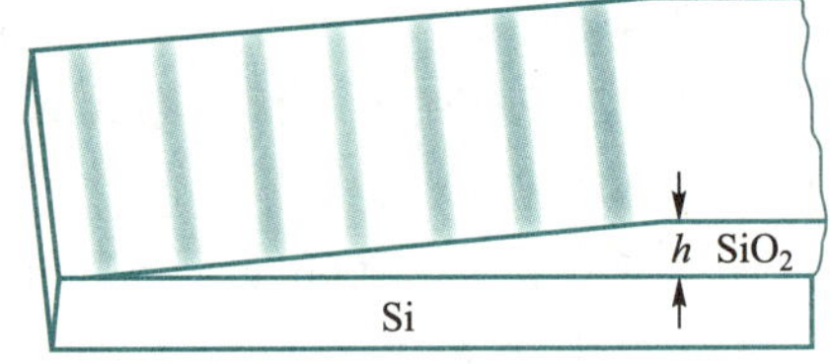

第 12.12 题图

12.13 一种折射率为 1.29 的透明油洒在水面上(折射率为 1.33)，在正常入射的橙光(在空气中波长为 600 nm)下产生最大反射。假设最大值出现在第一级，试求浮油的厚度。

12.14 在一家光学公司的暑期工作中，你被要求测量激光产生的光的波长 λ。要做到这一点，你要让激光穿过两条相距 d 的狭缝，在距离狭缝 0.900 m 的屏幕上观察干涉图样，并测量图样中靠近屏幕中央的部分中相邻亮条纹之间的距离 Δy。使用显微镜测量 d。但是 Δy 和 d 都很小，很难精确测量，所以你重复测量几对狭缝，每对狭缝都有不同的 d 值。结果如图所示，其中你绘制了 Δy 和 $1/d$。图中的直线是数据的最佳拟合直线。(a) 解释为什么以这种方式绘制的数据点接近

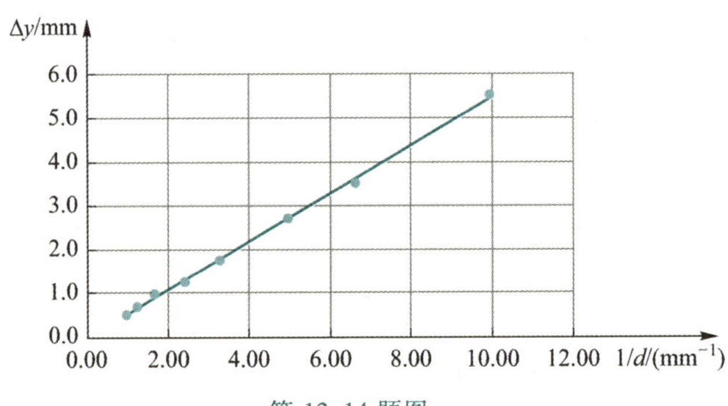

第 12.14 题图

一条直线。(b)用图计算波长 λ。

12.15 从光盘底部用波长为 790 nm 的半导体激光器穿过折射率为 1.8 的塑料衬底读取光盘。当光束遇到凹坑时，部分光束从凹坑反射，部分光束从凹坑之间的平面区域反射，因此这两束光线相互干扰。当从凹坑反射的部分光线抵消从平面区域反射的部分光线，最小的坑深度必须是多少？(正是这种抵消让播放器能够识别一个坑的开始和结束)

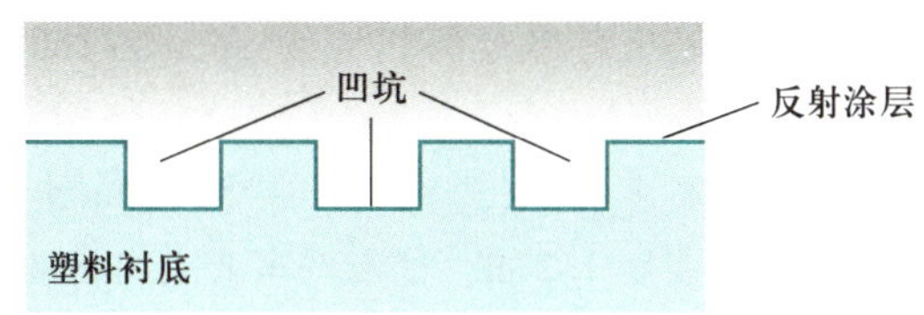

第 12.15 题图

12.16 检查完眼睛后，在敏感的眼睛上滴些眼药水。角膜(眼睛的前部)的折射率为 1.38，而眼药水的折射率为 1.45。在你滴上眼药水后，你的朋友注意到你的眼睛看起来是红色的，因为 600 nm 波长的红光在反射光中被增强了。(a)你角膜上的眼药水膜的最小厚度是多少？(b)其他波长的可见光会在反射光中增强吗？有抵消的吗？假设你戴着隐形眼镜，眼药水就用在隐形眼镜上，而不是用在眼角膜上。如果透镜材料的折射率为 1.50，而眼药水层的厚度与部分(a)相同，那么什么波长的可见光会被增强？什么波长将被抵消？

12.17 用单色光观察牛顿环，测得某一明环的直径为 3.00 mm，它外面第 5 个明环的直径为 4.60 mm，平凸透镜的半径为 1.03 m，求此单色光的波长。

12.18 用迈克耳孙干涉仪可以测光的波长，某次测得可动反射镜移动距离 $\Delta L=0.320$ mm 时，等倾条纹在中心处缩进 1 204 条条纹，试求所用光的波长。

12.19 把平凸透镜放在平坦的玻璃表面上，就可以看到牛顿环。对于一个折射率为 $n=1.50$ 的透镜和一个折射率为 $n=1.80$ 的玻璃板，第三个亮环的直径为 0.640 mm。如果水(折射率为 $n=1.33$)现在充满了透镜和玻璃板之间的空间，这个环的新直径是多少？假设透镜的曲率半径远大于光的波长。

12.20 用波长 $\lambda=632.8$ nm 的激光垂直照射单缝时，其夫琅禾费衍射图样的第 1 极小与单缝法线的夹角为 5°，试求该缝的缝宽。

12.21 一单色平行光垂直入射一单缝，其衍射第 3 级明条纹位置恰与波长为 600 nm 的单色光垂直入射该缝时衍射的第 2 级明条纹位置重合，试求该单色光波长。

12.22 有一单缝，缝宽 $a=0.10$ mm，在缝后放一焦距为 50 cm 的会聚透镜，用波长 $\lambda=546.1$ nm 的平行光垂直照射单缝，试求位于透镜焦平面处屏上中央明纹的宽度。

12.23 已知单缝宽度 $b=1.0\times10^{-4}$ m，透镜焦距 $f=0.5$ m，用 $\lambda_1=400$ nm 和 $\lambda_2=760$ nm 的单色平行光分别垂直照射，求这两种光的第一级明纹离屏中心的距离，以及这两条明纹之间的距离. 若用每厘米刻有 1 000 条刻线的光栅代替这个单缝，则这两种单色光的第一级明纹分别距屏中心多远？这两条明纹之间的距离又是多少？

12.24 一双缝，缝间距 $d=0.10$ mm，缝宽 $a=0.02$ mm，用波长 $\lambda=480$ nm 的平行单色光垂直入射该双缝，双缝后放一焦距为 50 cm 的透镜，试求：

(1) 透镜焦平面处屏上干涉条纹的间距；

(2) 单缝衍射中央明纹的宽度；

(3) 单缝衍射的中央包线内有多少条干涉的主极大。

12.25 间谍卫星上的照相机能清楚识别地面上汽车的牌照号码。

(1) 如果需要识别的牌照上的字母间距为 5 cm，在 160 km 高空的卫星上的照相机的角分辨率应为多大？

(2) 此照相机的孔径需要多大？(光的波长按 500 nm 计。)

12.26 汽车的两盏前灯相距 1.2 m，试问汽车离人多远的地方，眼睛才可能分辨这两盏灯？假设夜间人眼瞳孔直径为 5.0 mm，车灯发光波长为 $\lambda=550.0$ nm。

12.27 已知天空中两颗星相对于一望远镜的角距离为 4.84×10^{-6} rad，由它们发出的光波波长 $\lambda=550.0$ nm。望远镜物镜的口径至少要多大，才能分辨出这两颗星？

12.28 波长 600 nm 的单色光垂直入射在一光栅上，第 2 级主极大在 $\sin\varphi=0.20$ 处，第 4 级缺级，试问：

(1) 光栅上相邻两缝的间距 $a+b$ 为多大？

(2) 光栅上狭缝可能的最小宽度 a 为多大？

(3) 按上述选定的 a、b 值，试问在光屏上可能观察到的全部级数是多少？

12.29 强烈的白光入射到 600 线/mm 的衍射光栅上。

(1) 用这个光栅可以看到完整可见光谱的最高阶是多少？

(2) 光栅产生的一阶光谱的紫边(400 nm)和红边(700 nm)之间的分离角是多少？

12.30 1927 年，戴维森和革末用电子束射到镍晶体上的衍射(散射)实验证实了电子的波动性。实验中电子束垂直入射到晶面上。他们在 $\varphi=50°$ 的方向测得了衍射电子流的极大强度。已知晶面上原子间距为 $d=0.215$ nm，求与入射电子束相应的电子波波长。

12.31 单色 X 射线入射到原子平面间距为 0.440 nm 的晶体上。当入射 X 射线和反射 X 射线与晶体平面形成 39.4°的夹角时，布拉格反射的一阶最大值出现。问 X 射线的波长是多少？

12.32 如题图所示，测得一池静水的表面反射出来的太阳光是线偏振光，求此时太阳处在地平线的多大仰角处。(水的折射率为 1.33)

第 12.32 题图

12.33 如果起偏器和检偏器的偏振化方向之间的夹角为 30°。

(1) 假定偏振器是理想的，则非偏振光通过起偏器和检偏器后，其出射光强与原来光强之比是多少？

(2) 如果起偏器和检偏器分别吸收了 10%的可通过光线，则出射光强与原来光强之比是多少？

12.34 一光束由强度相同的自然光和线偏振光混合而成。此光束垂直入射到几个叠在一起的偏振片上。问

(1) 欲使最后出射光振动方向垂直于原来入射光中线偏振光的振动方向，并且入射光中两种成分的光的出射光强相等，至少需要几个偏振片？它们的偏振化方向应如何放置？

(2) 这种情况下最后出射光强与入射光强的比值是多少？

12.35 将三个偏振片叠放在一起，第二个与第三个的偏振化方向分别与第一个的偏振化方向成 45°和 90°角。

(1) 强度为 I_0 的自然光垂直入射到这一堆偏振片上，试求经每一个偏振片后的光强和偏振状态。

(2) 如果将第二个偏振片抽走，情况又如何？

12.36 如题图安排的三种透明介质Ⅰ、Ⅱ、Ⅲ的折射率分别为 $n_1=1.00$，$n_2=1.43$ 和 n_3。Ⅰ、Ⅱ和Ⅱ、Ⅲ的界面互相平行。一束自然光由介质Ⅰ入射，若在两个交界面上的反射光都是线偏振光，则：(1) 入射角 i 是多大？(2) 折射率 n_3 是多大？

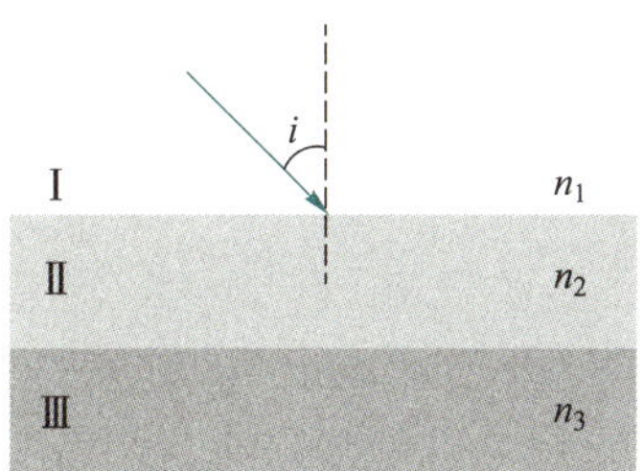

第 12.36 题图

12.37 水的折射率为 1.33，玻璃的折射率为 1.50，当光由水中射向玻璃而反射时，起偏角是多少？当光由玻璃中射向水而反射时，起偏角又是多少？这两个起偏角的数值间是什么关系？

阅读材料

第四篇

热 学 篇

充满空气的气球放入液氮后，会变得像纸一样扁平，玫瑰从液氮中取出后轻轻一碰就会变成无数碎片，铸铁做的球形容器装满水密闭后降温到零度以下会发生崩裂，将磁化的镍片加热到一定温度后磁性消失，摩擦生热……这些现象与天体运动、电荷流动不同，被单独归为一类，称为**热现象**。能被归为一类的原因是有共同点，那么这类现象的共同点是什么呢？

一种理解是这些现象都和温度有关，即物体的物理性质随温度的变化称热现象。例如，物体的热胀冷缩即物体的体积随温度的变化；水在不同的温度下可处于固体、液体和气体，是物体的状态随温度的变化；软的钢件经过淬火(烧热后放入水或油中迅速冷却的一种工艺)可提高其硬度，而硬的钢件经退火(烧热后缓慢降温的一种工艺)可使其变软，是因钢件的组织结构因温度变化的应用；向温度高的水里加入一定量的温度低的冷水，混合后的水温介于两者之间；给锅的一面加热，另一面也能热起来把菜炒熟；加热蒸气机气缸中的蒸气，气体膨胀，推动活塞对外做功……这些都是热现象及热现象的应用。

热的本质是什么呢？从热现象中挑出一个研究清楚热是什么，那么自然可以类比到其他热现象。

以摩擦生热为例。一个木块在有摩擦的桌面上以初始速度 $v=10$ m/s 运动，之后越来越慢直到静止，这个现象看起来奇怪吗？如果你眼看着手中的钱币消失不见，你会觉得奇怪吗？在力学中，我们学习过能量守恒、动量守恒、角动量守恒。那么看着宏观体系中的运动消失不见就像看着钱币消失不见一样令人惊奇。如果假设看得见的宏观运动变为了看不见的微观运动，这样就有理由认为所谓热就是一种微观的运动形式，具体一点称为热运动。而布朗运动的发现、解释以及实验检验，则让人们更加相信这个物理图像，即宏观物质是由原子、分子构成的，而这些原子、分子都在作无规则热运动。

那温度是什么？依然以摩擦生热为例，消失的宏观运动越多，微观上的热运动应该也越剧烈，宏观感觉上是温度越高，这就意味着温度可能是微观热运动剧烈程度的度量。这些热现象都可以归结为和微观粒子无规则热运动有关的现象。但是还要注意一点，这些粒子的数目是巨大的，以摩尔(mol)来计量，1 mol 粒子对应约 6.02×10^{23} 个粒子。

这样就可以用统一的图像来理解热现象。例如被液氮冷却的空气，就是空气中大量分子热运动不断减弱，最后聚集到一起变成液体的过程。而磁化的镍片被加热后，其中大量原子的热运动过于剧烈，破坏了磁畴结构，导致磁性消失。热现象是自然界、人们生产和生活中普遍的一种现象，为了合理地应用好热现象，就必须研究存在于热现象后面的热运动规律。研究物质热现象和热运动规律及其应用的学科是物理学的一个重要分支——热学。

我们可以看到对热现象的初步认识采用了分类法，即将具有相同本质的大量现象归为一类，从中挑选最简单的一个研究清楚，再类比解释其他现象。这是科学方法的一种，显然可以大大提高科学认知的效率。

热学研究的客观物体是由大量粒子组成的宏观物体(包括固体、液体、气体等物体状态）。这些客观物体共同的基本特征是：①单个分子体积小而整个物体分子数量巨大。单个分子的线度（即物体尺度最大方向的尺度）在 10^{-10}m 数量级；这是一个什么样大小的尺度呢？在这个世界里，我们的头发被放大成直径为 1 m 的大柱子时，分子的线度在得到同样比例的放大后，其大小也只有头发丝直径的大小。整体分子数量：一把淬火的菜刀约 500 g，其包含的分子数在 10^{24}数量级；一个普通的 2 升的热水瓶中的水，其分子数为 10^{25}数量级；这是一个怎样大小的数据呢？如果靠人工来数它，设每秒钟每人数 3 个分子，人不用吃饭、也不会疲劳，连续工作，目前地球上的所有人都从事这一项数分子的工作，全人类要数 1 亿年才可能数完！②分子间存在间隙。温度相同的 1 个体积的水和 1 个体积的酒精混合在一起的总体积少于 2 个体积；在合金材料中，有一种合金相称为间隙固溶体，其一种组元的原子不占另一种组元的晶格位置，而是存在于另一种组元的间隙位置，形成间隙固溶体；在半导体技术中为了产生复合中心，缩减非平衡载流子寿命，采用的深能级重金属（如 Au、Pt）掺杂，就是利用半导体晶格具有的间隙，将重金属杂质原子掺入其间隙而形成。③分子无休止地作无规则的热运动，即物质的分子或原子都处在永不停息的运动中，这种“大量分子的无规则运动”就称为“分子热运动”。

由于组成物质的分子或原子数目巨大，且运动杂乱无章。所以，单纯用力学方法，追踪每一个分子，列运动学方程既不可能，也无必要。热学的研究存在两种不同的研究方法：一是从整体的宏观观察、实验入手研究的热力学；二是从微观力学和统计学入手的统计物理。

热力学的研究方法不涉及物质内部结构，以宏观实验为基础总结出四个实验定律（热力学第零定律、热力学第一定律、热力学第二定律、热力学第三定律）研究物体的热现象，获得了物质状态变化过程中有关热功转化的量值关系和条件，其结果可靠且具有普遍的适用性。统计物理的方法则是着眼于物质的内部微观结构，通过大量粒子所遵从的统计法则，对气体的压强、温度等宏观量，做出微观本质的说明，揭示了热现象的本质。两种理论相辅相成。

热学的研究对象就是和热运动有关的对象，一般称为热力学系统，可能是非常复杂的。作为工科基础的物理学，为抓住热学问题的主要矛盾，研究物质热运动的基本规律，并为将来的工程实际运用打下基础，首选的研究对象一定是最简单的，当然还要最能体现热运动性质的。显然单元系比多元系简单，例如氧气比空气简单。单相系比多相系简单，例如单纯水蒸气比气液共存的情况简单。气、液、固三态中，气体显然最能体现热运动性质。热学中最简单的研究对象就是理想气体，理想气体的微观定义就是气体分子没有相互作用，只有热运动，所以原则上这是最理想的热学研究对象。

选定对象之后，还要限定研究的物理性质，例如主要研究热学性质、力学性质等，不可能一开始就什么性质都研究，例如电性质、磁性质、光性质，不然会使得问题过于复杂。为了研究典型的热学性质，还需要系统处于平衡态，即用绝热壁隔绝（绝热封闭系统），且不对外做功的孤立系统经过长时间之后，内部达到热平衡(温度处处相同)、力学平衡(压强处处相同)、相平衡(化学势处处相同)。这其实是为了能够量化定义物理量来描述相应的物理性质，否则没有达到平衡时，宏观整体性质还会随时间变化，无法对整个系统定义相应的物理量。所以最简单的热学研究对象就是处于平衡态的理想气体。

研究清楚了最简单的对象，人们当然不会满足，这是可以加入外部影响，例如做功、传热，使得系统从一个平衡态经历一个热力学过程变成另一个平衡态，研究对象也就变成了热力学过程。最简单的热力学过程是可以看成由一系列的平衡态构成的过程——称准静态过程。因此，工科基础物理中的热学研究对象为被视为理想气体的物质，从一个平衡态开始，经准静态过程，达到另一个平衡态的过程中，热功转化的关系和条件及系统宏观性质的微观解释。

第十三章　气体动理论

思考题

1. 气体动理论这一章研究的对象有什么特征？其研究对象的物理模型是什么？

2. 其研究方法是数学上的统计方法，使用统计方法的研究对象一般需要满足什么要求？结合数学知识，请列出部分被用到的统计方法（列出三个以上的有关概念名称即可）。

3. 试列举气体分子运动速率与描述宏观气体状态量的关系。体会气体分子运动速率在气体动理论讨论中的重要性。

第一节　气体动理论研究对象

1.1　研究对象

热学研究物质对象是由大量分子或原子组成的物质系统，我们称之为**热力学系统**，简称**系统**。系统以外的物体通常称为**外界**或**环境**，是指与系统可能发生物质或能量交换的其他物质。例如，淬火经过中的钢件为系统，而用于迅速冷却钢件的水或油即外界；为使一定量的温度高的水降温，向温度高的水里加入一定量的温度低的冷水的例子中，高温水及后加入的冷水是系统，未加入的水被视为外界。根据系统与外界的相关程度，可分为：**开放系统**（系统与外界既有物质交换又有能量交换）、**封闭系统**（系统与外界仅有能量交换,没有物质交换）、**孤立系统**（系统与外界既无物质交换又无能量交换）。

气体动理论是从微观结构入手，即物体由分子、原子或离子组成，并考虑到这些粒子的运动和它们之间的相互作用，采用统计的方法，得到物体的宏观热性质。计算过程中，根据具体计算的物理量的不同，对物体的微观结构需做相应的简化近似，即建立不同的理想模型。工科基础物理的气体分子动理论研究的系统，仍然是由处于平衡态的理想气体构成系统的压强、温度、内能，及分子运动速度等随温度的变化关系。

1.1.1　平衡态

所谓**平衡态**，是指在不受外界影响的条件下，一个系统的宏观性质不随时间改变的状态。平衡态只是一种宏观上的寂静状态，在微观上系统并不是静止不变的。在平衡态下，组成系统的大量分子还在不停地运动着，这些微观运动总的平均效果不随时间变化，因此，平衡态从微观统计的角度应该理解为动态平衡。

实际上系统不可能完全不受外界影响，宏观性质也不可能保持绝对不变，所以平衡态只是一个理想状态，是在一定条件下对实际状态的近似和抽象。当实际系统处于相对稳定的状态时，就可以近似地认为该系统处于平衡态。

1.1.2 理想气体

从热力学角度定义，理想气体指严格满足玻意耳-马略特定律、查理定律、盖吕萨克定律和焦耳定律的气态物质。前三个定律是克拉珀龙方程的来源，因此又可以说，理想气体是满足克拉珀龙方程和焦耳定律的气体。

理想气体是实际气体抽象出的物理模型，理论上讲，只有无限稀薄的气体才能满足，实际气体只要是在非极端情况下，即与常温、常压相比，温度不太高、压强不太低的气体都能近似地满足，因此研究理想气体，具有重要意义。

1.1.3 准静态过程

当气体的状态发生变化时，气体所经历的连续变化过程称为热力学过程。如果状态变化过程所历经的所有中间状态，都可视为平衡态，这个过程就被称为平衡过程或准静态过程，在 p-V 图上可用一条曲线来表示。事实上，当过程进行得“如此缓慢”，使得过程中出现的不均匀性如此微小，系统都来得及恢复平衡的过程就是准静态过程。

讨论 1：
试说明本章研究对象模型的常用描述方法。

1.2 研究对象描述

1.2.1 状态参量

热学的研究对象一旦确定，接下来要做的就是观察相应的热学现象，这通常可以通过做功、加热或冷冻研究对象来产生。例如加热或冷冻气体、液体、固体，观察到的现象往往非常复杂，而伴随着的物理性质也多种多样，这些性质都需要定义相应的物理量来量化描述，如体积 V、压强 p、温度 T 等。为了对热学的研究对象有效量化描述，要求系统必须处于平衡态。温度、压强、体积都是可以直接描述热力学状态的状态参量。

体积 V 气体的体积是指气体分子所能到达的空间，通常就是指盛装气体的容器的体积。应当注意，气体的体积并不是气体所有分子自身的体积之和。

压强 p 气体的压强是指气体垂直作用于器壁表面单位面积上的力，它是大量分子与器壁碰撞的宏观表现。

在 SI 中，压强的单位名称是帕斯卡，简称帕，符号是 Pa。$1\ \mathrm{Pa}=1\ \mathrm{N}\cdot\mathrm{m}^{-2}$。此外，常用的压强单位还有毫米汞柱，符号是 mmHg，以及标准大气压，符号是 atm 等，它们之间的关系为

$$1\ \mathrm{atm}=760\ \mathrm{mmHg}=1.013\times10^{5}\ \mathrm{Pa}$$

温度 T 如图 13.1 所示，如果两个热力学系统 A 和 B 各自与第三个热力学系

统C处于热平衡，那么A和B也必处于热平衡。热平衡的这种传递性称为**热力学第零定律**。在历史上它定名于热力学第一定律之后，但在理论体系上它应置于第一定律之前，故有此名。对于处在热接触的两个物体，如果它们处于热平衡，就说它们具有相同的温度。温度是反映物体冷热程度的物理量。温度的高低反映了物质内部分子热运动的剧烈程度。

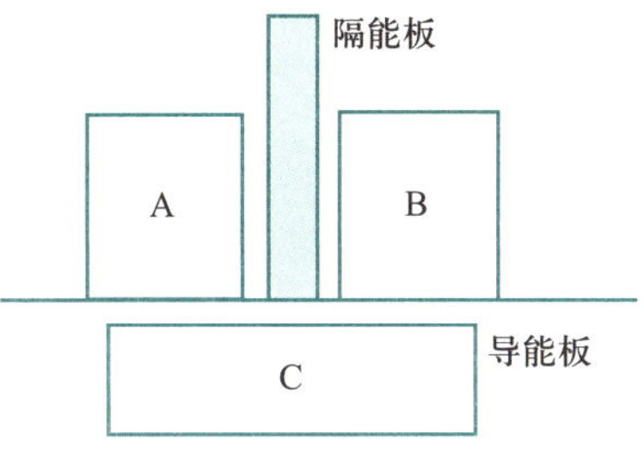

图 13.1 热平衡

温度的数值表示方法叫**温标**。常用的温标有两种。一种是**热力学温标** T，也是SI中采用的温标，单位名称是开尔文，简称开，符号是K；另一种是**摄氏温标** t，单位名称是摄氏度，符号为℃。这两种温标之间的关系为

$$t/℃ = T/\mathrm{K} - 273.15$$

以上介绍的体积、压强和温度分别从几何、力学、热力学角度描述气体的宏观性质，因此分别成为几何参量、力学参量和热力学参量。根据系统的性质，可能还需要引入化学参量、电磁参量等，这里就不一一列举了。应当明确，这些量都是从整体上描述系统状态的物理量，称为**宏观量**。宏观量是可以直接测量的。

> **讨论 2：**
>
> 为什么描述热力学系统的状态参量必须是针对平衡态而言？如果遇到非平衡态的情况可以怎么处理？

1.2.2 理想气体物态方程

热学定义的理想气体严格满足三个定律，也即满足理想气体物态方程：

$$pV = \nu RT \tag{13.1a}$$

描述的气体。其中：p、V、T、ν 分别表示系统的压强、体积、温度和物质的量，它们的单位为：帕斯卡(Pa)、立方米(m^3)、开尔文(K)和摩尔(mol)或工程单位为：大气压(atm)、升(L)、开尔文(K)和摩尔(mol)；R 为摩尔气体常量，其国际单位取值为：8.31 J/(mol · K)，对应物理量的换算关系为：1 atm = 1.013×10^5 Pa，1 L = $1\times10^{-3}\ \mathrm{m}^3$。1 mol 气体分子数为阿伏伽德罗常量 $N_A = 6.02\times10^{23}\ \mathrm{mol}^{-1}$。

如果气体的摩尔质量为 M，气体的总质量为 m，那么，物质的量 $\nu = m/M$，于是理想气体物态方程也可以写成

$$pV = \frac{m}{M}RT = \nu RT \tag{13.1b}$$

1.2.3 理想气体在平衡态下的统计假设

1. 分子沿空间各方向运动的分子数相等，即分子向各个方向运动的机会均等，不应在哪个方向上更占优势。那么全体分子在直角坐标系中的速度分量的平均值有

$$\overline{v_x} = \overline{v_y} = \overline{v_z} = 0 \tag{13.2}$$

而速率平方的平均值

$$\overline{v_x^2}=\overline{v_y^2}=\overline{v_z^2}=\frac{1}{3}\overline{v^2} \tag{13.3}$$

2. 各部分的分子数密度等于整个容器中分子的平均数密度。即内部不存在任何不均匀性(忽略了重力场等外界能量场的作用)。

$$n=\frac{N}{V} \tag{13.4}$$

其中，n 为**分子数密度**，表示单位体积内的分子数，N 表示总的分子数。气体处于平衡状态，其内部各部分不存在任何宏观的不均匀性。至此，可以用一组状态参量(p,V,T)来表征气体，且不随时间变化，因而在 p-V 图上可用一个点来表示。若不满足上述条件，即(p,V,T)还在随时间变化的气体，称为非平衡态。

第二节　几个常见宏观热学物理量的微观解释

2.1　理想气体的压强公式和温度公式

2.1.1　理想气体的微观模型

1. 气体分子的大小与气体分子间平均距离相比可以忽略。

2. 气体分子间平均距离大，所以除在碰撞的瞬间外，分子间相互作用力可略去不计。为简化，气体分子的重力也略去不计。

3. 每个气体分子可被视作“刚性分子”弹性小球，碰撞时能量、动量守恒，可简称为自由刚性质点模型。

2.1.2　理想气体压强公式的推导

气体对容器壁的压强是大量气体分子对器壁作用力的统计平均效果。

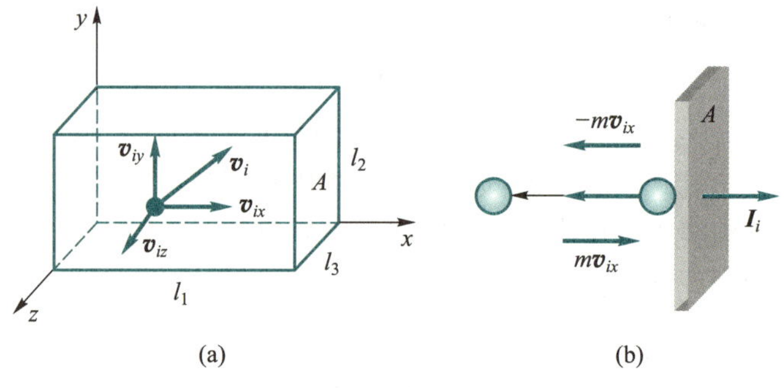

图 13.2　压强公式推导

设一长方形容器中有 N 个分子，气体分子质量为 m_0，容器边长分别为 l_1、l_2、l_3，以一个顶点为坐标原点，以三条边为 x、y、z 轴，建立坐标系，如图 13.2(a)所示。压强公式的推导思路如下：

1. 一个分子给容器壁 A 一次冲击的冲量，即该分子动量的增量：

$$I_x=-2m_0v_{ix}$$

因此，A 得到 $2m_0v_{ix}$ 冲量，如图 13.2(b)所示。

2. 单位时间该分子给容器壁 A 的平均冲力：

$$F_i=2m_0v_{ix}\cdot\left(\frac{2l}{v_{ix}}\right)^{-1}=\frac{1}{l_1}m_0v_{ix}^2$$

3. 所有分子在单位时间内给容器壁 A 的平均冲力，犹如密集的雨点打在雨伞上，手感觉到压力

$$\overline{F}=\sum_{i=1}^{N}\frac{1}{l_1}m_0v_{ix}^2=\frac{m_0}{l_1}\sum_{i=1}^{N}v_{ix}^2 \tag{13.5}$$

而由式(13.3)统计假设

$$\overline{v_x^2}=\frac{1}{N}\sum_{i=1}^{N}v_{ix}^2=\frac{1}{3}\overline{v^2} \tag{13.6}$$

由式(13.5)和式(13.6)，可得

$$\overline{F}=\frac{1}{3}\frac{m_0}{l_1}Nv^2$$

4. 单位面积上的压力即压强为

$$p=\frac{\overline{F}}{l_2l_3}=\frac{1}{3l_1l_2l_3}Nm_0\overline{v^2}=\frac{1}{3}\frac{N}{V}m_0\overline{v^2}$$

由式(13.4)，上式可表示为

$$p=\frac{1}{3}nm_0\overline{v^2}=\frac{2}{3}n\left(\frac{1}{2}m_0\overline{v^2}\right)=\frac{2}{3}n\overline{w} \tag{13.7}$$

5. 讨论：

(1) 压强具有统计意义，大量气体分子的集体表现才会产生稳定而持续的压强。

(2) $n=\dfrac{N}{V}$称为**气体分子数密度**，可见，压强与分子数密度成正比。

(3) $\overline{w}=\dfrac{1}{2}m_0\overline{v^2}$称为**分子的平均平动动能**。分子的平均平动动能不能直接测得，故压强公式还不能直接用实验验证，只能通过结论来检验。

> **讨论 3：**
> 理解总结压强公式的推导原理和步骤。

2.1.3 温度公式

压强的另一种表达式可由理想气体的物态方程(13.1)式

$$pV=\nu RT=\frac{N}{N_A}RT$$

引入玻耳兹曼常量 $k=\dfrac{R}{N_A}=1.38\times10^{-23}\,\mathrm{J\cdot K^{-1}}$，故

$$p=\frac{N}{V}\frac{R}{N_A}T=nkT \tag{13.8}$$

在 0 ℃和标准大气压下，分子数密度$n_0=2.686\ 780\ 111\times10^{25}\ m^{-3}$，即洛施密特常量，一般计算时取$n_0=2.69\times10^{25}\ m^{-3}$。

由式(13.7)和式(13.8)可得气体分子的平均平动动能与温度的关系

$$\overline{w}=\frac{3}{2}kT \tag{13.9}$$

所以，温度公式表示为

$$T=\frac{2}{3}\cdot\frac{\overline{w}}{k} \tag{13.10}$$

温度公式表示的是气体分子的平均平动动能与温度的关系：

(1) 热力学温度正比于分子的平均平动动能，任何理想气体温度相同，则其分子的平均平动动能相同。

(2) 温度是大量分子热运动激烈程度的宏观量度，对少数几个分子，只有$\overline{w}=\frac{1}{2}m_0\overline{v^2}$，温度是没有意义的。

(3) 气体温度越高，分子热运动越激烈。举个生活中的例子，红烧牛肉时为什么会有酱油味从厨房里飘出来？为什么冷了就很难闻到呢，正是基于这个原因。

> **讨论 4：**
> 理解温度公式揭示的分子运动本质及其统计特性。

2.2 能量均分定理 理想气体的内能

2.2.1 基于理想气体模型

前面讨论理想气体的压强公式和温度公式时，提出了理想气体的分子模型，并将其作质点处理，只考虑了分子的平动。实际上，除单原子分子(如惰性气体)外，一般分子的运动并不限于平动，它们还有转动和振动，此时需要考虑分子的内部结构。实验结果和量子理论解释说明双原子分子振动能级的特征温度一般都在10^3 K 数量级。因此，对于常温下(温度不太高)的理想气体，仍然忽略分子内部原子间的振动。这种理想气体分子模型可称为自由刚体模型。

2.2.2 能量按自由度均分原理

1. 自由度

某一物体的自由度，就是决定这一物体在空间的位置状态所需要的独立的坐标。

空间自由运动的质点，有 3 个自由度用(x,y,z)能唯一确定；质点限制在平面或曲面上运动，需 2 个自由度，如确定轮船在海上的位置可用(r,θ)；如果质点限制在直线或曲线上运动，则只需用 1 个自由度描述，如火车在轨道上的具体位置；而飞行中的飞机某一时刻的姿态，共需 6 个坐标参数才能确定，如图 13.3 所示。飞机中心在空间的位置可用 3 个坐标表示(x,y,z)；而飞机机体中心轴相对于地面的角位置，通常用 3 个角度表示：① 俯仰角 θ，飞机机体纵轴与水平面的夹角。② 偏航角 β，飞机机体纵轴在水平面上的投影与该面上参数线之间的夹角。③ 滚转角 γ，飞机对称平面与通过飞机机体纵轴的竖直平面间的夹角。

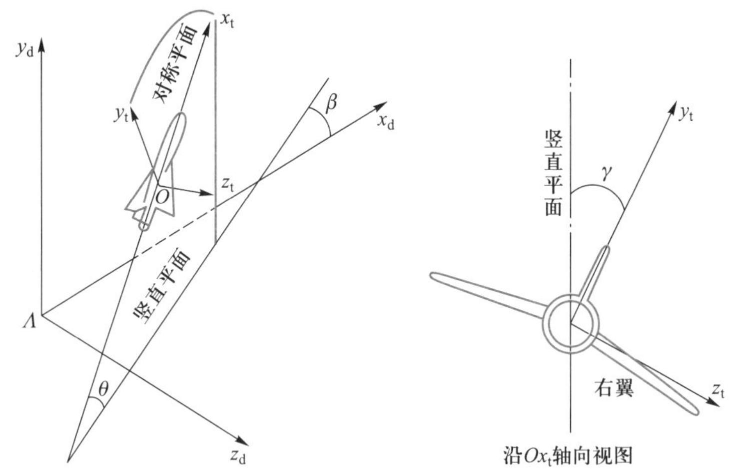

图 13.3　飞机姿态参数

一个刚体在空间的位置可由如下独立坐标来确定：

（1）刚体上某定点(如质心)，需用 3 个独立坐标来决定，$C(x, y, z)$。

（2）轴线的方位，需用 α、β、γ 3 个方位角来决定；且有 $\cos^2\alpha+\cos^2\beta+\cos^2\gamma=1$，故只有 2 个独立坐标。

（3）刚体绕轴线的转动，还需用 1 个角度 θ。因此，当理想气体分子被视为刚体时，则

单原子气体分子(可视作质点)有 3 个自由度，如 He、Ne 等。

双原子分子气体，有 5 个自由度，如 H_2、O_2、CO 等。

三原子分子气体，有 6 个自由度，如 H_2O、CO_2 等。

多原子分子气体，也有 6 个自由度，如 NH_3、CH_4 等。

理想气体分子构成	单原子分子	双原子分子	原子数、分子数大于等于 3 时的原子分子
自由度 i 的数值	3	5	6

2. 能量按自由度均分定理

由理想气体的分子平均平动动能 $\overline{w}=\frac{1}{2}m_0\overline{v^2}=\frac{3}{2}kT$ 和式(13.3)的统计假设 $\overline{v_x^2}=\overline{v_y^2}=\overline{v_z^2}=\frac{1}{3}\overline{v^2}$，可得分子沿各方向运动机会均等，有

$$\frac{1}{2}m_0\overline{v_x^2}=\frac{1}{2}m_0\overline{v_y^2}=\frac{1}{2}m_0\overline{v_z^2}=\frac{1}{3}\cdot\frac{1}{2}m_0\overline{v^2}=\frac{1}{2}kT \tag{13.11}$$

结论：

（1）气体分子沿 x，y，z 三个方向运动的平均动能相等。

（2）每一个平动自由度上的平均动能是$\frac{1}{2}kT$。即分子的平均平动动能是均匀地分配在每一个平动自由度上。

（3）推论：在热平衡态状态下，分子运动而不断碰撞，导致气体分子任何一种运动（平动、转动等）都不会比其他一种运动更占优势，即每一个可能的自由度都具有相同的平均动能，在温度为 T 时，其数值为 $\frac{1}{2}kT$。此推论称为**能量按自由度均分定理**，或简称**能量均分定理**。

根据这一能量均分定理，对自由度数为 i 的气体分子，一个分子的平均动能是$\frac{i}{2}kT$。所以，对 He、Ne 等单原子分子气体，一个分子的平均动能是$\frac{3}{2}kT$；对 H_2、O_2、CO 等双原子分子气体，一个分子的平均动能是$\frac{5}{2}kT$；对 NH_3、CH_4 等三个或三个以上的原子构成的气体分子，一个分子的平均动能是$\frac{6}{2}kT$。

2.2.3 理想气体的内能

1. 内能

内能是指气体分子运动能量的总和，内能包括：

（1）分子热运动的动能：即分子的平动动能、转动动能和振动动能，而对刚体模型的理想气体分子，振动动能忽略不计；

（2）分子间相互作用势能：理想气体分子看作自由刚性分子，其相互作用势能忽略不计；

（3）原子内部的能量，未参与转化，也无其他化学反应参加。

所以，理想气体（刚性）分子的内能，仅指系统内全部分子的平动动能和转动动能之和。

2. 讨论

（1）1 mol 理想气体有 N_A 个分子，设该气体分子自由度为 i，则 1 mol 理想气体的内能为

$$E_A = N_A \frac{i}{2}kT = \frac{i}{2}RT$$

（2）物质的量为 ν 的理想气体的内能

$$E = \nu \frac{i}{2}RT = \frac{m}{M} \cdot \frac{i}{2}RT \qquad (13.12)$$

（3）一定量的理想气体的内能取决于分子的自由度 i 和热力学温度 T，即理想气体的内能是温度的单值函数。理想气体状态改变（p 或 V 变化）。只要温度 T 不变，则其内能也不变。

（4）一定量的理想气体温度变化相同，其内能的变化量也相同，与过程无

关。1 mol 理想气体分子的内能变化与温度变化关系为

$$\Delta E=\frac{i}{2}R\cdot\Delta T \text{ 或 } \mathrm{d}E=\frac{i}{2}R\cdot\mathrm{d}T \tag{13.13}$$

关于经典理论得到的内能计算值的说明：对单原子分子和双原子分子(可视作刚性分子)，在室温下，其与实验结果相符合；三原子分子或多原子分子(视作刚性分子时)，由于完全忽略振动，经典理论的计算结果往往与实验结果符合得并不太好。

讨论 5：

试说明本章研究压强和内能时，采用的理想气体模型有何不同。

讨论 6：

基于内能公式的推导，理解内能的物理意义。

第三节 麦克斯韦速率分布

3.1 统计规律

3.1.1 伽尔顿板实验

实验装置如图 13.4 所示，将多个小球一个一个投，或一球投多次，或多球投一次，投入伽尔顿板实验装置中，结果如图所示。重复实验，结果也相仿。一个小球投一次具有偶然性、大量小球投下就呈现一定的规律性。

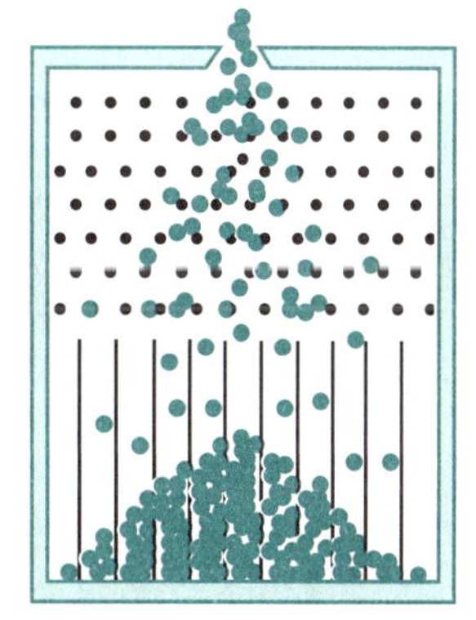

图 13.4 伽尔顿板实验

3.1.2 统计规律

统计规律是大量偶然事件(如小球与钉子碰撞后落入槽内)的整体所表现出的规律。事件的数量越大，这种规律性就表现得更明显。

求某一物理量的平均值

$$\overline{M}=\lim_{N\to\infty}\frac{M_1N_1+M_2N_2+\cdots+M_iN_i+\cdots+M_NN_N}{N} \tag{13.14}$$

式中 N_i 是出现数值 M_i 的次数，把 N_i 与测量总数目 N 的比值，称为出现 M_i(或状态 i)的概率 P_i：

$$P_i=\lim_{N\to\infty}\frac{N_i}{N} \tag{13.15}$$

平均值可写成

$$\overline{M}=\frac{\sum N_i M_i}{N}=\sum_i M_i P_i \tag{13.16}$$

把系统所有可能状态的概率相加，显然满足归一化条件

$$\sum_i P_i=\sum_i \frac{N_i}{N}=\frac{\sum N_i}{N}=1 \tag{13.17}$$

分布函数：设 X 是一个随机变量，x 是任意实数，函数 $F(x)=P\{X\leqslant x\}$ 称为 X 的累积分布函数。有时也记为 $X\sim F(x)$。

对于任意实数x_1，$x_2(x_1<x_2)$，

$$P\{x_1<X\leqslant x_2\}=P\{X\leqslant x_2\}-P\{X\leqslant x_1\}=F(x_2)-F(x_1),$$

$$P\{X>x_1\}=1-P\{X\leqslant x_1\}=1-F(x_1)$$

因此，若已知 x 的分布函数，就可以知道 x 落在任一区间上的概率，在这个意义上说，分布函数完整地描述了随机变量的统计规律性。

如果将 x 看成数轴上的随机点的坐标，那么，分布函数 $F(x)$ 在 x 处的函数值就表示 X 落在区间$(-\infty,x)$上的概率。

3.1.3 结论

（1）单个或少量事件不显统计规律。

（2）统计规律与系统所处宏观状态有关。

（3）统计规律带有“平均”的意味，并永远伴随着“涨落”，“涨落”即相对于平均值出现的偏离。

3.2 麦克斯韦速率分布律

麦克斯韦速率分布定律是研究大量分子速率分布的统计规律。研究气体分子速度大小的分布情况，就要知道，气体在平衡状态下，分布在各个速率区间内的分子数，占气体分子总数的百分比为多少，大部分气体分子分布在哪一个速率区间。

3.2.1 分子速度大小的实验测定

如图 13.5 所示，设分子速度为 v，选择器 B、C 的距离为 l，则只有满足 $l=vt$ 和 $\varphi=\omega t$ 关系的分子才能射到显示屏 P 上，消去 t 可得

$$v=\frac{l}{\varphi}\omega$$

令圆盘以不同的角速度转动，实验上就可以比较分布在不同区间内的分子数的相对比值。

中国物理学家葛正权与人合作，于 1930 至 1934 年做过测定气体分子速度分布律的实验，对施特恩在 1920 年所用的方法作了改进，得到如下结果：

一般地说，气体分布在不同速度区间内的分子数是不相同的，但在温度不变的情况下，分布在各个速度区间内分子的相对比值却是完全确定的。

3.2.2 麦克斯韦速率分布函数 $f(v)$

取速率区间 $v\sim v+\Delta v$，N 为气体的总分子数，ΔN 为在该速率区间内的分子

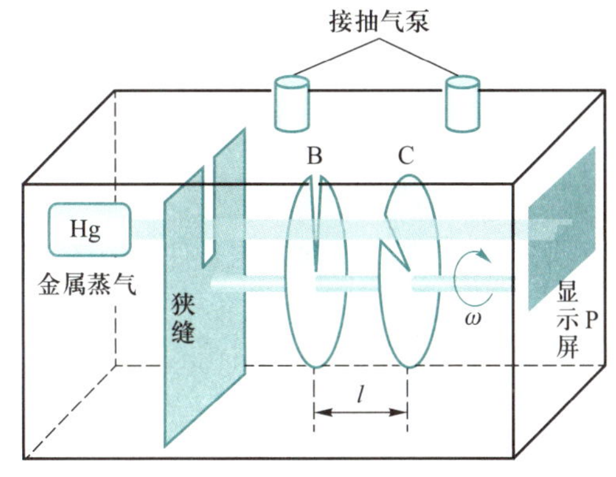

图 13.5 气体分子速度选择器

数，则$\frac{\Delta N}{N}$就是这一速率区间内气体分子数占总分子数的百分比，也等于气体中任一气体分子具有的速率恰好在该速率区间内出现的可能性(或称概率)。Δv 不同，$\frac{\Delta N}{N}$亦不同，且$\frac{\Delta N}{N}\propto\Delta v$。

而$\frac{\Delta N}{N\cdot\Delta v}$则表示分子在 v 附近的单位速率区间的分布概率；或指分子的速率在 v 附近的单位速率区间内的分子数占总分子数百分比。

$$f(v)=\lim_{\Delta v\to 0}\frac{\Delta N}{N\cdot\Delta v}=\frac{\mathrm{d}N}{N\cdot\mathrm{d}v} \tag{13.18}$$

麦克斯韦指出，一定量的气体在一定的温度下，处于平衡态时，$f(v)$是确定的函数，它定量地反映了气体分子按速率大小的具体分布情况，$f(v)$越大，就表示在相应的单位速度区间内分布的分子数越多。$f(v)$称**麦克斯韦分布函数**。理想气体在平衡态下，T一定，当气体分子间的相互作用可以忽略时，分子速率分布在 $v\sim v+\Delta v$ 这一区间内的分子数的百分率为

$$\frac{\Delta N}{N}=f(v)\Delta v \tag{13.19}$$

速率分布函数为

$$f(v)=4\pi\left(\frac{m_0}{2\pi kT}\right)^{3/2}\mathrm{e}^{-\frac{m_0v^2}{2kT}}v^2 \tag{13.20}$$

说明：麦克斯韦速率分布函数 $f(v)$ 表示在某一速率附近单位速率区间内分子数的百分比，或者一个分子的速率在某一速率附近单位速率区间内出现的概率。所以它实际上是一个概率密度函数，并不同于 13.3.1 节中的分布函数。

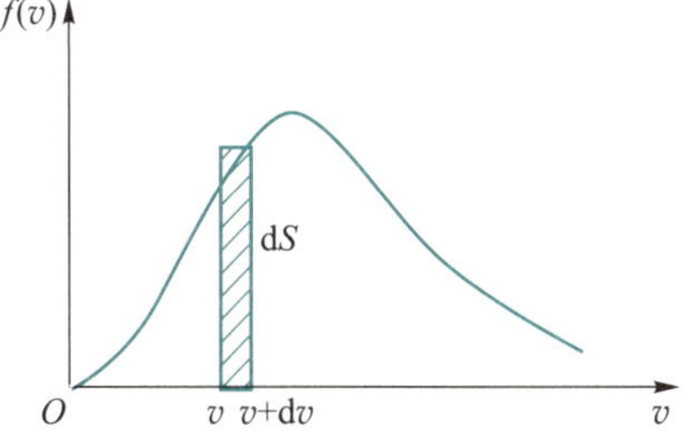

图 13.6 麦克斯韦速率分布曲线

3.2.3 **讨论**

(1) 麦克斯韦速率分布曲线如图 13.6 所示，矩形面积表示

$$\frac{\mathrm{d}N}{N}=f(v)\,\mathrm{d}v$$

其物理意义：在速率区间 $v \sim v+\Delta v$ 内的分子数占总分子数的百分率，或一个分子的速率出现在 v 附近的该速率区间的概率。

（2）麦克斯韦速率分布函数 $f(v)$ 的归一化条件，由于 $\int_0^{\infty}\frac{\mathrm{d}N}{N}=100\%$，则

$$\int_0^{\infty} f(v)\,\mathrm{d}v=1 \tag{13.21}$$

（3）分子按动能的分布

由 $E_k=\frac{1}{2}m_0v^2$，$\mathrm{d}E_k=m_0v\mathrm{d}v$，则有

$$\frac{\mathrm{d}N}{N}=\frac{4\sqrt{2}\,\pi}{(2\pi kT)^{3/2}}(E_k)^{1/2}\mathrm{e}^{-\frac{E_k}{kT}}\mathrm{d}E_k \tag{13.22}$$

> **讨论 7：**
> （1）试总结速率分布函数的物理意义及其性质。
> （2）速率分布函数曲线下，某一速率区间内的面积的物理意义。

3.3 三种特征速率

根据麦克斯韦速率分布函数，我们可以计算该速率分布下的三种特征速率。

3.3.1 最概然速率

麦克斯韦速率分布曲线给我们一个很鲜明的印象：

具有很大速率或很小速率的分子数较少，具有中等速率的分子数所占百分比却很高，分布曲线有极大值。与这个极大值对应的速率大小就称为**最概然速率**，用 v_p 表示，由 $\frac{\mathrm{d}f(v)}{\mathrm{d}v}=0$，可得

$$v_p=\sqrt{\frac{2kT}{m_0}}=\sqrt{\frac{2RT}{M}}=1.41\sqrt{\frac{RT}{M}} \tag{13.23a}$$

其中 M 表示气体的摩尔质量。

最概然速率 v_p 的物理意义：在一定的温度下，气体分子速率与 v_p 相近的单位速率区间的分子数占分子总数的百分比最大。亦即对相等的速率区间来说，气体分子的速率在 v_p 附近的概率最大。

3.3.2 算术平均速率

表示大量气体分子速率大小的算术平均值

$$\bar{v}=\frac{\sum N_i v_i}{N}$$

将求和化为积分

$$\bar{v}=\frac{\int v\mathrm{d}N}{N}=\frac{\int vNf(v)\,\mathrm{d}v}{N}=\int_0^{\infty}vf(v)\,\mathrm{d}v$$

利用数学积分可得

$$\bar{v}=\sqrt{\frac{8kT}{\pi m_0}}=\sqrt{\frac{8RT}{\pi M}}=1.60\sqrt{\frac{RT}{M}} \tag{13.23b}$$

3.3.3　方均根速率

由

$$\overline{v^2}=\frac{\int v^2\mathrm{d}N}{N}=\frac{\int v^2Nf(v)\,\mathrm{d}v}{N}=\int_0^{\infty}v^2f(v)\,\mathrm{d}v$$

最后得

$$\sqrt{\overline{v^2}}=\sqrt{\frac{3kT}{m_0}}=\sqrt{\frac{3RT}{M}}=1.73\sqrt{\frac{RT}{M}} \tag{13.23c}$$

与前面 $\bar{w}=\frac{1}{2}m_0\overline{v^2}=\frac{3}{2}kT$ 推得结果完全一致。

3.3.4　讨论

(1) 由式(13.23a)、式(13.23b)、式(13.23c)三式比较，对于麦克斯韦速率分布，三种速率 $v_p<\bar{v}<\sqrt{\overline{v^2}}$，如图 13.7 所示。但对于气体分子分别在它们附近单位速率区间的分子数占分子总数的百分比$\frac{\mathrm{d}N}{N\mathrm{d}v}$，却有

$$f(v_p)>f(\bar{v})>f(\sqrt{\overline{v^2}})$$

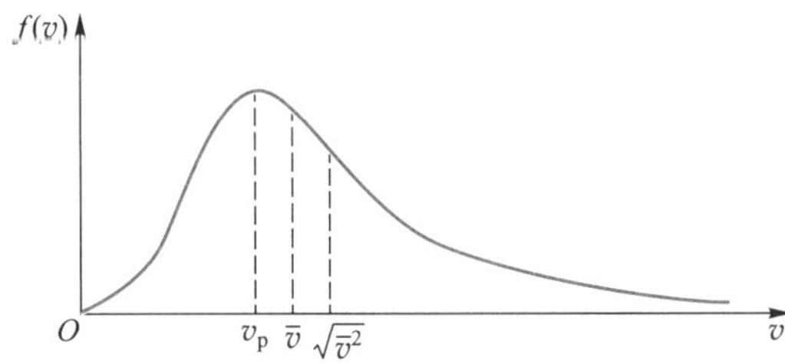

图 13.7　某一温度下的三种速率

(2) 三种速率正比于$\sqrt{T}$，反比于$\sqrt{M}$。当温度升高时，速率较大的分子数增多，麦克斯韦分布曲线的最大值(峰值)也向速率量值增大的方向迁移。

(3) 麦克斯韦速率分布曲线下的总面积不变，仍然满足归一化条件。因此，曲线峰值右移的同时，高度降低，变得“较为平坦”，如图 13.8 所示。

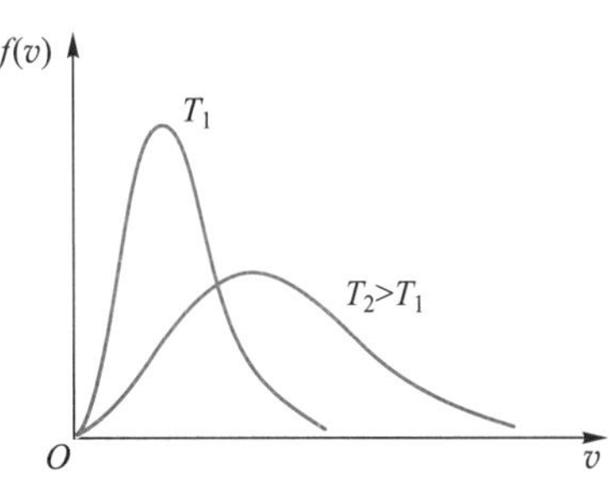

图 13.8　不同温度下的分布曲线

讨论 8:

通过分子热运动的三种统计特征速率表达式，进一步理解温度的统计意义。

[例 13.1] (1) 分别计算 0 ℃时氢气、氮气和氧气的方均根速率；

(2) 分别计算该三种气体分子的平均平动动能。

[解] (1) 由式(13.23c)

$$\left(\sqrt{\overline{v^2}}\right)_{H_2}=\sqrt{\frac{3RT}{M}}=\sqrt{\frac{3\times8.31\times273}{2\times10^{-3}}}\ \mathrm{m/s}=1.84\times10^3\ \mathrm{m/s}$$

$$\left(\sqrt{\overline{v^2}}\right)_{N_2}=\sqrt{\frac{3RT}{M}}=\sqrt{\frac{3\times8.31\times273}{28\times10^{-3}}}\ \mathrm{m/s}=4.93\times10^2\ \mathrm{m/s}$$

$$\left(\sqrt{\overline{v^2}}\right)_{O_2}=\sqrt{\frac{3RT}{M}}=\sqrt{\frac{3\times8.31\times273}{32\times10^{-3}}}\ \mathrm{m/s}=4.61\times10^2\ \mathrm{m/s}$$

(2) 温度一定时，三种气体在 273 K 时的分子平均平动动能相等。

$$\bar{w}=\frac{3}{2}kT=\frac{3}{2}\times1.38\times10^{-23}\times273\ \mathrm{J}=5.65\times10^{-21}\ \mathrm{J}$$

[例 13.2] 如图 13.9 所示，是氢气和氧气在相同温度下的速率分布曲线。由图中所标数据可判断：氢气分子的最概然速率是 4 000 m/s(已知)；则氧气分子的最概然速率是 1 000 m/s；氧气分子的方均根速率是 1 225 m/s。

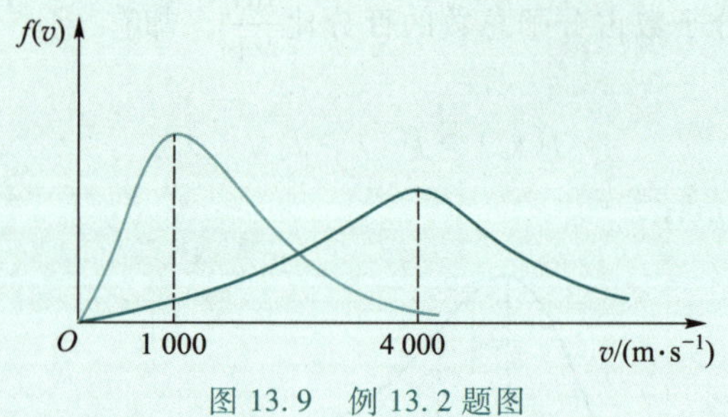

图 13.9 例 13.2 题图

[例 13.3] 利用多束激光和磁阱可将原子限制在极小的空间范围内，这一方法可使原子冷却(1997 年的诺贝尔物理学奖授予了朱棣文等三人,以表彰他们在发展用激光冷却和囚禁原子的方法上所做出的贡献)。在某次实验中，科学家运用此方法将钠原子的温度降低到了 0.240 mK。试计算此时钠原子的方均根速率。

[解] 钠原子的摩尔质量$M_{Na}=23.0\times10^{-3}\mathrm{kg\cdot mol^{-1}}$，由式(13.23c)，有

$$\sqrt{\overline{v^2}}=\sqrt{\frac{3RT}{M_{Na}}}$$

$$=\sqrt{\frac{3\times8.31\times0.240\times10^{-3}}{23.0\times10^{-3}}}\ \mathrm{m\cdot s^{-1}}$$

$$\approx 0.510\ \text{m}\cdot\text{s}^{-1}$$

这一方均根速率比钠蒸气分子的值小了几个数量级。

讨论 9：

对于不同的速率分布函数，是否有可能 $v_p>\bar{v}$，甚至 $v_p>\sqrt{\overline{v^2}}$ 呢？

第四节 玻耳兹曼分布律

麦克斯韦速率分布函数是讨论理想气体在平衡态下，没有外力场(或忽略此作用)时分子速率分布情况，分子在空间的分布被认为是均匀的，密度也是均匀的。玻耳兹曼将此推广到气体分子在重力场中，此时 $E=E_k+E_p$，而气体分子在重力场中 $E_p\neq 0$，即分子空间的分布是不均匀的。玻耳兹曼分布律对实物粒子在不同力场中运动的情形都成立。

1. 重力场中粒子按高度分布规律

取某个地点(譬如地面)的高度为分布在高度为 $z=0$，令该处的分子数密度 $n=n_0$. 根据气柱所受压力和重力平衡，分析计算可得，高度 z 处、单位体积内的分子数

$$n=n_0\mathrm{e}^{-\frac{m_0gz}{kT}} \tag{13.24}$$

可见，在重力场中气体分子数密度 n 随高度 z 的增加按指数减小。m_0 越大，n 减小越快，温度 T 越高，分子运动越剧烈，n 的减小就越缓慢。

2. 气压公式由式(13.8)和式(13.24)

$$p=nkT=n_0kT\mathrm{e}^{-\frac{m_0gz}{kT}}=p_0\mathrm{e}^{-\frac{m_0gz}{kT}}=p_0\mathrm{e}^{-\frac{Mgz}{RT}} \tag{13.25}$$

该公式表示大气压强随高度按指数变化，即按指数减小。

将式(13.25)取自然对数

$$z=-\frac{RT}{Mg}\ln\frac{p}{p_0}$$

如 $p_0=1.013\times10^5\,\text{Pa}$，$p=0.5\times10^5\,\text{Pa}$，$T=300\ \text{K}$，即可算出该高度

$$z=-\frac{RT}{Mg}\ln\frac{p}{p_0}=-\frac{8.31\times300}{29\times10^{-3}\times9.8}\ln\frac{1}{2}\ \text{m}=6.08\times10^3\ \text{m}$$

即六千米的高空对应大气压强为 500 百帕，约为地面大气压强的一半。

玻耳兹曼分布律可用于解释人们的高原反应和登山者在高山上需用高压锅才能煮熟米饭的现象。

第五节 分子的平均碰撞频率及自由程

1. 分子的平均碰撞频率

通过 13.3 节例题的计算可知，常温下气体分子一般是以几百米每秒的平均速率运动，但实际上气体的扩散、传递过程却相对来说很慢。因为气体分子在运动过程中频繁地与其他分子发生碰撞。也正是由于这种碰撞，分子间发生能量的传递，才使得气体的扩散、传导等过程正常进行。

分子的平均碰撞频率是指在一秒钟内，一个分子与其他分子发生碰撞的次数，即所谓分子的碰撞频率。这里要用到分子的平均速率 $\overline{v}$。

假设某分子以 $\overline{v}$ 运动，而其他分子静止不动。气体分子仍视作弹性小球，直径为 d。如图 13.10 所示，凡是球心到中心线的距离小于 d 的其他分子，都将与该分子发生碰撞。

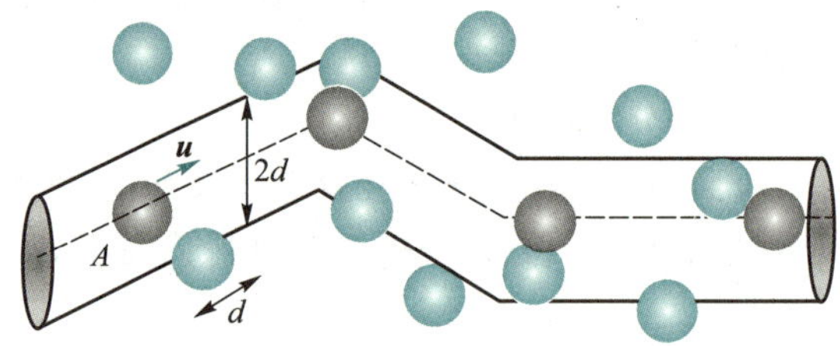

图 13.10 气体分子相对运动

所以，在沿 $\overline{v}$ 运动方向上虚设的体积为 $\pi d^2\overline{v}$ 的圆柱体的其他分子，均将在一秒钟内与该分子碰撞。设分子数密度为 n，则分子的平均碰撞频率

$$\overline{Z}=n(\pi d^2\overline{v})$$

实际上所有的分子都在运动，且分子运动的速率遵守麦克斯韦速率分布律，这样分子间的相对速度的大小并不是 $\overline{v}$，麦克斯韦从理论上提出对上式修正得到

$$\overline{Z}=\sqrt{2}n(\pi d^2\overline{v}) \tag{13.26}$$

2. 平均自由程

气体分子在运动中任意两次连续碰撞之间，一个分子所经过的自由路程的长短显然不同，经过的时间也不同。所谓分子的**平均自由程**，就是指每两次连续碰撞之间气体分子自由运动的平均路程。

由前所述，一秒内每一分子平均走过的路程为 $\overline{v}\times1$ s，一秒内每一分子与其他分子碰撞的平均次数为 $\overline{Z}$，显然平均自由程为

$$\overline{\lambda}=\frac{\overline{v}}{\overline{Z}}=\frac{1}{\sqrt{2}n\pi d^2} \tag{13.27}$$

式中，n 为分子数密度，d 为分子直径。

习题

13.1　对汽车轮胎打气，使达到所需要的压强。问在夏天与冬天，打入轮胎内的空气质量是否相同？为什么？

13.2　两个相同的容器装有氢气，以一细玻璃管相连通，管中用一滴水银作活塞，如图所示。当左边容器的温度为 0 ℃、而右边容器的温度为 20 ℃时，水银滴刚好在管的中央。试问，当左边容器温度由 0 ℃增到 5 ℃、而右边容器温度由 20 ℃增到 30 ℃时，水银滴是否会移动？如何移动？

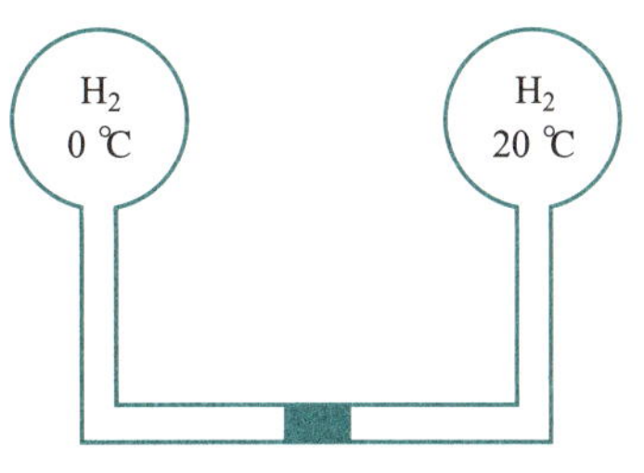

第 13.2 题图

13.3　由理想气体的内能公式 $E=\dfrac{iRTm}{2M}$ 可知内能 E 与气体的物质的量 m/M、自由度 i 以及热力学温度 T 成正比，试从微观上加以说明。如果储有某种理想气体的容器漏气，使气体的压强、分子数密度都减少为原来的一半，则气体的内能是否会变化？为什么？气体分子的平均动能是否会变化？为什么？

13.4　已知 $f(v)$ 是气体速率分布函数。N 为总分子数，n 为单位体积内的分子数。试说明以下各式的物理意义。

(1) $Nf(v)\mathrm{d}v$；

(2) $f(v)\mathrm{d}v$；

(3) $\displaystyle\int_{v_1}^{v_2} Nf(v)\mathrm{d}v$；

(4) $\displaystyle\int_{v_1}^{v_2} f(v)\mathrm{d}v$。

13.5　一个能量为10^{12}eV 的宇宙射线粒子，射入一氖管中，氖管中含有氦气 0.10 mol，如果宇宙射线粒子的能量全部被氖气分子所吸收而变为热运动能量，问氖气的温度升高了多少？

13.6　一超声波源发射超声波的功率为 10 W。假设它工作 10 s，并且全部波动能量都被 1 mol 氧气吸收而用于增加其内能，则氧气的温度升高了多少？

（氧气分子视为刚性分子，摩尔气体常量 $R=8.31\ \mathrm{J\cdot mol^{-1}\cdot K^{-1}}$）

13.7　容器内储有 1 mol 某种气体。今自外界输入 2.09×10^2J 热量，测得气体温度升高 10K，求该气体分子的自由度。

13.8　水蒸气分解为同温度 T 的氢气和氧气$\left(H_2O \rightarrow H_2+\dfrac{1}{2}O_2\right)$时，1 mol 的水蒸气可分解成 1 mol 氢气和$\dfrac{1}{2}$mol 氧气。当不计振动自由度时，求此过程中内能的

增量。

13.9 黄绿光的波长是 500 nm。理想气体在标准状况下，以黄绿光的波长为边长的立方体内有多少个分子？(玻耳兹曼常量 $k=1.38\times10^{-23}$ J·K^{-1})

13.10 有 2×10^{-3} m^3 刚性双原子分子理想气体，其内能为 6.75×10^{2} J。

(1) 试求气体的压强；

(2) 设分子总数为 5.4×10^{22} 个，求分子的平均平动动能及气体的温度。

(玻耳兹曼常量 $k=1.38\times10^{-23}$ J·K^{-1})

13.11 有两个容器，一个装氢气(H_2)，一个装氩气(Ar)，均视为理想气体。已知两种气体的体积、质量、温度都相等。问

(1) 两种气体的压强是否相等？为什么？

(2) 每个氢气分子和每个氩气分子的平均平动动能是否相等？为什么？

(3) 两种气体的内能是否相等？为什么？

(氩气的摩尔质量 $M_{Ar}=40\times10^{-3}$ kg/mol)

13.12 储有 1 mol 氧气，容积为 1 m^3 的容器以 $v=10$ m·s^{-1}的速度运动。设容器突然停止，其中氧气的 80%的机械运动的动能转化为气体分子热运动的动能，问气体的温度及压强各升高了多少？

13.13 容积为 20.0 L(升)的瓶子以速率 $v=200$ m·s^{-1}匀速运动，瓶子中充有质量为 100 g 的氦气。设瓶子突然停止，且气体的全部定向运动动能都转化为气体分子热运动的动能，瓶子与外界没有热量交换，求热平衡后氦气的温度、压强、内能及氦气分子的平均动能各增加多少？(摩尔气体常量 $R=8.31$ J·mol^{-1}·K^{-1}，玻耳兹曼常量 $k=1.38\times10^{-23}$ J·K^{-1})

13.14 一容积为 10 cm^3 的电子管，当温度为 300 K 时，用真空泵把管内空气抽成压强为 5×10^{-6} mmHg 的高真空，问此时管内有多少个空气分子？这些空气分子的平均平动动能的总和是多少？平均转动动能的总和是多少？平均动能的总和是多少？(760 mmHg $=1.013\times10^{5}$ Pa，空气分子可视为刚性双原子分子) (玻耳兹曼常量 $k=1.38\times10^{-23}$ J·K^{-1}。)

13.15 容积 $V=1$ m^3 的容器内混有 $N_1=1.0\times10^{25}$个氢气分子和 $N_2=4.0\times10^{25}$个氧气分子，混合气体的温度为 400 K，求：

(1) 气体分子的平动动能总和。

(2) 混合气体的压强。 (摩尔气体常量 $R=8.31$ J·mol^{-1}·K^{-1}。)

13.16 容器内混有二氧化碳和氧气两种气体，混合气体的温度是 290 K，内能是 9.64×10^{5} J，总质量是 5.4 kg，试分别求二氧化碳和氧气的质量。

(二氧化碳的 $M_{CO_2}=44\times10^{-3}$ kg·mol^{-1}，氧气的 $M_{O_2}=32\times10^{-3}$ kg·mol^{-1}，摩尔气体常量 $R=8.31$ J·mol^{-1}·K^{-1})

13.17 容器内装有氧气，质量为 0.10 kg，压强为 10×10^{5} Pa，温度为 47 ℃。因为容器漏气，经过若干时间后，压强降到原来的 5/8，温度降到 27 ℃。问：(1)容器的容积有多大？(2)漏出了多少氧气？

13.18 许多星球的温度达到 10^{8} K。在这温度下原子已经不存在了，而氢核

(质子)是存在的。若把氢核视为理想气体，求：

(1) 氢核的方均根速率是多少?

(2) 氢核的平均平动动能是多少电子伏?

(摩尔气体常量 $R=8.31\ \mathrm{J\cdot mol^{-1}\cdot K^{-1}}$，$1\ \mathrm{eV}=1.6\times10^{-19}\ \mathrm{J}$，玻耳兹曼常量 $k=1.38\times10^{-23}\ \mathrm{J\cdot K^{-1}}$。)

13.19　已知某种气体在温度 $T=273\ \mathrm{K}$，压强 $p=1.0\times10^{-2}\ \mathrm{atm}$，密度 $\rho=1.24\times10^{-2}\mathrm{g\cdot L^{-1}}$。

(1) 求此气体分子的方均根速率；

(2) 求此气体的摩尔质量，并确定它是什么气体。

13.20　在 A、B、C 三个容器中，装有不同温度的同种理想气体，设其分子数密度之比 $n_A:n_B:n_C=1:2:4$，方均根速率之比 $(\overline{v_A^2})^{1/2}:(\overline{v_B^2})^{1/2}:(\overline{v_C^2})^{1/2}=1:2:4$，则其算术平均速率之比为 $\overline{v_A}:\overline{v_B}:\overline{v_C}=1:4:16$，压强之比为 $p_A:p_B:p_C=1:4:16$。

以上关于算术平均速率之比值与压强之比值是否正确? 如有错误请改正。

13.21　求在多高温度下，理想气体分子的平均平动动能等于 1 eV。

13.22　试求氢分子的方均根速率等于离开地球表面的逃逸速率时的温度。

13.23　如图所示，是氢气和氧气在同一温度下的麦克斯韦速率分布曲线。试由图中的数据求：

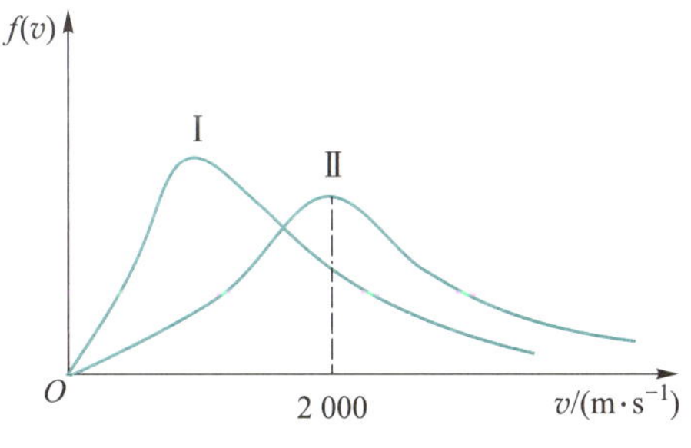

第 13.23 题图

(1) 氢气分子和氧气分子的最概然速率；

(2) 两种气体的温度。

13.24　由 N 个分子组成的理想气体，其分子速率分布如图所示[$v>2v_0$ 时，$f(v)=0$]：

(1) 用 v_0 表示 a 的值；

(2) 求速率在 $1.5v_0$ 与 $2.0v_0$ 之间的分子数；

(3) 求分子的平均速率。

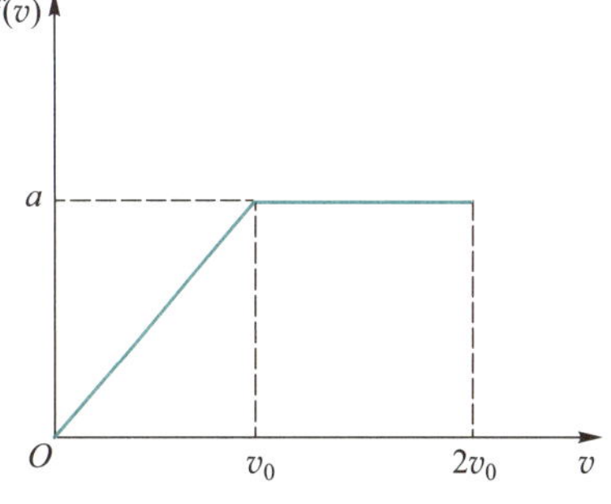

第 13.24 题图

13.25　假定大气层各处温度相同均为 T，空气的摩尔质量为 M。试根据玻耳兹曼分布律 $n=n_0\mathrm{e}^{-(E_p/kT)}$

证明大气压强 p 与高度 h(从海平面算起,海平面处的大气压强为 p_0)的关系是

$$h=\frac{RT}{Mg}\ln\left(\frac{p_0}{p}\right)$$

13.26 假设地球大气层由同种分子构成，且充满整个空间，并设各处温度 T 相等。试根据玻耳兹曼分布律计算大气层中分子的平均重力势能$\overline{\varepsilon_{\mathrm{p}}}$。

(已知积分公式$\int_0^{\infty} x^n \mathrm{e}^{-ax}\mathrm{d}x = n!\ /a^{n+1}$)

13.27 宇宙中除了发光的恒星，还有许多星云和星际介质。某一暗星云的温度为 20 K，若每立方厘米的暗星云中含有 50 个氢原子，取氢原子的直径为 1.0×10^{-10}m，试计算这些氢原子的平均碰撞频率和每两次碰撞间隔的平均时间。

13.28 一定量理想气体先经等容过程，使其温度升高为原来的 4 倍，再经等温过程，使体积膨胀为原来的 2 倍。根据 $\overline{Z}=\sqrt{2}\pi d^2\overline{v}n$ 和 $\overline{v}=\sqrt{\dfrac{8kT}{\pi m_0}}$，可知平均碰撞频率增至原来的 2 倍；再根据 $\overline{\lambda}=kT/(\sqrt{2}\pi d^2 p)$，则平均自由程增至原来的 4 倍。以上结论是否正确？如有错误请改正。

13.29 今测得温度为 $t_1=15$ ℃，压强为 $p_1=0.76$ m 汞柱高时，氩气分子和氖气分子的平均自由程分别为：$\overline{\lambda}_{\mathrm{Ar}}=6.7\times10^{-8}$ m 和 $\overline{\lambda}_{\mathrm{Ne}}=13.2\times10^{-8}$ m，求：

(1) 氖气分子和氩气分子有效直径之比 $d_{\mathrm{Ne}}/d_{\mathrm{Ar}}$。

(2) 温度为 $t_2=20$ ℃，压强为 $p_2=15$ cmHg 时，氩气分子的平均自由程$\overline{\lambda}'_{\mathrm{Ar}}$。

13.30 求氢气在标准状况下，在 1 s 内分子的平均碰撞频率。已知氢气分子的有效直径为 2×10^{-10}m。

第十四章 热力学基础

思考题

1. 你认为热力学这一章研究的核心物理问题是什么？
2. 简述热力学基础研究对象的理想模型和理想运动过程。

第一节 热力学研究对象

热力学是研究物质热现象和热运动规律的宏观理论，不涉及物质内部结构。工科基础物理研究的热力学系统主要是理想气体，系统所处状态为平衡态，系统经历过程为准静态过程；研究的内容为工作物质经历准静态过程中涉及的包含热量传递在内的功能转化关系及过程进行的条件。

当理想气体系统处于某一平衡态，可用一组状态参量(p、V、T)描述；由理想气体物态方程适用条件可知，这三个参量满足克拉珀龙理想气体物态方程，因此三个参量之间只有两个参量是独立的，以两个独立参量为坐标轴画出的平面图，称为**理想气体状态图**，一个平衡态与状态图上一定点相对应，如图 14.1 所示。

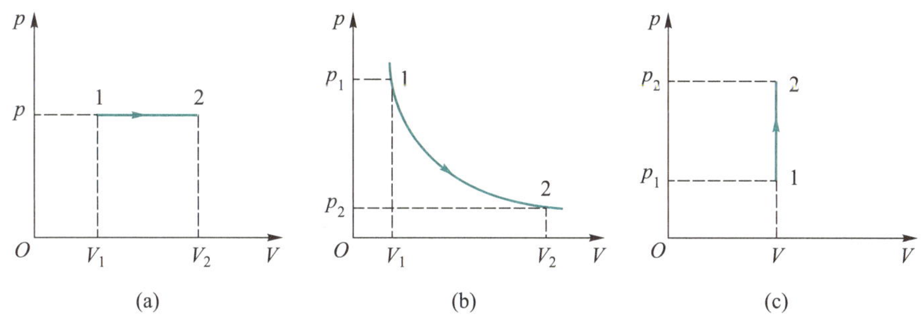

图 14.1 理想气体状态图

准静态过程：可看成一系列平衡态构成，不同的准静态过程由对应的过程方程描述，每一过程对应状态图中的一条曲线，如图 14.1 中(a)中的等压曲线，对应的过程方程是：$\dfrac{V}{T}=C_1$；(b)中的等温曲线，对应的过程方程是：$pV=C_2$；(c)中的等容曲线，对应的过程方程是：$\dfrac{p}{T}=C_3$。

讨论 1：

（1）常用哪些参量描述理想气体构成的热力学系统？

（2）有哪些常见的热力学过程？分别如何描述？

第二节 热力学第一定律

热力学第一定律是用能量转化的观点研究系统热力学过程中有关热、功之间的关系。工科基础物理课程中的热力学第一定律讨论的是平衡态之间经历准静态过程变化时的功、内能和热量三者的变化及其关系。其中“功”的概念是力学中已有的，不过在热力学中要推广；在 13.2.2 节中我们已有了“理想气体的内能”的概念，这里还需要引入“热量”的概念。

2.1 功 热量 内能

2.1.1 准静态过程的功

力学中，若一个物体在外力 $\boldsymbol{F}$ 作用下产生位移，则外力对物体做的功表示为

$$\mathrm{d}A=\boldsymbol{F}\cdot\mathrm{d}\boldsymbol{r}=F|\mathrm{d}\boldsymbol{r}|\cos\theta$$

式中，$\mathrm{d}\boldsymbol{r}$ 为微位移，θ 为 $\boldsymbol{F}$ 与 $\mathrm{d}\boldsymbol{r}$ 的夹角。

当热力学系统经历一个准静态过程时功的计算，上式也适用。以气缸中气体系统膨胀为例，如图 14.2 所示，当气体压强为 p 时，气体对面积为 S 的活塞的压力为 $F=pS$，活塞移动 $\mathrm{d}l$，气体对外所做的元功为

$$\mathrm{d}A=pS\mathrm{d}l=p\mathrm{d}V$$

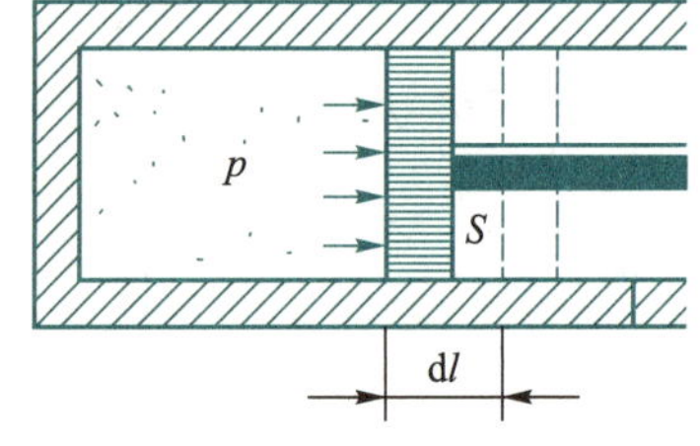

图 14.2 气体膨胀做功

则系统从状态 1（体积为 V_1）膨胀到状态 2（体积为 V_2），气体系统对外做功

$$A=\int_{V_1}^{V_2}p\mathrm{d}V \tag{14.1}$$

求解上式积分时，需用过程方程来统一变量，因此，系统由一个状态变化到另一个状态的过程中所做的功，不仅与系统的始、末状态有关，还与系统所经历的过程有关，所以功是一个过程量。在 $p-V$ 状态图中，功的量值等于该过程曲线下面到横坐标轴（V 轴）之间的面积。这个结论对准静态过程的任何情况下体积变化的气体系统都适用。

2.1.2 热量

温度高的物体与温度低的物体接触时，是通过热量传递的方式达到热平衡的，在热传导过程中传递的能量称为**热量**。系统经传热由温度 T_1 变到 T_2 时，吸收（或放出）的热量计算公式为

$$Q=mc(T_2-T_1) \tag{14.2}$$

式中，m 为气体的质量，mc 称为**热容**，c 为单位质量物质温度变化 1 K 吸收(或放出)的热量，称为**比热容**，其不仅与物质性质有关，也与经历的过程有关，因此，热量也是个过程量。

若系统的工作物质是 1 mol 气体(质量为 M)，Mc 称为**摩尔热容**，记作 C，则热量可表示为

$$Q=Mc(T_2-T_1)=C(T_2-T_1) \tag{14.3}$$

其微分式

$$\mathrm{d}Q=C\mathrm{d}T \text{ 或 } C=\frac{\mathrm{d}Q}{\mathrm{d}T}$$

式中 C 称为**摩尔热容**，也是与具体物质和过程有关的量。例如，气体的摩尔定容热容，就是指 1 mol 理想气体，在体积不变的条件下，温度升高(或降低)1 K，气体所吸收(或放出)的热量。

2.1.3 内能

实验证明，不论是做功还是传热量，都可以使系统状态发生变化，只要系统始、末状态相同，系统与外界交换的能量就相同，这说明当系统的状态一定时，系统具有的能量也是一定的，此能量称为系统的**内能**，一般用 E 表示。根据焦耳定律，内能由系统状态唯一地确定，并随状态变化而变化，因此，内能是状态的单值函数。

2.2 热力学第一定律

外界对系统做功，或者与系统交换热量，或两者兼施，则所做的功与所交换热量的总和，是与系统内能的改变量相等的。即

$$Q=\Delta E+A \tag{14.4}$$

式(14.4)就是热力学第一定律的公式表示式。热力学第一定律说明：系统所吸收的热量，在数值上等于这一过程中系统内能的增量及对外界做功的总和。

讨论：

(1) 热力学第一定律其实质就是包含热现象在内的能量守恒定律。我们规定：系统从外界吸热，Q 为正，系统向外界放热，Q 为负；系统内能增加，ΔE 为正，反之 ΔE 为负；系统对外界做功，A 为正，外界对系统做功，A 为负。

(2) 由式(14.4)可得

$$A=Q-(E_2-E_1)$$

若系统既不从外界吸热，又不减少系统的内能，则系统不可能对外界做功，即所谓第一类永动机是不可能实现的。

(3) 由式(14.4)可得热力学第一定律的微分形式

$$\mathrm{d}Q=\mathrm{d}E+\mathrm{d}A$$

(4) 由式(14.3)和式(14.4)可得，当系统经历等容过程时，其内能的增量 ΔE 由等容过程中的热量变化 Q_V 提供。设此时系统物质的量为 ν，该物质的摩尔

定容热容用 $C_{V,\mathrm{m}}$表示，则

$$\Delta E=\nu C_{V,\mathrm{m}}(T_2-T_1) \tag{14.5}$$

由于内能是状态函数，温度为状态参量，对于给定始、末两个状态的理想气体，只要知道系统的物质的量 ν 和摩尔定容热容 $C_{V,\mathrm{m}}$，不论经历什么过程，根据式(14.5)就能计算出系统的内能变化。根据焦耳定律，内能只与温度有关，所以 $C_{V,\mathrm{m}}$也只与温度有关。实验和气体动理论的结果表明，不太严格的情况下，理想气体摩尔定容热容为常量，其值为

$$C_{V,\mathrm{m}}=\frac{i}{2}R \tag{14.6}$$

式中，i 为该理想气体的自由度，R 为摩尔气体常量。

讨论 2：

热力学第一定律中，哪些量是状态量？哪些量是过程量？试说明你认为的理由。

[例 14.1] 如图 14.3 所示，压强随体积按线性变化，若已知某种单原子分子理想气体在 A，B 两状态的压强和体积，问：

(1) 从状态 A 到状态 B 的过程中，气体做的功是多少？

(2) 内能增加多少？

(3) 传递的热量是多少？

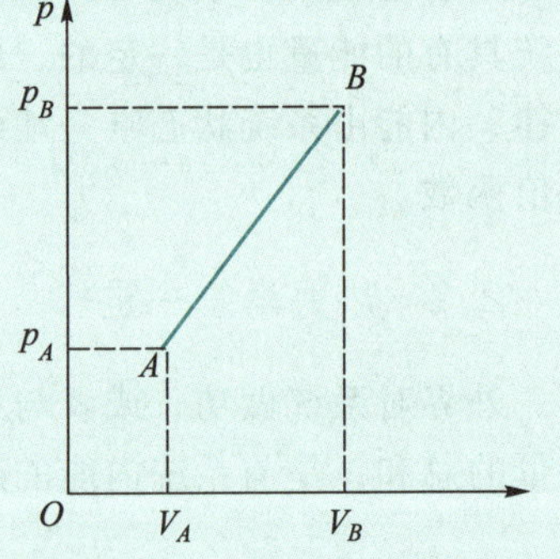

图 14.3 例 14.1 题图

[解] (1) 气体做的功的大小为斜线 AB 下的面积

$$A=\frac{1}{2}(p_A+p_B)(V_B-V_A)$$

(2) 对于单原子分子理想气体

$$C_{V,\mathrm{m}}=\frac{3}{2}R$$

气体内能的增量为

$$\Delta E=\frac{m}{M}C_{V,\mathrm{m}}(T_B-T_A)=\frac{3}{2}\frac{m}{M}R(T_B-T_A)$$

由物态方程 $pV=\frac{m}{M}RT$ 代入得

$$\Delta E=\frac{3}{2}(p_BV_B-p_AV_A)$$

(3) 气体传递的热量为

$$Q=\Delta E+A=\frac{1}{2}(p_A+p_B)(V_B-V_A)+\frac{3}{2}(p_BV_B-p_AV_A)$$

第三节 热力学第一定律的应用

3.1 在理想气体的等值过程中应用

热力学第一定律是包含热现象在内的能量守恒定律，是一个自然界普遍适用的一个定律。我们将其应用于准静态的等值过程，研究其热量、功和内能的转化关系。

3.1.1 等容过程

气体系统的体积不变的准静态过程称为等容过程或等体过程，其过程特征为

$$V=常量，即 \ dV=0$$

过程方程为

$$\frac{p}{T}=\frac{\nu R}{V}=C_1 \tag{14.7}$$

其 $p-V$ 关系状态图如 14.4 所示。

1. 等容过程的功。由式(14.2)和式(14.7)可得

$$A=\int_{V_1}^{V_2} p\mathrm{d}V=0$$

2. 内能。由式(14.5)和式(14.6)得

$$\Delta E=\nu C_{V,\mathrm{m}}(T_2-T_1)=\nu\frac{i}{2}R(T_2-T_1)$$

3. 热量。根据热力学第一定律(14.4)式得，等容过程的热量为

$$Q_V=A+\Delta E=0+\nu C_{V,\mathrm{m}}(T_2-T_1)=\nu\frac{i}{2}R(T_2-T_1)$$

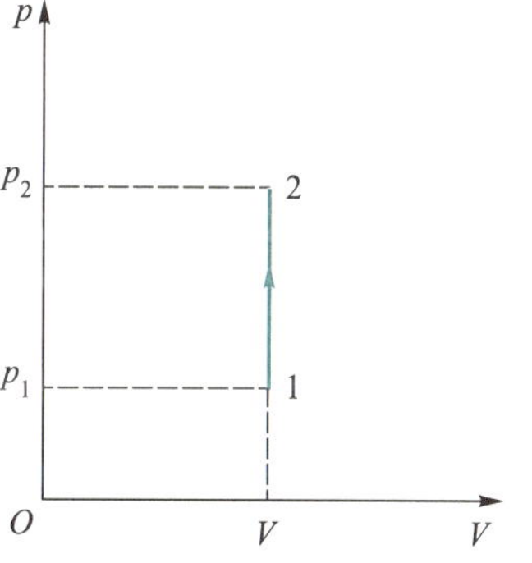

图 14.4 等容过程状态图

等容过程的特点：当 $Q_V>0$ 时，则 $E_2-E_1>0$，系统从外界吸收的热量全部用于增加系统内能；

当 $Q_V<0$ 时，则 $E_2-E_1<0$，系统向外放热，必将减少同样数量的内能。

3.1.2 等压过程

理想气体系统的压强保持不变的准静态过程称作等压过程。例如，气缸内体积膨胀时保持系统内压强大小不变的准静态过程。其过程方程为

$$p=常量，即 \ dp=0$$

过程方程为

$$\frac{V}{T}=\frac{\nu R}{p}=C_2 \tag{14.8}$$

其 $p-V$ 关系状态图如 14.5 所示。

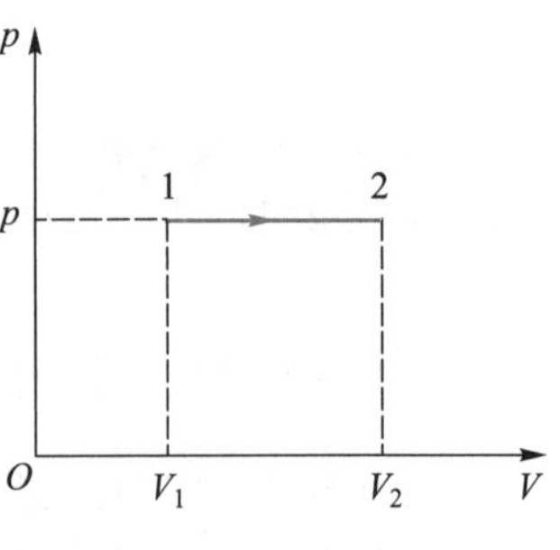

图 14.5 等压过程状态图

1. 等压过程的功。由式(14.2)和式(14.8)得

$$A=\int_{V_1}^{V_2}p\mathrm{d}V=p(V_2-V_1)$$

2. 等压过程的内能。由式(14.5)和式(14.6)得

$$\Delta E=\nu C_{V,\mathrm{m}}(T_2-T_1)=\nu\frac{i}{2}R(T_2-T_1)$$

3. 热量。根据热力学第一定律(14.4)式得，等压过程的热量为

$$Q_p=A+\Delta E=p(V_2-V_1)+\nu\frac{i}{2}R(T_2-T_1)$$

由理想气体物态方程(13-1)$pV=\nu RT$ 代入上式，得

$$Q_p=\nu(R+C_{V,\mathrm{m}})(T_2-T_1) \tag{14.9}$$

4. 摩尔定压热容 $C_{p,\mathrm{m}}$。由摩尔热容定义式(14.3)和式(14.9)得

$$C_{p,\mathrm{m}}=R+C_{V,\mathrm{m}}=\frac{i+2}{2}R \tag{14.10}$$

5. 比热容比 γ。指摩尔定压热容与摩尔定容热容之间的比值，又称迈耶公式：

$$\gamma=\frac{C_{p,\mathrm{m}}}{C_{V,\mathrm{m}}}=\frac{C_{V,\mathrm{m}}+R}{C_{V,\mathrm{m}}}=\frac{i+2}{i} \tag{14.11}$$

3.1.3 等温过程

一定量的理想气体系统温度保持不变的准静态过程，称为等温过程。其过程特征为

$$T=C(\text{常量})\text{，即 }\mathrm{d}T=0$$

其过程方程为

$$pV=\nu RT=C_3 \tag{14.12}$$

其 p-V 关系状态图如 14.6 所示。

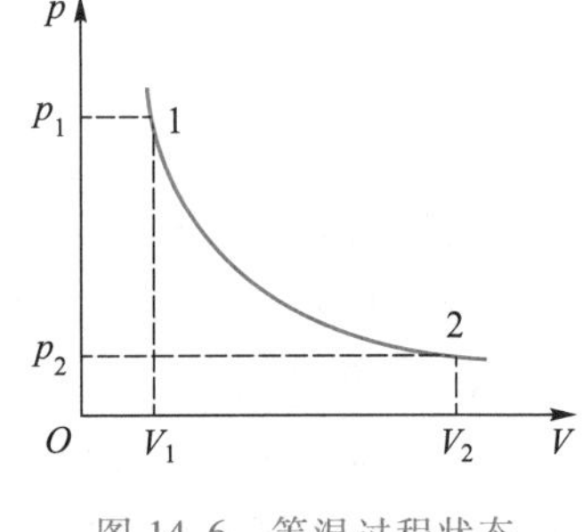

图 14.6 等温过程状态

1. 等温过程的功。由式(14.2)得

$$A=\int_{V_1}^{V_2}p\mathrm{d}V$$

由式(14.12)可得 $p=p(V)=\nu RT\frac{1}{V}$，代入上式有

$$A=\int_{V_1}^{V_2}p\mathrm{d}V=\nu RT\int_{V_1}^{V_2}\frac{1}{V}\mathrm{d}V=\nu RT\ln\frac{V_2}{V_1}=\nu RT\ln\frac{p_1}{p_2}$$

2. 等温过程内能。T 不变，依式(14.5)，则

$$\Delta E=0$$

3. 等温过程的热量，由热力学第一定律(14.4)式，有

$$Q_T=A+\Delta E=A_T+0=\nu RT\ln\frac{V_2}{V_1}=\nu RT\ln\frac{p_1}{p_2}$$

> 讨论 3：
> 试总结应用热力学第一定律的一般解题步骤。

3.1.4 绝热过程

系统与外界没有热量交换的准静态过程，称为绝热过程。例如，杜瓦瓶、真空保温杯、冰箱或用石棉等绝热材料包起来的容器内的系统所经历的状态变化过程，均可近似地视作绝热过程。若系统的热量短时间来不及和周围环境发生交换，该系统所经历的状态变化过程也可近似当作绝热过程。

1. 绝热特征

因为 Q 不变，$\mathrm{d}Q=0$，由热力学第一定律得

$$\mathrm{d}Q=\mathrm{d}E+p\mathrm{d}V=0$$

2. 绝热方程

由上式和内能表达式得

$$p\mathrm{d}V=-\mathrm{d}E=-\nu C_{V,\mathrm{m}}\mathrm{d}T \tag{14.13}$$

又由理想气体物态方程两边微分，可得

$$p\mathrm{d}V+V\mathrm{d}p=\nu R\mathrm{d}T \tag{14.14}$$

由式(14.13)和式(14.14)消去 $\mathrm{d}T$ 得

$$(R+C_{V,\mathrm{m}})p\mathrm{d}V=-C_{V,\mathrm{m}}V\mathrm{d}p$$

利用 $C_{p,\mathrm{m}}=R+C_{V,\mathrm{m}}$ 及 $\gamma=\dfrac{C_{p,\mathrm{m}}}{C_{V,\mathrm{m}}}$ 可得

$$\frac{\mathrm{d}p}{p}+\gamma\frac{\mathrm{d}V}{V}=0$$

两边同时积分，得

$$\ln p+\gamma\ln V=C\text{（常量）}$$

即

$$pV^{\gamma}=C_1 \tag{14.15}$$

利用理想气体的物态方程 $pV=\nu RT$，消去 p 或 V，分别可得

$$V^{\gamma-1}T=C_2 \tag{14.16}$$

$$p^{\gamma-1}T^{-\gamma}=C_3 \tag{14.17}$$

式(14.15)、式(14.16)和式(14.17)统称为绝热方程，这一组方程表达了绝热过程中任两个状态参量之间的函数关系。

3. $p-V$ 状态图中绝热过程曲线(与等温线比较)，如图 14.7 所示

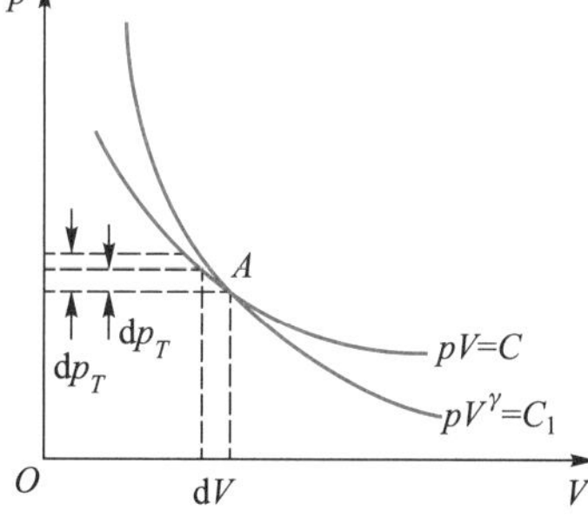

图 14.7 等温和绝热过程状态图

由等温过程：$pV=C$，方程两边求导可得

$$p\mathrm{d}V+V\mathrm{d}p=0$$

在 $p-V$ 图中的 A 点

$$\left(\frac{\mathrm{d}p}{\mathrm{d}V}\right)_T=-\frac{p_A}{V_A} \tag{14.18}$$

由绝热过程：$pV^{\gamma}=C_1$，方程两边求导可得

$$V^{\gamma}\mathrm{d}p+\gamma V^{\gamma-1}p\mathrm{d}V=0$$

$$\left(\frac{\mathrm{d}p}{\mathrm{d}V}\right)_Q=-\gamma\frac{p_A}{V_A} \tag{14.19}$$

由于 $\gamma=\dfrac{C_{p,\mathrm{m}}}{C_{V,\mathrm{m}}}>1$，所以，绝热线比等温线要陡些。

由式(14.18)和式(14.19)作出的示意图如下：

绝热线比等温线陡是因为在绝热膨胀过程中，压强的降低不仅由于体积的膨胀，而且还因为温度的降低；反之，对绝热压缩过程，压强的增大不仅因为体积的压缩，而且还由于系统温度的升高。

4. 绝热过程的功、热量及内能

因 $\mathrm{d}Q=0$，且用 $C_{V,\mathrm{m}}$ 计算两状态之间的内能变化，则

$$\mathrm{d}A_Q=-\mathrm{d}E=-\nu C_{V,\mathrm{m}}\mathrm{d}T$$

$$A_Q=-(E_2-E_1)=-\nu C_{V,\mathrm{m}}(T_2-T_1)$$

讨论 4：

如何定性地理解绝热线比等温线更陡？

3.1.5 多方过程

作为上述四个特征过程的综合，令

$$pV^n=C(\text{常量}) \tag{14.20}$$

式(14.20)称为多方过程或多变过程的过程方程，n 称为**多方指数**。

(1) $n=0$，$p=C$(常量)，对应等压过程；

(2) $n=1$，$pV=C$，对应等温过程；

(3) $n=\gamma$，$pV^{\gamma}=C$，对应绝热过程；

(4) $n\to\infty$，式(14.20)可转化为 $p^{\frac{1}{n}}V=C$，即 $V=C$(常量)，对应等容过程。

显然，理想气体的多方过程仍然遵循其物态方程和热力学第一定律。可以证明，理想气体由平衡态(p_1,V_1)经多方过程达平衡态(p_2,V_2)，该过程中系统所做的功为

$$A=\frac{p_1V_1-p_2V_2}{n-1} \tag{14.21}$$

例如，等压过程 $n=0$，$A_p=p(V_2-V_1)$；等容过程 $n\to\infty$，$A_V=0$；绝热过程 $n=\gamma$，$A_Q=\dfrac{p_1V_1-p_2V_2}{\gamma-1}$；等温过程 $n=1$，情况比较特殊，系统所做的功为 $A_T=C\ln\dfrac{V_2}{V_1}$。

[**例 14.2**]　质量为 0.014 kg 的氮气在标准状况下经下列过程压缩为原体积的一半：

（1）等温过程；

（2）等压过程；

（3）绝热过程，

试计算在这些过程中气体内能的改变，传递的热量和外界对气体所做的功。（设氮气为理想气体）

[**解**]　（1）等温过程

$$A=\frac{m}{M}RT\ln\frac{V_2}{V_1}=\frac{14}{28}\times 8.31\times 273\ln\frac{\frac{1}{2}V_1}{V_1}\ \mathrm{J}=-7.86\times 10^2\ \mathrm{J}$$

$$\Delta E=0$$

$$Q=A=-7.86\times 10^2\ \mathrm{J}$$

（2）等压过程，由物态方程可得

$$T_2=\frac{1}{2}T_1$$

$$\begin{aligned}\Delta E&=\frac{m}{M}C_{V,\mathrm{m}}(T_2-T_1)\\&=\frac{14}{28}\times\frac{5}{2}\times 8.31\times\left(273\times\frac{1}{2}-273\right)\mathrm{J}=-1.42\times 10^3\ \mathrm{J}\end{aligned}$$

$$\begin{aligned}Q&=\frac{m}{M}C_{p,\mathrm{m}}(T_2-T_1)\\&=\frac{14}{28}\times 8.31\times\frac{7}{2}\times\left(\frac{1}{2}\times 273-273\right)\mathrm{J}=-1.99\times 10^3\ \mathrm{J}\end{aligned}$$

$$A=Q-\Delta E=-1.99\times 10^3-(-1.42\times 10^3)\ \mathrm{J}=-5.7\times 10^2\ \mathrm{J}$$

（3）绝热过程特征：　$Q=0$

由绝热方程　$V_1^{\gamma-1}T_1=V_2^{\gamma-1}T_2$

其中

$$\gamma=\frac{C_{p,\mathrm{m}}}{C_{V,\mathrm{m}}}=\frac{7}{5},\quad V_2=\frac{1}{2}V_1$$

代入

$$V_1^{\frac{2}{5}}T_1=\left(\frac{V_1}{2}\right)^{\frac{2}{5}}T_2$$

得　$T_2=T_1\sqrt[5]{4}=273\times\sqrt[5]{4}\ \mathrm{K}=360.2\ \mathrm{K}$

所以内能的增量

$$\Delta E=\frac{m}{M}C_{V,\mathrm{m}}(T_2-T_1)=\frac{14}{28}\times\frac{5}{2}\times 8.31\times(360.2-273)\ \mathrm{J}=905.8\ \mathrm{J}$$

$$A=-\Delta E=-905.8\mathrm{J}$$

3.2 循环过程中的应用

3.2.1 循环过程

1. 循环过程及其特征

系统经历一系列的变化过程又回到初始状态，这种周而复始的变化过程称为循环过程，简称循环。

因为单一过程的体积变化总有个终结，不能连续不断地进行热功转化。要连续不断地将热转化为功，只能使系统作循环过程，才有利用价值。

如图 14.8 所示，系统经历一个循环，回到初始状态，内能没有改变。因为内能是状态的单值函数，因此其过程特征为

$$\oint_L \mathrm{d}E = 0 \tag{14.22}$$

图 14.8 即循环过程在 p-V 图中的过程曲线。

如果循环沿顺时针方向进行，如 14.8 图(a)所示，称为正循环。此时，吸热 $Q_1>Q_2$，系统对外做正功。正循环是热机循环的工作原理。如果循环沿逆时针方向进行，如 14.8 图(b)所示，称为逆循环。此时，吸热 $Q_1<Q_2$，系统对外做负功。逆循环是制冷机循环的工作原理。

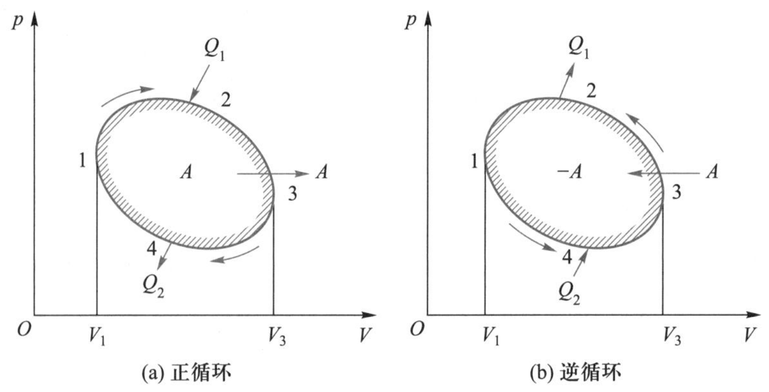

图 14.8 p-V 图中循环过程

2. 循环过程的热机能量转化规律

因循环过程经历一个循环，系统回到原来状态，内能变化 $\Delta E=0$，根据热力学第一定律，对一个循环过程，系统满足式(14.23)：

$$\oint_L \mathrm{d}Q = \oint_L \mathrm{d}A \tag{14.23}$$

系统进行顺时针的正循环，$A>0$，若为反时针逆循环，则 $A<0$。如图 14.8 所示，系统在高温区膨胀过程中从外界吸收的热量为 $Q_1(Q_1>0)$，在低温区压缩过程中向外界放出的热量为 $Q_2(Q_2<0)$，则系统在循环过程中吸收的净热量为

$$Q_1-|Q_2|=A \tag{14.24}$$

此处 A 为系统对外所完成的净功。

讨论 5：

(1) 何为循环过程？如何理解系统经历一个完整的循环过程，其内能改变为零？

(2) 循环过程分为正循环和逆循环。哪种循环必吸热？哪种循环必放热？你的判断依据是什么原理？

3. 热机与工作物质

利用正循环过程把热量转化成机械功的装置，称为热机。热机就是利用热运动的能量连续不断做功的机器，如蒸汽机、内燃机、喷气发动机等，其中蒸气、油气的混合物就称为热机的工作物质。

4. 热机的循环效率

每一个循环过程的吸热(用 Q_1 表示)和放热(用 Q_2 表示)。因为工作物质经历一个循环内能不变，所以，工作物质经历一个循环吸收的净热量等于系统对外所做的功。由式(14.24)

$$Q_1-|Q_2|=A$$

功 A 的值等于 $p-V$ 图中循环曲线所围的面积。

热机将热量转化为功的效率，称为热机的效率，它描述的是热机对所吸收的热量的利用率。

$$\eta=\frac{A}{Q_1}=1-\frac{|Q_2|}{Q_1} \tag{14.25}$$

上式表示：循环过程中，热机从热源吸收热量 Q_1，也必定向外界环境放出热量 Q_2，只有一部分用于做的功 A，即系统在循环过程中吸收的热量不能全部用来做功。

5. 制冷机和制冷系数

与热机中工作物质的循环过程恰恰相反，从低温热源吸热($Q_2>0$)，向高温热源放热($Q_1<0$)，这样完成一个循环，不是工作物质对外做功，而是外界必须对工作物质做功，即 $A<0$，如图 14.8(b)所示。

这种循环的结果，将使低温热源的温度降得更低，这类循环称为制冷循环，这就是制冷机的原理。

制冷机的效率可用从低温热源中所吸取的热量 Q_2 与外界所做的功 A 的比值来衡量，称为制冷系数：

$$\omega=\frac{Q_2}{|A|}=\frac{Q_2}{|Q_1|-Q_2} \tag{14.26}$$

讨论 6：

结合社会生活中的概念，请归纳“效率”一词的含义，并对照理解热机和制冷机循环效率的定义。

3.2.2　卡诺循环

1. 卡诺循环

如图 14.9 所示，卡诺循环是工作在两个温度恒定的热源(一个高温热源 T_1，一个低温热源 T_2)之间的循环过程，且它由两个等温过程和两个绝热过程构成。

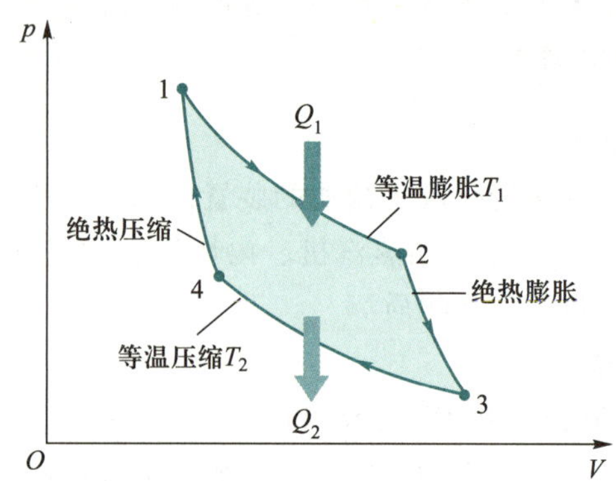

图 14.9　卡诺热机循环

1~2：为等温膨胀过程，此过程系统吸热

$$Q_1=A+\Delta E=A_T+0=\nu RT_1\ln\frac{V_2}{V_1}>0 \tag{14.27}$$

2~3：为绝热膨胀过程，dQ=0，由绝热过程方程有

$$T_1V_2^{\gamma-1}=T_2V_3^{\gamma-1} \tag{14.28}$$

3~4：为等温压缩过程，系统放热

$$Q_2=\nu RT_2\ln\frac{V_4}{V_3}<0 \tag{14.29}$$

4~1：为绝热压缩过程，dQ=0

$$T_1V_1^{\gamma-1}=T_2V_4^{\gamma-1} \tag{14.30}$$

2. 卡诺循环的热机效率

由热机的效率公式(14.25)和式(14.27)、式(14.29)可得

$$\eta=1-\frac{|Q_2|}{Q_1}=1-\frac{\left|T_2\ln\frac{V_4}{V_3}\right|}{T_1\ln\frac{V_2}{V_1}} \tag{14.31}$$

由过程 2~3 和过程 4~1 用绝热公式(14.28)和式(14.30)相比得

$$\left(\frac{V_2}{V_1}\right)^{\gamma-1}=\left(\frac{V_3}{V_4}\right)^{\gamma-1} \tag{14.32}$$

由式(14.32)代入式(14.31)去掉绝对值，得卡诺循环的效率

$$\eta_c=1-\frac{T_2\ln\frac{V_3}{V_4}}{T_1\ln\frac{V_2}{V_1}}=1-\frac{T_2}{T_1} \tag{14.33}$$

讨论：(1) 卡诺循环是在两个恒定的热源(一个高温热源,一个低温热源)之间的循环过程，要完成一次卡诺循环必须有高温和低温两个热源。

(2) 卡诺循环的热机效率只与两个热源的热力学温度有关，欲提高效率 η_c，则应加大两热源间的温差。

T_2 一般为环境温度，降低的难度大，成本也高；所以，一般采用提高高温热源的温度 T_1 的方法，来提高热机效率。

(3) 因为 $T_2=0$，$T_1\to\infty$是不可能的，所以，卡诺循环的热机效率必定小于 1。

为热机可能达到的最大效率问题，导致热力学第二定律的发现。

3. 卡诺制冷机循环制冷系数

卡诺制冷机也是工作在两个恒温热源之间，只是与热机循环方向相反，从低温热源吸热，向高温热源放热，实现制冷的目的，如图 14.10 所示。按类似热机效率计算方法可得，卡诺制冷机的制冷系数

$$\omega_c=\frac{T_2}{T_1-T_2} \tag{14.34}$$

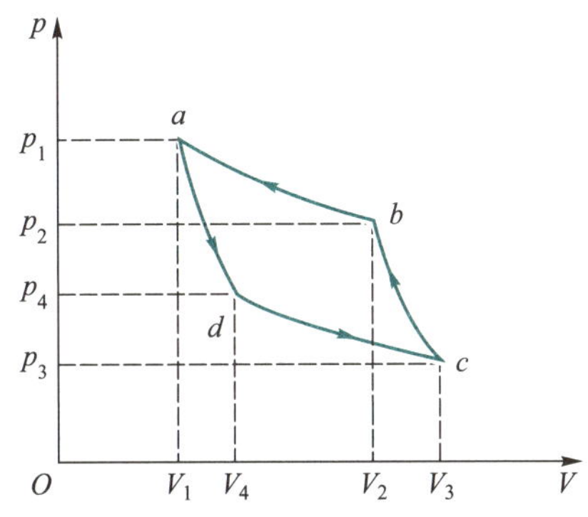

图 14.10　卡诺制冷机循环

(1) 由式(14.34)可知，T_2 越小，ω_c 也越小，说明要从越低的低温热源中吸热，就必须消耗越多的外功。

(2) 空调装置是一台制冷机，工作物质循环时，外界做功，从室内吸走热量 Q_2，把热量 Q_1 送出室外。利用液体的汽化过程制冷，一般选用沸点低的物质充当制冷剂，如氨和氟利昂等。

讨论 7:

对照卡诺热机的分析过程，体会并总结卡诺热机效率的求解思路。

[例 14.3]　有一卡诺机，工作在温度为 127 ℃和 27 ℃两个热源之间。

(1) 若一次循环，热机从 127 ℃的热源吸热 1 200 J，问应向 27 ℃的热源放热多少？(2) 若此循环按制冷循环工作，从 27 ℃的热源吸热 1 200 J，问应向 127 ℃的热源放热多少？

[解]　(1) 由热机效率式(14.25)和卡诺热机循环的效率式(14 .33)，得

$$\eta_c=1-\frac{|Q_2|}{Q_1}=1-\frac{T_2}{T_1}$$

所以有$\frac{|Q_2|}{Q_1}=\frac{T_2}{T_1}$，即$\frac{|Q_2|}{1\ 200\ \text{J}}=\frac{27+273}{127+273}$

解得$|Q_2|=900$ J。

(2) 由制冷系数公式(14.26)和卡诺制冷机的制冷系数公式(14 .34)，有

$$\omega_c=\frac{Q_2}{|Q_1|-Q_2}=\frac{T_2}{T_1-T_2}$$

$$\frac{1\ 200}{|Q_1|-1\ 200}=\frac{300}{400-300}$$

解得 $|Q_1|=1\ 600\ \mathrm{J}$。

第四节 热力学第二定律 卡诺定理

我们知道，热力学第一定律是包括热现象在内的能量守恒定律，具有普遍的适用性，任何违反热力学第一定律，即效率大于100%的循环做功的热机，被称为“第一类永动机”是不可能制成的。那么不违反热力学第一定律的热力学过程是否一定能发生呢？也不一定！如，气体会自动膨胀，却不会自动压缩，但借助外力是能压缩的；**热量会自动地从高温物体传递给低温物体，热量却不会自动地从低温物体传给高温物体，但借助制冷机等就可以**。这些都说明，自然界自动发生的过程存在着方向和条件。热力学第二定律就是研究物质状态变化过程的方向和条件问题的。

4.1 可逆过程和不可逆过程

我们定义，一个系统从状态 A 经过一个过程变到状态 B，如果能使系统沿着逆向进行，从状态 B 回复到状态 A，而且周围一切也都各自恢复原状，此过程称为**可逆过程**；如果不能使系统回到初态 A，或当系统回到初态时周围不能恢复原状，此过程就称为**不可逆过程**。

例如：通过摩擦，功可变为热量，但热量不可能(周围一切恢复原状的情况下)而全部转化为功，所以功变为热量的过程是不可逆过程；**又如，热量直接从高温物体传向低温物体也是一个不可逆过程，因为热量不能自动地从低温物体传向高温物体**；气体向真空的自由膨胀过程也不可逆等；实际宏观过程都是不可逆的，这是一种普遍现象。

必须指出，一个过程的不可逆，并不是说，该过程不能逆向进行！如气体膨胀过程，存在气体压缩，只是需要外界做功。因此，不可逆是指进行逆过程要付出代价，使过程逆向进行，无法同时使系统和外界都恢复原状。

热力学中过程的可逆与否和系统所经历的中间状态是否为平衡态有关。由一系列接近于平衡态的中间态所组成的过程，要求过程无能量损失，才可能是可逆过程，这种过程只能存在于理想中，因此可逆过程只能是实际过程的理想模型。

讨论 8:

试说明理解可逆循环的关键要点。

4.2 热力学第二定律

4.2.1 热力学第二定律的克劳修斯(Clausius)表述

1850 年，针对自然界进行的过程有方向的事实，克劳修斯提出，有必要在热力学第一定律的基础上，建立一条独立的自然定律，这就是热力学第二定律。

热力学第二定律的克劳修斯表述为：**热量不可能从低温物体自动传向高温物体而不引起其他的变化。**

这里特别注意“自动”。热量可以从低温物体传到高温物体，但此时外界必须做功，如借助某种循环的机器——制冷机。但是，这样热量就不是“自动”地从低温物体传向高温物体了，它对外界产生了影响。克劳修斯的描述，实际说明的是热量从高温物体传给低温物体是不可逆的！这样一种自然现象。

4.2.2 热力学第二定律的开尔文(Kelvin)表述

1851 年，开尔文又提出了热力学第二定律另一种表述：**不可能从单一热源吸收热量，使之完全变为有用的功，而不产生其他的影响。**

这里要注意两点：1. “单一热源”的理解，它指温度均匀并且恒定不变的热源。一是从空间维度考虑，热源温度要均匀！如果热源温度不均匀，可把热源按温度的不同，分成高温区、低温区，就不能算单一热源；二是从时间维度考虑，热机的热源必须是恒温状态！如果不恒温，从时间上看，热源可认为前期为高温、后期为低温，也不能认为是单一热源。2. “热机循环”。默认热机工作在循环过程。系统在等温膨胀过程中，气体系统只从一个热源吸热，全部转化为功而不放出任何热量。但如果只是这样做功下去，工作物质不可能回到初始状态，不构成热机，理想情况下也是可以对外做功的，但它不构成循环，也就不是热机了。开尔文的表述实际上是说明功变热的过程是不可逆的，要使热变功一定会影响到外界。

试图从单一热源吸热，并将这热量完全转化为功，而不对外界造成其他影响，这种违反热力学第二定律工作的热机，称为“第二类永动机”。若存在从单一热源接触，能对外做功，而不影响外界的热机，其工作效率即达到 100%，因此，也称工作效率为 100%的热机为第二类永动机。

讨论 9:

(1) 你认为热力学第二定律为什么有不同的叙述方式?

(2) 试说明热力学第二定律的实质含义。

4.2.3 热力学第二定律的实质

1. 可以证明，热力学第二定律的克劳修斯表述和热力学第二定律的开尔文表述是等价的，两种表述能互证真伪，只是叙述的方法不同。一切不可逆的过程有其内在联系。

2. 热力学第二定律的实质是：一切与热现象有关的实际宏观过程都是不可逆的。或说自然界进行的实际宏观过程是有方向（自动进行有方向性）的和有条件（逆向进行的条件是外界要受影响）的。

4.2.4 卡诺定理

卡诺循环是工作在两个恒温热源之间的热机循环，循环时经历的每个过程都是准静态过程，所以卡诺循环是理想的可逆循环。

1. 在相同的高温热源 T_1 与低温热源 T_2 之间工作的一切可逆机，其工作效率相等，为

$$\eta_{\text{可}} = \eta_c = 1 - \frac{T_2}{T_1} \tag{14.35}$$

2. 工作在同一对恒温热源之间的一切不可逆机，其效率都小于可逆机的效率，即

$$\eta_{\text{不可}} < \eta_{\text{可}} \tag{14.36}$$

卡诺定理指出了提高热机效率的途径：

（1）应当使实际的不可逆机尽量接近可逆机。

（2）应该尽量提高两个热源的温度差。由于降低低温热源的温度来提高效率是不经济的，所以要提高热机效率应当从提高高温热源的温度入手。

讨论 10：

（1）你认为卡诺热机是否是真实存在的热机？

（2）你认为就目前的科技水平，能否制造出工作效率为 100% 的热机，为什么？

4.3 热力学第二定律的微观意义

从微观上看，任何热力学过程总包含大量分子的无序运动状态的变化。热力学第一定律说明了热力学过程中能量要遵守的规律。热力学第二定律则说明大量分子运动的无序程度变化的规律，下面通过热功转化和热传导实例定性说明这一点。

先说热功转化。功转化为热是机械能（或电能）转化为内能的过程。从微观上看，是大量分子的有序（这里是指分子速度的方向）运动向无序运动转化的过程，这是可能的。而相反的过程，即无序运动自动地转变为有序运动，是不可能的。因此，从微观上看，在功热转化现象中，自然过程总是沿着使大量分子的运动从有序状态向无序状态的方向进行。

再看热传导。两个温度不同的物体放在一起，热量将自动地由高温物体传到低温物体，最后使它们的温度相同。温度是大量分子无序运动平均动能大小的宏观标志。初态温度高的物体分子平均动能大，温度低的物体分子平均动能小。这意味着虽然两物体的分子运动都是无序的，但还能按分子的平均动能的大小区分

两个物体。到了末态，两物体的温度变得相同，所有分子的平均动能都一样了，按平均动能区分两物体也成为不可能了。这就是大量分子运动的无序性(这里指分子的动能或分子速度的大小)由于热传导而增大了。相反的过程，即两物体的分子运动从平均动能完全相同的无序状态自动地向两物体分子平均动能不同的较为有序的状态进行的过程，是不可能的。因此，从微观上看，在热传导过程中，自然过程总是沿着使大量分子的运动向更加无序的方向进行的。

综上分析可知：一切自然过程总是沿着分子热运动的无序性增大的方向进行。它说明了热力学第二定律的微观意义。

热力学第二定律是涉及大量分子的运动的无序性变化的规律，因而它就是一条统计规律。这就是说，它只适用于包含大量分子的集体，而不适用于只有少数分子的系统。例如对功热转化来说，把一个单摆挂起来，使它在空中摆动，自然的结果毫无疑问是单摆最后停下来，它最初的机械能都转化成了空气和它自己的内能，无序性增大了。但如果单摆的质量和半径都非常小，以至在它周围作无序运动的空气分子，任意时刻只有少数分子从不同的且非对称的方向和它相撞，那么这时静止的单摆就会被撞得摆动起来，空气的内能就自动地转化成单摆的机械能，这不是违背了热力学第二定律吗？(当然空气分子的无序运动又有同样的可能使这样摆动起来的单摆停下来。)又例如，气体的自由膨胀过程，对于大量分子的系统是不可逆的。但如果容器左半部只有 4 个分子，那么隔板打开后，由于无序运动，这 4 个分子将分散到整个容器内，但仍有较多的机会这 4 个分子又都同时进入左半部，这样就实现了“气体”的自动收缩，这不又违背了热力学第二定律吗？(当然,这 4 个分子的无序运动又会立即使它们散开。)是的！但这种现象都只涉及少数分子的集体。对于由大量分子组成的热力学系统，是不可能观察到上面所述的违背热力学第二定律现象的。因此说，热力学第二定律是一个统计规律，它只适用于大量分子的集体。由于宏观热力学过程总涉及大量的分子，对它们来说，热力学第二定律总是正确的。也正因为这样，它就成了自然科学中最基本而又最普遍的规律之一。

最早把热力学第二定律的微观本质用数学形式表示出来的是玻耳兹曼，他的基本概念是：“从微观上来看，对于一个系统的状态的宏观描述是非常不完善的，系统的同一个宏观状态实际上可能对应非常多的微观状态，而这些微观状态是粗略的宏观描述所不能加以区别的。”现在我们以气体自由膨胀中分子的位置分布的经典理解为例来说明。

设想有一长方形容器，中间有一隔板把它分成左、右两个相等的部分，左边有气体，右边为真空。让我们讨论打开隔板后，容器中气体分子的位置分布。

设容器中有 4 个分子 a，b，c，d，它们在无规则运动中任一时刻可能处于左或右任意一侧。这个由 4 个分子组成的系统的任一微观状态是指出这个或那个分子各处于左侧或右侧。而宏观描述无法区分各个分子，所以宏观状态只能指出左、右两侧各有几个分子。这样区别的微观状态与宏观状态的分布如表 14.1 所示。

表 14.1 4 个分子的位置分布

微观状态		宏观状态	一种宏观状态对应的微观状态数 Ω
左	右		
a b c d	无	左 4 右 0	1
a b c	d	左 3 右 1	4
b c d	a		
a c d	b		
a b d	c		
a b	c d	左 2 右 2	6
a c	b d		
a d	b c		
b c	a d		
b d	a c		
c d	a b		
a	b c d	左 1 右 3	4
b	a c d		
c	a b d		
d	a b c		
无	a b c d	左 0 右 4	1

若容器内有 20 个分子，则与各个宏观状态对应的微观状态数如表 14.2 所示。

表 14.2 20 个分子的位置分布

宏观状态		一种宏观状态对应的微观状态数 Ω
左 20	右 0	1
左 18	右 2	190
左 15	右 5	15 504
左 11	右 9	167 960
左 10	右 10	184 765
左 9	右 11	167 960
左 5	右 15	15 504
左 2	右 18	190
左 0	右 20	1

从表 14.1 和表 14.2 可以看出，对于一个宏观状态，可以有许多微观状态与之对应。系统内包含的分子数越多，和一个宏观状态对应的微观状态数就越多。实际上一般气体系统所包含的分子数的量级为10^{23}，这时对应一个宏观状态的微观状态数就非常大了。这还只是以分子的左右位置来区别状态，如果再加上以分子速度的不同作为区别微观状态的标志，那么气体在一个容器内的一个宏观状态所对应的微观状态数就会非常大了。

从上面的两个表中还可以看出，与每一种宏观状态对应的微观状态数是不同的。在这两个表中，与左、右两侧分子数相等或差不多相等的宏观状态对应的微观状态数最多，但在分子总数少的情况下，它们占微观状态总数的比例并不大。计算表明，分子总数越多，则左、右两侧分子数相等和差不多相等的宏观状态所对应的微观状态数占微观状态总数的比例越大。对实际系统所含有的分子总数(10^{23})来说，这一比例几乎是，或实际上是百分之百。这一情况如图 14.11 所示，其中横轴表示容器左侧的分子数 n，纵轴表示相应的微观状态数 Ω。Ω 在两侧分子数相等处有非常尖锐的极大值。

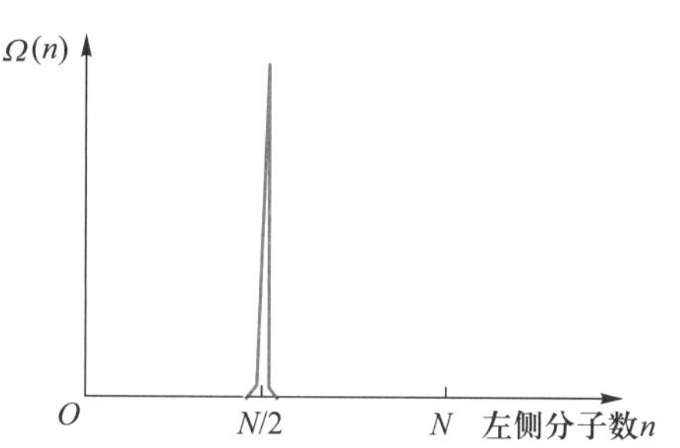

图 14.11　$\Omega(n)$和左侧分子数的关系图

> **讨论 11：**
> 你能从微观上说明绝热自由膨胀的方向性吗？

在一定宏观条件下，既然有多种可能的宏观状态，那么哪一种宏观状态是实际上观察到的状态呢？从微观上说明这一规律时要用到统计理论的一个基本假设：对于孤立系，各个微观状态出现的可能性(或概率)是相同的。这样，对应微观状态数目多的宏观状态出现的概率就大。实际上最可能观察到的宏观状态就是在一定宏观条件下出现的概率最大的状态，也就是包含微观状态数最多的宏观状态。对上述容器内封闭的气体来说，也就是左、右两侧分子数相等或差不多相等的那些宏观状态。对于实际上分子总数很多的气体系统来说。这些“位置上均匀分布”的宏观状态所对应的微观状态数几乎占微观状态总数的百分之百，因此实际上观察到的总是这种宏观状态。所以对应于微观状态数最多的宏观状态就是系统在一定宏观条件下的平衡态。气体的自由膨胀过程是由非平衡态向平衡态转化的过程，在微观上说，是由包含微观状态数目少的宏观状态向包含微观状态数目多的宏观状态进行。相反的过程，在外界不发生任何影响的条件下是不可能实现的。这就是气体自由膨胀过程的不可逆性。

为了定量说明宏观状态和微观状态的关系，我们定义：任意宏观状态所对应的微观状态数称为该宏观状态的热力学概率，并用 Ω 表示。根据前面的分析，自然过程总是沿着使系统的热力学概率增大的方向进行，也总是沿着使分子运动更加无序的方向进行。可知，热力学概率 Ω 是分子运动无序性的一种量度。

第五节 工程案例：喷气发动机燃料的选择和奥托循环

5.1 喷气发动机燃料的选择

喷气发动机燃料的选择涉及许多方面，是个复杂的问题。下面从简单、典型的物理模型入手，运用物理学的基本规律讨论喷气发动机燃料的选择原则。

当容器内的压缩气体向外逸出，按逸出口的孔径大小可分为两类：一类是孔径线度略小于(或接近)容器内气体分子平均自由程，逸出的气体呈泻流现象。这种“慢漏气”的流量甚微，可略去不计。另一类是孔径显著地超过该气体分子的平均自由程，逸出的气体形成一束喷射状的宏观气流。假如孔径并不很大，在短时间内，喷射的气流，几乎不影响容器内气体的温度和压强。那么，气流可看成恒定流动，可以借助热力学准静态过程来讨论。

忽略气体的内摩擦，同讨论恒定流动的液体一样，将恒定气流想象为如图14.12所示的流管。假设在截面1和2之间的气体元，在Δt时间内，流动到截面Ⅰ和Ⅱ之间。如果在这过程中，气体元与外界交换热量为Q，外界对气体做的功为A，由此引起气体元宏观定向流动速率变化，以及气体元的温度变化，导致相应的机械能变化ΔE_1和内能变化ΔE_2。由热力学第一定律可知

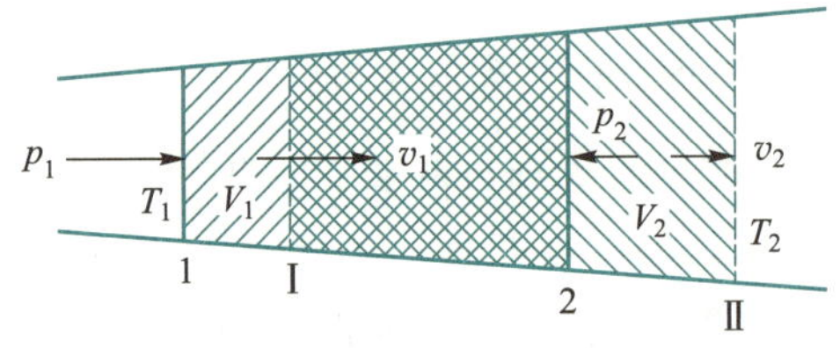

图 14.12

$$\Delta E_1+\Delta E_2=Q+A \tag{14.37}$$

实际过程发生得很快，纵然流管没有(也不可能有)绝热装置，还是可以认为气体元来不及与外界交换热量，是绝热过程。故可以略去式(14.37)中的热量Q。

下面讨论外界对气体元的做的功A。由图14.12可知，外界做功

$$A=p_1V_1-p_2V_2 \tag{14.38}$$

式中，p_1与p_2分别是截面1与2处气体的压强，V_1与V_2分别为流管截面1与Ⅰ和2与Ⅱ之间的小体积元。可以认为在Δt时间内，仅是V_1中的气体，流动到V_2处，其能量也发生了变化。而在Ⅱ与2之间的气体宛如没有运动，它的状态也没有变化。

对于处在平衡态的热力学系统，状态参量与时间、空间无关，是唯一确定的。恒定流动中的气流则不然，流管中的气流虽处于定态，可是每条流线上各点(处)的状态参量是不相同的。但是，对于某定点处的状态参量却不随时间变化。假如把V_1与V_2体元选得足够小，可以认为它具有局域平衡的特征，其温度分别

为 T_1 和 T_2。可以用理想气体物态方程来描述具有局域平衡的气体元。设气体的物质的量为 ν，则式(14.38)变为

$$A=p_1V_1-p_2V_2=\nu R(T_1-T_2) \tag{14.39}$$

气体由 V_1 变化到 V_2 发生的能量变化为

$$\Delta E_1=\Delta E_k+\Delta E_p=\frac{1}{2}\nu M(v_2^2-v_1^2) \tag{14.40}$$

又

$$\Delta E_2=\nu C_{V,m}(T_2-T_1) \tag{14.41}$$

其中，M 为气体的摩尔质量，$C_{V,m}$是气体的摩尔定容热容，v_1 与 v_2 分别为 V_1 与 V_2 内的气体元的宏观流速，气体元的重力势能变化 ΔE_p 忽略不计。于是，对恒定流动的气体，式(14.37)变为

$$\frac{1}{2}\nu M(v_2^2-v_1^2)+\nu C_{V,m}(T_2-T_1)=\nu R(T_1-T_2) \tag{14.42}$$

即

$$RT+C_{V,m}T+\frac{1}{2}Mv^2=\text{常量} \tag{14.43}$$

运用迈耶公式：$C_{p,m}=C_{V,m}+R$，可将式(14.43) 写成

$$C_{p,m}T+\frac{1}{2}Mv^2=\text{常量} \tag{14.44}$$

下面运用式(14.44)，讨论喷气发动机的燃料选择原则。

喷气发动机的喷口线度和流量都很大，由于燃烧室内不断燃烧产生高温气体，并连续地喷射出来，近似认为燃烧室内的气体温度 T 和压强 p 是恒定的。据此，仍可将喷射气流作为稳定流动的气体来处理。

把流管的横截面 1，选取在燃烧室内，室内气体可认为处于准静态，气流速率 v_1 为零(这类似带有小排水孔的大容器内的水面速率)，温度为 T_1；流管截面 2 选择在喷口附近，设该处气流元速率为 v_2，温度为 T_2。由式(14.44)得

$$C_{p,m}T_1=C_{p,m}T_2+\frac{1}{2}Mv_2^2$$

实际上，喷气发动机随飞行器在太空航行时，喷口附近已是太空的稀薄气体了。气流从高温、高压状态，骤然降低到压强几乎为零的程度，当然温度也急剧降低，太空稀薄气体的温度也是很低的。因此，可以近似认为 $T_2=0$ 由此可知，喷口附近的气流速率 v_2 由下式决定

$$v_2=\sqrt{\frac{2T_1}{M}C_{p,m}}$$

该式表明，气体定向运动的动能，主要取决于燃烧产生的高温气体的温度 T_1。喷气发动机为了获得足够的推力，必须要有足够大的喷气速率 v_2。所选择的燃料，首先要有很高的燃烧值，使燃烧室内气体有较高的温度 T_2；其次是燃烧后产生的高温气体，应是摩尔质量 M 较小的多原子分子气体，因为多原子分子气体的摩尔定压热容较大。

表 14.3 给出几种高能燃料的理论燃烧最高温度 T_m，并由此估算出最大喷气

速率 v_m。

表 14.3 高能燃料的最大喷气速率

燃料	氧化剂	T_m/K	生成物及平均相对分子质量		$C_{p,m}/(J\cdot mol^{-1}\cdot K^{-1})$	$v_m/(m\cdot s^{-1})$
NH_2NH_2	O_2	3 240	H_2O，N_2	21.3	32	3 100
NH_2NH_2	F_2	4 430	HF，N_2	21.6	29	2 400
B_2H_6	F_2	4 630	BF_3，HF	32	30	2 900
C_2N_6	O_3	5 510	CO_2，N_2	34.3	31	3 100
CH_4	O_2	3 940	CO_2，H_2O	26.7	33	3 100
H_2	O_2	4 700	H_2O	18	33	4 100

由上表可见，氢是喷气发动机的理想燃料，NH_2NH_2 以 F_2 作氧化剂也可获得较好的结果，这种估算与实验事实较为接近。

参考文献

[1]伏义路，等. 化学热力学与统计热力学基础. 上海：上海科技出版社，1984

[2]马文蔚，等. 物理学原理在工程技术中的应用. 4 版. 北京：高等教育出版社，2015

5.2 内燃机的循环之一——奥托循环

内燃机利用液体或气体燃料，直接在气缸中燃烧，产生巨大的压强而做功。内燃机的种类很多，我们只举活塞经过四个过程完成一个循环(如图 14.13 所示)的四冲程汽油内燃机(奥托循环)为例。说明整个循环中各个分过程的特征，并计算这一循环的效率。

奥托循环的四个分过程如下：

1. 吸入燃料过程

气缸开始吸入汽油蒸气及助燃空气，此时压强约等于 1.0×10^5 Pa，这是个等压过程(图中过程 ab)。

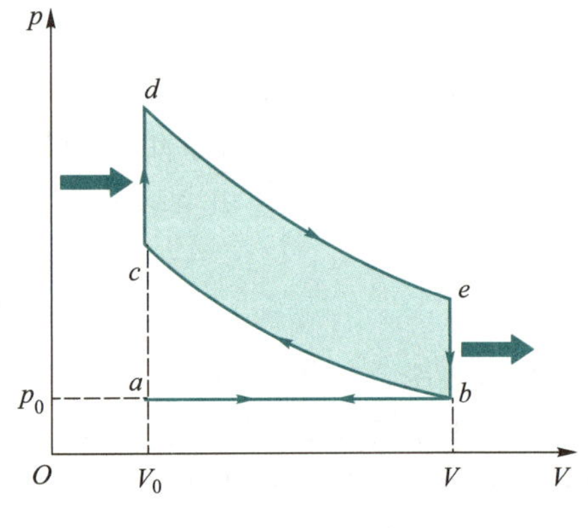

图 14.13 奥托循环

2. 压缩过程

活塞自右向左移动，将已吸入汽缸内的混合气体加以压缩，使之体积减小，温度升高，压强增大。由于压缩较快，气缸散热较慢，可看成一绝热过程(图中过程 bc)。

3. 爆炸、做功过程

在上述高温压缩气体中，用电火花或其他方式引起气体燃烧爆炸，气体压强随之骤增，由于爆炸时间短促，活塞在这一瞬间移动的距离极小，这近似是个等容过程(图中过程 cd)。这一巨大的压强把活塞向右推动而做功，同时压强也随着气体的膨胀而降低，爆炸后的做功过程可看成一绝热过程(图中过程 de)。

4. 排气过程

开放排气口，使气体压强突然降为大气压，这过程近似一个等容过程(图中过程 eb)，然后再由飞轮的惯性带动活塞，使之从右向左移动，排出废气，这是个等压过程(图中过程 ba)。

气体主要在循环的等容过程 cd 中吸热(相当于在爆炸中产生的热)，而在等容过程 eb 中放热(相当于随废气而排出的热)，设气体的质量为 m，摩尔质量为 M，摩尔定容热容为 $C_{V,\mathrm{m}}$，则在等容过程 cd 中，气体吸取的热量 Q_1 为

$$Q_1=\frac{m}{M}C_{V,\mathrm{m}}(T_d-T_c)$$

而在等容过程 eb 中放出的热量应为

$$Q_2=\frac{m}{M}C_{V,\mathrm{m}}(T_e-T_b)$$

所以这个循环的效率应为

$$\eta=1-\frac{Q_2}{Q_1}=1-\frac{T_e-T_b}{T_d-T_c}$$

把气体看成理想气体，从绝热过程 de 及 bc 可得如下关系：

$$V^{\gamma-1}T_e=V_0^{\gamma-1}T_d$$

$$V^{\gamma-1}T_b=V_0^{\gamma-1}T_c$$

两式相减得

$$V^{\gamma-1}(T_e-T_b)=V_0^{\gamma-1}(T_d-T_c)$$

亦即

$$\frac{T_e-T_b}{T_d-T_c}=\left(\frac{V_0}{V}\right)^{\gamma-1}$$

$$\eta=1-\frac{1}{\left(\dfrac{V}{V_0}\right)^{\gamma-1}}=1-\frac{1}{r^{\gamma-1}}$$

式中 $r=V/V_0$ 称为压缩比。

计算表明，压缩比越大，效率越高。汽油内燃机的压缩比不能大于 7，否则汽油蒸气与空气的混合气体在尚未压缩至 c 点时，温度已高到足以引起混合气体燃烧了。设 $r=7$，$\gamma=1.4$，则

$$\eta=1-\frac{1}{7^{0.4}}=55\%$$

实际上汽油机的效率只有 25%左右。

习题

14.1 说明在下列过程中，热量、功与内能变化的正负：(1)用气筒打气；(2)水沸腾变成水蒸气。

14.2 为什么卡诺循环是最理想的循环过程？任意热机的循环需要多少个不同温度的热源？

14.3 判别下面说法是否正确：(1)功可以全部转化为热，但热不能全部转化为功；(2)热量能从高温物传到低温物，但不能从低温物传到高温物。

14.4 位于委内瑞拉的安赫尔瀑布是世界上落差最大的瀑布，它的落差为 979 m。如果在水下落的过程中，重力对它所做的功中有 50%转化为热量使水温升高，求水由瀑布顶部落到底部而产生的温差(水的比热容 $c=4.18\times10^3\ \mathrm{J^{-1}\cdot kg^{-1}\cdot K^{-1}}$)。

14.5 在等压过程中，0.28 kg 氮气从温度为 293 K 膨胀到 373 K，问对外做功和吸热多少？内能改变多少？

14.6 0.02 kg 的氦气(视为理想气体)，温度由 17 ℃升为 27 ℃。若在升温过程中，(1) 体积保持不变；(2) 压强保持不变；(3) 不与外界交换热量；试分别求出气体内能的改变、吸收的热量、外界对气体所做的功。

(摩尔气体常量 $R=8.31\ \mathrm{J\cdot mol^{-1}\cdot K^{-1}}$。)

14.7 2 mol 单原子分子的理想气体，开始时处于压强 $p_1=10$ atm、温度 $T_1=400$ K 的平衡态。后经过一个绝热过程，压强变为 $p_2=2$ atm，求在此绝热过程中气体对外做的功。(摩尔气体常量 $R=8.31\ \mathrm{J\cdot mol^{-1}\cdot K^{-1}}$。)

14.8 如图所示，一个四周用绝热材料制成的气缸，中间有一用导热材料制成的固定隔板 C 把气缸分成 a、b 两部分。D 是一绝热的活塞。a 中盛有 1 mol 氦气，b 中盛有 1 mol 氮气(均视为刚性分子的理想气体)。今外界缓慢地移动活塞 D，压缩 a 部分的气体，对气体做的功为 A，试求在此过程中 b 部分气体内能的变化。

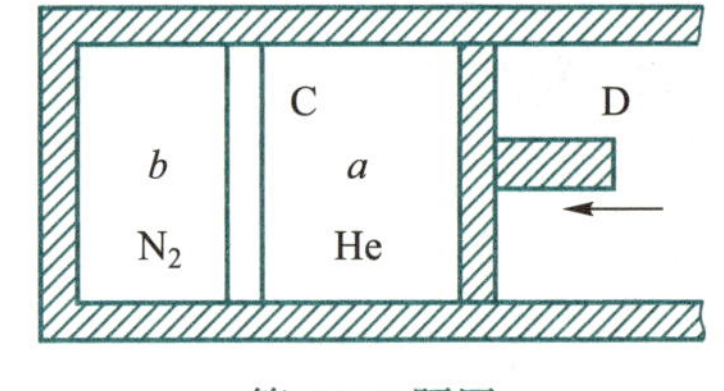

第 14.8 题图

14.9 气缸内有 2 mol 氦气，初始温度为 27 ℃，体积为 20 L(升)，先将氦气等压膨胀，直至体积加倍，然后绝热膨胀，直至恢复初温为止。把氦气视为理想气体。试求：

(1) 在 $p-V$ 图上大致画出气体的状态变化过程。

(2) 在这过程中氦气吸热多少？

(3) 氦气的内能变化多少？

(4) 氦气所做的总功是多少？

(摩尔气体常量 $R=8.31\ \mathrm{J\cdot mol^{-1}\cdot K^{-1}}$。)

14.10 一定量的某单原子分子理想气体装在封闭的气缸里。此气缸有可活动的活塞(活塞与气缸壁之间无摩擦且无漏气)。已知气体的初压强 $p_1=1$ atm，体积 $V_1=1$ L，现将该气体在等压下加热直到体积为原来的两倍，然后在等体积下加热直到压强为原来的2倍，最后作绝热膨胀，直到温度下降到初温为止，

(1) 在 $p-V$ 图上将整个过程表示出来。

(2) 试求在整个过程中气体内能的改变。

(3) 试求在整个过程中气体所吸收的热量。(1 atm＝1.013×10^5 Pa)

(4) 试求在整个过程中气体所做的功。

14.11 一定量的理想气体，由状态 a 经 b 到达 c(如图所示，abc 为一直线)。求此过程中

(1) 气体对外做的功；

(2) 气体内能的增量；

(3) 气体吸收的热量。(1 atm＝1.013×10^5 Pa)

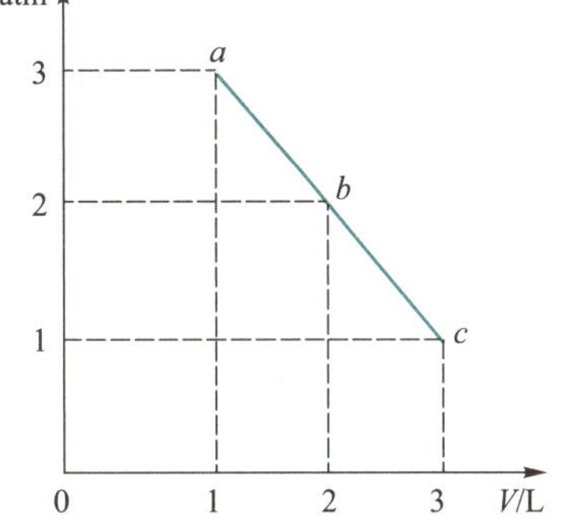

第 14.11 题图

14.12 某理想气体在 $p-V$ 图上等温线与绝热线相交于 A 点，如图所示。已知 A 点处的压强 $p_1=2\times10^5$ Pa，体积 $V_1=0.5\times10^{-3}$ m^3，而且 A 点处等温线斜率与绝热线斜率之比为0.714。现使气体从 A 点绝热膨胀至 B 点，其体积 $V_2=1\times10^{-3}$ m^3，求：

(1) B 点处的压强；

(2) 在此过程中气体对外做的功。

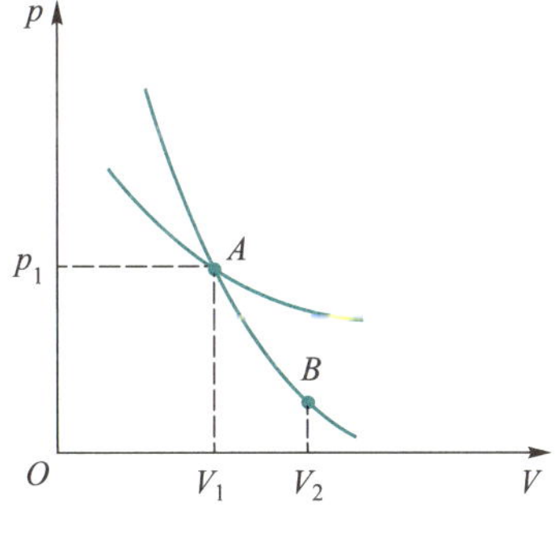

第 14.12 题图

14.13 气缸内有一种刚性双原子分子的理想气体，若经过准静态绝热膨胀后气体的压强减少了一半，则变化前后气体的内能之比 $E_1:E_2=$?

14.14 绝热容器中有一定量的气体，初始压强和体积分别为 p_0 和 V_0。用一根通有电流的电阻丝对它加热(设电阻不随温度改变)。在加热的电流和时间都相同的条件下，第一次保持体积 V_0 不变，压强变为 p_1；第二次保持压强 p_0 不变，而体积变为 V_1。试证明该气体的比热容比

$$\gamma=\frac{C_{p,\mathrm{m}}}{C_{V,\mathrm{m}}}=\frac{(p_1-p_0)V_0}{(V_1-V_0)p_0}。$$

(不计电阻丝的热容量)

14.15 两端封闭的水平气缸，被一可动活塞平分为左右两室，每室体积均为 V_0，其中盛有温度相同、压强均为 p_0 的同种理想气体。现保持气体温度不变，用外力缓慢移动活塞(忽略摩擦)，使左室气

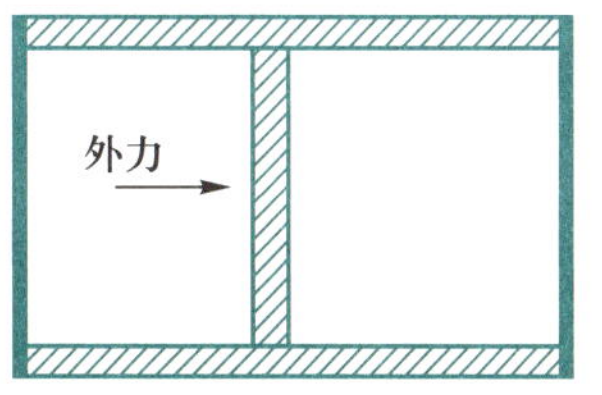

第 14.15 题图

体的体积膨胀为右室的 2 倍，问外力必须做多少功？

14.16 质量 $m=4\times10^{-3}$ kg 的氢气(看成理想气体)被活塞封闭在某一容器的下半部而与外界平衡(容器开口处有一凸出边缘可防止活塞脱离，如图所示。活塞的质量和厚度可忽略)。现把 $Q=2\times10^{4}$ J 的热量缓慢地传给气体，使气体逐渐膨胀。求氢气最后的压强、温度和体积各变为多少？(活塞外大气处于标准状况。)

(摩尔气体常量 $R=8.31\ \mathrm{J\cdot mol^{-1}\cdot K^{-1}}$)

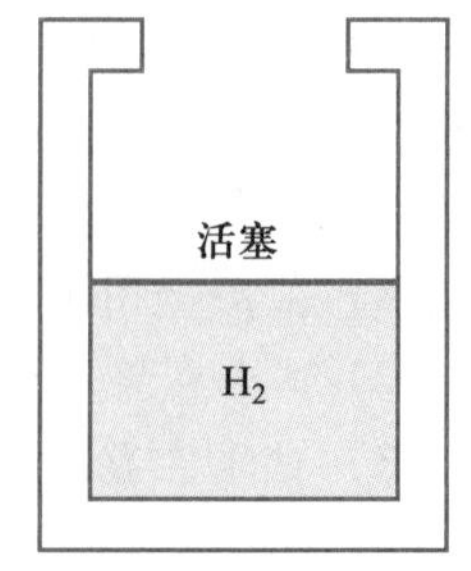

第 14.16 题图

14.17 如果一定量的理想气体，其体积和压强依照 $V=a/\sqrt{p}$ 的规律变化，其中 a 为已知常量。试求：

(1) 气体从体积 V_1 膨胀到 V_2 所做的功；

(2) 气体体积为 V_1 时的温度 T_1 与体积为 V_2 时的温度 T_2 之比。

14.18 声音在空气中的传播可以看成一绝热过程。它的速度可按公式 $v=\sqrt{\dfrac{\gamma p}{\rho}}$ 计算，式中 $\gamma=\dfrac{C_{p,\mathrm{m}}}{C_{V,\mathrm{m}}}$，$p$ 为空气的压强，ρ 为空气的密度，试证明声音在空气中的传播速度仅是温度的函数。

14.19 物质的量相同的三种气体：He、N_2、CO_2(均视为刚性分子的理想气体)，它们从相同的初态出发，都经历等容吸热过程，若吸取相同的热量，则

(1) 三者的温度升高相同；(2) 三者压强的增加也相同。

上述两个结论是否正确？如有错误请作出正确的解答。

14.20 一定量的理想气体，从 $p-V$ 图上同一初态 A 开始，分别经历三种不同的过程过渡到不同的末态，但末态的温度相同，如图所示，其中 $A\to C$ 是绝热过程，问

(1) 在 $A\to B$ 过程中气体是吸热还是放热？为什么？

(2) 在 $A\to D$ 过程中气体是吸热还是放热？为什么？

第 14.20 题图

14.21 气缸内盛有单原子分子的理想气体，若绝热压缩使其体积减半，问气体分子的方均根速率变为原来的几倍？

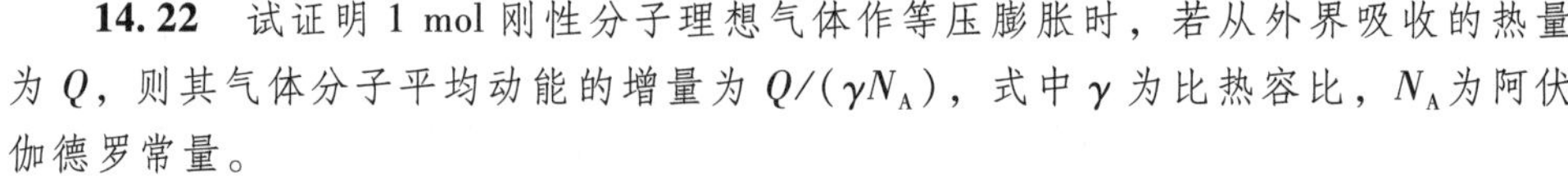

14.22 试证明 1 mol 刚性分子理想气体作等压膨胀时，若从外界吸收的热量为 Q，则其气体分子平均动能的增量为 $Q/(\gamma N_A)$，式中 γ 为比热容比，N_A 为阿伏伽德罗常量。

14.23 一气缸内盛有一定量的单原子分子理想气体。若绝热压缩使其体积减半，问气体分子的平均速率为原来的几倍？

14.24 温度为 25 ℃、压强为 1 atm 的 1 mol 刚性双原子分子理想气体，经等温过程体积膨胀至原来的 3 倍。(摩尔气体常量 $R=8.31\ \mathrm{J\cdot mol^{-1}\cdot K^{-1}}$，$\ln 3=1.0986$。)

(1) 计算这个过程中气体对外所做的功。

(2) 假若气体经绝热过程体积膨胀为原来的 3 倍，那么气体对外做的功又是多少？

14.25 如图所示，有一定量的理想气体，从初状态 $a(p_1,V_1)$ 开始，经过一个等容过程达到压强为 $p_1/4$ 的状态 b，再经过一个等压过程达到状态 c，最后经等温过程而完成一个循环。求该循环过程中系统对外做的功 A 和所吸的热量 Q。

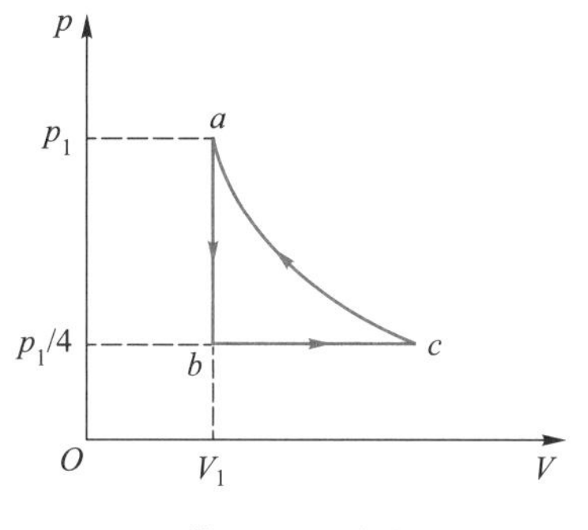

第 14.25 题图

14.26 1 mol 理想气体在 $T_1=400$ K 的高温热源与 $T_2=300$ K 的低温热源间作卡诺循环(可逆的)，在 400 K 的等温线上起始体积为 $V_1=0.001\ \mathrm{m}^3$，终止体积为 $V_2=0.005\ \mathrm{m}^3$，试求此气体在每一循环中

(1) 从高温热源吸收的热量 Q_1；

(2) 气体所做的净功 A；

(3) 气体传给低温热源的热量 Q_2。

14.27 一卡诺循环的热机，高温热源温度是 400 K。每一循环从此热源吸进 100 J 热量并向一低温热源放出 80 J 热量。求：

(1) 低温热源温度；

(2) 此循环的热机效率。

14.28 在夏季，假定室外温度恒定为 37 ℃，启动空调使室内温度始终保持在 25 ℃。如果每天有 4.51×10^8 J 的热量通过热传导等方式自室外流入室内，则空调一天耗电多少？(设该空调制冷机的制冷系数为同条件下的卡诺制冷机的制冷系数的 60%)

14.29 一定量的某种理想气体进行如图所示的循环过程。已知气体在状态 A 的温度为 $T_A=300$ K，求：

(1) 气体在状态 B、C 的温度；

(2) 各过程中气体对外所做的功；

(3) 经过整个循环过程，气体从外界吸收的总热量(各过程吸热的代数和)。

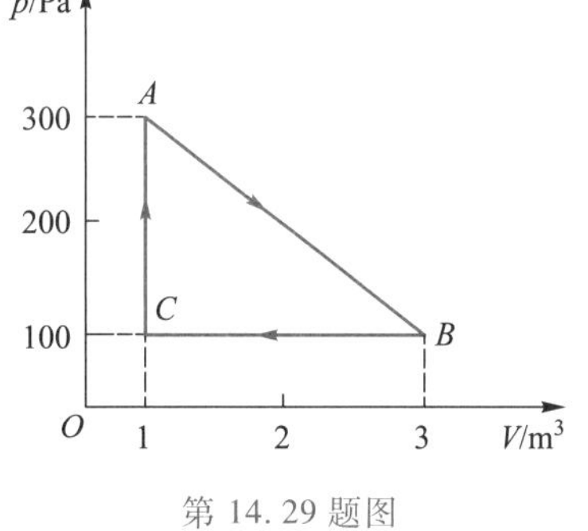

第 14.29 题图

14.30 如图所示，$abcda$ 为 1 mol 单原子分子理想气体的循环过程，

(1) 气体循环一次，求在吸热过程中从外界共吸收的热量；

(2) 求气体循环一次对外做的净功；

(3) 证明：在 $abcd$ 四态，气体的温度有 $T_aT_c=T_bT_d$。

14.31 如图所示，AB、DC 是绝热过程，CEA 是等温过程，BED 是任意过程，组成一个循环。若图中 $EDCE$ 所包围的面积为 70 J，$EABE$ 所包围的面积为

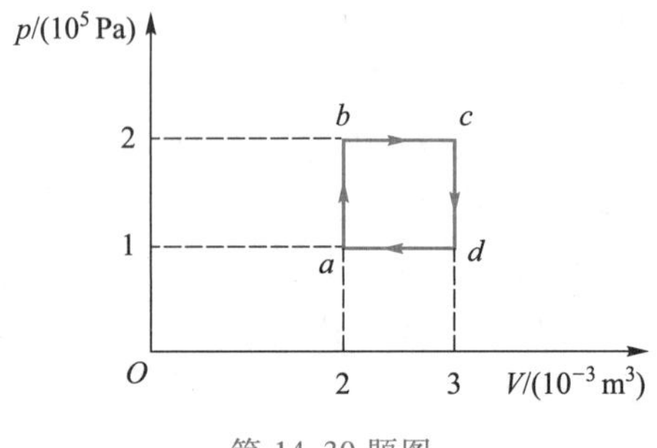

第 14.30 题图

30 J，过程中系统放热 100 J，求 *BED* 过程中系统吸热为多少？

14.32 1 mol 单原子分子的理想气体，经历如图所示的可逆循环，联结 *ac* 两点的曲线Ⅲ的方程为 $p=p_0V^2/V_0^2$，*a* 点的温度为 T_0。

（1）试以 T_0，摩尔气体常量 *R* 表示Ⅰ、Ⅱ、Ⅲ过程中气体吸收的热量。

（2）求此循环的效率。

（提示：循环效率的定义式 $\eta=1-\dfrac{Q_2}{Q_1}$，Q_1 为循环中气体吸收的热量，Q_2 为循环中气体放出的热量。）

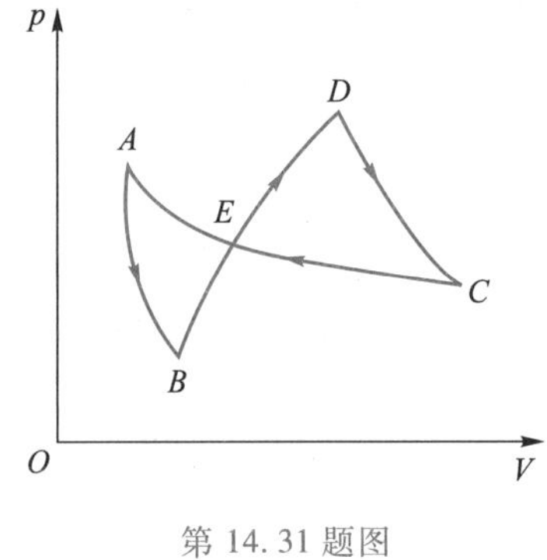

第 14.31 题图

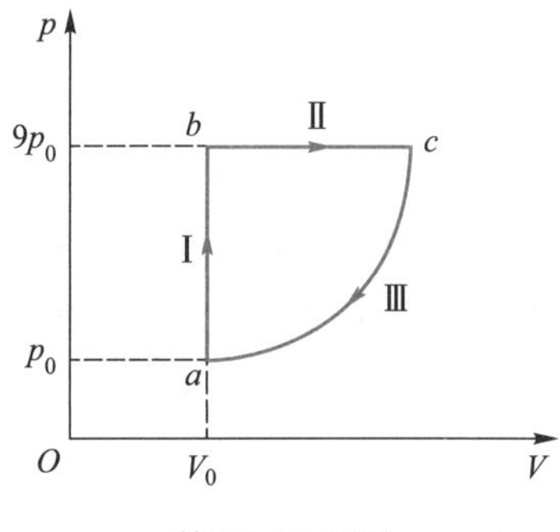

第 14.32 题图

14.33 气缸内储有 36 g 水蒸气（视为刚性分子理想气体），经 *abcda* 循环过程如图所示。其中 *a*−*b*、*c*−*d* 为等容过程，*b*−*c* 为等温过程，*d*−*a* 为等压过程。试求：

（1）*d*−*a* 过程中水蒸气做的功 A_{da}；

（2）*a*−*b* 过程中水蒸气内能的增量；

（3）循环过程水蒸气做的净功 *A*；

（4）循环效率 η。

（注：循环效率 $\eta=A/Q_1$，*A* 为循环过程中水蒸气对外做的净功，Q_1 为循环过程中水蒸气吸收的热量，1 atm = 1.013×10^5 Pa）

14.34 如图所示，一金属圆筒中盛有 1 mol 刚性双原子分子的理想气体，用可动活塞封住，圆筒浸在冰水混合物中。迅速推动活塞，使气体从标准状况（活塞位置Ⅰ）压缩到体积为原来一半的状态（活塞位置Ⅱ），然后维持活塞不动，待气体温度下降至 0 ℃，再让活塞缓慢上升到位置Ⅰ，完成一次循环。

(1) 试在 $p-V$ 图上画出相应的理想循环曲线；

(2) 若作 100 次循环放出的总热量全部用来熔化冰，则有多少冰被熔化？

(已知冰的熔化热 $\lambda=3.35\times10^{5}\ \mathrm{J\cdot kg^{-1}}$，摩尔气体常量 $R=8.31\ \mathrm{J\cdot mol^{-1}\cdot K^{-1}}$。)

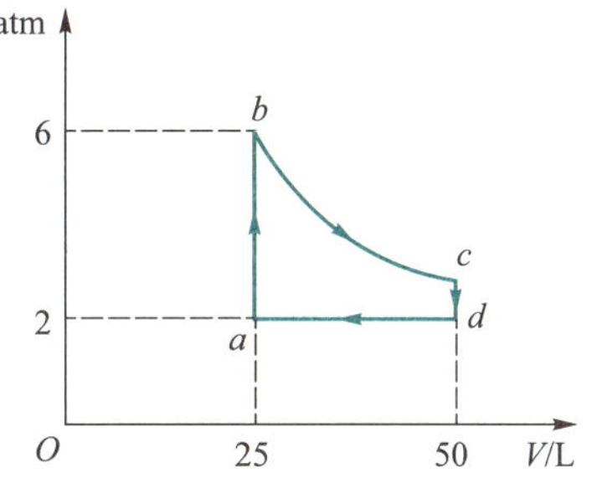

第 14.33 题图

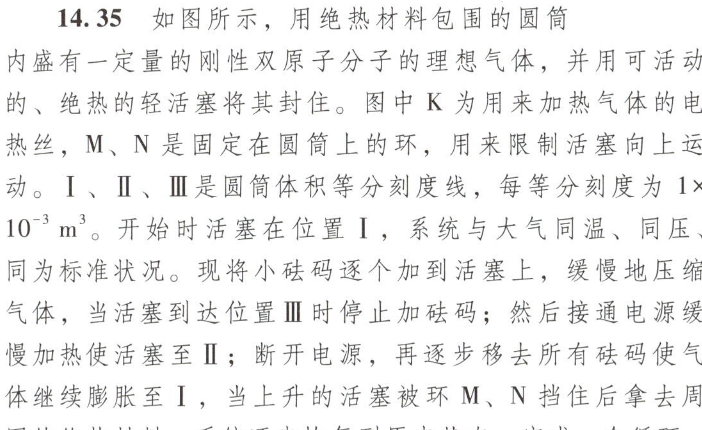

14.35　如图所示，用绝热材料包围的圆筒内盛有一定量的刚性双原子分子的理想气体，并用可活动的、绝热的轻活塞将其封住。图中 K 为用来加热气体的电热丝，M、N 是固定在圆筒上的环，用来限制活塞向上运动。Ⅰ、Ⅱ、Ⅲ是圆筒体积等分刻度线，每等分刻度为 $1\times10^{-3}\ \mathrm{m^{3}}$。开始时活塞在位置Ⅰ，系统与大气同温、同压、同为标准状况。现将小砝码逐个加到活塞上，缓慢地压缩气体，当活塞到达位置Ⅲ时停止加砝码；然后接通电源缓慢加热使活塞至Ⅱ；断开电源，再逐步移去所有砝码使气体继续膨胀至Ⅰ，当上升的活塞被环 M、N 挡住后拿去周围的绝热材料，系统逐步恢复到原来状态，完成一个循环。

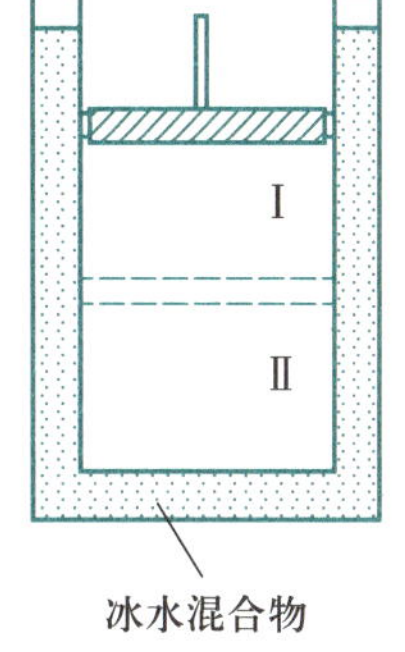

第 14.34 题图

(1) 在 $p-V$ 图上画出相应的循环曲线；

(2) 求出各分过程的始末状态温度；

(3) 求该循环过程吸收的热量和放出的热量。

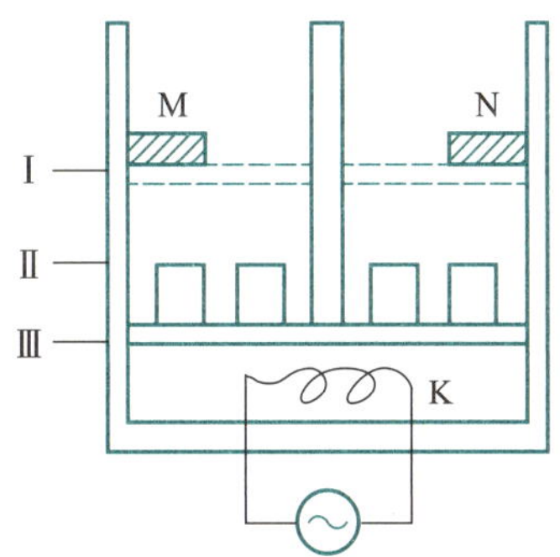

第 14.35 题图

阅读材料

第五篇

量子物理基础篇

物理学发展到19世纪末，已经取得了巨大的成功。以牛顿力学、热力学以及经典的统计物理学、电磁学理论为核心的经典物理已趋于完善。大部分物理学家普遍认为物理学的发展已达到十分完美的地步，物理学中现有的定律适用于任何情况，人们已经充分掌握了理解整个自然界的原理和方法，一切基本工作都已解决。有的权威人士甚至认为："未来的物理学真理将不得不在小数点后第6位去寻找。"1899年的最后一天，英国物理学家开尔文在欧洲著名科学家新年聚会上的贺词中就说："19世纪已将物理学大厦全部建成，今后物理学家的任务就是修饰完善这所大厦了。"但他的贺词中也提到了物理学的天空中有两朵小小的乌云，即"迈克耳孙-莫雷实验"和"黑体辐射实验"。除此之外，还有光电效应以及原子的线状光谱以及原子结构，这些实验表现出来的规律使许多物理学家大为震惊，无法用已有的经典理论来解释。科学家认识到，现有的物理学仍然需要发展。量子物理就是在这样的背景下诞生的。

量子物理是研究微观粒子的运动及其规律的理论，它和相对论是现代物理和现代科学技术的两大强有力的支柱。20世纪初，为了解决黑体辐射的能谱分布，首先由普朗克提出了量子假设；随后爱因斯坦发展了普朗克的理论，提出光量子理论解决了光电效应问题；其后经过玻尔、德布罗意、玻恩、海森伯、薛定谔、狄拉克等物理学大师的努力，到20世纪30年代，就已经建成了一整套完整的量子力学理论。从此科学家开辟了认识微观世界的新道路，量子力学成为指导探索原子、分子的微观结构及在原子、分子水平上物质结构和性质的理论武器。如今量子物理在各种微观物理学领域得到了广泛的应用，如晶体管、集成电路、激光、超导材料、低维材料及其他各种新型材料等。

量子物理的许多基本概念、规律和方法都与经典物理的截然不同，在学习量子物理的过程中特别要注意克服经典物理思维定式的影响，不要用对宏观现象建立的直观概念去理解微观现象。要根据实验事实，用新的思想、观点和方法去分析微观世界的现象和规律。特别是对"波粒二象性"和"量子"(或"量子化")这两个量子物理中的核心概念要加以透彻地理解，它对于我们学好并掌握量子物理将大有裨益。本篇将介绍有关量子物理的一些基础知识：其中第十五章通过对黑体辐射、光电效应、康普顿散射、玻尔的氢原子理论等的介绍，描述了量子理论诞生初期对微观粒子的本性还缺乏全面认识时的理论雏形；第十六章就不确定关系、波函数、薛定谔方程等量子力学概念逐一介绍，进一步展示量子力学的特点和规律。

第十五章　量子思想启蒙

19 世纪末 20 世纪初的物理学世界风起云涌，在这个世纪之交，实验物理学上出现了一系列重大发现，打破了经典物理学的束缚，开创了一个更广阔，更深远的新物理世界，从而拉开了近代物理学革命的序幕。

由于经典物理学的长足发展，科学家们的研究也越来越深入，19 世纪末期在实验上涌现了一系列新发现。一方面，19 世纪的新兴学科热辐射迅速发展，很快发现了黑体辐射的实验和理论结果不相符的问题，从而在经典物理学领域撕开了一个缺口，导致量子理论的诞生。另一方面，在研究阴极射线的过程当中，投入了大量的人力物力，相继出现一系列的世纪大发现，比如 1895 年伦琴发现 X 射线，1896 年贝可勒尔发现放射性，1897 年 J. J. 汤姆孙发现电子等，这些发现对物质和原子的深层次结构的研究产生了重大的影响，在深入研究的过程中，科学家发现如果想要更深刻地理解微观粒子结构及稳定性问题，必须引入量子物理的概念，从而使得早期量子论得到了长足的发展。

早期量子论是在一系列实验和争论中产生和发展起来的，本章将通过几个经典的实验和其理论解释来简要地介绍早期量子论是如何产生，如何发展，如何引发思考和讨论的。本章将首先介绍第一个引入量子论概念的黑体辐射，再介绍光电效应，同时介绍玻尔在讨论原子结构稳定性和氢原子光谱的过程中引入的定态假设。

在量子论得到科学家的重视后，随后而来的是对微观粒子以及量子论本质的大讨论，其中最为重要的就是波粒二象性，随后德布罗意将波粒二象性推广到全物质，提出物质波概念。本章在介绍完早期量子概念后，将详细介绍波粒二象性、康普顿散射、德布罗意物质波。

通过本章的介绍，使读者对量子物理的发展有一定认识，并了解其中关键的实验和理论。量子的世界是新奇的，创造性的，为大家走进近代物理世界打开了大门。

思考题

1. 能量子假设是在什么情况下提出来的？
2. 本章举了哪几个例子说明光的量子性(粒子性)？

第一节　黑体辐射

热辐射是 19 世纪发展起来的一门新学科，它的研究得到了热力学和光谱学的支持，同时用到了电磁学和光学的新兴技术，因此发展很快。

在经典力学理论和经典电磁理论中，人们普遍认为能量是连续变化的。物体之间能量的传递也是以连续的方式进行的。直到1900年普朗克研究黑体辐射理论时，提出了能量量子化的概念，才打破了能量连续变化这一传统观念，从而为量子力学的诞生和研究微观世界的运动规律提供了新的理论基础。

根据前面的知识我们知道，每个处于热平衡状态的物体都具有一定的温度，它提供了物体内部带电粒子的热运动能量。当带电粒子运动时，这些粒子均以电磁波形式向外辐射能量，如红外线、可见光、紫外线等。由于这种辐射与温度有关，故称为热辐射。无论物体温度高低都有热辐射，温度越高，发射电磁波能量越高，对应频率也越高。当辐射电磁波的频率在可见光区域时，不同温度的热辐射直观表现为物体在不同温度下的不同颜色。例如，当加热铁块时，开始时是看不见光的，随着温度不断升高，我们开始看到铁块先发出暗红色的光，随后显得赤红，随着温度不断升高，再变成橙色，最后变成白色。

1.1 黑体辐射

对于给定物体而言，在单位时间之内辐射能量的多少及辐射能量按波长(频率)分布，都取决于物体的温度。物体在辐射电磁波的同时，也在吸收照射在表面的电磁波。任何物体在受到外界辐射时，将有一部分能量被吸收，另一部分能量被反射，即物体任何时候都在发生着反射和吸收电磁波辐射的过程。实验表明，不同物体在某一频率范围内发射和吸收电磁波辐射的能力是不同的，但是对于同一个物体而言，若它在某频率范围内发射电磁波辐射的能力越强，那么，它吸收该频率范围内电磁波辐射的能力也越强，反之亦然。

一般来说，入射到物体上的电磁波并不能全部被物体吸收，物体吸收电磁辐射的能力随物体而异。为了排除材料等外在因素对电磁辐射的影响，科学家设想了一种物体，这种物体能吸收全部的投射到它上面的电磁辐射而不反射，这种物体称为绝对黑体，简称黑体。黑体显然是一个理想化的模型，抛开其组成材料等影响，它们在相同温度时发出同样形式的光谱，即所有黑体的辐射规律是相同的。因此，研究黑体辐射具有重要的理论和实际应用价值。

在自然界中，绝对黑体是不存在的，自然界还没有发现这种吸收率达到100%的物质，单色吸收率最高也只能达到98%，但可以人工造一个近似黑体模型。人们利用空腔来构造黑体，如图15.1所示，电磁波从空腔壁上的小孔进入到腔内，在空腔内壁经过多次反射，每反射一次空腔内壁都将吸收一部分能量。因为小孔的面积远远小于空腔的表面积，入射电磁波在空腔内壁的反射次数就会非常大，可近似看成无限大，以至于可以保证入射电磁波的能量全部被吸收。因此这样的空腔就可以看成完全吸收电磁波的理想黑体模型。

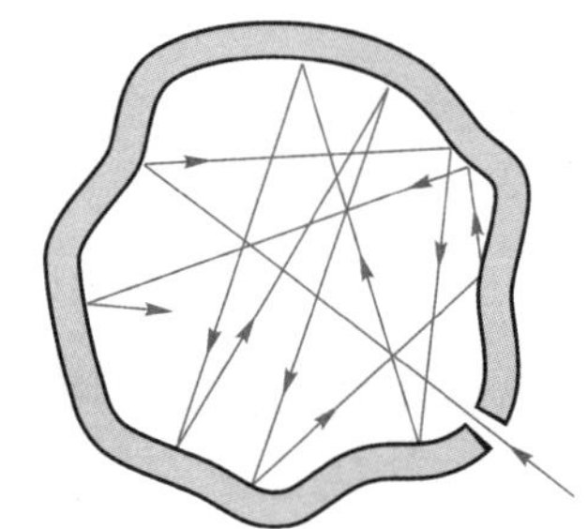

图15.1 空腔可以看成黑体

在日常生活中，白天从远处看楼房的窗口时，窗口会非常暗，这是因为光线进入窗口后在室内进行反射，很少有光线可以再从窗口折射出去。另外，在金属冶金冶炼的过程中，经常在冶炼炉上开一个小孔，这个也近似地可以看成黑体。

黑体形态上的特殊性使其辐射规律具有代表性，利用黑体可以撇开材料的具体性质来普遍地研究热辐射本身的规律。因此，研究黑体辐射的规律就成了研究热辐射的中心问题。由于黑体辐射只和温度与波长有关，因此我们可以通过保持一定温度来测量黑体单色辐出度随波长的变化关系，将不同温度下黑体的单色辐出度随波长的变化曲线进行对照，就可以定性地得到**黑体单色辐出度** $M_{b\lambda}(\lambda, T)$ 随温度和波长的变化关系，如图 15.2 所示。可以看出，对应于每一个确定的温度，$M_{b\lambda}(\lambda, T)$ 曲线都有一个峰值存在，随着温度升高，峰值所对应的波长逐渐减小，即温度越高，峰值波长越短，热辐射中短波成分越多。黑体辐射的实验规律在现代科学技术中有着广泛的应用，从图中可以看出，热辐射能量随着热力学温度的升高而迅速增大。因此，如果想要获得非常高的温度，就需要大量的能量来克服热辐射损失。例如，在氢弹爆炸中所涉及的温度可高达 3×10^7 K 以上，在这么高的温度下，1 cm^2 的表面所辐射的能量可以在 1 s 内煮开 2×10^7t 的冰水。

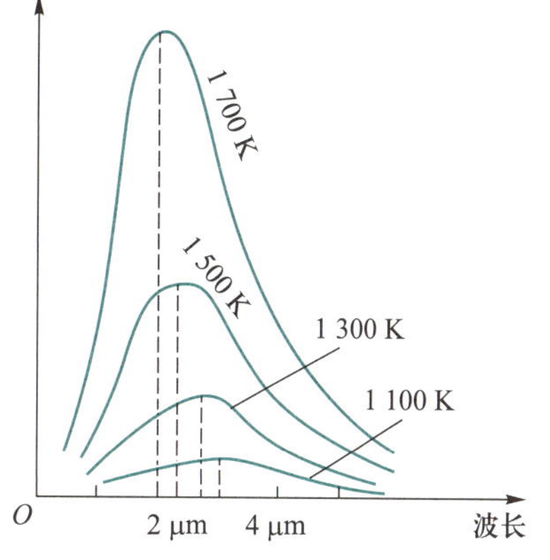

图 15.2　黑体单色辐出度与波长的关系

为了寻找黑体辐射实验规律的解释，许多物理学家最初试图从经典理论出发找出与图 15.2 一致的数学表达式，并对黑体辐射的波长分布做出理论解释，但都未能如愿，反而得出与实验相差很大的结果。图 15.3 中是所有试图解释的理论中具有代表性的两种，由维恩（Wien）在 1896 年利用经典热力学原理和瑞利（Rayleigh）、金斯（Jeans）在 1900 年根据电磁学和能量均分定理分别得出的黑体辐射的理论公式所画出的曲线。由图中曲线和实线的对比可以看出，维恩公式只在峰值右边的短波段部分与实验曲线相符，长波波段与实验曲线相去甚远。而瑞利-金斯公式只在长波波段与实验曲线符合得很好，在短波波段却出现了巨大的偏差。两种公式都不能解释辐出度的峰值问题。同时，瑞利、金斯给出的黑体的单色辐射本领将随着频率增高而趋于无限大，显然这与现实和能量守恒定律相违背，这就是物理学史上著名的“紫外灾难”。

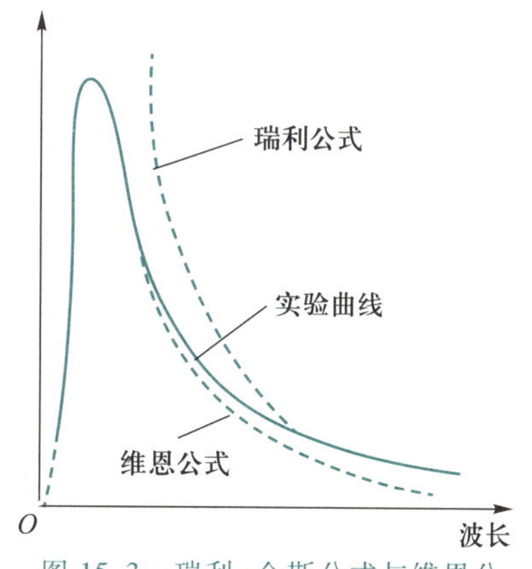

图 15.3　瑞利-金斯公式与维恩公式给出的黑体辐射理论曲线（虚线）和实验曲线的对比（实线）

“紫外灾难”给 19 世纪末期的经典物理

学的框架带来巨大的冲击，使许多物理学家感到困惑不解。英国物理学家开尔文说：黑体辐射实验是物理学晴朗的天空中一朵令人不安的乌云。它动摇了经典物理的基础，引发了物理学思想的一场革命，从而促使量子理论的诞生。

讨论 1：

一个 2 000 K 的黑体，它能辐射 X 射线吗？它能辐射无线电波吗？

1.2 普朗克能量子假设

为了寻找一个正确的公式来描述黑体辐射的单色辐出度，1900 年，德国物理学家普朗克发现，只要对维恩的公式做一些简单的改进，改进后的公式就会很精确地与实验数据相适应。普朗克就在 1900 年 10 月 19 日向德国物理学会作了题目叫《维恩光谱方程的改进》的报告，报告了他得到的经验公式：

$$M_{b\lambda}(\lambda, T)=\frac{2\pi hc^2}{\lambda^5}\frac{1}{e^{\frac{hc}{\lambda kT}}-1} \tag{15.1}$$

该式被称为**普朗克公式**（Planck formula）。式中，c 为真空中的光速，k 为玻耳兹曼常量，h 为待定常量，后被称为**普朗克常量**（Planck constant），由实验测得为

$$h=6.625\times10^{-34}\ \mathrm{J\cdot s}$$

但这个公式在当时依然是个经验公式，并未形成理论，为了给公式找到理论基础，普朗克假设：组成空腔壁的原子像一些很小的电磁谐振子，每个谐振子各自带有一个特征性的振荡频率，这些谐振子向空腔发射电磁能量，同时也从空腔中吸收电磁能量，然后根据这些谐振子处于平衡时的特征来推出辐射的特征。

随后，普朗克遵循上述假设的精神，做了有关谐振子的两个根本性的假设，我们可以简洁地总结如下：

（1）对于振动频率是 ν 的谐振子，谐振子的能量是不连续的，只能取一些分立值，这些分立值是某一最小能量的整数倍，即

$$E=nh\nu$$

式中 n 是个只能取整数值的数，现被称为**量子数**。上式表明，谐振子能量是量子化的。

（2）谐振子并不连续地辐射或吸收能量，物体发射或者吸收能量只能以量子化的方式进行。当物体与周围的辐射场发生能量交换时，只能整个地吸收或者放出一个个能量子，每个能量子的能量为

$$E=h\nu$$

由于普朗克常量 h 是个非常小的值，所以在宏观世界的尺度上这种不连续性并不能表现出来，再加上当时人们脑海中的经典概念根深蒂固，要一下子摆脱经典理念是很困难的事情。普朗克所提出的量子假设也很难被大家接受，就连普朗克自己在很长一段时间也感到不安，他曾经谈过这么一段话：“我曾经试图设法使这个基本作用量子（即 h）与经典理论相适应，我这种徒劳无益的企图曾持续了

很多年，花费了我很多心血。”回过头来，我们会发现，普朗克的能量子假说，突破了经典物理学的束缚，第一次提出了微观粒子具有分立的能量值，在物理学发展史上具有划时代的意义。普朗克因此获得了1918年的诺贝尔物理学奖。然而在当时，普朗克的理论在很长一段时间之内都无人问津，一直到1905年爱因斯坦推进了普朗克的概念，把能量量子化的概念应用到光电效应这个物理学新领域，才使得量子理论得到了长足的发展。

第二节　光电效应和光的量子性

2.1　光电效应

1887年，赫兹在证明麦克斯韦电磁波动理论时，发现当紫外线照射在金属上时，能使金属发射带电粒子。1900年，勒纳通过荷质比的测定证明了金属发射出的带电粒子是电子，后来我们把这种金属在电磁辐射的照射下逸出电子的现象称为**光电效应**，逸出的电子称为**光电子**。

图15.4为研究光电效应的实验装置图，一个抽真空的玻璃管，管内装有阴极K和阳极A。阴极K为一金属平板，为了使紫外线能够穿过玻璃管照射到金属平板上，一般在玻璃管上装一个石英窗口，这里用石英是因为石英对紫外线吸收很小。A和K两极分别与电流表、电压表和电池组相连接。当紫外线或者短波长的可见光照射金属板K时，金属板将释放出电子，在电池电压的作用下光电子到达A极，电路接通，形成光电流。光电流的强弱可用电流表读出。当我们改变加在A、K两极的电压，可以得到不同电压条件下的光电流变化情况，画出伏安特性曲线如图15.5所示。

通过大量的实验我们可以总结出光电效应实验有以下几个主要的规律：

饱和光电流与入射光强成正比：从图15.5可以看出，入射光频率一定且光强一定时，光电流 I 和A、K两极之间的电势差关系表明，光电流随电势差的增加

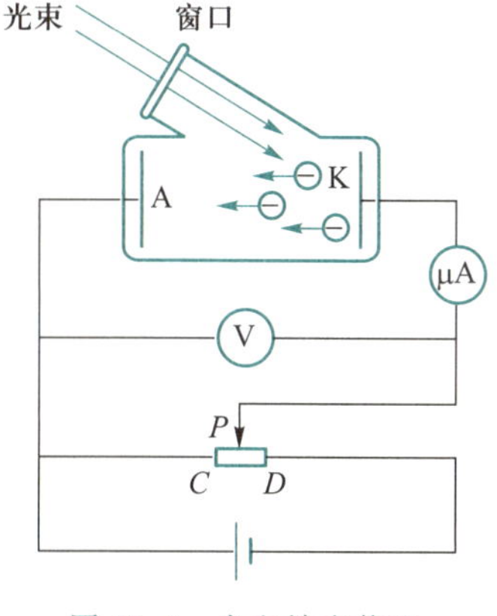

图15.4　光电效应装置

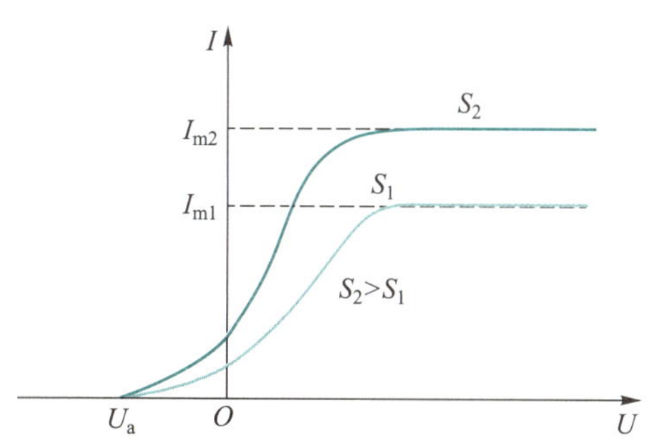

图15.5　光电效应伏安特性曲线

而增加，当 U 增加到一定值时，光电流不再增加，而达到一个饱和值 I_m，称为**饱和电流**，意味着从阴极 K 逸出的电子全部飞到阳极 A 上。在相同的电势差下，如果增加光的强度，光电流及相应的饱和光电流 I_m 也增大，说明从阴极 K 逸出的电子数目 S 变多了，即单位时间内从阴极逸出的光电子数目和入射光的强度成正比。

遏止电压：当电势差减小时，光电流也随之减小，但电势差为零时，光电流不为零，表明从阴极 K 逸出的电子具有一定的初动能。当电势差继续减小为负值时，A、K 两极之间的电势差反向，光电流迅速减小，当反向电压达到某一数值时，光电流减小到零，这时外加的反向电压便成为反向遏止电压(图 15.5)。

遏止电压的存在说明这时从阴极 K 逸出的具有最大速度的电子也无法到达阳极 A，即光电子的初动能具有一定限度，不是无穷大的，且最大初动能 E_{max} 与遏止电压 U_a 之间的关系如下：

$$E_{max}=\frac{1}{2}m_e v_{max}^2=eU_a \tag{15.2}$$

式中 m_e、e 分别是电子的质量和电荷量。由此可以得出结论：光电子从金属表面逸出时具有一定的动能，最大初动能等于电子电荷量和遏止电压的乘积，与入射光的光强无关。

光电子初动能和入射光频率之间的关系：为了进一步研究遏止电压和最大初动能，我们研究不同材料的金属的遏止电压和入射光频率之间的关系，如图 15.6 所示，我们可以看出，遏止电压和入射光频率之间呈线性关系，可以用数学式表达如下：

$$|U_a|=k\nu-U_0 \tag{15.3}$$

式中 k、U_0 都是正数。对于不同的金属材料，U_0 的量值不同，而对同一金属来说 U_0 则为常量，k 为图中直线的斜率，通过实验计算得到它是不随材料变化而变化的常量。将式(15.2)代入式(15.3)中，得到最大初动能与频率的关系：

$$\frac{1}{2}m_e v_{max}^2=ek\nu-eU_0 \tag{15.4}$$

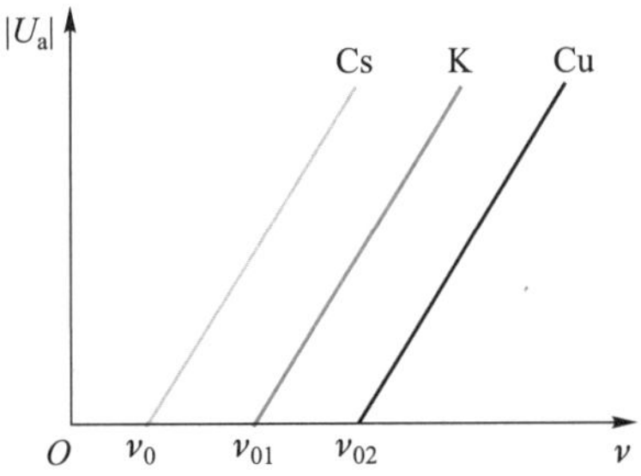

图 15.6 遏止电压与频率的关系

从式(15.4)我们可以得到另一条光电效应实验的基本规律：光电子的初动能随入射光的频率 ν 线性的变化，而与光的强度无关。

从式(15.4)我们还可以得到另一个重要的结论：因为电子的初动能必须是正值，可以看出要使受光照射的金属材料释放电子，入射光的频率必须满足 $\nu \geqslant U_0/k$ 的条件，我们将 $\nu_0=U_0/k$ 称为光电效应的**截止频率**(或者**红限频率**)。实验指出，不同的材料具有不同的截止频率，因此当光照射某一给定金属时，无论光的强度如何，如果入射光的频率小于截止频率 ν_0，就不会产生光电效应。这些不同物质的实验数据是由物理学家密立根(Millikan,1868—1953)得到的，光电效应是发生在表面的物理现象，所以在做实验的过程中有必要去除金属表面的氧化物薄膜、油渍或者别的表面玷污，密立根设计了一种在真空条件下为金属表面“修面”的技术，密立根称它为“真空中的机器房”，他因此获得了 1923 年的诺贝尔物理学奖。

讨论 2：

白天光无处不在，而生活中到处都存在金属。为什么这些金属没有发射光电子，从而带上正电荷呢？

光电效应是瞬时的：实验中发现，无论光的强度如何，只要光的频率大于红限频率 ν_0，从入射光入射金属表面到光电子逸出，几乎是同时发生的，其延迟时间不超过 10^{-9} s。

光电效应实验所得到的这些规律，无法用光的经典波动性理论来解释。根据经典光的电磁波理论，光作为一种波，其能量只与光的强度和振幅有关，因此金属材料表面经过一定时间的光照射以后，材料表面的电子应该可以积累到足够的能量逸出金属表面。下面我们逐条来对比实验结果和用经典波动理论解释的困难：

（1）波动理论认为，光电子的动能应该随着光强的增加而增加，然而实验的结果则是，光电子的初动能与光强无关，而是取决于入射光的频率。这个结果已经在最强的光是最弱的光的10^7 倍的光强范围内验证过。

（2）按照经典波动理论，只要假定光的强度足够强，或者照射时间足够长，任何频率的光都能使金属表面的电子积累得到足够的能量逸出金属表面，而产生光电流。可是实验结果则显示，对于不同的金属材料却各自存在着一个特征性的截止频率ν_0，入射光的频率必须大于此频率才会有光电流产生。对于小于截止频率的入射光，无论光强多强，照射时间多久，都无法产生光电流。

（3）入射光电子的能量是金属板从入射波中“吸收”而来的，则金属中一个电子的有效靶面积是非常小的，约等于几个原子的直径。因此，如果光的强度足够微弱，那么从光到达金属表面到光电子从金属表面逸出需要一个实验可测量的时间差，在这个时间差之内，金属表面的电子需要不断“吸收”光的能量，直到所积累的能量足够使它逸出金属表面。这个时间差不应该是瞬时的，然而实验上从来没有测得过这个时间差。

上述这些实验结果和光的经典波动理论之间的矛盾，阻碍了人们对光电效应的理解和认识。另外，光电效应的研究不仅具有重要的理论意义，同时具有广泛的应用价值。例如，在军事上，用于夜视的红外变像管可以把不可见的红外辐射图像转换成可见光图像；又比如，根据光电效应制成的光电倍增管，灵敏度极高，被广泛应用于弱光探测等方面。因此无论是从理论上，还是从生产实践中都迫切地需要一种新的理论来解释光电效应现象。

2.2 爱因斯坦的光量子理论

1905 年，在普朗克的能量子假说成功解释了黑体辐射之后的第五年，爱因斯坦首先注意到了普朗克的理论的重要性，它有可能可以解决经典物理学所遇到的困难。爱因斯坦在普朗克能量子假说的基础上，进一步提出了关于光的本性的光量子假说，爱因斯坦认为：光不仅像普朗克提出过的，在发射或吸收时具有粒子性，而且光在空间传播时也具有粒子性，即一束光是一粒一粒以光速 c 运动的粒子流，这些光粒子称为**光量子**，也称为**光子**。对于光子而言，它不可再被分割，而只能整个地产生或者被吸收。每一个光子的能量是 $\varepsilon=h\nu$，h 是普朗克常量，ν 是光的频率，不同频率的光子具有不同的能量，光的能流密度 S 取决于单位时间内通过单位面积的光子数 N。频率为 ν 的单色光的能流密度为 $S=Nh\nu$。

> **讨论 3：**
> 当我们增加光源强度的时候，从光子的角度来说我们改变了什么？如果从波动的角度来说，我们又改变了什么？这两种分析是否是矛盾的？

按照爱因斯坦的观点，当光入射到金属电极表面时，光子被电子吸收，电子获得 $h\nu$ 的能量。由于金属表面的电子还要受到原子的束缚，因此电子要脱离金属表面逸出还需要克服表面对电子的吸引做功。我们将电子逸出金属表面时所需要克服的功称为**逸出功** A。一个电子吸收一个光子的能量，一部分能量用来克服金属表面的逸出功 A，一部分转化为逸出电子的初动能，按照能量守恒定律，得到方程：

$$h\nu=\frac{1}{2}m_{e}v^{2}+A \tag{15.5}$$

这个方程称为**爱因斯坦光电效应方程**。爱因斯坦成功地解释了光电子动能与入射光频率之间的线性关系。从式(15.5)中我们还可以看出当入射光频率 $\nu<\nu_0=A/h$ 时，电子吸收的光子的能量不足以克服逸出功，无法使金属表面电子摆脱束缚，也就没有光电流产生。此时无论入射光的强度多大，照射时间多长，所有这些光子都无法提供足够的能量使电子逸出金属表面。最后，光量子被电子吸收是整个进行的，光的能量并不像经典波动理论那样分散在一个大的波阵面上，因而整个过程是瞬时发生的。在爱因斯坦的光量子理论中，入射光的强度只决定了单位时间内单位面积上入射的光子数目，入射光子数目比较多，则逸出的光电子数目也比较多，因此它只能影响饱和光电流的大小。因此爱因斯坦预言，U_a 和 ν 之间存在线性关系，这与实验结果完全吻合。

结合式(15.2)和式(15.5)，我们可以计算出遏止电压的表达式

$$U_a=\frac{h}{e}\nu-\frac{A}{e}$$

1916 年，美国实验物理学家密立根从爱因斯坦的光电效应方程出发，通过对光电效应的精确测量，成功测量出了普朗克常量为 $h=6.57\times10^{-34}$ J · s，其准确度为 0.5%，这个值与普朗克辐射公式导出的 h 值非常接近，进一步证实了光量子假说和光电效应方程的正确性。由于光量子假说的提出及光电效应方程的发现，爱因斯坦获得了 1921 年的诺贝尔物理学奖。

虽然光量子假说符合光电效应实验的事实，但这个假设似乎又与光的波动理

论相矛盾，而正像前面几章在波动光学部分介绍的那样，光的波动性已经在许多实验当中被证实，因此综合所有发现，我们对于光的本性有了一个更全面的认识：**光既有波动性，又有粒子性**。在某些情况下，光突出地显示为波动性；而在另一些情况下，光突出地显示为粒子性。光的这种本性后来被称为**光的波粒二象性**(wave-particle duality)。光既不是经典意义上单纯的波，也不是经典意义上单纯的粒子。

讨论 4:

牛顿曾经也认为光是某种粒子，因为光可以发生反射。牛顿的光的微粒学说能够解释诸如反射等光学现象。光的反射就好比一个小球斜碰墙壁，根据牛顿力学，其入射角和反射角必然相等。爱因斯坦的光量子假说也把光看作一种“粒子”那么，它和牛顿的光的微粒学说的粒子有区别吗?

从光的波粒二象性出发，光不仅有能量，而且有质量和动量等一般粒子共有的特征量。根据相对论质能关系 $E=mc^2$，可得光子的质量

$$m=\frac{E}{c^2}=\frac{h\nu}{c^2}=\frac{h}{c\lambda}$$

再根据相对论能量和动量的关系，可得光子的动量

$$p=\frac{h\nu}{c}=\frac{h}{\lambda} \tag{15.6}$$

又由于光子的能量

$$\varepsilon=h\nu \tag{15.7}$$

由式(15.6)和式(15.7)不难看出，光子的粒子性特征量(能量和动量)与光子的波动性特征量(频率和波长)，通过普朗克常量 h 联系在了一起。

虽然光的波动性和粒子性总是相伴存在的，但在处理问题时，遇到光的干涉、衍射等与光的传播有关的现象中，光的波动性占优势，需要用波动理论解释；在涉及光的辐射和光与物质相互作用这类问题时，光的粒子性占主导地位，需要用量子论来解决。

讨论 5:

日常生活中粒子性和波动性显然是矛盾的，我们没有在日常生活中看到某个物体既是粒子同时又是一种波。那么你是如何理解光既是粒子又是波的特性的?

[例 15.1] 要从铝中移出一个电子需要提供 4.2 eV 的能量，用波长是 200 nm 的光照射铝的表面，问：(1) 逸出光电子的最大初动能是多少?(2) 遏止电压是多少?(3) 铝的截止波长是多少?(4) 入射光子的动量是多少?

[解] (1) 已知光电子从铝表面逸出时所需的逸出功 $A=4.2$ eV，根据光电效应公式

$$h\nu=\frac{1}{2}m_e v_{max}^2+A$$

光电子的最大初动能

$$E_{max}=\frac{1}{2}m_e v_{max}^2=h\nu-A=h\frac{c}{\lambda}-A$$
$$=3.23\times10^{-19}\text{J}=2.0\ \text{eV}$$

(2) 当加反向电压使光电流为零时，有 $eU_a=E_{max}$，所以铝的遏止电压

$$U_a=\frac{E_{max}}{e}=2.0\ \text{V}$$

(3) 当光子能量全部用来克服金属逸出功时，金属逸出电子初动能为零，则此时的光波长称为**截止波长**。由 $h\nu_0=A$，得

$$\lambda_0=\frac{c}{\nu_0}=\frac{hc}{A}=\frac{6.63\times10^{-34}\times3\times10^8}{4.2\times1.6\times10^{-19}}\ \text{m}=2.96\times10^{-7}\ \text{m}$$

(4) 入射光子的动量

$$p=\frac{h}{\lambda}=\frac{6.63\times10^{-34}}{200\times10^{-9}}\ \text{kg}\cdot\text{m/s}=3.32\times10^{-27}\ \text{kg}\cdot\text{m/s}$$

第三节 康普顿散射

第一个肯定光既有波动性又有粒子性的是爱因斯坦。他认为电磁辐射不仅在被发射和吸收时以能量子的微粒形式出现，而且在空间运动时，也具有这种微粒形式。爱因斯坦这一光辉思想是在研究辐射的产生和转化时逐步形成的。与此同时，实验物理学家也相对独立地提出了同样的看法，其中有 W. H. 布拉格和 A. H. 康普顿(Arthur Holly Compton，1892—1962)。康普顿证明了，光子与电子在相互作用中不但有能量变换，还有一定的动量交换。

我们知道，一束沿确定方向传播的可见光通过各向同性的均匀透明介质(如纯净的水)时，在偏离光线传播方向上不能观察到该光线。然而当这束光线通过不均匀的悬浮物质(如雾、悬浊液等)时，光线会向各个方向散射，因此从各个方向都可以看见这束光。由波动理论可以知道，入射光通过物质时，引起物质内部带电粒子的受迫振动而向四周发出相同波长的散射光。当我们研究波长更短的 X 射线时，情况与可见光有所不同，即使是均匀介质，也会有散射现象。当单色 X 射线通过物质向各方向散射时，散射的 X 射线中有两种波长的光，一种波长与入射 X 射线波长相同；另一种波长比入射 X 射线波长略长一些，并且波长的改变量与散射角有关，这种现象称为**康普顿散射**，或**康普顿效应**。在 1923 年 5 月的《物理评论》上，康普顿以《X 射线受轻元素散射的量子理论》为题，发表了他所发现的效应，并用光量子假说作出了解释。

3.1　康普顿效应的实验规律

康普顿效应实验装置如图 15.7 所示，波长为λ_0的单色 X 射线，经过散射物质(如石墨)散射后，在散射角 φ 方向，用摄谱仪测量得到散射 X 射线的强度在两个波长处有峰值，实验结果如图 15.8 所示。一个峰值对应的波长是入射 X 射线的波长λ_0，另一个峰值的波长比λ_0大 $\Delta\lambda$，这个较大的波长 $\lambda=\lambda_0+\Delta\lambda$ 称为**康普顿散射波长**，而波长差 $\Delta\lambda$ 为**康普顿移动**。

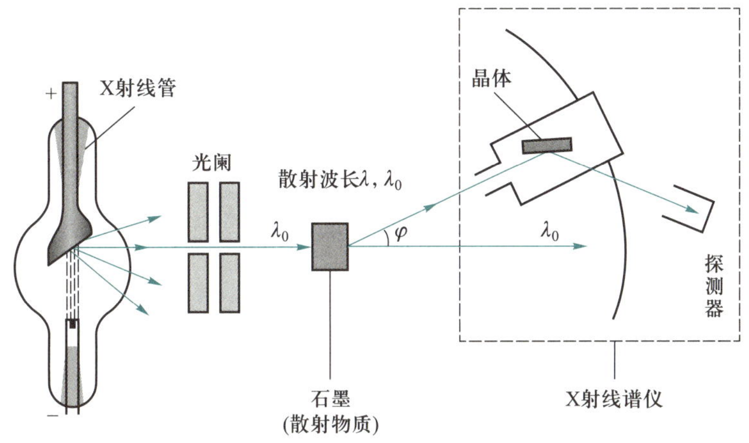

图 15.7　康普顿散射的实验装置

1925—1926 年，我国科学家吴有训曾观察同一散射方向 15 种不同元素(如 Li、Be、B、C 等)的散射线，得出结论：只要散射角一定，康普顿移动就相同，可以说，康普顿移动 $\Delta\lambda$ 与散射物质的种类无关，它仅随散射角 φ 而变化，定量关系为 $\Delta\lambda=\lambda-\lambda_0=2K\sin^2\dfrac{\varphi}{2}$，式中 $K=0.002\ 41$ nm是由实验得到的一个常量。在相同散射角下，其康普顿移动 $\Delta\lambda$ 相同，但不同物质对 X 射线的散射强度不同，轻元素的强度较强，重元素的强度较弱。

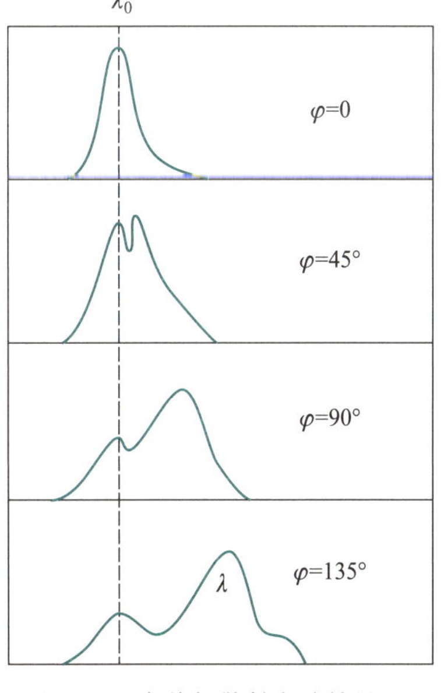

图 15.8　康普顿散射实验结果

3.2　康普顿效应的理论解释

按照经典的光的电磁波理论，当光波通过物质时，引起物质内部带电粒子作受迫振动，从而向各个方向发射频率相同的电磁波，即散射光，因此根据波动理论，散射光中应只有波长为λ_0的光线，而不应该存在波长大于λ_0的光线，即不应该存在康普顿移动。显然，光的波动理论无法解释康普顿效应。

康普顿在吸取了爱因斯坦光量子假说的成功经验之后，考虑到 X 射线也是电磁波的一种，其本质应和光一样，同样适用光量子假说。康普顿将 X 射线看成光子流，是由许多能量为$\varepsilon_0=h\nu_0$的光子组成的。并且每个光子和实物粒子一样，可以与电子发生弹性碰撞，并遵守能量和动量守恒定律，从而对康普顿效应给出了符合实验规律的解释。

X 射线进入物质时，一个光子与散射物质原子中的一个自由电子或束缚较弱的电子发生弹性碰撞，光子将一部分能量传给电子，再沿某一方向散射，这个散射光子的能量 $\varepsilon=h\nu$ 比入射时的光子能量$\varepsilon_0=h\nu_0$小，因此有 $\nu<\nu_0$，换算成波长则有 $\lambda>\lambda_0$，所以散射光的波长比入射光的波长长。

设光子在散射前、后的动量和能量分别是$\boldsymbol{p}_0$、ε_0和 $\boldsymbol{p}$、ε。由于入射的光子能量很大，可以近似地认为原子中电子在散射前处于静止状态。散射后电子的动量和动能分别为$\boldsymbol{p}_e$、E_k。散射光子和电子动量与入射光子之间的夹角分别为 φ、θ，如图 15.9 碰撞示意图所示。由于散射过程是弹性碰撞，根据动量和能量守恒定律有

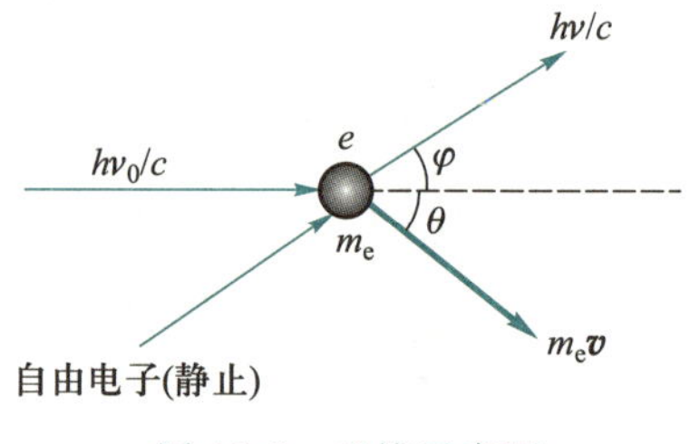

图 15.9　碰撞示意图

$$\begin{cases}\boldsymbol{p}_0=\boldsymbol{p}+\boldsymbol{p}_e\\ \varepsilon_0=\varepsilon+E_k\end{cases}$$

其中$\boldsymbol{p}_0=\dfrac{h\nu_0}{c}\boldsymbol{n}_0$，$\boldsymbol{p}=\dfrac{h\nu}{c}\boldsymbol{n}$，$\boldsymbol{p}_e=m_e v$ 利用余弦定理

$$(m_e\boldsymbol{v})^2=\left(\frac{h\nu_0}{c}\right)^2+\left(\frac{h\nu}{c}\right)^2-2\left(\frac{h\nu_0}{c}\right)\left(\frac{h\nu}{c}\right)\cos\varphi$$

由上述两个式子计算可以得到康普顿散射后的波长的改变量为

$$\Delta\lambda=\frac{c}{\nu}-\frac{c}{\nu_0}=2\lambda_c\sin^2\frac{\varphi}{2}$$

式中$\lambda_c=\dfrac{h}{m_e c}=0.002\ 43$ nm，称为**康普顿波长**，其值等于散射角是 90°时所测得的波长改变量。对比前面实验测量的系数 K，在误差范围内可以认为是相等的，可见，由光量子理论所得的结论与实验结果完全符合。

对于散射光中与入射波长λ_0相同的部分可以作如下解释：这部分散射光是入射光子和原子的芯电子发生碰撞时产生的，由于这些电子受原子核约束较强，光子与它们碰撞相当于和整个原子发生碰撞，原子的质量远远大于光子质量，因此碰撞完成后，光子的能量损失非常小，可近似看成无能量损失，因此这部分散射光的波长与入射光的波长相同。另外，轻元素比重元素的康普顿散射强度高可以解释为：当光子和较轻的原子碰撞时，轻原子中的电子相比于重原子中的电子，所受的束缚较小，光子能和弱束缚电子的碰撞的机会就大，那么散射强度自然就高一些，因此更容易观察到与 $\Delta\lambda+\lambda$ 的散射线。康普顿效应的理论解释与实验精确符合，进一步证实了光量子理论的正确性，同时也说明动量守恒定律和能量守

恒定律均适用于微观粒子的相互作用过程。

在这里我们要澄清一个概念，在讨论康普顿散射的过程中，我们说的光子和自由电子相碰撞，碰撞中光子把一部分能量传给了电子，这里并不意味着光子发生了分裂。其实康普顿散射不是一步完成的，它是由自由电子先吸收一个光子，然后再释放另一个散射光子；或是自由电子先释放一个散射光子后再吸收入射光子，无论是哪种方式发生康普顿散射，光子都是完整地吸收或者发射的，入射的光子和散射的光子并不是同一个光子。因此和前面介绍的光子不可分割并不矛盾。

第四节　玻尔氢原子理论

前面几个章节，我们围绕着电磁辐射讨论了物体发射或者吸收电磁辐射以及入射到物质表面的电磁辐射与物体发生相互作用等问题，提出了量子化的设想。而对于每个原子而言，无论是吸收光谱还是发射光谱，其光谱中出现的各种波长成分都是非常有规律的。因此研究物体发射或吸收的光谱成为研究物体各种物理特性，尤其是原子内部结构的一种重要手段。电子的发现，证明原子内含有一定数目的电子，而光谱的发射和吸收似乎与电子的行为有密切关系。在所有原子结构中，氢原子具有最简单的原子结构，核外仅包含一个电子，因此研究光谱的工作就从氢原子光谱的工作展开。为了理清氢原子内部结构具体是什么样的，历史上科学家们创造性地提出了多种原子结构模型。

4.1　氢原子模型的历史演变

4.1.1　长冈的土星模型

1903 年，日本东京大学教授长冈半太郎根据麦克斯韦的土星卫环理论推测，在原子内部，带正电的核心外有电子环转动的模型，并计算了电子运动与光谱的关系。虽然长冈的理论很不完善，但他实际上已经提出了原子核的观念，为后来卢瑟福的有核原子模型开辟了道路。然而，由于模型是从经典物理学的理论出发得到的，它具有致命的弱点，即无法满足经典理论提出的稳定性要求，所以长冈的模型并没有得到广泛认可。

4.1.2　汤姆孙的实心带电球模型

1897 年，汤姆孙发现了在原子中有带负电的电子的存在。由于通常情况下原子总是呈电中性的，所以在原子内部一定还有带正电的组成部分。经过密立根油滴实验的精确测量，发现电子的质量比整个原子的质量小得多，因此汤姆孙在 1903 年也提出了一个原子模型结构：整个原子是一个质量均匀分布的具有弹性的胶状球，正电荷均匀分布在球内，电子则镶嵌在球内或表面上，每个电子在它的平衡位置处作简谐振动而发射同频率的电磁波。这样的模型称为“枣糕模型”，能够解释一些诸如原子发光、散射等实验现象。汤姆孙模型在 1910 年之前是最受欢迎的一种，但它的根本困难在于：一方面要满足经典理论对稳定性的要求，一方面要能解释实验事实，而这两方面往往是矛盾的，它最终被有核模型代替。

4.1.3 卢瑟福的核式模型

光子质量和原子质量相比较是非常小的，所以在光子入射到原子上发生散射时，只能发生康普顿散射，即光子只能与原子边缘的弱束缚的电子发生碰撞，也就是只能得到原子外层电子的信息，而对芯电子无能为力。为了能够得到芯电子与原子中正电荷部分的作用关系，卢瑟福采用了质量更大的 α 粒子来进行散射实验。由于 α 粒子质量是氢原子的 4 倍，从放射性物质中发出时速度非常快，是非常好的实验粒子。在实验过程中，他们发现，绝大多数 α 粒子的散射线偏转角都不大，只有一块很小区域的粒子的偏转角大于 $90°$，而约有万分之一的粒子被向后散射。通过总结以上实验的结果，卢瑟福于 1911 年提出了一种新的原子模型：原子中带正电的电荷集中了原子的绝大部分质量，而且分布在一个极小的区域内，其线度不会超过 10^{-15} m，而电子围绕着它运动。这一模型也被称为核式模型。这个模型不但可以解释 α 粒子散射实验，同样也可以解释汤姆孙模型所能解释的那些原子发光或是散射问题，因此后来被大家所接受。

但这个模型依然存在着缺陷，按照经典电磁理论，电子绕核作旋转运动，将不断向外发射电磁波，势必造成电子能量越来越小，相应的电子轨道的尺度也会越来越小，最后电子会掉落到原子核上。但事实是原子是个非常稳定的系统。同时按照卢瑟福的核式模型，原子发射的电磁波应该是连续的，但是事实是原子的光谱却是分立的。卢瑟福的核式模型遇到了长冈模型同样的问题，但由于他有 α 粒子散射实验做支撑，所以他大胆地选择了有核模型，向经典物理发起了挑战，卢瑟福为研究原子结构开辟了正确的途径。

4.1.4 哈斯和尼克尔松的量子化尝试

奥地利青年物理学家哈斯于 1910 年在汤姆孙原子模型的基础上直接引用了普朗克的量子假设得到了一些粗略的结果，首次将量子理论引入到了原子模型中。英国天体物理学家尼克尔松结合了卢瑟福的核式模型和汤姆孙的实心球模型，把原子看成普朗克振子的模型，提出当电子离开或返回时，原子的角动量只能以一分立值来增减。这些量子化尝试由于都是照搬普朗克的谐振子概念，最后都失败了，但它们给解决原子模型中不符合经典理论的问题提供了一个全新的思路。

通过这些模型的提出，我们可以看出科学的态度和方法在原子模型的历史演变中所起的作用。有坚实的理论基础，并在充分的实验基础上，大胆地提出创新性的假设，就是我们打开科学大门的敲门砖。

4.2 氢原子模型的历史演变

由于原子体积太小，不能直接观测其结构，但人们发现每种原子的辐射都具有一定的频率成分构成的特征光谱，它们是一条条离散的谱线。其实验规律可以归纳如下：

氢原子光谱是彼此分立的线状谱，每一条谱线都有确定的波长。

对于每一条光谱线，定义波数 σ 为单位长度内所包含的完整波长的数目，则每条光谱线的波数满足

$$\sigma=\frac{1}{\lambda}=R_{\mathrm{H}}\left(\frac{1}{k^2}-\frac{1}{n^2}\right) \tag{15.8}$$

式中，k、n 都是正整数，$k<n$，$R_{\mathrm{H}}=1.097\times10^{7}\ \mathrm{m}^{-1}$ 称为里德伯常量。此公式也称为广义巴耳末公式。

当整数 k 取一定值时，n 取大于 k 的各个整数所对应的各条谱线构成一个谱线系。由式(15.8)可知，当 $n\to\infty$ 时，该谱线系的波数得到一个极值。下面列出对应不同 k 值的线系：

莱曼系 $\sigma=\frac{1}{\lambda}=R_{\mathrm{H}}\left(\frac{1}{1^2}-\frac{1}{n^2}\right)$，$n=2,3,4,\cdots$，在紫外区；

巴耳末系 $\sigma=\frac{1}{\lambda}=R_{\mathrm{H}}\left(\frac{1}{2^2}-\frac{1}{n^2}\right)$，$n=3,4,5,\cdots$，在可见光区；

帕邢系 $\sigma=\frac{1}{\lambda}=R_{\mathrm{H}}\left(\frac{1}{3^2}-\frac{1}{n^2}\right)$，$n=4,5,6,\cdots$，在近红外区；

布拉开系 $\sigma=\frac{1}{\lambda}=R_{\mathrm{H}}\left(\frac{1}{4^2}-\frac{1}{n^2}\right)$，$n=5,6,7,\cdots$，在远红外区。

4.3 玻尔的氢原子理论

上面有关氢原子光谱的实验规律已经非常清楚，剩下的问题就是如何从实验结果出发得到准确的理论解释。

1913 年，丹麦物理学家玻尔在卢瑟福的核式模型的基础上，把普朗克的能量子假说和爱因斯坦的光子概念运用到原子系统中，再加上氢原子光谱实验中总结出来的巴耳末公式，创立了氢原子结构的半经典量子理论，并提出了三个基本假设，使氢原子光谱规律得到了很好的解释。

4.3.1 定态假设

原子系统存在一系列不连续的能量状态，原子中的电子只能在一定的轨道上作圆周运动，但不辐射电磁能量。这些状态是原子系统的稳定状态，简称定态。不同轨道对应不同的定态，相应的能量是一些不连续的值 E_1，E_2，E_3，……

> **讨论 6：**
> 如果电子围绕原子核运动没有确定的轨道，那么氢原子处于不同能级的差别体现在哪里？

4.3.2 轨道角动量的量子化假设

为了计算简便，电子绕核运动被认为是圆形轨道。原子中的电子在绕核作稳定的圆周运动时，其轨道角动量必须是 $\frac{h}{2\pi}$ 的整数倍，即

$$L=n\frac{h}{2\pi}=n\hbar,\quad n=1,2,3,\cdots$$

式中 n 只能是大于零的整数，称为**量子数**，$\hbar=\frac{h}{2\pi}=1.054\ 571\ 817\cdots\times10^{-34}\ \text{J}\cdot\text{s}$ 称为**约化普朗克常量**。

4.3.3 跃迁频率假设

原子能量的任何变化，包括发射或者吸收电磁辐射，都只能在两个定态之间以跃迁的方式进行。当原子从一个具有较高能量E_n的定态跃迁到较低能量E_k的另一个定态时，辐射一定频率的光；反之，要从较低能量态E_k跃迁到较高能态E_n，将吸收相应频率的光。原子在能量态E_n和E_k之间跃迁，辐射或者吸收的光频率为

$$\nu=\frac{E_n-E_k}{h}$$

从上式中我们可以看出，吸收或者发射的光的频率由两个定态之间的能量差决定，这是玻尔理论的一个关键，因为它违背了经典理论中辐射光子频率必须与带电粒子振动频率相同的观点。由于每个定态的能量都是不连续的，因此在两个定态之间跃迁的光子频率自然就不是连续的，这就解释了氢原子光谱中，光谱是个分立的线状谱而不是连续谱的原因。

根据上述假设，玻尔导出了氢原子处于任意定态时的轨道半径和能量，并从理论上得到了里德伯公式。下面我们分别叙述这两个问题：

1. 氢原子轨道半径和能量的计算

由于原子核的质量远远大于电子的质量，可以认为原子核静止不动，电子以原子核为中心作半径为 r 的圆周运动。若电子质量为m_e，速率为 v，根据库仑定律和牛顿第二定律可得

$$\frac{1}{4\pi\varepsilon_0}\frac{e^2}{r^2}=m_e\frac{v^2}{r} \tag{15.9}$$

则电子动能$E_k=\frac{1}{2}m_ev^2=\frac{e^2}{8\pi\varepsilon_0 r}$，原子核与电子组成的系统的势能(取无限远处势能为零)为 $U=-\frac{e^2}{4\pi\varepsilon_0 r}$，所以氢原子总能量 $E=E_k+U=-\frac{e^2}{8\pi\varepsilon_0 r}$。

根据玻尔的轨道角动量量子化条件

$$L=n\frac{h}{2\pi}=n\hbar,\quad n=1,2,3,\cdots \tag{15.10}$$

综合式(15.9)和式(15.10)可得

$$r_n=n^2\frac{\varepsilon_0 h^2}{\pi m_e e^2}=n^2a_0,\quad n=1,2,3,\cdots \tag{15.11}$$

可见电子运动的轨道半径是量子化的。当 $n=1$ 时，有$r_1=a_0=\frac{\varepsilon_0 h^2}{\pi m_e e^2}=0.529\times10^{-10}\ \text{m}$，$a_0$称为**玻尔半径**，它是氢原子核外电子的最小轨道半径。电子绕核运动时，只能在满足式(15.11)的轨道上运动。将轨道半径的表达式代入到能量表达式中可得氢原子的能量为

$$E_n=-\frac{e^2}{8\pi\varepsilon_0 r_n}=-\frac{m_e e^4}{8\varepsilon_0^2 h^2}\frac{1}{n^2},\quad n=1,2,3,\cdots$$

上式说明氢原子能量只能取一系列不连续的值，即能量也是量子化的。当 $n=1,2,3,\cdots$ 时能量分别为 E_1，E_2，E_3，…分别表示不同能级，且从式中可以看出 $E_1<E_2<E_3<\cdots$，$n=1$ 时氢原子能量最低，原子最稳定，称为**基态**，n 取其他值都称为**激发态**，激发态和基态之间的关系可以表示成

$$\begin{cases} E_1=-\dfrac{m_e e^4}{8\varepsilon_0^2 h^2}=-13.6\ \text{eV} \\ E_n=\dfrac{E_1}{n^2}=-\dfrac{13.6\ \text{eV}}{n^2},\quad n=1,2,3,\cdots \end{cases}$$

这是一个常用的关系式，原子能量高于基态能量的状态称为**激发态**。$n=2$，3，…是激发态，原子能量分别是 E_2，E_3，…，分别称为第一激发态，第二激发态…。原子的定态也被称为**束缚态**，这时候电子受到原子核的束缚而绕核旋转，当 $n\to\infty$ 时，$E_\infty=0$，此时电子脱离原来束缚称为自由电子，这种状态对应原子的电离态，电离态的能量是连续的。电子从基态到电离态所需要的跃迁能量称为原子的**电离能**。由玻尔理论计算得出的氢原子的电离能为 13.6 eV，和实验结果相符合。氢原子的能级如图 15.10 所示。

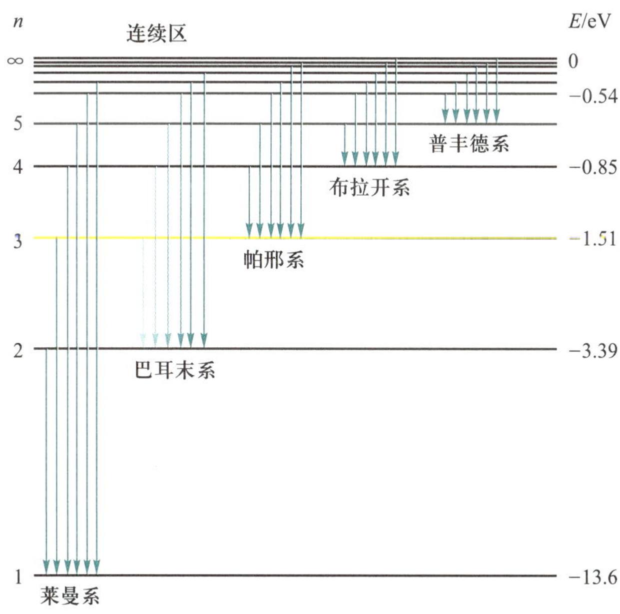

图 15.10　氢原子能级图

讨论 7：

科学家通过分析遥远恒星发射的光的光谱就能确定恒星上有哪些元素。结合你所学到的跃迁假说，你可以解释科学家是如何做到的吗？

2. 里德伯公式的推导

根据玻尔定态能级假设和跃迁频率假设，得到氢原子从较高能级E_n跃迁到较低能级E_k时，发出的光的频率为

$$\nu=\frac{E_n-E_k}{h}=-\frac{E_1}{h}\left(\frac{1}{n^2}-\frac{1}{k^2}\right)$$

用波数表示为

$$\sigma=\frac{1}{\lambda}=\frac{\nu}{c}=-\frac{E_1}{hc}\left(\frac{1}{n^2}-\frac{1}{k^2}\right)=R\left(\frac{1}{n^2}-\frac{1}{k^2}\right) \tag{15.12}$$

式中，$R=\frac{E_1}{hc}=1.097\ 373\times10^7\ \mathrm{m^{-1}}$，与实验测量值 $R=1.096\ 776\times10^7\ \mathrm{m^{-1}}$比较可以看出，理论值和实验值符合得很好，因此，式(15.12)就是氢原子的里德伯公式。从图 15.10 可以看出，当 $k=1$ 时，此时原子由 $n>1$ 的能级向 $k=1$ 的能级跃迁，产生莱曼系各谱线；当 $k=2$ 时，原子从 $n>2$ 的能级向 $k=2$ 的能级跃迁，产生巴耳末系各谱线；其余线系依次类推。

玻尔的氢原子理论是原子结构理论发展的一个重要阶段，它的成功之处在于它突破了原子结构的经典物理框架，首次提出了原子系统能量和角动量的量子化概念，给出了定态能量假设，并于1914 年由弗兰克和赫兹在电子和汞原子的碰撞实验中得到了直接证实。另一方面，他在处理氢原子光谱问题上也取得了成功，提出由能级跃迁来决定谱线的频率，阐述了光谱线产生的原因，从理论上计算了里德伯常量，玻尔的“定态”“能级”等概念和跃迁频率假设等在现代物理学理论中仍然是很重要的基本概念。

然而玻尔的理论也存在着很大的局限性。它只能精准计算氢原子和类氢原子谱线的频率，对稍微复杂一点的碱金属光谱就很难说明，并且不能计算谱线强度、宽度和偏振情况。这个问题的根源在于玻尔并没有从根本上摆脱经典物理学的观念，依然把微观粒子看成经典力学中的质点，从而把经典力学规律运用在了微观粒子上。玻尔尚未抓到微观粒子的本质，因此玻尔的理论还远远不是一个完善自洽的理论体系，它只是个半经典半量子的理论。

习题

15.1 恒星参宿四表面温度为 3 000 K，直径是太阳的600 倍。假设它的辐射像一个理想的黑体。(1)如果参宿四辐射的全部能量都在峰值强度波长上，那么它每秒钟应该发射多少光子？(2)计算参宿四与太阳(5 800 K)辐射的功率之比。

15.2 一个理想黑体的温度必须达到多高时，它辐射的光中具有峰值强度波长的光子才能把玻尔的氢原子模型中的电子从基态激发到第三激发态？

15.3 金属钾的逸出功是 2.3 eV。如果用波长为 190 nm 的光照射在钾的表面，试求：(1)截止频率(用伏作为单位)；(2)发射电子的最大动能(用电子伏作

为单位)；(3)这些最大动能的电子所具有的速度。

15.4　当波长为 254 nm 的紫外线落在干净的铜表面上时，阻止光电子发射所需的遏止电压为 0.181 V。(1)照射铜表面能够产生光电效应的光的波长最长是多少？(2)铜的逸出功是多少？

15.5　一个绿光光子的波长是 520 nm。计算这个光子的频率、动量和能量的大小，并将能量大小分别用焦耳和电子伏两种单位表示。

15.6　光子的动量大小为 8.24×10^{-28} kg · m/s。(1)这个光子的能量是多少？分别用焦耳和电子伏作为单位表示。(2)这个光子的波长是多少？它处于电磁波谱的哪一个区域？

15.7　一个 75 W 的光源消耗 75 W 的电能。假设所有的能量都转化为了 600 nm的光。(1)计算该光源发出的光的波长；(2)该光源每秒钟发射多少光子？(3)前两个问题是同一个问题吗？光的波长和每秒钟发射的光子有何联系？解释你的回答。

15.8　整形外科医生会使用两个光源，一个是头灯，可以发出可见光；另一个是手持激光器，可以发射红外线。这两个光源发光都不是连续的发射，而是一份一份进行的。每一份“光”被称作一个光子。从功率上来看，头灯的功率比红外激光器的功率更大。那么，你觉得哪个光源所发射的光子的能量更高？

15.9　波长为 0.100 nm 的 X 射线与最初处于静止状态的电子碰撞。碰撞后 X 射线波长为 0.110 nm。电子碰撞之后的动能是多少？

15.10　初始波长为 0.066 5 nm 的 X 射线经过康普顿散射。散射 X 射线中最长的波长是多少？在哪个散射角能观察到这个波长？

15.11　一束单色光被一批处于基态的氢原子吸收，在这些氢原子重回基态时，观察到具有 6 种不同波长谱线的光谱。求入射单色光的波长。

15.12　科学家设想了一种星际旅行的方案，让航天器展开一面巨大的“帆”，但打在“帆”上面的并非气流，而是太阳发出的光。和帆船类似，光被光帆反射，而航天器因此获得向前的速度。这一过程必须遵守动量守恒，那么你觉得航天器的动量增量来自哪儿呢？

第十六章　量子力学基础

20 世纪初，科学家利用量子理论解决了很多经典物理无法解决的难题，取得了不少令人惊奇的成果，但因为内在的不协调，在利用原理时往往因人而异，从而导致没有统一的规则。因此量子物理在发展初期是非常混乱的，我们需要重新认识微观粒子的行为，建立新的系统的概念，而不是像量子物理发展初期那样，当遇到问题时才引入相应的概念。

1924 年，德布罗意提出了微观粒子的波粒二象性的假说后，人们开始对微观粒子的本性进行研究，这是人类认识的一大飞跃，为量子力学的发展奠定了基础。后面在 1925 年由海森伯等人提出的矩阵力学和紧接着在 1926 年薛定谔提出的波动力学一起，建立了非相对论量子体系下物质波的运动方程。1928 年，狄拉克把量子力学和狭义相对论结合起来，创立了相对论量子力学，至此量子力学体系基本完成。

量子力学是有关微观世界的理论，揭示了微观世界的基本规律，为原子物理学、固体物理学、核物理学和粒子物理学奠定了理论基础，大大推动了新技术的发明，促进了生产力的发展。本章从微观粒子的波粒二象性出发，引出物质波和不确定关系，然后再引入波函数来描述微观粒子的状态，微观粒子波函数的变化满足薛定谔方程，最后再介绍薛定谔方程在一维定态解问题中的应用。通过本章的学习，可以让大家对量子力学有一个初步的认识。

思考题

1. 不确定关系对描述粒子运动产生什么影响？还能像经典物理那样用位置矢量来描述粒子的运动吗？为什么？

2. 在牛顿力学中，知道了粒子在某时刻的状态，就能根据牛顿第二定律算出之后的状态，那么在量子物理中，怎样根据现在的波函数算出之后任意时刻的波函数？

3. 量子物理中粒子会有哪些与经典物理不同的行为？例如在势阱中的粒子和射向一个势垒的粒子会与经典物理有什么不同行为？

4. 量子力学能否兼容旧的牛顿力学？

第一节　微观粒子的波粒二象性

最早肯定光既有波动性又有粒子性的是爱因斯坦，他认为电磁辐射不仅在被发射和吸收时以能量 $h\nu$ 的微粒形式出现，同时在空间运动时，也具有同样的微粒形式。法国物理学家德布罗意注意到了这种微粒形态，在光的波粒二象性的启发下想到，既然光有这样的波粒二象性，那么实物粒子也应该具有同样的波粒二象性，光子不应该是特殊的存在。这一假设不久后得到了电子衍射实验的证实，成为量子力学诞生的前奏，德布罗意也因此获得了 1929 年的诺贝尔物理学奖。

1.1 微观粒子的波粒二象性

在受到光的波粒二象性的启发下，德布罗意大胆提出假设：不仅光具有波粒二象性，一切实物粒子如电子、原子、分子等也都有波粒二象性。并且，他借鉴光子的能量-频率和动量-波长的关系式 $m=\frac{E}{c^2}=\frac{h\nu}{c^2}=\frac{h}{c\lambda}$，$p=\frac{h\nu}{c}=\frac{h}{\lambda}$，认为一个实物粒子的能量 E 和动量 p 和它相联系的频率 ν 和波长 λ 的定量关系与光子的也相似：

$$\begin{cases} E=mc^2=h\nu \\ p=mv=\dfrac{h}{\lambda} \end{cases} \tag{16.1}$$

式中，动量的方向沿着波动的传播方向，普朗克常量 $h=6.57\times10^{-34}$ J·s，这个公式称为**德布罗意公式**，和实物粒子相联系的波称为**物质波**或者**德布罗意波**。

德布罗意用物质波的概念分析了玻尔量子化条件的物理基础。在玻尔的结构中，电子都在定态中运动，虽然电子在作变加速运动但不辐射电磁波，玻尔的理论只是在经典理论的基础上人为地加上几条与经典理论相矛盾的量子化假设。于是德布罗意用电子的物质波沿轨道传播来解释，他认为既然电子在轨道中运动时，没有电磁辐射，也就没有能量耗散，因此电子的物质波必然形成驻波。所以电子所运动的那个稳定的圆形轨道的周长必须等于电子物质波波长的整数倍，这样才能形成驻波，即

$$2\pi r=n\lambda,\quad n=1,\ 2,\ 3,\ \cdots$$

其中 r 为电子稳定圆轨道的半径，将德布罗意公式(16.1)代入，可以得到

$$mvr=\frac{h}{\lambda}r=\frac{h}{\lambda}\ \frac{n\lambda}{2\pi}=n\hbar$$

这就是玻尔理论中的角动量量子化条件。于是从德布罗意的物质波假设出发，利用驻波条件，可以导出玻尔假设的量子化条件，是对玻尔理论的有力补充。德布罗意的导师朗之万将德布罗意的论文寄给了爱因斯坦，爱因斯坦阅读后称赞它“揭开了自然界巨大帷幕的一角”“看起来疯狂，可真的站得住脚”。

德布罗意公式具有一定的普适性。它对于包括光在内的一切微观粒子都适用。这个公式可以将粒子性的特征量和波动性的特征量通过普朗克常量统一起来，体现了波粒二象性之间的本质关系。由于 h 值很小，对于推广到宏观世界的物质波而言，物质波波长趋于零，即宏观粒子不显示波动性，所以，德布罗意公式对于宏观粒子也是成立的，但宏观粒子的波动性没有研究的意义。只有到了原子尺度，实物粒子的波动性才会表现出来。现在我们来计算一下某微观粒子的德

布罗意波长，假设粒子静止质量是m_0，以速率 v 在空间作匀速直线运动，其运动不受任何外界作用(为自由粒子)，当 $v \ll c$ 时，那么低速运动的粒子物质波的波长为

$$\lambda=\frac{h}{p}=\frac{h}{m_0 v}$$

假设自由粒子是经历一个电场加速后的电子，电子初动能为零，加速电压为 U，则电子的物质波长可以这样计算：

$$E_k=\frac{1}{2}m_0 v^2=\frac{p^2}{2m_0}$$

$$\lambda=\frac{h}{p}=\frac{h}{\sqrt{2m_0 E_k}}$$

其中$E_k=eU$，因此

$$\lambda=\frac{h}{\sqrt{2m_0 eU}}=\frac{1.225}{\sqrt{U}}\text{nm}$$

通过计算表明，经历电场加速的运动电子的物质波波长和加速电压的平方根成反比，所以测量电压可以得到相应的波长。比如当电子获得动能分别为 10 eV，100 eV，1 000 eV，与之相应的物质波波长分别是 0.39 nm，0.12 nm，0.039 nm。由此可以看出电子的物质波波长远远小于可见光波长(400~760 nm)，电子的波长大约在 X 射线的波长范围内。

1.2 物质波的实验证明

德布罗意的物质波假设提出后，最重要的是通过实验来验证其假说的正确性。实物粒子的粒子性已经众所周知，需要验证的就是波动性。那么自然是需要通过观察实物粒子的干涉或者衍射现象来证实。通过上面对电子波的波长计算我们可以发现，电子波长大约在 X 射线的波长范围内，因此普通光栅无法观察到它们的干涉和衍射现象，那么该如何检测电子波或者微观粒子物质波的存在呢？

1925 年，戴维孙和革末首先做出了电子被镍单晶体表面反射后产生的衍射实验，如图 16.1 所示。1926 年，汤姆孙又用电子通过金箔多晶薄膜，获得了电子的多晶衍射图样，如图 16.2 所示，这是和光的圆孔衍射完全相似的衍射图样，可以很好地证实电子的波动性。后来到了 1961 年由约恩孙做了电子的单缝、双缝、三缝、四缝衍射实验，如图 16.3 所示，所得到的明暗条纹更加直接地说明了电子的波动性。这些实验不仅证明了电子具有波动性，还在定量上证实了电子的动量和波长符合德布罗意公式。后面科学家们又做了中子、质子、原子、分子的衍射实验，都说明了这些粒子都具有波动性，因此我们可以说，一切微观粒子都具有波粒二象性，并且其波长、频率、动量和能量都由德布罗意关系式联系。

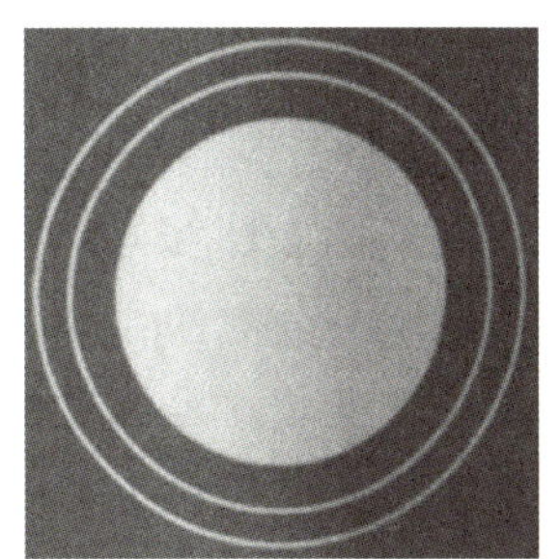

图 16.1 电子经过镍单晶体表面的衍射图样

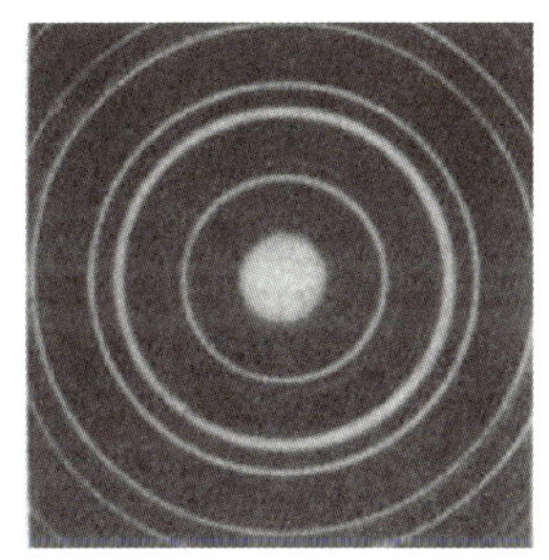

图 16.2 电子通过金箔多晶薄膜的衍射图样

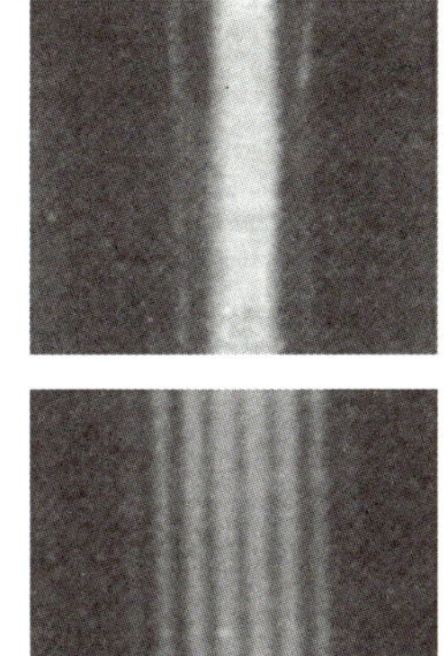

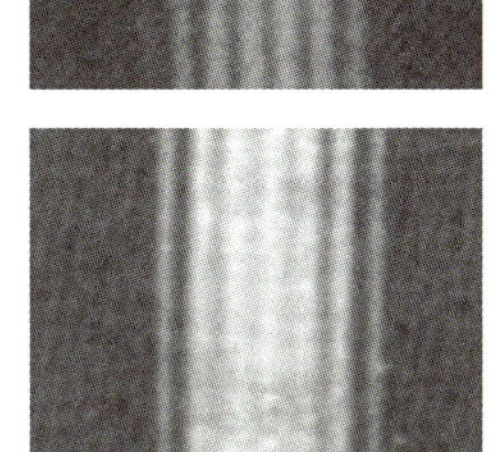

图 16.3 电子的单缝、双缝、三缝、四缝(从上到下)衍射图样

[例 16.1] 计算质量 $m=0.01$ kg，速率 $v=300$ m/s 的子弹的德布罗意波长。

[解] 由德布罗意关系式(16.1)并注意到 $v \ll c$，应用非相对论近似，可得

$$\lambda=\frac{h}{m_0 v}=\frac{6.63\times10^{-34}}{0.01\times300}\ \mathrm{m}=2.21\times10^{-34}\ \mathrm{m}$$

从此例题可以看出，由于 h 是很小的量，宏观物体的德布罗意波长是非常小的，以至于在任何实验中都不能观察到它们的波动性，只表现粒子性。

[例 16.2] 证明物质波的相速度 u(波速)与相应粒子的运动速率 v 之间的关系为 $u=\dfrac{c^2}{v}$。

[解] 根据德布罗意关系式(16.1)有

$$\lambda=\frac{h}{mv},\ \nu=\frac{E}{h}=\frac{mc^2}{h}$$

而波的相速度 $u=\nu\lambda$，因此可得

$$u=\nu\lambda=\frac{mc^2}{h}\frac{h}{mv}=\frac{c^2}{v}$$

经典力学中粒子意味着既具有一定的质量和电荷等属性，又具有一定的位置和一条确切的运动轨迹，即在每一时刻有一定的位置和速度是分立的；而经典的波动，意味着有某种实在的物理量的空间分布在作周期性的变化，是连续的，并呈现干涉、衍射等反映相干叠加性的现象。显然，在经典物理的框架下，粒子性和波动性是很难统一到一个客体上去的，可以说是完全不相容的。然而近代物理实验已经表明，不但电磁波，像电子、中子等这种实物粒子都具有粒子性和波动性这两方面的性质。

以电子为例，我们可以这么来理解，电子既不是经典的粒子，也不是经典的波。波粒二象性指的是，将微观粒子的“原子性”与波的“叠加性”统一起来，也就是说，在量子概念下，电子既是粒子也是波。普遍而言，量子、粒子和量子的波是统一的，粒子的量子化必定具有波动，而波的量子化必定具有粒子性。在不同的实验条件下，客体呈现不同性质。例如，光在干涉和衍射实验中主要呈现波动性，而在光电效应和康普顿散射实验中，主要呈现粒子性。

讨论 1：

粒子的波动性(物质波)与机械波是一回事吗？有何异同？粒子的波动是大量粒子才能表现出性质还是单个粒子就具有波动性？

第二节 不确定关系

在经典力学中，为了描述质点在某时刻的运动状态，可以引入描述质点运动的一系列状态参量。确定了状态参量的取值就完全确定了质点在该时刻的运动状态，并且一旦知道了某一时刻的位置和动量，一般情况下，任意时刻该质点的位置和动量原则上都可以精确地预言。运动质点每一时刻的位置连接成的曲线称为质点的运动轨迹，我们也可以说，质点运动具有确定的轨迹。这是经典运动学的结论和特征。

对于微观粒子而言，由于微观粒子的波粒二象性，它们和经典粒子有着本质的区别。1927 年，海森伯分析研究了若干理想实验之后，提出了不确定关系。微观粒子不具有确定的轨道，它的某些成对的物理量，如位置坐标和动量、角坐标和角动量、能量和时间等，不可能同时具有确定的值。这一规律并不是由仪器或者测量方法缺陷导致的，而是直接来源于微观粒子的波粒二象性。

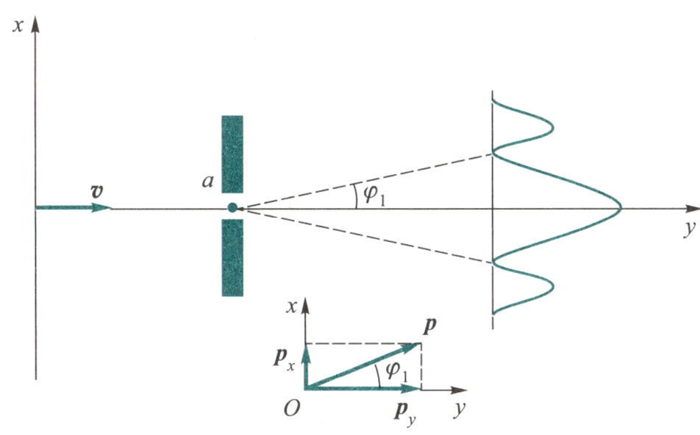

图 16.4 电子单缝衍射示意图

下面我们以电子束的单缝衍射实验为例，来说明微观粒子的坐标和动量的不确定关系。图 16.4 为电子单缝衍射示意图，狭缝垂直于纸面，缝宽为 a。设有一束电子以速度 v（动量 $p=m_ev$）沿 Oy 轴射向接收屏，由于电子有波动性，根据德布罗意关系式可得波长 $\lambda=\dfrac{h}{m_ev}$，当它通过狭缝时，会发生衍射现象。如果将接收屏放在单缝右侧远处，则可观察电子的夫琅禾费衍射，可以发现，电子的单缝衍射与可见光的完全相似。

图 16.4 中，$\varphi=0$ 处为单缝衍射中央明纹中心，一级暗纹满足 $a\sin\varphi_1=\lambda$。中央明纹处电子强度最强，其余次级明纹强度都很小。实验中假设入射电子强度很弱，电子波是一列一列地穿过狭缝的，入射电子的动量沿着 y 方向，即$p_y=p$，$p_x=0$。由于狭缝的限制，穿过狭缝后的电子动量方向发生了变化，即穿过狭缝后的$p_x\neq0$。由于绝大多数电子都落在中央明纹区域内，而中央明纹半角宽度又很小，假设电子通过狭缝时动量的大小 p 不变，只改变方向，则射向衍射角 φ 方向的电子在 x 方向的动量分量为

$$p_x=p\sin\varphi$$

代入单缝衍射第一级暗纹的条件，则电子在 x 轴方向上最大的动量分量

$$p_x=p\frac{\lambda}{a}$$

当电子从单缝中通过时，对其过程进行分析，可以知道，单个电子作为物质粒子线度非常小，它穿过单缝时，具体从单缝的哪一个位置穿过是无法确定的，我们只能确定电子从缝宽为 a 的单缝中穿过，所以它们在 x 坐标上取最大值和最小值分别为$x_{\max}=a$，$x_{\min}=0$，那么电子穿过单缝的位置的不确定范围是

$$\Delta x=x_{\max}-x_{\min}=a \tag{16.2}$$

称为**位置的不确定度**。

再来考虑动量的不确定度，电子穿过单缝后运动方向不同，当只考虑中央明纹区域时，动量在 x 方向上的分量随着衍射角 φ 而变化。x 方向上的最大动量分量为衍射角等于一级暗纹衍射角φ_1 时，$p_{x\max}=p\dfrac{\lambda}{a}$，最小值为衍射角 $\varphi=0$ 时，动

量在 x 方向上的分量为零，则$p_{x\min}=0$。所以当电子穿过单缝后，所得到的 x 方向上的动量不确定度为

$$\Delta p_x=p_{x\max}-p_{x\min}=p\frac{\lambda}{a} \tag{16.3}$$

综合式(16.2)和式(16.3)以及德布罗意波长公式，可得

$$\Delta x\Delta p_x=h$$

当考虑电子同时射向其他次级明纹时，可以得到

$$\Delta x\Delta p_x\geqslant h$$

上式为粗略的估算结果，德国物理学家海森伯经过量子力学的严格推导以后得到

$$\Delta x\Delta p_x\geqslant\frac{\hbar}{2}$$

式中$\hbar=\dfrac{h}{2\pi}$，称为约化普朗克常量。这说明电子通过狭缝时，狭缝对电子的运动产生了两种限制：一是坐标限制在了缝宽 a 的范围内；二是动量在 x 方向上的分量也产生了 Δp_x的不确定度。这两种限制同时发生。虽然这个关系式是从单缝衍射推导出来的，但它是一个普遍的关系式，被称为海森伯不确定关系。类似地我们将该关系式推广到三维运动的情况，即每个坐标轴上的分运动都有一样的动量和坐标的不确定关系式：

$$\begin{cases}\Delta x\Delta p_x\geqslant\dfrac{\hbar}{2}\\ \Delta y\Delta p_y\geqslant\dfrac{\hbar}{2}\\ \Delta z\Delta p_z\geqslant\dfrac{\hbar}{2}\end{cases}$$

不确定关系式表示，沿某一方向同时测量一个粒子的坐标和动量时，坐标的不确定度和动量的不确定度的乘积不会小于$\dfrac{\hbar}{2}$，也就是说，同一个运动粒子在同一个方向上的坐标和动量不能同时确定。如果要用坐标和动量这些概念来描述微观粒子，那只能是一定范围内的近似。如果粒子的位置坐标越精确，即 Δx 越小，则同时测量的同一方向上的动量就越不精确，即 Δp_x就越大，两者之间必须满足海森伯不确定关系式，反之亦然。以前面的单缝衍射实验为例，如果坐标越精确，即缝宽 a 越小，那么一级暗纹对应的衍射角φ_1 就越大，那么动量在 x 方向上的分量就越大，中央明纹就越宽，这和实验结果也相吻合。

讨论 2：

(1) 不确定关系是否意味着不可能精确地测量粒子的位置？

(2) 不同方向的动量和位置能同时精确地测定吗？

从不确定关系可以看出，对于具有波粒二象性的微观粒子而言，由于无法同时确定位置坐标和动量，轨道的概念已经失去了意义，经典力学的规律已经不再

适用。在处理微观世界中的各种问题时，无论做怎样的分析，不确定关系都是非常有用的。如果所讨论的具体问题中，粒子坐标和动量的不确定度相对来说都非常小，说明此粒子的波动性不明显或者观察不到，这时候我们依然可以使用经典力学来处理此问题。当坐标和动量的不确定度不可以忽略时，我们就必须使用量子力学的原理来解决问题。不确定关系是微观粒子运动的基本规律，并不是由仪器或者测量精度所导致的偏差。

> **讨论 3：**
> 怎么理解不确定关系使粒子轨道失去了意义？

［例 16.3］ 电子在原子中运动，如果测量在 x 方向的坐标，其不确定度值为 $\Delta x=10^{-11}$ m（原子本身线度为 10^{-10} m，即测量误差的相对值为 0.1），试求电子相应的速率不确定度值。

［解］ 由不确定关系式取等号 $\Delta p_x=\hbar/2\Delta x$，得

$$\Delta v_x=\frac{\hbar}{2m_e\Delta x}=\frac{1.05\times10^{-34}}{2\times9.11\times10^{-31}\times10^{-11}}\ \text{m/s}=5.8\times10^{6}\ \text{m/s}$$

比较能量为 10 eV 的运动电子速度的数量级约为 10^{6} m/s，此时电子的速率不确定度值和电子本身速度大小差不多，可见在微观粒子运动领域中，粒子位置和相应动量是不能同时确定的。

［例 16.4］ 试比较电子和质量是 10 g 的子弹在确定它们位置时的不确定度。假设它们都在 x 方向以 $v=200$ m/s 速度运动，速度的误差在 0.01%以内。

［解］ 依据不确定关系式 $\Delta x\Delta p_x\geqslant\frac{\hbar}{2}$，有

$$\Delta x\geqslant\frac{\hbar}{2\Delta p_x}$$

其中 $\Delta p_x=0.01\%\cdot p=10^{-4}mv$。

对于电子来说，

$$\begin{aligned}\Delta p_x&=10^{-4}m_e v=10^{-4}\times9.11\times10^{-31}\times200\ \text{kg}\cdot\text{m}\cdot\text{s}^{-1}\\&=1.8\times10^{-32}\ \text{kg}\cdot\text{m}\cdot\text{s}^{-1}\end{aligned}$$

$$\Delta x=\frac{\hbar}{2\Delta p_x}=2.9\times10^{-3}\text{m}$$

已知电子的线度的数量级约为 10^{-13} m，这个位置的不确定度值远远超出了电子自身的线度，所以在这种情况下，电子的位置根本不能确定，因此不能用经典力学处理。

对于子弹而言

$$\Delta p_x = 10^{-4} mv = 10^{-4} \times 10 \times 10^{-3} \times 200 \text{ kg} \cdot \text{m} \cdot \text{s}^{-1}$$
$$= 2 \times 10^{-4} \text{ kg} \cdot \text{m} \cdot \text{s}^{-1}$$
$$\Delta x = \frac{\hbar}{2\Delta p_x} = 2.6 \times 10^{-31} \text{ m}$$

可以看出，子弹位置的不确定度值是非常小的，即使用最精确的仪器也无法测量到，在这种情况下，子弹的波动性可以完全忽略，其位置也就可以精确地测量出，因此我们用经典力学就可以处理子弹的运动问题。

微观粒子什么情况下可以用经典物理理论来处理，什么时候必须使用量子力学的原理来解决？若坐标不确定度值远大于德布罗意波长，则可以用经典力学来处理，反之则受不确定关系限制，必须考虑微观粒子的波动性，需要用量子力学来解决。

另外，不确定关系式的一个推论是能量 E 和时间 t 同样不能同时精确确定，它们必须满足如下的不确定关系式：

$$\Delta E \Delta t \geqslant \frac{\hbar}{2}$$

可以看出能量和时间同样是一对具有不确定性关系的物理量，用此关系式可以估算原子中能级中各激发态的宽度 ΔE 和该能级平均寿命 Δt 之间的关系。原子处于某激发态的平均时间 Δt 称为**平均寿命**，根据不确定性关系，平均寿命 Δt 越长，此时能级宽度 ΔE 越小，能量也就越确定。只有当 $\Delta t \to \infty$ 时，才有 $\Delta E = 0$，此时原子的能量状态才是完全确定的。由于能级有一定的宽度，因此两个能级之间的跃迁所产生的光谱线也就具有一定的宽度。对于某一激发态而言，当其平均寿命越长时，能级宽度越小，跃迁到基态所发射的谱线的单色性也就越好。

第三节 波函数及其统计解释

前面我们介绍了德布罗意的物质波假设，并通过电子衍射实验证实了微观粒子都具有波粒二象性这一客观事实，为我们理解微观世界提供了新思路。但当德布罗意在他的论文中提到物质波假设的时候，许多科学家认为这只是一种形式上的对比，并没有实质的物理含义。但爱因斯坦等少数人注意到了这一假设的重大意义，并在 1926 年由玻恩提出了实物粒子波动性的令人信服的解释，解释体现了粒子性和波动性在微观粒子上的统一。

在经典力学中，说到粒子，首先指它们是不可分割的整体。经典粒子既具有一定的质量或电荷量等属性，在运动中又具有一定的位置和一条确切的运动轨道。而经典波动性，指的是某种实在的物理量的空间分布做周期性的变化，并呈现干涉衍射等相干叠加性的现象，如经典波的代表机械波和电磁波。在经典物理框架下，粒子性和波动性很难统一到一个客观客体上，但是微观粒子的衍射实验又证实了微观粒子的波动性确实存在，微观粒子是波动性和粒子性统一的客体。那么我们要如何理解德布罗意所提出的物质波呢？微观粒子的波动性的物理含义是什么？

3.1　概率波

德布罗意提出物质波假设时，并没有对物质波的本质有一个清楚的认识，在物质波得到实验证实后，科学家们相应地提出了多种对物质波本质的解释。1926年薛定谔提出，电子的德布罗意波描述的是电荷量在空间的连续分布，电子所呈现的粒子性是由于电子是三维空间中许多物质波所合成的波包。该波包的大小就是电子的大小，波包的群速度就是电子的运动的速度。薛定谔的这个解释夸大了波动性，抹杀了粒子性，其粒子性建立在波动性的基础上。这种说法很快被否定了。因为按照这种说法，如果电子是波包，由于色散，组成波包的不同频率成分的行进速度各不相同，波包总是要发散解体的，这与电子的稳定性相矛盾。再者，在衍射实验中，通过电子衍射应该可以在空间不同方向上观测到波包的一部分，如果波代表实体，那就意味着能观测到电子的一部分，这与显示电子具有整体性的实验结果矛盾。

与薛定谔的物质波包看法相反，另一种看法认为电子的波动性来源于大量电子在空间中所形成的疏密波。这种说法和薛定谔的波包说法相反，认为粒子性是基本的，抹杀了波动性，这种说法也与实验结果相矛盾。电子的双缝干涉实验表明，即使入射电子流极其微弱，以至于使得电子一个一个地通过狭缝的时候，只要时间足够的长，在接收屏上记录的依然是有规律的干涉图样，如图 16.5 所示，这表明单个电子仍然具有波动性。

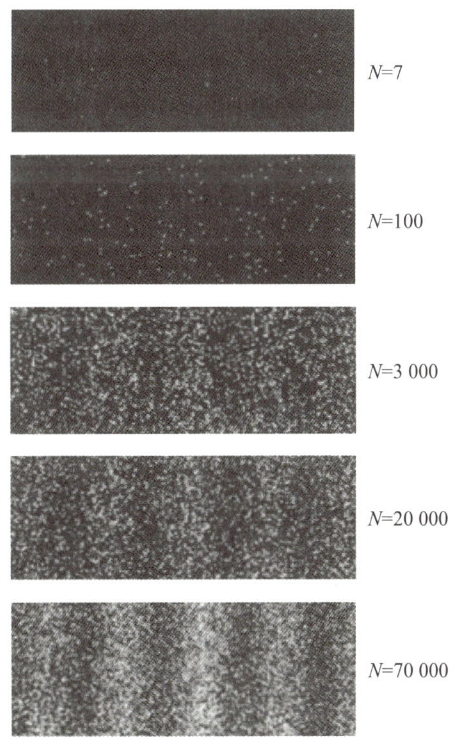

图 16.5　让电子一个一个地通过双缝，电子仍然具有波动性。从上到下分别显示了 7、100、3 000、20 000、70 000 个电子的实验结果

当前得到公认的对于德布罗意物质波的实质的解释是玻恩在 1926 年提出的。他认为物质波并不像经典波那样存在一个物理量在空间作周期性的波动，而是描述粒子在空间各处的概率分布的概率波。换句话说，也就是粒子在空间中某处出现的概率服从一定的统计规律，而这个统计规律显现了粒子具有波动性。玻恩提出的物质波的统计解释，既维护了粒子性，又保持了波动性，因为概率波是粒子的分布概

率，所以并不需要分割粒子，满足了粒子性。而粒子的分布由概率波决定，又可以解释实物粒子的干涉和衍射实验现象，满足了波动性。因此概率波解释可以将实物粒子的波动性和粒子性有机地结合在一起，解决了以往无法解决的问题。

玻恩的概率波概念可以用电子的双缝干涉实验结果来说明，如图 16.5 所示为电子双缝干涉示意图。当我们将入射电子束的强度减至极弱，以至于使得电子一个一个通过双缝时，随着电子数目的积累，衍射图样依次如图 16.5 所示。图中图样都是由点构成，说明穿过双缝的电子依然是粒子。当电子数目比较少时，电子落在屏幕上哪个位置完全是不确定的，说明一个电子到达屏上何处是概率事件。随着电子数目增多，电子的堆积逐渐显现出了条纹，最后呈现清晰的衍射条纹，与大量电子短时间内通过双缝的结果完全一致。也就是说，尽管一个电子穿过双缝后落在屏上的位置不能确定，但大量电子在屏上形成的条纹是稳定的，因此从概率论的角度来理解，电子落在屏上不同位置的概率分布是一定的，物质波正是这种概率分布的表现。这就是玻恩概率波概念的核心部分。

3.2 波函数及其统计解释

综上所述，电子所表现出来的波动性是许多电子在同一个实验中的统计结果。为了定量的描述微观粒子的状态，在量子力学中引入了波函数这个概念，将用来描述实物粒子德布罗意波的数学表达式称为波函数，用 Ψ 来表示。一般情况下，波函数是空间和时间的函数，因此 $\Psi=\Psi(x,y,z,t)$。

在电子的双缝干涉实验中，屏幕上出现明暗相间的条纹。按照波动性理论，在明纹处强度较大，暗纹处强度较小；按照粒子性理解，明纹处表示单位时间内到达的电子数目较多，暗纹处达到电子数目较少。从统计学角度来说，强度大的地方电子出现的概率大，强度小的地方电子出现的概率小，强度为零的地方概率为零。波动理论中，波动强度是用能流密度来表示的，因此可以看出波的强度正比于波振幅的平方。比较可得，电子出现的概率 P 也正比于波振幅的平方 $|\Psi|^2$，其中 $|\Psi|^2=\Psi^*\Psi$，Ψ^* 为波函数 Ψ 的复共轭。推广到一般情况，可以进一步得到：一个微观粒子在空间某处出现的概率正比于该处波函数模的平方。玻恩假定，$|\Psi|^2=\Psi^*\Psi$ 为实物粒子的概率密度，表示在 t 时刻，空间中点 (x,y,z) 附近单位体积内发现粒子的概率。波函数 Ψ 被称为概率波幅或概率幅，它本身没有直接的物理意义，有物理意义的是波函数的模的平方。在这一点上物质波和经典波之间是有本质区别的，波函数是为了描写微观粒子的统计行为而引入的，它既不表示介质运动的传播过程，也不是纯粹的经典场量，而是比较抽象的概率波。波函数同时也不描述粒子的形状和运动轨迹，它只是从统计意义上反映微观粒子的运动表现出波的特性。

讨论 4：

(1) 波函数的物理意义是什么？你觉得它应该满足什么条件？

(2) $|\Psi(x,y,z,t)|^2$ 描述的是什么？与粒子的概率有何联系？

由于波函数是计算测量概率的数学量，由概率论的知识我们知道，实物粒子必然出现在空间某一点处，因此整个空间中各点的总概率必定为 1，因此

$$\int_{-\infty}^{+\infty}\int_{-\infty}^{+\infty}\int_{-\infty}^{+\infty}|\Psi|^2\mathrm{d}x\mathrm{d}y\mathrm{d}z=1$$

此式被称为**归一化条件**。同时，由于在空间中给定区域出现的概率应该是唯一，并且有限的；同时在空间中不同区域内概率应该是连续分布的，不可以发生跃变，所以总结一下可以得到：波函数 $\Psi(x,y,z,t)$ 应该是 x，y，z，t 的单值、有限、连续的函数，这个条件称为**波函数的标准条件**。

根据粒子及其状态的不同，波函数种类也多种多样，这里我们介绍最简单的波函数——自由粒子波函数。自由粒子指的是不受任何外场作用，动量和能量的大小均保持常量的粒子。按照德布罗意关系式，自由粒子的频率和波长也是确定的。

经典力学中，沿着 x 轴正方向传播的频率为 ν，波长为 λ 的平面波，波的表达式为

$$y(x,t)=A\cos\left[2\pi\left(\nu t-\frac{x}{\lambda}\right)\right]$$

在很多时候(特别是一些工程应用中)，会将余弦函数表示的波函数写成指数形式，即

$$y(x,t)=\mathrm{Re}[Ae^{-2\pi i\left(\nu t-\frac{x}{\lambda}\right)}]$$

式中 Re 表示取实部。然而,量子力学中波函数不能像经典力学中那样只保留实部,其虚部也是有意义的,即量子力学中的波函数应为

$$y=Ae^{-2\pi i\left(\nu t-\frac{x}{\lambda}\right)}$$

对于保持动量 p 运动的自由粒子,其频率 $\nu=\dfrac{E}{h}$,波长 $\lambda=\dfrac{h}{p}$。当这个波沿着 x 轴正方向传播时,它应该有和一维机械波相同的表达式,尽管意义是不一样的,则为

$$\Psi(x,t)=\Psi_0e^{-2\pi i\left(\nu t-\frac{x}{\lambda}\right)}=\Psi_0\ e^{-\frac{i}{\hbar}(Et-px)}$$

这就是描述一维空间能量为 E，动量是 p 的自由粒子的波函数。量子力学中的波函数一般都只能用复函数来表示，这是因为只有复数形式才能满足后面将要介绍的薛定谔方程。

复数的波函数并不会带来任何问题，因为波函数本身是不可观测的，只有波函数的模的平方(概率密度)才是可观测的。

当然，对玻恩的统计解释是有争论的，其中爱因斯坦就反对波函数的统计解释。从他那句著名的“上帝不掷骰子”可以知道，爱因斯坦认为用波函数对物理实在的描述是不完备的，应该还存在我们尚不了解的“隐参数”。当然至今所有实验都证实了统计解释是正确的，但是这种关于量子力学根本问题的争论推动了量子力学的发展，同时还为量子信息论等新兴学科的诞生奠定了基础。

3.3 态叠加原理

微观粒子的波函数本身是看不见也测不到的，但是它的模方给我们展示了粒子在空间分布的图像。当我们需要测量微观粒子的某一力学量具体是多少时，只要知道描述此粒子状态的波函数，就可以按照量子力学给出的方法预言一次测量可能测到哪些值，以及测到各个值的概率是多少。也就是说，当给定某一状态的波函数，则粒子在此状态下的一切力学量的测量值的概率分布就确定了，那么根据概率论的原理，一切力学量的平均值也就随之确定下来了。因此我们可以说波函数完全描述了三维空间的**量子态**，我们可以称波函数为**态函数**。

源于波函数的叠加性质，可以得到**态叠加原理**：在一般情况下，如果波函数 Ψ_1，Ψ_2，…，Ψ_n 都是体系可能的量子态，那么它们的线性叠加态 Ψ 也是这个体系的一个可能状态，用数学表达式表示为

$$\Psi=c_1\Psi_1+c_2\Psi_2+\cdots+c_n\Psi_n$$

式中，c_1，c_2，…，c_n 为复数。

为了更好地理解态叠加原理的深刻含义，我们再次以电子的双缝干涉为例来进行分析。如图 16.6 所示，设 Ψ_1 和 Ψ_2 分别表示电子单独通过狭缝 1 和 2 到达屏幕上的状态，Ψ 表示电子同时从两个狭缝穿过到达屏幕时的状态。根据态叠加原理，则有

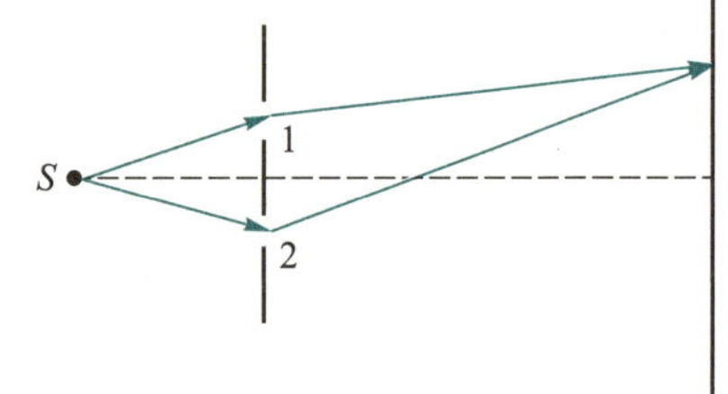

图 16.6 电子通过双缝的实验

$$\Psi=c_1\Psi_1+c_2\Psi_2$$

因此当双缝同时打开时，电子在屏幕上任意一点出现的概率密度为

$$\begin{aligned}|\Psi|^2&=|c_1\Psi_1+c_2\Psi_2|^2=(c_1^*\Psi_1^*+c_2^*\Psi_2^*)(c_1\Psi_1+c_2\Psi_2)\\&=|c_1\Psi_1|^2+|c_2\Psi_2|^2+c_1^*c_2\Psi_1^*\Psi_2+c_1c_2^*\Psi_1\Psi_2^*\end{aligned}$$

从概率密度表达式的计算可以看出，电子穿过双缝后在屏幕上任意一点的概率密度 $|\Psi|^2$ 一般不等于电子分别从狭缝 1 和狭缝 2 通过的概率密度 $|c_1\Psi_1|^2$ 和 $|c_2\Psi_2|^2$ 之和，而是还要加上一个相干项。正是由于这个相干项才会产生干涉图样，这与实验结果非常吻合。

需要指出的是，量子力学的态叠加原理和经典波动理论里的波的叠加性之间存在着本质区别，波函数的态叠加原理是波函数可以完全描述一个体系的量子态与波的叠加性的概括。

讨论 5：

在波函数 Ψ 前乘以一个常量，会影响该波函数所代表的粒子在空间中各处出现的概率么？

第四节 薛定谔方程

在经典力学中，如果知道质点的受力情况，以及质点在初始时刻的坐标和速度，那么运用牛顿运动定律可以计算出质点在任何时刻的状态。但在量子力学中，由于微观粒子存在波粒二象性，微观粒子的状态必须采用波函数来表示，通过前面的学习我们知道，波函数是一种概率波，当波函数确定时，我们可以确定粒子一切力学量的平均值以及各个可能值出现的概率。但是如果想要进一步了解微观粒子的运动规律，除了找出描述体系的各种可能的波函数以外，还需要指出波函数随时间演化所遵从的规律，这种规律就是波函数的运动方程。1926 年，薛定谔在德布罗意公式和态叠加原理的基础上，提出了薛定谔方程作为量子力学的又一个基本假设来描述微观粒子的运动规律。

薛定谔方程是量子力学的一个最基本的方程，它在量子力学中的地位和作用就相当于牛顿运动方程在经典力学中的地位和作用。薛定谔方程是一个适用于低速情况下，即非相对论极限情况下，描述微观粒子在势场中随时间运动的微分方程。此方程无法从现有的经典规律推导出来，因此它也是量子力学的一个基本假定，它的正确性同样需要实验结果进行验证。

下面从自由粒子的波函数出发，引出自由粒子波函数所满足的薛定谔方程，然后在此基础上，建立在势场中运动的微观粒子所遵循的微分方程，即一般情况下的薛定谔方程。设有一质量为 m，动量为 p，能量为 E 的自由粒子，沿 x 轴运动，则其波函数为

$$\Psi(x,t)=\Psi_0 e^{-\frac{i}{\hbar}(Et-px)}$$

将上面的波函数对 x 求二阶偏导数，对 t 求一阶偏导数，分别得到

$$\begin{cases}\dfrac{\partial^2\Psi}{\partial x^2}=-\dfrac{p^2}{\hbar^2}\Psi\\[2ex]\dfrac{\partial\Psi}{\partial t}=-\dfrac{i}{\hbar}E\Psi\end{cases}\tag{16.4}$$

考虑自由粒子只有动能，则 $E=E_k$，且自由粒子运动速度远小于光速，自由粒子的动量和动能之间的关系式为$p^2=2mE_k$，于是有关系式

$$p^2\Psi=2mE\Psi$$

代入到式(16.4)中可以得到

$$i\hbar\frac{\partial\Psi}{\partial t}=-\frac{\hbar^2}{2m}\frac{\partial^2\Psi}{\partial x^2}$$

此方程就是**一维运动的自由粒子的薛定谔方程**。

现在考虑运动的粒子不再是自由粒子，而是在一个外加势场中运动，假设外加势场是保守场，则粒子在该外场中运动时具有势能 V，此时粒子的总能量应为

动能和势能之和 $E=\frac{p^2}{2m}+V$，那么上面刚刚得到的自由粒子的薛定谔方程应该演变成

$$\mathrm{i}\hbar\frac{\partial\Psi}{\partial t}=-\frac{\hbar^2}{2m}\frac{\partial^2\Psi}{\partial x^2}+V\Psi$$

再将问题扩充到三维空间，上式写成

$$\mathrm{i}\hbar\frac{\partial\Psi}{\partial t}=-\frac{\hbar^2}{2m}\nabla^2\Psi+V\Psi \tag{16.5}$$

其中∇^2 称为拉普拉斯算符，在直角坐标系中可以表示为$\nabla^2=\frac{\partial^2}{\partial x^2}+\frac{\partial^2}{\partial y^2}+\frac{\partial^2}{\partial z^2}$。定义一个哈密顿算符$\hat{H}=-\frac{\hbar^2}{2m}\nabla^2+V$，则式(16.5)可表示为

$$\mathrm{i}\hbar\frac{\partial\Psi}{\partial t}=\hat{H}\Psi$$

上式称为**薛定谔方程**。薛定谔方程是线性齐次偏微分方程，所以方程的解满足态叠加原理。即如果 Ψ_1 和 Ψ_2 分别是方程的两个解，则它们的线性组合$c_1\Psi_1+c_2\Psi_2$也是该方程的解，这正是态叠加原理的要求。

对于复杂体系的薛定谔方程的表达式，关键在于写出该体系的哈密顿算符的表达式。前面讨论的是单粒子系统的情况，对于多粒子系统，如某个微观系统含有 N 个粒子，质量分别是m_1，m_2，m_3，…，m_N，粒子间相互作用的势能为 $V(\boldsymbol{r}_1,\boldsymbol{r}_2,\cdots,\boldsymbol{r}_N)$，其中 $\boldsymbol{r}_1$，$\boldsymbol{r}_2$，…，$\boldsymbol{r}_N$ 为这 N 个粒子的位置坐标。那么此多粒子体系的能量为

$$E=\sum_{i=1}^{N}\frac{p_i^2}{2m_i}+V(\boldsymbol{r}_1,\boldsymbol{r}_2,\cdots,\boldsymbol{r}_N)$$

由此可以推导出薛定谔方程为

$$\mathrm{i}\hbar\frac{\partial\Psi}{\partial t}=-\sum_{i=1}^{N}\frac{\hbar^2}{2m_i}\nabla^2\Psi+V\Psi$$

这就是**多粒子体系的薛定谔方程**，因此多粒子系统的问题就变成了解此薛定谔方程的问题。对于不同的多粒子系统，会有不同的哈密顿算符，特别是势能的表达式会不一样，这就决定了求解薛定谔方程的困难程度。一般情况下，研究微观粒子的运动情况，就是求解粒子在不同的动能、势能和初始条件下的薛定谔方程的解。

现在我们来考虑一种比较简单的情况，当方程中势能 V 只是空间的函数，而不随时间变化的时候，此时薛定谔方程可以运用分离变量法进行求解。令方程的解可以写成

$$\Psi(x,y,z,t)=\psi(x,y,z)f(t)$$

将其代入到式(16.5)中，进行调整后

$$\frac{\mathrm{i}\hbar}{f}\frac{\mathrm{d}}{\mathrm{d}t}f=\frac{1}{\psi}\left[-\frac{\hbar^2}{2m}\nabla^2+V\right]\psi$$

此方程左边仅仅是时间的函数，右边仅仅是空间坐标的函数，而时间 t 和空间坐标 (x,y,z) 是两组相互独立的变量。因此想要此方程成立，必须左右两边同时等于一个常量，记为 E，则有

$$\frac{\mathrm{i}\hbar}{f}\frac{\mathrm{d}}{\mathrm{d}t}f=E$$

求解该方程得到 $f(t)=k\mathrm{e}^{-\frac{\mathrm{i}Et}{\hbar}}$，$k$ 为积分常量。等式右边等于常量 E，可以写成

$$\left[-\frac{\hbar^2}{2m}\nabla^2+V\right]\psi=E\psi \qquad (16.6)$$

式(16.6)中 ψ 只是空间的函数，和时间没有关系。此时薛定谔方程的解，即波函数的表达式可以写成 $\Psi=\psi\,\mathrm{e}^{-\mathrm{i}Et/\hbar}$。比较自由粒子的波函数我们可以发现，常量 E 就是能量。由于此时的波函数表达式中的时间项只是 e 指数部分的一个纯虚数，那么在计算概率密度的时候 $|\Psi|^2=|\psi|^2$，表明在这种情况下，空间各个位置测得的粒子出现的概率密度和时间没有关系，表示此时粒子不同空间位置的概率密度不随时间变化。同时，此时体系的能量 E 也是一个与时间无关的量，所以这种状态称为**定态**，相应的波函数为**定态波函数**，式(16.6)称为**定态薛定谔方程**。通过求解定态薛定谔方程可以得到体系各种可能的定态。式(16.6)的定态薛定谔方程在不同坐标系下数学形式不同，比如在球坐标系下应写成

$$-\frac{\hbar^2}{2m}\left[\frac{\partial^2\psi}{\partial r^2}+\frac{2}{r}\frac{\partial\psi}{\partial r}+\frac{1}{r^2\sin\theta}\frac{\partial}{\partial\theta}\left(\sin\theta\frac{\partial\psi}{\partial\theta}\right)+\frac{1}{r^2\sin^2\theta}\frac{\partial^2\psi}{\partial\phi^2}\right]+V\psi=E\psi$$

根据物理上的要求，该方程的 E 只能取一些特定的值。这时候就需要用到前面介绍过的波函数的标准条件，即波函数必须满足单值、有限、连续这三个条件，因此，只有某些特定的 E 值所对应的解才是物理问题真正的解，这些 E 值称为系统的**能量本征值**，对应每个 E 值的解 ψ 称为**能量本征函数**。

讨论 6：

(1) 定态是否意味着粒子是静止不动的？为什么？

(2) 如果粒子处于定态，它的什么是不变的？

第五节 一维定态问题

前面的内容我们提到了量子力学中用波函数来描述具有波粒二象性的微观粒子的状态，随后薛定谔建立了波函数来描述波函数随时间变化的规律，称为**薛定谔方程**。一般情况下，研究微观粒子的运动情况，就是求解粒子在不同的动能、势能和初始条件下的薛定谔方程的解。从数学上来说，就是求解一个齐次偏微分方程。我们需要根据具体问题写出粒子所处环境下的哈密顿算符的表达式，再寻找初始条件，理论上就可以解决所有问题。

当然对于哈密顿算符表达式比较复杂的问题想要完全求解解析解难度非常

大，但是对于一些简单问题是可以完全求解解析解的，下面以几种一维定态问题来介绍薛定谔方程的求解方法。

5.1 一维无限深方势阱

在金属和原子中的电子的运动通常都被限制在一定的空间范围内，此时无限远处的波函数值趋近于零，这种状态称为束缚态。以金属中的电子为例，可以建立一个基于薛定谔方程的理想化模型。假设电子是在一维无限深势阱中运动，如图 16.7 所示，其势能函数可以写成

$$V(x)=\begin{cases}0, & 0\leqslant x\leqslant a\\ \infty, & x<0 \text{ 或 } x>a\end{cases}$$

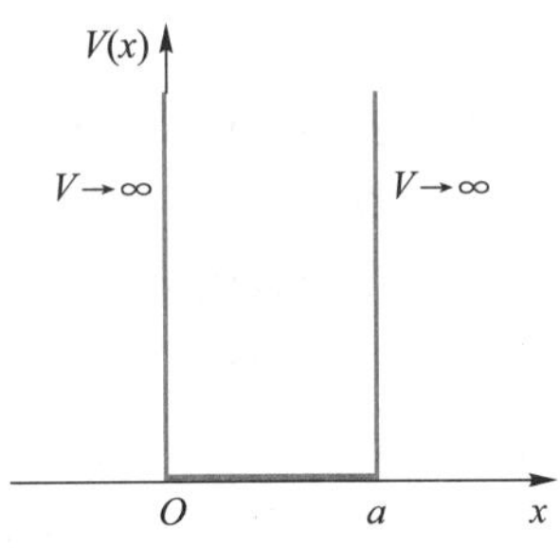

图 16.7 一维无限深方势阱

可以看出，电子只能在 $x=0$ 和 $x=a$ 之间作一维运动。在 x 的不同区间，我们可以将整个区域分成“势阱内”和“势阱外”两个区域。分析此势能函数，可以看出在势阱内，势能为零，电子作自由运动；在势阱外，势能无限大，电子的运动无法跳出势阱壁到达势阱外，因此势阱外的波函数为零。因为势函数是和时间无关的量，所以可以直接求解定态薛定谔方程

$$\left[-\frac{\hbar^2}{2m}\frac{\partial^2}{\partial x^2}+V\right]\psi=E\psi$$

定态薛定谔方程是一个算符作用于一个函数上得到一个常量乘以该函数的形式，这与数学物理方法中的本征值方程相似。解得的波函数要满足波函数的三个标准条件，对应数学物理方法中的边界条件，称为**波函数的自然边界条件**。因此在量子力学中称与上类似的方程为束缚的本征值方程。常量 E 称为算符$\hat{H}$的**本征值**；ψ 称为算符$\hat{H}$的**本征函数**。由上面讨论可知，当体系处于能量算符本征函数所描写的状态(简称能量本征态)时，粒子能量有确定的数值，这个数值就是与这个本征函数相应的能量算符的本征值。

在区间 $x<0$ 和 $x>a$ 区域，势函数 $V(x)=\infty$，因此有限能量的电子不能出现在这个区域，因此这个区域的波函数 $\psi(x)=0$。

在区间 $0\leqslant x\leqslant a$ 区域，势函数 $V(x)=0$，则定态薛定谔方程可以写成

$$\frac{\mathrm{d}^2\psi}{\mathrm{d}x^2}+\frac{2mE}{\hbar^2}\psi=0 \tag{16.7}$$

令$k^2=\dfrac{2mE}{\hbar^2}$，则式(16.7)可以改写成

$$\frac{\mathrm{d}^2\psi}{\mathrm{d}x^2}+k^2\psi=0$$

该方程的通解可以写成

$$\psi(x)=A\sin kx+B\cos kx \tag{16.8}$$

其中 A、B 和 k 三个常量可由波函数的标准条件（单值、有限、连续）和归一化条件来确定。

利用连续条件，可得到势阱边界上的波函数应是连续的，则有 $\psi(0)=0$，$\psi(a)=0$，将 $x=0$、$x=a$ 分别代入式(16.8)中，可得

$$\begin{cases}\psi(0)=B \\ \psi(a)=A\sin ka+B\cos ka\end{cases} \tag{16.9}$$

可得 $B=0$，因此式(16.9)可以化简成 $A\sin ka=0$。式中 A，k 不能为零，如果 A 和 k 为零，则整个波函数都为零，此结果称为**平庸解**，表示波函数在任何位置都不出现，与事实不符。

那么只能是 $\sin ka=0$，可以得到 $k=\dfrac{n\pi}{a}(n=1,2,3,\cdots)$，因为$k^2=\dfrac{2mE}{\hbar^2}$，计算可得

$$E=E_n=\frac{\hbar^2\pi^2n^2}{2ma^2},\quad n=1,2,3,\cdots$$

该式称为**能量本征值**，整数 n 称为**能量量子数**，$n=1$ 时，粒子能量最低，$E_1=\dfrac{\hbar^2\pi^2}{2ma^2}$被称为**基态能级**，又叫**零点能**。零点能$E_1\neq0$，说明束缚在势阱中的电子不可能静止，它总是处于运动状态，这符合不确定关系。当电子束缚在势阱中时，其位置的不确定量为 $\Delta x=a$，那么动量的不确定量 $\Delta p_x\geqslant\dfrac{\hbar}{2a}$，所以电子的动能必定不为零。

最后一个待定系数 A 需要通过归一化条件来确定，根据归一化条件得到

$$\int_{-\infty}^{+\infty}|\psi|^2\mathrm{d}x=\int_0^a A^2\sin^2\left(\frac{n\pi}{a}x\right)\mathrm{d}x=1$$

可以得到 $A=\sqrt{\dfrac{2}{a}}$。那么电子的归一化波函数可以表示成

$$\psi_n(x)=\begin{cases}\sqrt{\dfrac{2}{a}}\sin\left(\dfrac{n\pi}{a}x\right), & 0\leqslant x\leqslant a \\ 0, & x<0 \text{ 或 } x>a\end{cases}$$

粒子在势阱内各处出现的概率密度分布为

$$|\psi_n(x)|^2=\frac{2}{a}\sin^2\left(\frac{n\pi}{a}x\right)$$

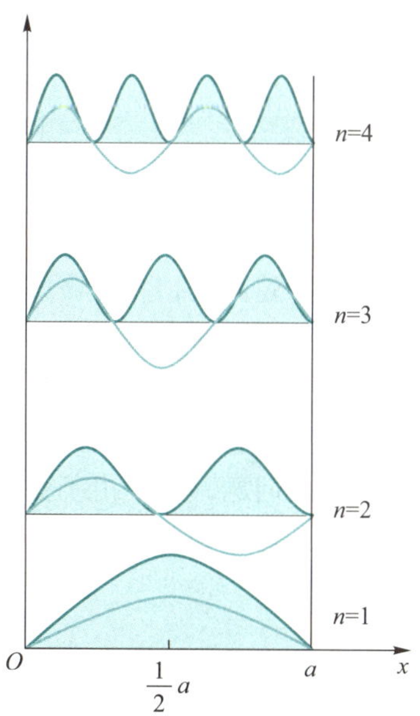

图 16.8　一维无限深方势阱的几个不同能级的波函数与概率密度函数

不同量子数 n 对应电子的不同能量状态，因此在势阱中各处出现的概率也不同。图 16.8 所示为波函数与概率密度与 x 的关系曲线。当电子处于基态时，$n=1$，它在势阱中间 $x=\dfrac{a}{2}$时出现的概率最大，而在势阱壁处找到电子的概

率为零。这个结果与经典观念不同，经典观念认为电子可以在势阱中自由运动，电子在各处出现的概率应该处处相等，与电子能量无关。但量子力学得到的结果表明，电子在各处出现的概率是与能量相关的。

> 讨论 7：
> (1) 势阱中的粒子的能量可以是零吗？
> (2) $n=1, 2, 3, 4, \cdots$这些定态有确定的动量吗？
> (3) 粒子处于第 n 个能级，其 x 方向的动量 p_x 平均值是多少？

5.2 一维方势垒 隧道效应

前面我们讨论了粒子处于束缚态的情况，现在我们考虑另一种一维定态问题。当自由粒子运动过程中碰到一个势垒时会发生什么情况？势函数如图 16.9 所示，这样的势垒在各种散射实验中是非常常见的。和一维无限深势阱相比，一维方势垒问题要稍微复杂一点，但定态薛定谔方程的求解过程是一样的。

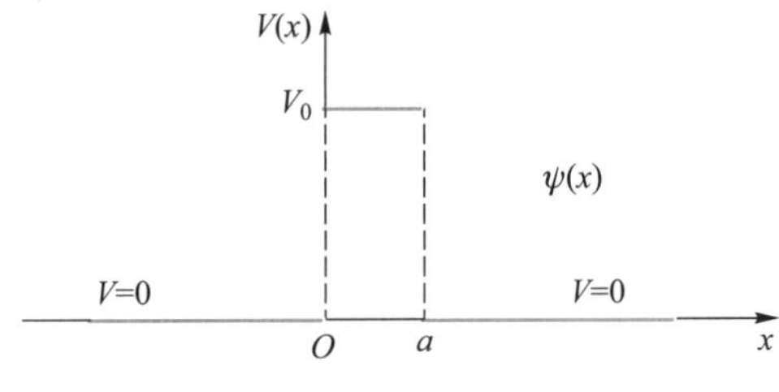

图 16.9 一维方势垒

首先我们抽象出一个一维方势垒的势函数表达式

$$V(x)=\begin{cases}V_0, & 0\leqslant x\leqslant a\\ 0, & x<0 \text{ 或 } x>a\end{cases}$$

按照势函数的形式，可以将 x 分为三个区间。当粒子从左边入射时，如果能量 $E<V_0$，表明粒子能量小于势垒的高度，按照经典粒子观念，粒子应该完全被反射，无法穿越势垒，只有当 $E>V_0$时，粒子才可以越过势垒到达势垒右边。按照量子力学观点，因为微观粒子具有波动性，那么无论粒子能量 E 大于V_0还是小于V_0，都会有一定的概率穿透势垒，一定的概率被势垒反射。为了研究量子力学结果的特殊性，我们这里只研究 $E<V_0$的情况。

和前面问题一样，由于势垒函数和时间无关，我们同样利用定态薛定谔方程求解，分别写出 x 轴上三个区间的定态薛定谔方程

$$\frac{\mathrm{d}^2}{\mathrm{d}x^2}\psi+\frac{2mE}{\hbar^2}\psi=0 \quad (x<0)$$

$$\frac{\mathrm{d}^2}{\mathrm{d}x^2}\psi-\frac{2m(V_0-E)}{\hbar^2}\psi=0 \quad (0\leqslant x\leqslant a)$$

$$\frac{\mathrm{d}^2}{\mathrm{d}x^2}\psi+\frac{2mE}{\hbar^2}\psi=0 \quad (x>a)$$

在 $x<0$，$x>a$ 区间，令$k_1^2=\frac{2mE}{\hbar^2}$，在 $0\leqslant x\leqslant a$ 区间，令$k_2^2=\frac{2m(V_0-E)}{\hbar^2}$，分别写出以上薛定谔方程的通解

$$\psi_1(x)=Ae^{ik_1x}+Re^{-ik_1x} \quad (x\leqslant 0)$$

$$\psi_2(x)=B_1e^{k_2x}+B_2e^{-k_2x} \quad (0\leqslant x\leqslant a)$$

$$\psi_3(x)=Te^{ik_1x} \quad (x>a)$$

其中$\psi_1(x)$的右边第一项为入射波，其波幅 A 可以任意取。第二项为被势垒反射后沿着反方向传播回去的波。$\psi_2(x)$为势垒内部的波函数。$\psi_3(x)$则代表了透射穿过势垒的波，透射波传播方向与入射波一致，因此$\psi_3(x)$不会含向左传播的e^{-ik_1x}项。我们只需关心透射波、反射波振幅与入射波振幅的比值而不是绝对大小，所以可取 $A=1$。在 $A=1$ 的条件下，反射波振幅 R 的模的平方$|R|^2$ 代表了粒子被势垒反射回去的概率，透射波振幅 T 的模的平方 $|T|^2$ 代表了粒子透射穿过势垒的概率。接下来利用波函数和它的导数连续的条件可求解出待定系数 R、B_1、B_2 和 T，即

$$\psi_1(0)=\psi_2(0),\quad \left.\frac{d\psi_1(x)}{dx}\right|_{x=0}=\left.\frac{d\psi_2(x)}{dx}\right|_{x=0}$$

$$\psi_2(a)=\psi_3(a),\quad \left.\frac{d\psi_2(x)}{dx}\right|_{x=a}=\left.\frac{d\psi_3(x)}{dx}\right|_{x=a}$$

待定系数的具体计算过程这里不再赘述。求解会得到一个不为零的 T，这表明当 $x>a$时，势垒右侧的波函数不为零，说明势垒左侧的粒子有穿过势垒到达势垒右侧的可能。如图 16.10 所示，图中表明的是势垒贯穿过程中的波动图像。

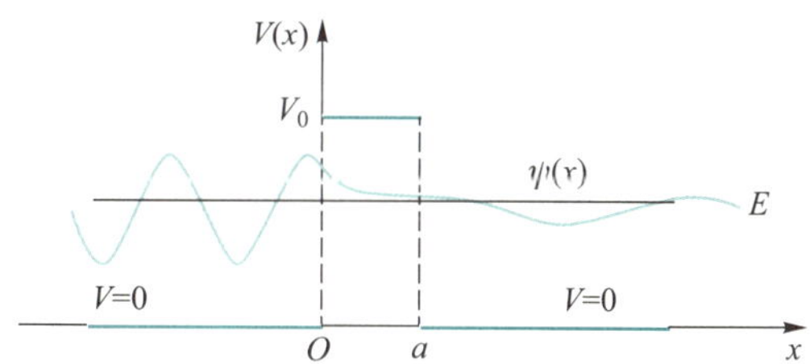

图 16.10 势垒贯穿过程中的波动图像

粒子从左侧入射到达势垒右侧的概率 P 为$|T|^2$，通过数学计算可以发现，当隧穿概率 P 远小于 1 时，P 的近似值由下式给出：

$$P=|T|^2=G\,e^{-2k_2a}$$

其中 $G=\frac{16E}{V_0}\left(1-\frac{E}{V_0}\right)$。可以发现，势垒高度$V_0$超过粒子能量 E 越大，粒子穿透的概率越小；此外，势垒宽度 a 越大，粒子通过的概率也越小，且概率随势垒宽度 a 的增加呈现指数减小，这表明透射概率 P 是一个对势垒宽度相当敏感的函数。从上面的结果可以看出，在量子力学的框架下，即使入射粒子能量小于势垒高度，依然有粒子可以穿透势垒，这种粒子能穿透比自身动能更高的势垒的现象，称为**隧道效应**。

隧道效应在经典物理学概念下是无法理解的，它是微观粒子波动性的体现。

当然隧道效应只有在一定条件下才会比较显著，当势垒高度太高或者势垒宽度太宽时，透射系数会非常小，当$V_0-E=5$ eV 时，势垒的宽度约 50 nm 以上时，贯穿系数会小六个数量级以上。隧道效应在实际上已经没有意义了，量子概念过渡到经典了。隧道效应在现代高新技术领域有着广泛而重要的应用，如扫描隧穿显微镜(STM)，就是利用电子的隧道效应制成的。

讨论 8：

隧穿的粒子有没有可能在势垒内而非势垒两侧出现？

第六节 氢原子和多电子原子问题

上一章，我们介绍了玻尔的氢原子理论，虽然玻尔的理论可以很好地说明氢原子的光谱，但由于它是以经典理论为基础的，因而在某些方面是不正确的。因为实际粒子存在波粒二象性，所以我们必须使用波函数来描述微观粒子，同时使用量子力学的方法计算微观粒子的运动状态。利用量子力学的方法不仅可以说明氢原子光谱的谱线问题，还可以计算其强度及其他精细结构，并能推广到更复杂的原子系统中去。

用量子力学的方法解决氢原子问题，同样是从求解薛定谔方程的波函数解出发，再对得到的结果进行分析。因此氢原子问题依然是薛定谔方程在量子力学问题中的一个应用。前面我们介绍了一维定态问题的求解方法，初步了解了利用薛定谔方程求解微观粒子运动的步骤。下面我们利用同样的方法来处理氢原子的问题，利用薛定谔方程解出氢原子中的电子波函数是量子力学的一个最成功的应用。

6.1 氢原子的定态薛定谔方程及其解

实际氢原子的问题是非常复杂的，我们需要做一定的近似。在氢原子中，由于电子质量远远小于原子核的质量，可近似认为原子核处于相对静止的状态。那么电子就是处于点电荷+e 的库仑场中运动，以原子核为坐标原点，设无限远处电势为零，可将电子电势能写成

$$V(r)=-\frac{e^2}{4\pi\varepsilon_0 r}$$

式中，r 是电子离原子核的距离。因为此势能只是空间的函数，所以仍然使用定态薛定谔方程进行求解，使用球坐标形式为

$$\frac{\hbar^2}{2m}\left[\frac{\partial^2\psi}{\partial r^2}+\frac{2}{r}\frac{\partial\psi}{\partial r}+\frac{1}{r^2\sin\theta}\frac{\partial}{\partial\theta}\left(\sin\theta\frac{\partial\psi}{\partial\theta}\right)+\frac{1}{r^2\sin^2\theta}\frac{\partial^2\psi}{\partial\phi^2}\right]+\left(E+\frac{e^2}{4\pi\varepsilon_0 r}\right)\psi=0$$

因为势能 V 只是 r 的函数，而与 θ，ϕ 无关，可采用分离变量法进行求解。设

$$\psi(r,\theta,\phi)=R(r)\Theta(\theta)\Phi(\phi)$$

式中，$R(r)$，$\Theta(\theta)$，$\Phi(\phi)$分别是 r，θ，ϕ 的函数，经过分离变量计算后，得到

三个独立函数 $R(r)$，$\Theta(\theta)$，$\Phi(\phi)$所满足的常微分方程

$$\frac{\mathrm{d}^2\Phi}{\mathrm{d}\phi^2}+m_l^2\Phi=0 \tag{16.10}$$

$$\frac{m_l^2}{\sin^2\theta}-\frac{1}{\Theta\sin\theta}\frac{\mathrm{d}}{\mathrm{d}\theta}\left(\sin\theta\frac{\mathrm{d}\Theta}{\mathrm{d}\theta}\right)=l(l+1) \tag{16.11}$$

$$\frac{1}{r^2}\frac{\mathrm{d}}{\mathrm{d}r}\left(r^2\frac{\mathrm{d}R}{\mathrm{d}r}\right)+\frac{2m}{\hbar^2}\left(E+\frac{e^2}{4\pi\varepsilon_0 r}\right)=l(l+1) \tag{16.12}$$

其中m_l和 l 均为常量。解这三个方程得到通解，并考虑波函数必须满足单值、有限、连续和归一化的条件，就可以求出波函数 $\psi(r,\theta,\phi)$。数学计算比较烦琐，我们这里只讨论由方程得到的重要结论。

（1）能量量子化和主量子数

电子能量，即氢原子的能量E_n可通过求解径向方程式(16.12)得到，氢原子的能级是量子化的，为

$$E_n=-\frac{m_e e^4}{(4\pi\varepsilon_0)^2 2\hbar^2}\frac{1}{n^2}=-\frac{1}{n^2}\left(\frac{m_e e^4}{8\varepsilon_0^2 h^2}\right)$$

式中 $n=1,2,3,\cdots$，称为**主量子数**。这个结果和玻尔理论得到的结论是一致的。但与玻尔理论不同的是，这个结果是由量子力学计算所得到的必然结果，不是人为加上去的。当 $n=1$ 时，$E_1=-13.6$ eV 称为氢原子的基态能量，$n>1$ 时，E_n则对应氢原子的激发态能量。

（2）角动量量子化和角量子数

求解式(16.11)和式(16.12)时，可以得到氢原子中电子绕核运动的角动量也是量子化的，即

$$L=\sqrt{l(l+1)}\frac{h}{2\pi}$$

式中 $l=0$，1，2，…，$n-1$，称为**轨道角量子数**，简称**角量子数**。这 n 个角量子数通常可以用 s，p，d，f，……来表示。如 $n=3$，则 $l=0$，1，2，这表明电子可能处于 3s，3p 或者 3d 态。从量子力学得到的结论可以看出，轨道角动量最小值为 0，这与玻尔的氢原子理论不同。虽然玻尔的氢原子理论中角动量也是量子化的，但玻尔理论中角动量最小值却是$\frac{h}{2\pi}$。实验结果最终证实，量子力学的结论才是正确的。

（3）角动量的空间量子化和磁量子数

求解式(16.10)可以得到角动量 L 在某个特定方向上的分量，比如氢原子在外磁场中运动时，其中外磁场方向沿 z 方向，

$$L_z=m_l\hbar$$

式中$m_l=0$，±1，±2，…，$\pm l$ 称为**轨道角动量磁量子数**，简称**磁量子数**。这说明不仅氢原子的角动量是量子化的，其角动量在空间某一方向的投影也是量子化的，比如在外磁场 z 方向，则L_z也是量子化的。这种通常称为**角动量的空间量子化**，由磁量子数来表征。对于一定量的角量子数 l，磁量子数的取值有$(2l+1)$个，

每一个取值对应氢原子的一种状态。如 $l=2$ 时，角动量 $L=\sqrt{2\times(2+1)}\hbar=\sqrt{6}\hbar$，若氢原子处在 z 方向的外磁场中，则磁量子数可取 $m_l=0$，±1，±2，其投影如图 16.11 所示，为 $L_z=-2\hbar$，$-\hbar$，0，$\hbar$，$2\hbar$。

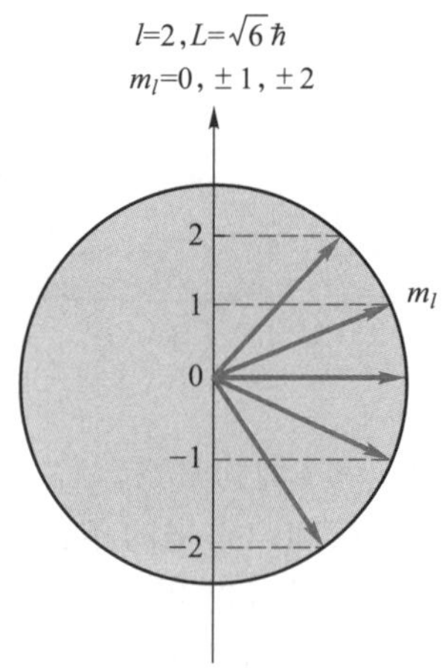

图 16.11 磁量子数示意图

综上，我们可以发现氢原子中电子的定态量可以用一组量子数 n，l，m_l 来描述。当主量子数为 n 时，角量子数 l 可以取 n 个值；对应一个角量子数 l，又有 $(2l+1)$ 个磁量子数 m_l，所以对于每一个确定的能量对应的 n 值，氢原子中电子的状态或者波函数 $\psi_{n,r,m_l}(r,\theta,\phi)$ 的可能的状态数为

$$\sum_{l=0}^{n-1}(2l+1)=n^2$$

我们将一个能级所对应的波函数状态数目的和称为简并度，可以看出，氢原子的能级是 n^2 度简并的。

(4) 氢原子中电子的概率分布

由波函数的表达式可以计算出，电子距核为 $r\sim r+\mathrm{d}r$ 范围内的体积元 $\mathrm{d}V=r^2\sin\theta\mathrm{d}r\mathrm{d}\theta\mathrm{d}\phi$ 中出现的概率

$$\begin{aligned}P_{n,l,m_l}(r,\theta,\phi)&=|\psi_{n,r,m_l}(r,\theta,\phi)|^2\mathrm{d}V\\&=|R_{n,l}(r)|^2r\mathrm{d}r\cdot|\Theta_{l,m_l}(\theta)|^2\cdot|\Phi_{m_l}(\phi)|^2\sin\theta\mathrm{d}\theta\mathrm{d}\phi\end{aligned}$$

式中，前三项是只与 r 有关的量，可以令 $|R_{n,l}(r)|^2r^2=P_r$，称为径向概率密度，表示单位径向长度区间内出现电子的概率。当系统处于基态时，$n=1$，$l=0$，径向概率密度 P_r 的极大值出现在半径 $r_1=5.29\times10^{-11}$ m 处的球面附近，这说明电子在运动中最可能出现的地方就是离核距离 r_1 附近。r_1 称为最概然半径，与玻尔理论中氢原子的第一玻尔轨道半径刚好吻合。

为了形象地说明电子在核周围的运动情况，引入电子云的图像，可以用电子云的密度来形象地表示电子在空间某处出现的概率的大小。如图 16.12 所示，为 $1s(n=1,l=0,m_l=0)$ 时电子云状态图，图上的点出现密集的地方概率密度大，稀疏的地方概率密度小。对于 $n=2$ 时电子云的情况则如图 16.13、图 16.14 和

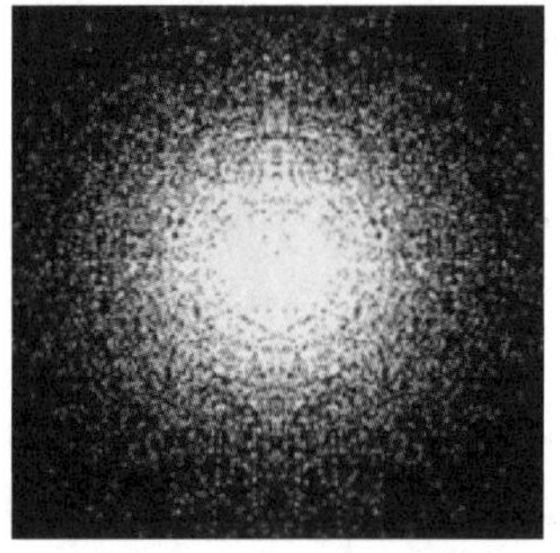
图 16.12 $1s(n=1,l=0,m_l=0)$ 时电子云状态图

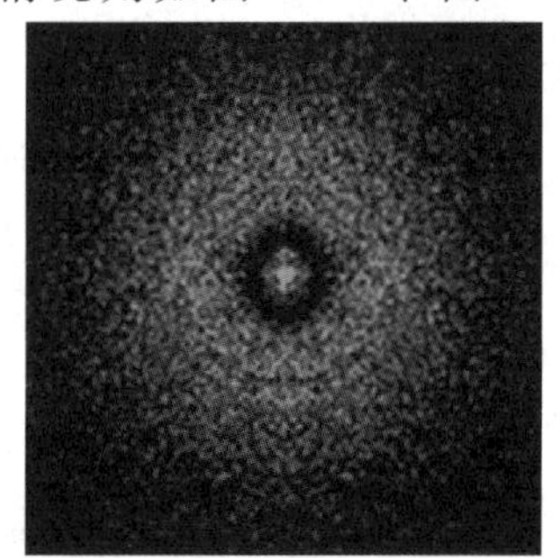
图 16.13 $2s(n=2,l=0,m_l=0)$ 时电子云状态图

16.15 所示。

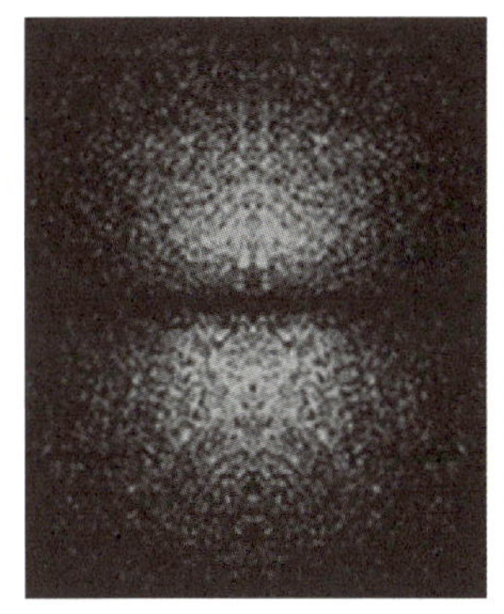

图 16.14 2s($n=2, l=1, m_l=0$)时电子云状态图

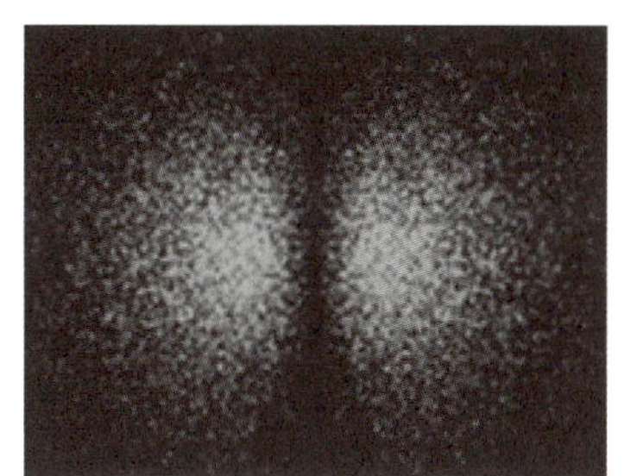

图 16.15 2s($n=2, l=1, m_l=\pm 1$)时电子云状态图

6.2 电子自旋

1921 年，施特恩和格拉赫为了验证索末菲的空间量子化假设，在德国汉堡大学做了一个实验。实验装置如图 16.16 所示，图中 O 为银原子射线源，由电炉加热使银蒸发产生银原子。其中处于 s 态的银原子束通过狭缝 S_1 和 S_2 准直后，再进入不均匀的强磁场区域，然后打在照相底板上。整个装置放在真空中，以减少外部对装置的影响。

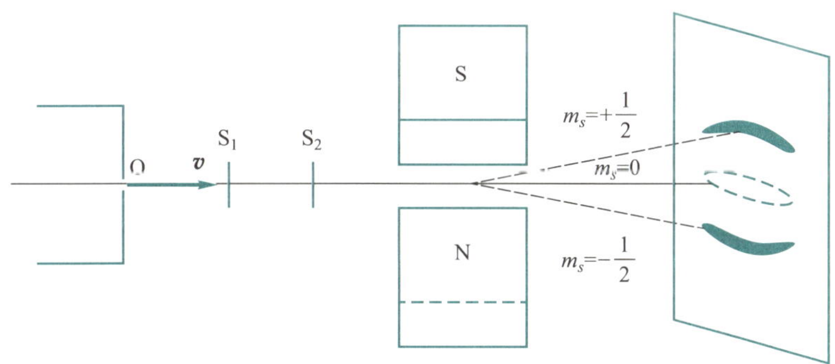

图 16.16 施特恩和格拉赫实验装置

实验发现，在不加外磁场时，底板上呈现一条正对着狭缝的银原子沉积，加上磁场以后，底板上的沉积变成了上下两条。这说明银原子束在经过强磁场区域时分成了两束。这个实验证实了原子具有磁矩，因此在磁场力作用下会发生偏转，同时也说明了磁矩在外场中只有两种取向，因此磁矩的空间取向是量子化的。如果原子磁矩不是量子化的，那么在底板上的沉积应为连续的，而不是分立的。

因为银原子在底板上的沉积是两条，是偶数条的，这显然不是电子绕核作轨道运动的磁矩。因为如果是电子绕核运动的轨道磁矩，根据前面的计算，当角量子数为 l 时，轨道角动量在外磁场方向的投影 L_z 应有 $(2l+1)$ 个不同值，和实验结果不符。为了解释施特恩-格拉赫实验的结果，1925 年乌伦贝克和古兹密特提出了电子自旋假设，他们提出，电子除了作绕核的轨道运动以外，还有自旋运动。电子自旋运动是电子基本的内在属性，其角动量和磁矩称为**自旋角动量**和**自旋磁矩**，也称为**内禀角动量**和**内禀磁矩**。自旋角动量和自旋磁矩也是空间量子化的，在外磁场中只有两种取向。

设电子自旋角动量 S 的大小为 $S=\sqrt{s(s+1)}\hbar$，其中 s 为自旋量子数。而电子自旋在外磁场方向的投影为$S_z=m_s\hbar$，式中m_s称为自旋磁量子数，它的取值只有两个，即$m_s=\pm\frac{1}{2}$，因此$S_z=\pm\frac{1}{2}\hbar$。

引入电子自旋概念后，使得原子光谱中的双线结构得到了圆满的解释。后来证明，不仅电子，质子、中子、光子中同样存在自旋，但它们的自旋并不都是$\frac{1}{2}$，自旋现象的发现是人类对微观粒子认识的一个很大的进步。

6.3 多电子原子的壳层结构

前面我们详细讲解了氢原子问题用薛定谔方程求解的方法，对氢原子和类氢原子(原子核最外层只有 1 个电子的原子)都可以用同样的方法来解决。但是其他多电子的原子就比较复杂了，因为电子不仅受到原子核的作用，还要计算电子之间的电磁相互作用。因此一般情况下，一个电子的状态就不再能代表多电子原子的状态了。但是如果对多电子原子中电子间相互作用采取合理的简化和近似，把其中每个电子看作氢原子中单电子一样，由原子核和其余电子所形成的球对称势场中运动。用量子力学理论可以得到原子中每个电子的量子状态仍然可以用一组量子数 n，l，m_l，m_s来表示。

(1) 主量子数 n，$n=0$，1，2，3，…，它主要决定原子中电子的能量，对于给定的 n，不同的 l 能量略有不同，即由 n 的一个值所决定的能级实际上包含若干个与 l 有关且离得很近的分能级，$E=E(n,l)$；

(2) 角量子数(角动量量子数)l，$l=0$，1，2，…，$n-1$，它决定电子的轨道角动量的大小，$L=\sqrt{l(l+1)}\hbar$。

(3) 磁量子数m_l，$m_l=0$，±1，±2，…，$\pm l$，它决定了电子的轨道角动量在外磁场中的投影，$L_z=m_l\hbar$。

(4) 自旋磁量子数m_s，$m_s=\pm\frac{1}{2}$，它决定电子自旋角动量在外磁场中的投影，$S_z=m_s\hbar$。

于是，原子中的每个电子的量子状态都可以用一组量子数 (n,l,m_l,m_s) 来表征，只要有一个量子数不同，状态就不一样。同时，原子的能量则为各个电子能量的总和。

1916 年，柯塞尔提出了形象化的原子壳层结构模型，他指出，主量子数 n 相同的电子处于同一主壳层，简称**壳层**。n 越大的壳层，离原子核的平均距离越远，

对应 $n=1, 2, 3, 4, \cdots$ 的壳层分别用大写字母 K，L，M，N，…来表示。在同一主壳层，按照角量子数 l 的不同，又有若干分壳层，$l=0, 1, 2, 3, \cdots$ 的支壳层分别用小写字母 s，p，d，f，…来表示。由量子数 n，l 可以确定具体的分壳层，通常把 n 的数值写在前面，代表 l 的字母写在后面，比如 1s，2p 等。

根据原子的壳层结构模型，原子中的电子可以看成分布在不同壳层上，每个壳层和分壳层可以容纳多少个电子呢？

1925 年泡利提出：在同一个原子中，不可能两个或者两个以上的电子处于完全相同的量子态。也就是说，原子中任意两个电子不可能具有相同的四个量子数 (n, l, m_l, m_s)。这就是**泡利不相容原理**，这是理解原子结构和元素周期表的重要理论基础，是量子力学的一条基本原理。

根据泡利不相容原理，主量子数 n 确定后，角量子数 l 的可能值为 0，1，2，…，$n-1$ 共 n 个；当 l 确定后，轨道磁量子数 m_l 的可能值为 0，±1，±2，…，$\pm l$ 共 $(2l+1)$ 个；当轨道磁量子数 m_l 确定后，自旋磁量子数 m_s 可能取 $\pm\frac{1}{2}$ 两个值。所以所有可能状态一共有

$$N_n = \sum_{l=0}^{n-1} 2(2l+1) = 2n^2$$

具体各壳层 K，L，M，…和各分壳层 s，p，d，…可以容纳的电子数目如表 16.1 所示

表 16.1 各壳层和各分壳层可容纳电子数

	l	0s	1p	2d	3f	4g	5h	6i	N_n
n	1K	2							2
	2L	2	6						8
	3M	2	6	10					18
	4N	2	6	10	14				32
	5O	2	6	10	14	18			50
	6P	2	6	10	14	18	22		72
	7Q	2	6	10	14	18	22	26	98

当我们根据泡利不相容原理得到每个壳层所能容纳最多的电子数目后，电子将以什么样的顺序进行填充成了下一个问题。通常情况下，电子排布顺序遵循能量最低原理。值得注意的是，当原子处于正常状态时，原子中电子尽可能地占据未被填充的最低能级。所以电子首先填充能量较低的壳层，当最低能级的壳层填满以后，电子才依次向高能级壳层填充。

通常情况下，主量子数 n 越大的壳层，其能量越高；在同一个主壳层中，角量子数 l 越大的支壳层能量越高。当然也有一些原子的电子排布不遵循这个原则，

比如有 4s 能级比 3d 能级低，5s 能级比 4d 能级低等。我国科学家徐光宪根据大量实验事实总结出一个规律：对于原子核外的电子，能量高低可以用 $n+0.7l$ 的大小来衡量，该值越大，则能级越高。比如上面的 4s 和 3d 两个能级，4s 的 $n+0.7l=4+0.7\times0=4$，3d 的 $n+0.7l=3+0.7\times2=4.4$，故有 $E(3d)>E(4s)$，所以电子要先填满 4s 能级后，再填 3d 能级。

通过分析我们发现，当分壳层完全填满时，该元素原子比较稳定。因为此刻各分壳层电子都成对，因此各分壳层的自旋角动量为零。同时，总的轨道角动量也为零，这就使得该原子很难与其他原子结合。He、Ne、Ar 等原子就是如此，我们称为稀有（或者惰性）气体元素。

讨论 9：

（1）泡利不相容原理与电子和电子之间的库仑排斥力是一回事吗？为什么？

（2）通过给电子施加能量（或者力）是否就能克服泡利不相容原理从而让更多的电子“挤”进同一个壳层？

第七节 工程案例：隧道效应的应用

尽管隧道效应和我们的日常生活经验相违背，但许多现象的解释其实都离不开隧道效应。例如，铜导线有时候会被氧化，在表面形成一层氧化铜。当这样的两条导线接触时，导线依然能够导电，这是因为电子隧穿通过了不导电的氧化铜薄膜。在工程领域，量子隧道效应在很早之前就已经有了应用，其中一些应用还相当重要，深刻地影响了我们的社会。

隧道二极管是一种半导体器件，在这种半导体器件中存在一个势垒，电子会隧穿过这个势垒。通过改变势垒高度，可以控制电子的隧穿概率。这样，当我们想要快速开通或者断开电流的时候就可以通过改变势垒高度快速地实现通和断的状态（在几皮秒内开通、断开）。因此隧道二极管具有开关特性好、速度快、工作频率高的特点，一般应用于某些开关电路或高频振荡电路中。

约瑟夫森结是由被一层很薄（1～2 nm）的氧化物隔开的两个超导体构成的，超导体中的电子对以隧穿的形式穿过氧化物，这使得这一器件有了许多不同寻常的电路特性。约瑟夫森结在建立精确的电压标准和测量微小磁场方面都非常有用，在量子计算领域也发挥了关键作用。

另一个主要利用量子隧穿现象制成的工具就是扫描隧穿显微镜（scanning tunneling microscope，STM）。1982 年，由宾尼希和罗雷尔等利用电子的隧道效应成功研制了扫描隧穿显微镜（STM）。利用这种显微镜不仅能够得到 0.1 nm 量级的高分辨率表面原子排布图像，还可以用来搬动单个原子，实现对单个原子的人为操控。扫描隧穿显微镜的发明对表面科学、材料科学等领域都有非常重大的意义。

因为成功研制出了扫描隧穿显微镜，宾尼希和罗雷尔获得了 1986 年的诺贝尔物理学奖。

扫描隧穿显微镜有一个非常尖锐的探针，工作时探针不接触物体表面而是距离物体表面非常近，大约在 1 nm。当探针相对于表面处于正电势时，电子可以从物体表面隧穿过表面势垒到达探针，于是有电流通过探针。隧穿概率对探针到物体表面的距离非常敏感。在一种操作模式中，探针在物体表面扫描，同时控制探针到物体表面的垂直距离，使得隧穿电流恒定。探针的运动将被记录下来，经过逐行扫描之后，就可以重构物体表面的图像了。

隧道效应在核物理理论当中也很重要。α 衰变是原子核发射出 α 粒子（氦原子核）的过程。可以认为 α 粒子在发射前已经在母原子核内部形成了，由于核力的吸引，α 粒子没有脱离原子核。图 16.17 展示了 α 粒子的势能随半径的变化情况。可以看到在核内部，由于强大的核力的吸引，α 粒子被困于势阱之中。但是 α 粒子带正电，母核也带正电，所以 α 粒子同时也受到排斥的电场力。因此，在核的外部，α 粒子受到一个 $1/r$ 的排斥势。α 粒子要脱离母核，必须有足够的能量越过势垒才行。人们测量放射出的 α 粒子的动能，发现这些 α 粒子的能量都太小，按照经典力学的结论，α 粒子没有足够的能量克服势垒。那为什么母核还会发射 α 粒子呢？这只能用量子力学来解释，即这些 α 粒子虽然没有足够的能量越过势垒，但它们可以通过量子隧道效应穿过势垒，于是 α 粒子就跑出了母核，这就是人们所观测到的 α 衰变现象。

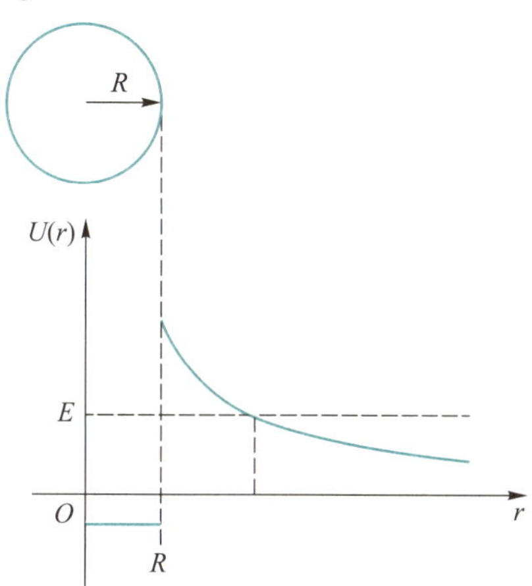

图 16.17　α 粒子通过量子隧道效应穿过势垒

习题

16.1　焰色反应中，同样的元素发出同样颜色的光。例如钠的焰色反应会发出黄光。根据这一特点可以鉴别不同的元素。你知道为什么吗？

16.2　不确定关系告诉我们不可能同时精确地确定粒子在 x 方向上的位置和动量。那么为什么我们在日常生活中总能很满意地同时测量物体的位置和动量呢？你认为通过改进测量方法或者测量技术，人们最终能够以任意精度同时测量位置和动量吗？

16.3　一个电子以 4.70×10^{6} m/s 的速度移动，这个电子的德布罗意波长是多少？如果一个质子以相同的速度移动，则质子的德布罗意波长又是多少？

16.4　一个电子的德布罗意波长是 2.80×10^{-10} m，那么这个电子的动量大小是多少？它的动能又是多少(分别用焦耳和电子伏作为单位给出答案)？

16.5 对于速度为 $v=0.480c$ 和 $v=0.960c$ 的电子，它们的德布罗意波长分别为多少？(提示:如果有必要,使用相对论修正后的动量表达式)

16.6 电子处于原子的某个激发态的平均寿命是10^{-8} s，该能态与基态之间的能量差为 3.39 eV。因为这个寿命不是无限长，这将导致该能级的能量有一个不确定度，试计算该能态能量的不确定度，以及电子从该能态跃迁到基态时对应的光谱线的展宽 $\Delta\lambda$。

16.7 一个自由的电子以 4.50×10^{-24} kg · m/s 大小的动量向 x 轴负方向运动，则这个粒子的一维含时波函数是多少？

16.8 粒子在一维无限深方势阱中运动，其波函数为

$$\Psi_n(x)=\sqrt{\frac{2}{a}}\sin\left(\frac{n\pi x}{a}\right)\ (0<x<a)$$

若粒子处于 $n=1$ 的状态，问在$\left[0,\ \frac{a}{4}\right]$区间发现粒子的概率是多少？

16.9 一个在一维无限深方势阱中的电子有基态能为 2 eV。当这个电子跃迁到第二能级时，电子所吸收的光子的波长应当是多少？

16.10 设一维无限深方势阱的势能函数为

$$V=\begin{cases}0, & 0<x<L\\ \infty, & x\leqslant0\ 或\ x\geqslant L\end{cases}$$

在这个方势阱中存在一个质量为 m 的粒子，其波函数如下：

$$\Psi(x,t)=\frac{1}{\sqrt{2}}\psi_1(x)\,\mathrm{e}^{-\mathrm{i}E_1t/\hbar}+\frac{1}{\sqrt{2}}\psi_3(x)\,\mathrm{e}^{-\mathrm{i}E_3t/\hbar}$$

其中$\psi_1(x)$和$\psi_3(x)$是归一化的 $n=1$ 和 $n=3$ 能级的定态波函数，E_1 和E_3 是第 1 和第 3 能级的能量。对于 $x<0$ 和 $x>L$ 的区域波函数为零。

(1) 求出粒子的概率分布函数在 $x=L/2$ 处的值。注意，该值应该是时间 t 的函数。

(2) 求出概率分布函数振荡的角频率。

16.11 一个电子的轨道角动量的大小是 4.716×10^{-34} kg · m^2/s，则该电子的角动量量子数 l 是多少？

16.12 当氢原子中电子的主量子数为 3 时，电子角动量大小的可能取值是多少？

16.13 初始动能为 6 eV 的电子遇到高 11.0 eV 的势垒。如果势垒的宽度分别为(a)0.8 nm、(b)0.4 nm，则隧穿概率各是多少？

阅读材料

参考文献

郑重声明

读者意见反馈

为收集对教材的意见建议，进一步完善教材编写并做好服务工作，读者可将对本教材的意见建议通过如下渠道反馈至我社。

咨询电话　400-810-0598

反馈邮箱　hepsci@pub.hep.cn

通信地址　北京市朝阳区惠新东街 4 号富盛大厦 1 座

高等教育出版社理科事业部

邮政编码　100029

防伪查询说明

用户购书后刮开封底防伪涂层，使用手机微信等软件扫描二维码，会跳转至防伪查询网页，获得所购图书详细信息。

防伪客服电话　(010)58582300